Gesundheitsrecht und Gesundheitswissenschaften

Herausgegeben von
Prof. Dr. Bernhard Badura
Dr. Klaus Engelmann
Prof. Dr. Dieter Hart
Prof. Dr. Dr. Heiner Raspe

Band 10

Elena von Mickwitz

# Organisation und Haftung vernetzter Kooperationsformen in der gesetzlichen Krankenversicherung

Zivilrechtliche Aspekte von Modellvorhaben, vernetzten Praxen und integrierter Versorgung unter Berücksichtigung der öffentlich-rechtlichen Rahmenbedingungen

Nomos

Die Deutsche Bibliothek – CIP-Einheitsaufnahme

Die Deutsche Bibliothek verzeichnet diese Publikation in
der Deutschen Nationalbibliografie; detaillierte bibliografische
Daten sind im Internet über http://dnb.ddb.de abrufbar.

Zugl.: Bremen, Univ., Diss., 2004

ISBN 3-8329-1661-X

1. Auflage 2006

*A mi querida madre*

# Vorwort

Die vorliegende Arbeit wurde im Sommersemester 2004 vom Fachbereich Rechtswissenschaft der Universität Bremen als Dissertation angenommen. Das Manuskript wurde am 30. April 2004 fertiggestellt. Für den Druck sind vereinzelte Änderungen vorgenommen worden. Um dem Leser den Überblick über die Fortentwicklung der Thematik seit Abschluss des Manuskripts zu erleichtern, sind die jüngsten Änderungen im ärztlichen Berufsrecht in einem Anhang zusammengefasst worden.

Mein besonderer Dank gebührt meinem Doktorvater Herrn Prof. Dr. Reinhard Damm, der den Anstoß für die vorliegende Arbeit gegeben und mit zahlreichen Anregungen und Gesprächen zu ihrem Gelingen beigetragen hat. Meine Tätigkeit als wissenschaftliche Mitarbeiterin an seinem Lehrstuhl, auf die ich mit Freude zurückblicke, war stets von einer harmonischen Atmosphäre geprägt und ließ mir genügend Freiraum, mich mit der Thematik der Untersuchung intensiv auseinanderzusetzen. Herrn Prof. Dr. Peter Rott danke ich für die zügige Erstellung des Zweitgutachtens.

Herzlich danke ich weiter Herrn Prof. Dr. Dieter Hart, der mir seit meiner Studienzeit wertvolle Förderung gewährt hat, sowie Herrn Prof. Dr. Robert Francke für die ständige Gesprächsbereitschaft, wichtige Hinweise und kritische Anmerkungen. Mein Dank gilt auch den übrigen Mitarbeitern des Instituts für Gesundheits- und Medizinrecht der Universität Bremen für die vielfältige Unterstützung und allen Teilnehmern des Doktorandenkollegs für fruchtbare Diskussionen.

Herrn Ralf Schünemann und Frau Dr. Daniela Trachsler danke ich sehr herzlich für die zuverlässige Hilfe beim Korrekturlesen und den stets motivierenden Zuspruch. Besonders danke ich schließlich meiner Mutter und meinem Bruder ebenso wie meinen Freunden für alle Zuwendung.

Bremen, im Mai 2005

Inhaltsverzeichnis

# Einleitung

## *A. Einführung in den Gegenstand der Untersuchung*

### *I. Historische Entwicklung vernetzter Kooperationsformen*

Die Anzahl und die Bedeutung medizinischer Kooperationen unterliegen in den letzten Jahrzehnten einem ständigen Wachstum. Ihre Entwicklung ist sowohl empirisch als auch normativ von der allgemeinen Einzelpraxis über professionsinterne Zusammenschlüsse bis hin zu vielfältigen Erscheinungsformen professionsinterner und interprofessioneller sowie sektoreninterner und sektorenübergreifender Kooperationen verlaufen. Damit verbunden ist ein nach wie vor andauernder Wandel des herkömmlichen Berufsbildes des ambulant tätigen Mediziners und insbesondere des Arztes vom Einzelpraktiker hin zum arbeitsteilig tätigen Kooperationspartner[1].

Medizinische Kooperationen haben sich zunächst professionsintern vor allem innerhalb der Ärzteschaft entwickelt. Während im Bereich der stationären Gesundheitsversorgung traditionell eine Zusammenarbeit von Ärzten und Angehörigen anderer Heilberufe stattfindet, war innerhalb des ambulanten Leistungssektors ursprünglich die Einzelpraxis das Grundmodell jeder medizinischen Berufsausübung. Diese historische Tatsache spiegelt sich auch heute noch in den ärztlichen Berufsordnungen wider, deren Regelungen an die Einzelpraxis als Prototyp ambulanter ärztlicher Berufsausübung anknüpfen[2]. Noch in den sechziger Jahren wurden ärztliche Zusammenschlüsse zur gemeinschaftlichen Berufsausübung im niedergelassenen Bereich für grundsätzlich unzulässig erklärt[3]. Mittlerweile ist die Zulässigkeit professionsinterner ärztlicher Kooperationen auch innerhalb des ambulanten Sektors allgemein anerkannt und in der aktuellen Fassung der Musterberufsordnung für die deutschen Ärztinnen und Ärzte (MBO-Ä)[4] als Grundsatz-

---

1 *Dietze/ Brandenburg*, Recht in der Arztpraxis, S. 12: „So ändert sich das ärztliche Berufsbild zwar nicht von heute auf morgen, es ist aber einem steten Wandel unterworfen." *Maus*, DÄBl. 2000, C-1093, C-1094: „Dass die Zeit des Einzelkämpfers in der Kleinpraxis vorbei ist, gilt als vorherrschende Meinung." Allgemein zu den Entwicklungstendenzen der freien Berufe *Damm*, Festschrift für Brandner, 31 ff.; *Ganster*, Freier Beruf und Kapitalgesellschaft, S. 19 ff.

2 Allgemein zum Standesrecht der freien Berufe Westermann-*Westermann*, Handbuch der Personengesellschaften, Teil I, Rn. 57: „Im Vordergrund der berufsrechtlichen Regelung steht immer die Einzelpraxis, obwohl sie in mehreren Berufen praktisch nicht mehr als Regelfall angesprochen werden kann."

3 Vgl. § 18 Abs. 1 der Musterberufs- und -facharztordnung für die deutschen Ärzte von 1956, abgedruckt in ÄM 45/ 1962, 2323, 2327. Danach war eine ärztliche Zusammenarbeit nur in Ausnahmefällen und nur mit Genehmigung der zuständigen Ärztekammer zulässig; dazu *Dietze/ Brandenburg*, Recht in der Arztpraxis, S. 12; *Ehmann*, MedR 1994, 141; *Eisenberg*, Ärztliche Kooperations- und Organisationsformen, S. 52 ff.; *Henke*, NJW 1974, 2035, 2038; *Werner*, Gemeinschaftliche ärztliche Berufsausübung, S. 2 mit weiteren Nachweisen.

4 Musterberufsordnung für die deutschen Ärztinnen und Ärzte aus dem Jahre 1997 in der Fassung der Beschlüsse des 100. Deutschen Ärztetages 1997 in Eisenach, geändert durch die Beschlüsse des 103. Deutschen Ärztetages 2000 in Köln, des 105. Deutschen Ärztetages 2002 in Rostock und des 106. Deutschen Ärztetages 2003 in Köln. Der Deutsche Ärztetag ist ein Organ (Hauptversamm-

erklärung enthalten[5]. Eine gemeinsame Berufsausübung mit Angehörigen anderer Heilberufe wird der niedergelassenen Ärzteschaft dagegen erst seit 1995 durch das ärztliche Standesrecht gestattet[6]. Daher bestehen besonders in den letzten Jahren Bestrebungen innerhalb der Gesundheitsversorgung in Richtung einer interdisziplinären Zusammenarbeit. Dies betrifft vor allem Zusammenschlüsse der Ärzteschaft mit Leistungserbringern aus anderen Heilberufen wie Diätassistenten, Ergotherapeuten, Hebammen, Heilpraktikern, Logopäden, Masseuren, Physiotherapeuten, Psychologen und Psychotherapeuten. Darüber hinaus entsteht zunehmend auch eine Zusammenarbeit mit solchen Personen und Institutionen, die nur am Rande des Gesundheitswesens tätig sind. Beispielhaft seien an dieser Stelle Kooperationen mit Beratungsstellen, Selbsthilfegruppen und Sozialarbeitern, aber auch mit gewerblichen Unternehmen wie Apotheken, Fitness-Centern, Kosmetikern, Reformhäusern, Sanitätshäusern sowie Schuh- und Sportgeschäften aufgeführt[7].

Mit dieser Entwicklung ist die Bildung intersektoraler Zusammenschlüsse eng verknüpft. Das deutsche Gesundheitssystem ist traditionell durch eine Untergliederung in verschiedene Leistungssektoren (ambulante und stationäre Versorgung) und Versorgungsbereiche (präventive, kurative und rehabilitative Versorgung) geprägt, die weitge-

---

lung) der Bundesärztekammer, die einen Delegiertenkongress der einzelnen Landesärztekammern in der Rechtsform eines nicht rechtsfähigen Vereins darstellt. Die Landesärztekammern sind demgegenüber (Zwangs-)Mitgliedskörperschaften des öffentlichen Rechts, die auf der Grundlage einer Ermächtigung durch die Heilberufs- und Kammergesetze der Bundesländer für die in ihnen verbundenen Ärzte Aufgaben der Selbstverwaltung übernehmen (vgl. für das Land Bremen § 1 Abs. 1 Nr. 1, Abs. 2 BremHBerG). In Erfüllung dieses Selbstverwaltungsauftrages steht ihnen auch die Satzungskompetenz zum Erlass von Berufsordnungen zu, in denen sie die Berufspflichten und -rechte ihrer Mitglieder regeln (vgl. für das Land Bremen die §§ 29, 30 BremHBerG). Daher entfaltet die Musterberufsordnung des Deutschen Ärztetages, der weder öffentlich-rechtliche Kompetenzen wahrnimmt noch Aufsichtsbefugnisse gegenüber den Landesärztekammern besitzt, als solche keine Rechtsverbindlichkeit. Vielmehr bedarf es eines entsprechenden Satzungsbeschlusses der Kammerversammlungen der Landesärztekammern, die hierbei an die als bloße Empfehlung erlassene Musterberufsordnung nicht gebunden sind, sowie einer Genehmigung der nach dem jeweiligen Landesrecht zuständigen Aufsichtsbehörde. Vgl. dazu *Erbsen*, Praxisnetze und das Berufsrecht der Ärzte, S.52 ff.; *Heberer*, Das ärztliche Berufs- und Standesrecht, S. 34 ff., 265 f., 358; *Laufs*, Arztrecht, Rn. 66; *Ratzel/ Lippert*, Kommentar zur MBO, § 1, Rn. 3 ff. Entsprechendes gilt für die Musterberufsordnung für Zahnärzte und Zahnärztinnen, die durch Beschluss des Vorstandes der Bundeszahnärztekammer e. V. verabschiedet wird. Da die Landesärztekammern den Inhalt der Musterberufsordnung regelmäßig – wenn auch meist mit zeitlicher Verzögerung – in ihre Berufsordnungen aufnehmen, wird in den nachfolgenden Ausführungen auf die Vorschriften der Musterberufsordnung Bezug genommen.

5 Das frühere Verbot mit Erlaubnisvorbehalt ist dementsprechend durch eine einfache Anzeigepflicht abgelöst worden, vgl. § 22 in Verbindung mit Kap. D II Nr. 8 Abs. 4 S. 1 MBO-Ä.

6 Vgl. dazu die Regelung zur medizinischen Kooperationsgemeinschaft in § 23a MBO-Ä 1995 (abgedruckt und kommentiert bei *Schirmer*, MedR 1995, 341, 346), die durch § 22 in Verbindung mit Kap. D II Nr. 9 MBO-Ä in ihrer aktuellen Fassung ablöst wurde. Dazu *Lüke-Rosendahl*, Der Beruf des Arztes unter besonderer Berücksichtigung der ärztlichen Kooperationen, S. 133; *Werner*, S. 4 mit weiteren Nachweisen.

7 Ausführlicher zur Entwicklung interprofessioneller medizinischer Kooperationen *Werner*, Gemeinschaftliche ärztliche Berufsausübung, S. 1 ff. mit weiteren Nachweisen.

hend selbstständig und unabhängig voneinander bestehen[8]. Diese historisch gewachsene juristische und organisatorische Trennung und die damit verbundene Entstehung von Schnittstellen wird aktuell durch eine stärkere Verzahnung der unterschiedlichen Leistungssektoren und Versorgungsbereiche zu überwinden versucht[9]. Daran anknüpfend zeichnen sich innerhalb des deutschen Gesundheitswesens zunehmende Vernetzungstendenzen ab. Der Terminus der Vernetzung, der inhaltlich weder klar umrissen ist noch einheitlich verwendet wird, beschreibt gemeinhin eine Kooperation von Akteuren, die sich unter Zugrundelegung gemeinsamer Vorgaben und Ziele zusammenschließen. Parallel zur rasanten kommunikationstechnischen Entwicklung, welche die Überwindung zeitlicher und räumlicher Grenzen zunehmend ermöglicht, verläuft eine ständig wachsende Verknüpfung der Akteure des Gesundheitswesens und ihrer Aktivitäten. Vernetzte Strukturen sind auf sämtlichen Ebenen der Gesundheitsversorgung zu beobachten. So werden Kooperationen auf intra- und interprofessioneller, intra- und intersektoraler, regionaler und überregionaler Versorgungsebene sowie zunehmend auch auf internationaler und globaler Ebene geschlossen[10]. National wie international wird mittlerweile sogar eine Vernetzung sämtlicher Akteure des Gesundheitswesens im Sinne einer „einheitlichen Gesundheitsplattform“ diskutiert, für welche die Weiterentwicklung und Nutzung telemedizinischer Hilfsmittel eine entscheidende Rolle spielt[11]. Als Ausschnitt aus dieser aktuellen Entwicklung präsentiert sich auf regionaler und lokaler Ebene die Entstehung vernetzter Kooperationsformen, vielfach auch als Versorgungsverbünde, Versorgungsnetze oder Praxisnetze[12] bezeichnet. Im Bereich der gesetzlichen Krankenversicherung haben diese in den Regelungen zu Modellvorhaben auf der Grundlage der §§ 63 ff. SGB V, zu vernetzten Praxen gemäß § 73a SGB V sowie zu Einrichtungen der integrierten Versorgung gemäß §§ 140a ff. SGB V Eingang gefunden. Auch das ärztliche Berufsrecht hat sich dieser Fortentwicklung angepasst und Vorschriften zum sogenannten Praxisverbund aufgenommen[13]. Inhaltlich geht es hierbei um die Schaffung

8 Vgl. *Haubrock/ Hagmann/ Nerlinger*, Managed Care, S. 79 f.; *Rachold,* Neue Versorgungsformen und Managed Care, S. 37.

9 Vgl. *Andreas*, ArztR 2000, 32 ff.; *Preißler*, MedR 1999, 506 ff.; *Udsching*, NZS 2003, 411 ff.; ferner das Konsenspapier der Ärzteschaft zur Verzahnung von ambulanter und stationärer Versorgung, welches von der Vertreterversammlung der Kassenärztlichen Bundesvereinigung und vom 101. Deutschen Ärztetag 1998 in Köln verabschiedet wurde, *Bundesärztekammer*, Tätigkeitsbericht 1999, S. 111 ff.

10 Vgl. beispielhaft zu den verschiedenen Vernetzungstendenzen im Gesundheitswesen unter dem besonderen Blickwinkel der Telemedizin die auf dem von der Kaiserin-Friedrich-Stiftung für das ärztliche Fortbildungswesen im Februar 2001 veranstalteten 25. Symposium für Juristen und Ärzte vorgestellten Beiträge von *Brenner*, ZaeFQ 2001, 646 ff.; *Kleinschmidt*, ZaeFQ 2001, 624 ff.; *Richter-Reichhelm*, ZaeFQ 2001, 620 ff.; *Zipperer*, ZaeFQ 2001, 637 ff.

11 Dazu *Dierks*, Rechtliche und praktische Probleme der Integration von Telemedizin, S. 17; *Zipperer*, Entwicklung einer einheitlichen Gesundheitsplattform, 47 ff.; *ders.*, ZaeFQ 2001, 637 ff.

12 Der Begriff des Praxisnetzes umfasst bei genauer Betrachtung allerdings nicht sämtliche Leistungserbringer, sondern ausschließlich Praxen niedergelassener Ärzte oder anderer Leistungserbringer, nicht hingegen stationäre Versorgungseinrichtungen und Leistungserbringer, die nicht in niedergelassener Praxis tätig sind. Er ist damit enger gefasst als die Begriffe des Versorgungsnetzes und des Versorgungsverbundes und wird im folgenden ausschließlich in diesem engeren Sinne verwendet.

13 § 22 in Verbindung mit Kap. D II Nr. 11 MBO-Ä.

fach- und sektoreninterner sowie -übergreifender Versorgungsstrukturen innerhalb eines räumlich begrenzten Versorgungsgebietes wie etwa einer Stadt oder eines Stadtgebietes, innerhalb derer medizinische Leistungserbringer nach systematischen Regeln zusammenarbeiten mit dem gemeinsamen Ziel, die Qualität und Wirtschaftlichkeit der Gesundheitsversorgung zu steigern[14]. Das Kooperationsmodell der Versorgungsnetze knüpft damit an das bereits den integrativen Gesundheitszentren zugrunde liegende Konzept einer interdisziplinären und intersektoralen Patientenversorgung an[15], das nunmehr Eingang sowohl in das Recht der gesetzlichen Krankenversicherung als auch in das ärztliche Standesrecht gefunden hat[16]. Vernetzte Kooperationsformen, die bereits zuvor existierten, erfahren durch diese Entwicklung eine sozial- und berufsrechtliche Institutionalisierung und Integration[17].

### *II. Medizinische und ökonomische Grundlagen der Entwicklung vernetzter Kooperationsformen*

Die Hintergründe der Entwicklung vernetzter Kooperationsformen sind vielfältig. Bei ihrer Darstellung ist zunächst zwischen medizinisch-qualitativen Grundlagen auf der einen Seite und ökonomischen Ursachen auf der anderen Seite zu unterscheiden. Systematisch ist darüber hinaus eine Differenzierung zwischen Gründen, die der Individualebene der Leistungserbringer zuzuordnen sind, und solchen der übergeordneten Systemebene der Gesamtversorgung vorzunehmen.

#### *1. Ebene der Leistungserbringer (Individualebene)*

Die Individualebene der Leistungserbringer erstreckt sich auf die einzelnen medizinischen Akteure, die dem Gesamtsystem der gesetzlichen Krankenversicherung als Einzelelemente untergeordnet sind. Bereits auf dieser Ebene sind zahlreiche Vorteile einer Zusammenarbeit gegenüber einer isolierten Leistungserbringung zu verzeichnen, die einzelne Leistungserbringer zur Teilnahme an einer vernetzten Kooperationsform veranlassen (können).

---

14 Zum Grundkonzept vernetzter Kooperationsformen *Erbsen*, Praxisnetze und das Berufsrecht der Ärzte, S. 46 ff.; vgl. außerdem *Graefe/ Gemke*, Praxisnetze – Realitäten und Möglichkeiten, S. 2; *Rieger*, MedR 1998, 75; Lexikon des Arztrechts-*ders.*, Kennzahl 4305, Rn. 3.

15 Dazu *Dietze/ Brandenburg*, Recht in der Arztpraxis, S. 27 f.; *Taupitz*, MedR 1993, 367.

16 Zur Entwicklung vernetzter Kooperationsformen innerhalb der privaten Krankenversicherung *Bien*, ZFSH/ SGB 2000, 387, 389; *Weiss/ Hoffmann*, Zeitschrift für Versicherungswesen 1999, 595 ff.

17 *Dierks*, Rechtliche und praktische Probleme der Integration von Telemedizin, S. 15; *ders.*, Rechtsfragen der Telemedizin, 1, 13. Dies gilt beispielsweise für die bereits 1996 gegründete Medizinische Qualitätsgemeinschaft Rendsburg, die Anstoß zur Änderung der sozialrechtlichen Normen über Modellvorhaben gemäß §§ 63 ff. SGB V gegeben hat, vgl. *Rüschmann/ Roth/ Krauss*, Vernetzte Praxen auf dem Weg zu managed care?, S. 5, 15 f.

*a. Steigerung der medizinischen Versorgungsqualität*

In medizinischer Hinsicht ermöglicht der Zusammenschluss von Leistungserbringern, den Patienten als Leistungsempfängern eine größere Bandbreite an Versorgungsleistungen anzubieten. Die rasante wissenschaftliche und technische Entwicklung der Medizin hat zur Folge, dass eine Spezialisierung der Leistungserbringer nahezu unvermeidlich wird[18]. Im ärztlichen Bereich wird dieser Trend deutlich am Verhältnis von Hausärzten und Fachärzten, das sich trotz der Gegensteuerungsversuche seitens des Sozialrechts immer weiter in die fachärztliche Richtung bewegt[19]. Die Kehrseite dieses Trends zur Spezialisierung liegt in der Entstehung von Kompetenzlücken, die eine umfassende Patientenversorgung erschweren. Dies spiegelt sich einerseits ist der Ausstattung mit sachlichen Mitteln wie beispielsweise medizinisch-technischen Großgeräten oder umfangreicheren Fachbibliotheken wider, deren Anschaffung und Wartung einem Einzelnen aufgrund der hohen Kosten oftmals nicht möglich ist. Andererseits birgt die zunehmende Spezialisierung die Gefahr in sich, dass der Patient nicht mehr in seiner Ganzheit wahrgenommen wird, sondern das Augenmerk jeweils nur auf solche Anteile gerichtet wird, die vom jeweils vertretenen Fachgebiet abgedeckt werden. Die effektive Behandlung zahlreicher Krankheitsbilder erfordert jedoch ein Zusammenwirken mehrerer Disziplinen oder Heilbehandlungsmethoden und nicht lediglich die Anhäufung voneinander isoliert vorgenommener Versorgungsmaßnahmen. So ist im Interesse einer qualitativ hochwertigen medizinischen Versorgung in vielen Fällen neben einer fachärztlichen Behandlung eine Versorgung durch weitere in der Gesundheitsversorgung tätige Personen oder Einrichtungen notwendig oder zumindest sinnvoll[20].

Exemplarisch soll die Versorgung von Patienten mit dem Krankheitsbild „Diabetes mellitus“ angeführt werden. Es findet sich hier ein vielschichtiges Störungsfeld, in dem die Krankheitssymptome im engeren Sinne lediglich eine Rolle neben weiteren, insbesondere sozialen und psychologischen Elementen spielen. Die Erkrankung erfordert deshalb zunächst eine hausärztliche sowie eine fachärztliche, etwa eine orthopädische und/ oder augenärztliche Versorgung. Daneben ist in vielen Fällen eine über die ärztliche Betreuung hinausgehende Versorgung der Diabetespatienten notwendig. So kommt je nach den Bedürfnissen im konkreten Einzelfall eine Versorgung durch Diabetologen, Diätassistenten, Ernährungsberater, Psychologen, Psychotherapeuten, Selbsthilfegruppen, Sporttherapeuten, Schulungs- und Pflegeeinrichtungen sowie sozial- und berufsberatende Einrichtungen in Betracht. Die unterschiedlichen Versorgungsmaßnahmen soll-

18 *Ehmann*, MedR 1994, 141; *Katzenmeier*, MedR 2004, 34; *Mühlbacher/ Henke/ von Troschke*, Z. Allg. Med. 2000, 592, 593; *Werner*, Gemeinschaftliche ärztliche Berufsausübung, S. 16 f. mit weiteren Nachweisen. Allgemein zu den Spezialisierungstendenzen der freien Berufe *Damm*, Festschrift für Brandner, 31 f.; Kooperationsformen Freie Berufe-*Schlößer*, D 1, Rn. 18.

19 *Clade*, DÄBl. 2000, A-2076; *Heberer*, Das ärztliche Berufs- und Standesrecht, S. 25 f.

20 *Katzenmeier*, MedR 2004, 34 f.; *Krieger*, MedR 1998, 57; *Rupprecht*, Zivilrechtliche Haftung des niedergelassenen Arztes, S. 1 f.; *Taupitz*, MedR 1993, 367; *Werner*, Gemeinschaftliche ärztliche Berufsausübung, S. 13 ff. mit weiteren Nachweisen.

ten grundsätzlich nicht unabhängig voneinander erfolgen, sondern sinnvoll aufeinander abgestimmt werden. Dies erfordert eine differenzierte Zusammenarbeit, in die alle Beteiligten einbezogen werden und wechselseitig von der Kompetenz der anderen Professionen profitieren können. Die ärztliche Behandlung kann hierbei den Mittelpunkt der medizinischen Versorgung darstellen; je nach Einzelfall kann sie aber auch bloß ergänzende Funktion einnehmen oder gegenüber der nichtärztlichen Betreuung ganz in den Hintergrund treten. Vielfach wird es erforderlich sein, den Schwerpunkt der Versorgung im Verlauf der Behandlung zu verlagern und je nach Krankheitsstadium den Bedürfnissen des Patienten anzupassen. Daher wird etwa in den Leitlinien der *Fachkommission Diabetes Sachsen (FDS)* zur Behandlung von Kindern und Jugendlichen mit Diabetes mellitus Typ 1 beschrieben, dass eine qualifizierte Diabetesbetreuung im Kindes- und Jugendalter ein multidisziplinäres Team in spezialisierten Zentren erfordert, in denen sowohl eine medizinische und psychologische Versorgung erfolgt als auch soziale Besonderheiten berücksichtigt werden[21].

Konsequenz der Spezialisierung ist demzufolge ein erhöhter Bedarf an Kommunikation, wechselseitiger Beratung und Abstimmung der einzelnen Versorgungsabläufe, um eine Diskontinuität der Patientenversorgung zu vermeiden. Folgerichtig ist der fachdisziplinenübegreifende Zusammenschluss von Leistungserbringern in vernetzten Strukturen in hohem Maße dazu geeignet, die durch die Spezialisierung entstandenen Lücken zu schließen und das spezielle Fachwissen zu bündeln[22]. Der Bedarf an intra- und interprofessioneller Zusammenarbeit unterliegt zudem einem ständigen Wachstum. Dieser wurde ausgelöst durch einen „Wandel des Krankheitsbildes“[23] und demzufolge auch der Versorgungsstruktur, die sich von der herkömmlichen Behandlung akuter Infektionskrankheiten hin zur Behandlung vielschichtiger, auch psychosoziale Komponenten einschließender Gesundheitsstörungen vollzogen hat. Medizinische Versorgung umfasst nach heutiger Erkenntnis längst nicht mehr allein die Heilung oder Linderung akuter Beschwerden, sondern erfordert eine ganzheitliche, umfassende Versorgung unter Einbeziehung der Vor- und Nachsorge, Rehabilitation, Pflege sowie der Hilfe bei der Be-

---

21 *FDS*, Leitlinien zur Behandlung von Kindern und Jugendlichen mit Diabetes mellitus Typ 1, S. 5. Zur interdisziplinären Versorgung von Patienten mit Diabetes mellitus Typ 2 die nationale Versorgungs-Leitlinie der *AkdÄ/ DDG u. a.* Siehe in diesem Zusammenhang auch *Reinhold-Keller/ Herlyn*, Zeitschrift für Rheumatologie 2001, 208 ff., die die Notwendigkeit einer frühzeitigen interdisziplinären Betreuung von Vaskulitis-Patienten hervorheben, sowie die Studie zur Validierung eines interdisziplinären Qualitätsmanagement-Systems für die frühklinische Versorgung schwerverletzter Patienten, wonach die Schwerverletztenfrühversorgung hinsichtlich der Effektivität der Behandlung und des Versorgungsprozesses durch die Implementierung eines solches Systems deutlich verbessert werden kann, bei *Ruchholtz/ Waydhas u. a.*, Der Unfallchirurg 2001, 927 ff.

22 Vgl. *Ehmann*, MedR 1994, 141; *Mühlbacher/ Henke/ von Troschke*, Z. Allg. Med. 2000, 592, 593; *Schnapp/ Kaltenborn*, SGb 2001, 101; *Werner*, Gemeinschaftliche ärztliche Berufsausübung, S. 18 f.; ferner *Lüke-Rosendahl*, Der Beruf des Arztes unter besonderer Berücksichtigung der ärztlichen Kooperationen, S. 56; *Michalski*, Das Gesellschafts- und Kartellrecht der berufsrechtlich gebundenen freien Berufe, S. 101 f.; Kooperationsformen Freie Berufe-*Schlößer*, D 1, Rn. 15.

23 *Werner*, Gemeinschaftliche ärztliche Berufsausübung, S. 13.

wältigung von krankheitsversursachenden oder -fördernden Lebenssituationen[24]. Schließlich hat sich auch innerhalb der Bevölkerung ein starkes Interesse an interdisziplinärer Versorgung entwickelt, die mit einem gesteigerten Gesundheitsbewusstsein und einem höheren Anspruch an die Lebensqualität einher geht. Es besteht die zunehmende Tendenz, gesundheitsfördernde Leistungen im weitesten Sinne bereits im Vorfeld von Erkrankungen in Anspruch zu nehmen. Exemplarisch können an dieser Stelle eine Vielfalt an Beratungsstellen, Entspannungsprogrammen, Fitnessangeboten und Selbsthilfegruppen angeführt werden.

*b. Ökonomisierung der Leistungserbringung*

Demgegenüber liegen die wirtschaftlichen Gründe für die Teilnahme von Leistungserbringern an vernetzten Kooperationsformen auf der Individualebene in der Möglichkeit einer Senkung der Kosten, die diesen durch ihre Berufsausübung entstehen. In ihrer Eigenschaft als unternehmerisch tätige Mediziner sind für niedergelassene Leistungserbringer nicht allein medizinisch-qualitative Beweggründe maßgeblich, sondern ebenso betriebswirtschaftliche Erwägungen. So kommen durch die Zusammenarbeit in einer medizinischen Kooperation insbesondere eine Senkung der hohen Investitionskosten für eine Praxisgründung sowie der laufenden Praxiskosten durch Reduzierung von sachlichem und personellem Aufwand in Betracht. Maßnahmen zur Kostensenkung können insoweit die gemeinsame Anschaffung und Nutzung von Sachmitteln wie beispielsweise medizinisch-technischer Geräte, die Bildung von Einkaufsgemeinschaften und die gemeinsame Anstellung von nichtärztlichem Hilfspersonal sein[25].

Gleichzeitig eröffnen vor allem disziplinenübergreifende Zusammenschlüsse die Chance, sich durch eine Erweiterung des angebotenen Leistungsspektrums neue Geschäftsfelder zu erschließen und damit gegenüber anderen Leistungserbringern einen Wettbewerbsvorteil zu erlangen[26]. Speziell für Versorgungsnetze auf der Grundlage sozialgesetzlicher Bestimmungen besteht darüber hinaus Möglichkeit, mit den Krankenkassen oder deren Verbänden besondere Vergütungsregelungen zu vereinbaren und damit aus den allgemeinen Honorarverteilungsmaßstäben auszuscheren[27]. Damit einher geht die Hoffnung der Leistungserbringer auf eine gesteigerte Gewinnerzielung und finanzielle Existenzabsicherung, die gerade in letzter Zeit mit Hinweis auf den ständig wachsenden wirtschaftlichen Druck und zunehmenden Wettbewerb unter den Leistungserbringern

---

24 Ausführlich *Werner*, Gemeinschaftliche ärztliche Berufsausübung, S. 13 ff.; vgl. auch *Schwartz/ Wismar*, Planung und Management, 558, 563.

25 Zu den wirtschaftlichen Vorteilen ärztlicher und anderer freiberuflicher Kooperationen *Dietze/ Brandenburg*, Recht in der Arztpraxis, S. 12; *Ehmann*, MedR 1994, 141; *Lüke-Rosendahl*, Der Beruf des Arztes unter besonderer Berücksichtigung der ärztlichen Kooperationen, S. 51 ff.; *Michalski*, Das Gesellschafts- und Kartellrecht der berufsrechtlich gebundenen freien Berufe, S. 101; Kooperationsformen Freie Berufe-*Schlößer*, D 1, Rn. 15; *Schnapp/ Kaltenborn*, SGb 2001, 101.

26 Vgl. *Broglie*, Qualitäts-Management 1999, 48; *Preißler*, MedR 1998, 90, 91.

27 *Graefe/ Gemke*, Praxisnetze – Realitäten und Möglichkeiten, S. 5.

betont wird[28]. Mit diesen rein finanziellen Erwägungen eng verknüpft ist schließlich ein ganzes Bündel weiterer Beweggründe, aus denen heraus Leistungserbringer sich zu einer Teilnahme an vernetzten Kooperationsformen entschließen. Dieses umfasst insbesondere persönliche Motive wie den Wunsch nach einer Verbesserung der Arbeitsbedingungen und die Hoffnung auf eine Erhöhung der eigenen Lebensqualität[29].

*2. Ebene der Gesamtversorgung (Systemebene)*

Im Gegensatz zur Individualebene der Leistungserbringer umfasst die Ebene der Gesamtversorgung sämtliche Akteure innerhalb des Systems der gesetzlichen Krankenversicherung. Gegenstand der Betrachtung sind damit nicht die einzelnen Leistungserbringer als Einzelelemente eines Gesamtsystems, vielmehr richtet sich der Blickwinkel auf das übergeordnete Gesamtsystem selbst.

*a. Steigerung der medizinischen Versorgungsqualität*

Der zunehmende Trend zur medizinischen Spezialisierung und die historisch gewachsene organisatorische Aufteilung des deutschen Gesundheitssystems in unterschiedliche Leistungssektoren und Versorgungsbereiche schlagen sich auch auf der Systemebene der Gesamtversorgung nieder. Aus der Vielzahl der beteiligten Leistungserbringer und der ausgeprägten Arbeitsteilung resultieren zahlreiche Schnittstellen innerhalb des Versorgungssystems, die eine durchgängige und ganzheitliche Patientenversorgung gefährden. Die Schnittstellen zwischen den unterschiedlichen Leistungssektoren und Versorgungsbereichen führen zu einem erhöhten Kommunikationsbedarf zwischen den beteiligten Leistungserbringern und erfordern eine Koordinierung der Versorgungsabläufe. Wird dieser Bedarf nicht hinreichend gedeckt, entstehen Reibungs- und Informationsverluste, die sich in Form von Behandlungsdefiziten zu Lasten der medizinischen Versorgungsqualität niederschlagen[30]. So hat der *Sachverständigenrat für die Konzertierte Aktion im Gesundheitswesen* in seinem Gutachten aus dem Jahr 2001 festgestellt, dass die medizinische Versorgung von Patienten mit chronischen Erkrankungen durch ein paralleles Vorliegen von Über-, Unter- und Fehlversorgung[31] gekennzeichnet ist. Er hat dies neben weiteren Ursachen maßgeblich auf einen Mangel an interdisziplinären Versorgungsstrukturen zurückgeführt und insbesondere auf bestehende Kommunikations-

---

28 *Broglie*, Qualitäts-Management 1999, 48; *Werner*, Gemeinschaftliche ärztliche Berufsausübung, S. 7 ff.; vgl. dazu auch die aufschlussreiche sozialwissenschaftliche Untersuchung der Entwicklung vernetzter Praxen bei *Westebbe*, Ärzte im Netz, S. 75 ff.

29 Ausführlich dazu *Westebbe*, Ärzte im Netz, S. 75 ff.; vgl. auch *Graefe/ Gemke*, Praxisnetze – Realitäten und Möglichkeiten, S. 5; *Lüke-Rosendahl*, Der Beruf des Arztes unter besonderer Berücksichtigung der ärztlichen Kooperationen, S. 56.

30 *Haubrock/ Hagmann/ Nerlinger*, Managed Care, S. 79 f.; Schnapp/ Wigge-*Knieps*, Handbuch des Vertragsarztrechts, § 11, Rn. 2; *Methner*, Die Leistungen 2000, 321; *Mühlbacher/ Henke/ von Troschke*, Z. Allg. Med. 2000, 592, 593; *Rachold,* Neue Versorgungsformen und Managed Care, S. 35 ff., 61 f.; *Rebscher*, Der Onkologe 2003, 368 f.

31 Siehe zu den Begriffsdefinitionen *Sachverständigenrat*, Gutachten 2001, unter 3. 3. 3.

defizite an den Schnittstellen zwischen den an der Patientenversorgung beteiligten Personen und Einrichtungen hingewiesen. Im Ergebnis macht der *Sachverständigenrat* einen erhöhten Bedarf an einer kontinuierlichen und umfassenden Patientenbetreuung vor allem chronisch kranker Patienten geltend, die eine Abkehr von dem traditionellen Muster eines sequentiellen, linearen Krankheitsverlaufs hin zu vernetzten Versorgungsstrukturen unter Einbindung aller Leistungserbringer erfordere[32].

Zu dieser Desintegration der Leistungserbringung kommen Fehlsteuerungen aufgrund falscher Anreizstrukturen im Versorgungssystem hinzu, die ebenfalls zu einer Gefährdung der medizinischen Versorgungsqualität führen. Hintergrund dieser Fehlentwicklung sind vor allem Vergütungsstrukturen, die einzelwirtschaftliche Entscheidungen der Leistungserbringer begünstigen und die Gesamtversorgung häufig außer acht lassen. Miteinander nicht harmonierende oder sogar gegenläufige Anreizsysteme fördern ein „Sektorendenken", das eine sachgemäße Kommunikation und Kooperation zwischen den beteiligten Akteuren erschwert[33].

Als Lösungsstrategie zu den angeführten Versorgungsdefiziten haben sich innerhalb der letzten Jahre verschiedene Versorgungsansätze entwickelt, die unter dem Begriff „Managed Care" zusammengefasst werden. Diese finden ihren Ursprung in den USA, wo sie bereits in den siebziger Jahren in Gestalt von sogenannten Health Maintenance Organizations, später zahlreichen weiteren Managed Care-Organisationen umgesetzt wurden und sich mittlerweile zu einem charakteristischen Bestandteil des Gesundheitswesens weiterentwickelt haben[34]. Seinem Begriffsinhalt nach wird Managed Care beschrieben als „ein Versorgungsprinzip, das auf eine effizientere Allokation von Mitteln und Ressourcen zielt, so dass jeder Patient die ‚richtige' Art und Menge an präventiven und kurativen medizinischen Leistungen erhält"[35]. Damit ist neben einer Steigerung der medizinischen Versorgungsqualität zugleich der weitere Aspekt einer Ökonomisierung der Versorgung angesprochen, der mit dem Qualitätsaspekt eng verflochten ist. Üblicherweise wird der Begriff der medizinischen Versorgungsqualität untergliedert in

32 Siehe dazu insbesondere *Sachverständigenrat*, Gutachten 2001, unter 7. 4.

33 Schnapp/ Wigge-*Knieps*, Handbuch des Vertragsarztrechts, § 11, Rn. 2; *Mühlbacher/ Henke/ von Troschke*, Z. Allg. Med. 2000, 592, 593. Dazu auch *Haubrock/ Hagmann/ Nerlinger*, Managed Care, S. 79 ff. sowie *Rachold*, Neue Versorgungsformen und Managed Care, S. 22 ff., die den Schwerpunkt ihrer Betrachtungen allerdings auf die ökonomischen Auswirkungen der Steuerungsmängel im System der gesetzlichen Krankenversicherung legen.

34 Zur Entwicklung von Managed Care-Organisationen in den USA *Amelung/ Schumacher*, Managed Care, S. 13 ff.; *Haubrock/ Hagmann/ Nerlinger*, Managed Care, S. 27 ff.; *Kayser/ Schwefing*, Managed Care und HMOs, S. 53 ff.; *König/ Seitz*, Gesundheitswesen 1999, 274 f.; *Rachold*, Neue Versorgungsformen und Managed Care, S. 73 ff.; *Rüschmann/ Roth/ Krauss*, Vernetzte Praxen auf dem Weg zu managed care?, S. 48 ff.; *Schwartz/ Wismar*, Planung und Management, 558, 571 f.; vgl. auch den kritischen Beitrag von *Weide*, MedR 2001, 72 ff. Zur Entwicklung von Managed Care-Modellen im schweizerischen Sozialversicherungssystem *Bien*, ZFSH/ SGB 2000, 387, 388; *Indra*, Zur Krankenversicherung in der Schweiz 1911 bis heute, 25, 38 ff.; *Rachold*, Neue Versorgungsformen und Managed Care, S. 89 f.; *Sommer*, Managed Care in der Schweiz, 221 ff.

35 *Schwartz/ Wismar*, Planung und Management, 558, 571.

Strukturqualität, Prozessqualität und Ergebnisqualität. Strukturqualität hat die fachliche Qualifikation der Leistungserbringer und ihres Hilfspersonals, das Vorhandensein ausreichender personeller und sachlicher Ressourcen sowie adäquater organisatorischer Bedingungen im Versorgungsbetrieb zum Inhalt. Hingegen bezeichnet Prozessqualität die Qualität der medizinischen Maßnahmen bei der Leistungserbringung einschließlich der Verfahrensorganisation und Koordination der Versorgungsabläufe. Ergebnisqualität erfasst schließlich die gesundheitlichen Auswirkungen des medizinischen Handelns auf die Leistungsempfänger, wobei als Indikatoren Patientenmortalität und -morbidität, Versorgungsdauer und Behandlungskomplikationen sowie Lebensqualität und Patientenzufriedenheit zugrunde gelegt werden[36]. Das Konzept hinter Managed Care beruht maßgeblich auf einer Steuerung medizinischer Versorgungsabläufe mit dem Ziel, eine adäquate Patientenversorgung mit medizinischen Leistungen auf der jeweils sachgemäßen Versorgungsstufe sicherzustellen und damit eine Unter-, Über oder Fehlversorgung zu vermeiden. Sein Schwerpunkt liegt demgemäß auf einer Verbesserung der Versorgungsprozesse, durch die eine Erhöhung der medizinischen Prozessqualität und zugleich Effizienzsteigerungen herbeigeführt werden sollen[37].

Eines der zentralen Steuerungsmittel zur Erreichung dieser Ziele ist die Schaffung vernetzter Strukturen, welche die verschiedenen an der Patientenversorgung mitwirkenden Versorgungsprozesse zu Versorgungsketten zusammenführen und diese einem medizinisch sinnvollen Organisationssystem zuleiten[38]. Ein mögliches Instrument[39] zur Systematisierung von Versorgungsprozessen, das gerade auch im Zusammenhang vernetzter Kooperationsformen diskutiert wird, ist die sogenannte Primärarztstruktur. Diese sieht vor, dass der Patient grundsätzlich einen (regelmäßig hausärztlich tätigen) Primärarzt als erstes Glied der Versorgungskette aufsuchen soll. Dieser trifft dann als sogenannter Gatekeeper die Entscheidung darüber, ob und in welchem Umfang weitere Leistungs-

---

36 Vgl. Wannagat-*Francke*, Sozialgesetzbuch, Vor §§ 135 bis 139 SGB V, Rn. 5; *Helou/ Schwartz/ Ollenschläger*, Bundesgesundheitsbl – Gesundheitsforsch – Gesundheitsschutz 2002, 205, 206; *Kemmnitz*, Empirische Untersuchung medizinischer Normsetzungsprozesse, 89; *Schneider*, MedR 1998, 151; *Steffen*, Festschrift für Deutsch, 799, 802.

37 *Ahrens*, DOK 1998, 75 f.; *Amelung/ Schumacher*, Managed Care, S. 3 f.; *Bien*, ZFSH/ SGB 2000, 387; *Haubrock/ Hagmann/ Nerlinger*, Managed Care, S. 22 f.; *Häussler/ Bohm*, Sozialer Fortschritt 2000, 127; *Henke/ Sinha*, Evaluation neuer Vertrags- und Versorgungsformen in der Krankenversicherung, 3, 9 ff.; *Klein-Lange*, Krankenversorgung, 213, 224 f.; *König/ Seitz*, Gesundheitswesen 1999, 274; *Rachold*, Neue Versorgungsformen und Managed Care, S. 52 ff.; *Rüschmann/ Roth/ Krauss*, Vernetzte Praxen auf dem Weg zu managed care?, S. 45 ff.; *Schwartz/ Wismar*, Planung und Management, 558, 571; *König/ Seitz/ Graf von Stillfried*, Grundlagen von Managed Care, 3, 5 f.; kritisch dazu *Weide*, MedR 2001, 72 ff.

38 *Haubrock/ Hagmann/ Nerlinger*, Managed Care, S. 41 f., 83, 109 ff.; *Henke/ Sinha*, Evaluation neuer Vertrags- und Versorgungsformen in der Krankenversicherung, 3, 11; *Klein-Lange*, Krankenversorgung, 213, 224 f.; LPK-SGB V-*Kruse*, Einleitung, Rn. 24; *Mühlbacher/ Henke/ von Troschke*, Z. Allg. Med. 2000, 592, 595 ff.; *Rieger*, MedR 1998, 75; *Rüschmann/ Roth/ Krauss*, Vernetzte Praxen auf dem Weg zu managed care?, S. 45 ff.

39 Eine umfangreiche Darstellung und Klassifikation der Instrumente von Managed Care findet sich bei *Amelung/ Schumacher*, Managed Care, S. 57 ff.; *Haubrock/ Hagmann/ Nerlinger*, Managed Care, S. 41 ff.; *Rachold*, Neue Versorgungsformen und Managed Care, S. 54 ff.

erbringer an dem Versorgungsprozess beteiligt werden. Der Primärarzt ist außerdem für die einzelfallbezogene Gesamtbetreuung der Patienten, das sogenannte Case Management, verantwortlich: Er übernimmt die kontinuierliche und umfassende Patientenbetreuung in allen Versorgungsstadien, koordiniert sämtliche stattfindenden Versorgungsvorgänge und wirkt so als zentraler Knotenpunkt bei der Patientenversorgung innerhalb des integrativen Versorgungsnetzwerkes[40].

Ein weiterer Ansatz innerhalb von Managed Care, der im Kontext der Versorgungsnetze ebenfalls besondere Bedeutung erlangt, ist das sogenannte Disease Management. Es handelt sich hierbei um ein indikationsspezifisches Versorgungsmanagement, das typischerweise bei der Behandlung von Patienten mit chronischen Erkrankungen und in der geriatrischen Versorgung eingesetzt wird. Die Versorgung von chronisch erkrankten oder älteren Menschen erfordert regelmäßig eine komplexe und langfristige medizinische sowie psychosoziale Betreuung unter Einbeziehung zahlreicher Leistungserbringer. Disease Management ist darauf ausgerichtet, generelle Versorgungsabläufe zu schaffen, die eine optimale Betreuung von Patientengruppen mit einer bestimmten Erkrankung innerhalb des Versorgungssystems gewährleisten[41]. Aufgrund ihres integrativen Ansatzes, das die Einbeziehung mehrerer Versorgungsbereiche und die Bildung von Versorgungsketten umfasst, sind Versorgungsnetze in hohem Maße dazu geeignet, Disease Management Programme umzusetzen[42].

---

40 *Amelung/ Schumacher*, Managed Care, S. 98 ff.; *Bien*, ZFSH/ SGB 2000, 387; *Haubrock/ Hagmann/ Nerlinger*, Managed Care, S. 45 ff.; *Klein-Lange*, Krankenversorgung, 213, 224 f.; *König/ Seitz*, Gesundheitswesen 1999, 274, 275 f.; *König/ Seitz/ Graf von Stillfried*, Grundlagen von Managed Care, 3, 12 f.; *Mühlbacher/ Henke/ von Troschke*, Z. Allg. Med. 2000, 592, 595 ff.; *Rachold*, Neue Versorgungsformen und Managed Care, S. 63, 64; *Rieger*, MedR 1998, 75; *Rüschmann/ Roth/ Krauss*, Vernetzte Praxen auf dem Weg zu managed care?, S. 25, 53 f. Sozialrechtlich ist die Primärarztstruktur nun in den Regelungen zur sogenannten hausarztzentrierten Versorgung gemäß § 73b SGB V verankert; dazu *Muckel*, NJW 2004, 7, 9; *Orlowski/ Wasem*, Gesundheitsreform 2004, S. 86 ff.; *Scholz*, GesR 369, 370.

41 Dazu *Ahrens*, DOK 1998, 75 ff.; *Amelung/ Schumacher*, Managed Care, S. 122 ff.; *Haubrock/ Hagmann/ Nerlinger*, Managed Care, S. 48 ff., 63 ff.; *Klein-Lange*, Das Public Health Buch, 213, 223, 224 f.; *Lauterbach/ Stock*, DÄBl. 2001, A-1935 ff.; *Mühlbacher/ Henke/ von Troschke*, Z. Allg. Med. 2000, 592, 597; *Rachold*, Neue Versorgungsformen und Managed Care, S. 64; *Rebscher*, Der Onkologe 2003, 368, 373; *Rüschmann/ Roth/ Krauss*, Vernetzte Praxen auf dem Weg zu managed care?, S. 25. Vgl. in dem Zusammenhang die sozialrechtlichen Regelungen in den §§ 137f und g SGB V über die Entwicklung und Zulassung strukturierter Behandlungsprogramme bei chronischen Krankheiten.

42 Siehe als Praxisbeispiel etwa das „Modellprojekt Diabetes" der AOK und der Kassenärztlichen Vereinigung in Thüringen, *Becker-Berke/ Mehl*, G+G 8/ 1998, 22, 25 ff.; *Worms/ Sicker*, G+G 3/ 2000, 18 f. Vgl. auch die anschaulichen Umsetzungsbeispiele integrierter Versorgungseinrichtungen bei *Bihr/ Krauskopf*, ZögU 2001, 194, 201 f. sowie das Beispiel eines Mikro-Netzwerkes zur kardiologischen Versorgung bei *Haubrock/ Hagmann/ Nerlinger*, Managed Care, S. 112 ff.

*b. Ökonomisierung der Gesundheitsversorgung*

Das Gegenstück zu den soeben dargestellten Defiziten in der medizinischen Versorgungsqualität bilden Wirtschaftlichkeitsmängel innerhalb des Systems der gesetzlichen Krankenversicherung. Das durch eine ausgeprägte Arbeitsteilung, sektorale Trennung und Spezialisierungstendenzen gekennzeichnete Gesundheitssystem ruft vielfach eine ineffiziente Leistungserbringung hervor. So führen Informations- und Abstimmungsdefizite zur Durchführung medizinisch nicht notwendiger Doppeluntersuchungen und Doppelverordnungen, zur Mehrfachinanspruchnahme von Leistungserbringern und zur Vornahme nicht erforderlicher Krankenhauseinweisungen. Dieser Sachverhalt führt aus gesamtwirtschaftlicher Sicht zur Entstehung vermeidbarer Kosten, die das solidarische System der gesetzlichen Krankenversicherung in erheblichem Maße belasten[43]. Zugleich behindern verfehlte Anreizstrukturen wie die der Einzelleistungsvergütung eine effiziente Allokation der vorhandenen Ressourcen, indem sie einen Anreiz zu medizinisch oftmals nicht erforderlichen Mengenausweitungen bei der Leistungserbringung schaffen[44].

Diese Fehlentwicklungen werden von einer demographischen Entwicklung begleitet, die das deutsche Sozialversicherungssystem zunehmend belastet. Der steigenden Lebenserwartung innerhalb der Bevölkerung steht eine rückläufige Geburtenrate gegenüber, die zu einer kontinuierlichen demographischen Alterung führt[45]. Dies hat einerseits eine sinkende Anzahl an Beitragszahlern zur Folge, die mit Blick auf eine sozialpolitisch wünschenswerte Stabilität der Beitragssätze eine Verknappung der finanziellen Ressourcen mit sich bringt. Andererseits nimmt mit zunehmender Alterung der Gesellschaft die Bedeutung chronischer Erkrankungen, deren medizinische Versorgung im Vergleich zur Behandlung akuter Krankheiten erheblich höhere Kosten verursacht, konstant zu[46]. Vor diesem Hintergrund wird der bestehende Konflikt zwischen dem Grund-

---

43 *Erbsen*, Praxisnetze und das Berufsrecht der Ärzte, S. 26; *Graefe/ Gemke*, Praxisnetze – Realitäten und Möglichkeiten, S. 5; *Haubrock/ Hagmann/ Nerlinger*, Managed Care, S. 79 ff.; Schnapp/ Wigge-*Knieps*, Handbuch des Vertragsarztrechts, § 11, Rn. 1 f.; *Methner*, Die Leistungen 2000, 321; *Mühlbacher/ Henke/ von Troschke*, Z. Allg. Med. 2000, 592, 593; *Rachold*, Neue Versorgungsformen und Managed Care, S. 22 ff., 61 f. Demgegenüber weisen Staaten, deren Gesundheitswesen durch eine stärkere Verzahnung von ambulanter und stationärer Versorgung gekennzeichnet ist, einen im Vergleich zu Deutschland geringeren Kostenaufwand für die Gesundheitsversorgung auf, vgl. *Orlowski*, VSSR 1998, 265, 267.

44 Ausführlich *Haubrock/ Hagmann/ Nerlinger*, Managed Care, S. 79 ff.; *Rachold*, Neue Versorgungsformen und Managed Care, S. 22 ff., 56; vgl. auch *Mühlbacher/ Henke/ von Troschke*, Z. Allg. Med. 2000, 592, 593; *Rüschmann/ Roth/ Krauss*, Vernetzte Praxen auf dem Weg zu managed care?, S. 8; *Wasem*, Die Ursachen der Ausgabenanstiege, 75, 84 f.

45 *Statistisches Bundesamt*, Bevölkerungsentwicklung Deutschlands bis 2050, S. 7 ff.; siehe auch *Heberer*, Das ärztliche Berufs- und Standesrecht, S. 19 ff.; *Kayser/ Schwefing*, Managed Care und HMOs, S. 33 ff.; *Kurth*, Bundesgesundheitsbl – Gesundheitsforsch – Gesundheitsschutz 2001, 813 ff.

46 *Kayser/ Schwefing*, Managed Care und HMOs, S. 33 ff.; *Kurth*, Bundesgesundheitsbl – Gesundheitsforsch – Gesundheitsschutz 2001, 813 ff.; *Lauterbach/ Stock*, DÄBl. 2001, A-1935; *Mummert + Partner*, Chancen der integrierten Versorgung, S. 13 f.; *Rachold*, Neue Versorgungsformen und

satz der Versorgungsqualität und dem Wirtschaftlichkeitsgebot innerhalb des Gesamtsystems der gesetzlichen Krankenversicherung deutlich[47]. Der Anspruch des einzelnen Patienten auf eine qualitative Behandlung nach dem neuesten Stand der Wissenschaft und Technik kollidiert regelmäßig mit dem Interesse der Solidargemeinschaft der gesetzlich Krankenversicherten an einer wirtschaftlichen Gesundheitsversorgung und einer Stabilität der Beitragssätze[48]. Die bestehende Divergenz zwischen Behandlungsqualität und Wirtschaftlichkeit schreitet dabei auch mit Blick auf die rasante wissenschaftliche, medizinische und medizinisch-technische Entwicklung fort, die eine zusätzliche Kosten verursachende Behandlung zahlreicher Erkrankungen erst ermöglicht[49].

Diese Sachlage stellt das Solidarsystem der gesetzlichen Krankenversicherung vor erhebliche Probleme bei der Kostendeckung und ruft mittlerweile Finanzierungsdefizite in Milliardenhöhe hervor[50]. Als Reaktion hierauf hat das Sozialversicherungsrecht im Rahmen der zahlreichen Reformvorhaben zur Kostendämpfung im Gesundheitswesen innerhalb der letzten Jahre verschiedene Kooperationsmodelle hervor gebracht, die der fortschreitenden Finanzierungslücke entgegenwirken sollen[51]. Von Bedeutung ist in diesem Zusammenhang zunächst das zweite Gesetz zur Neuordnung von Selbstverwaltung und Eigenverantwortung in der gesetzlichen Krankenversicherung vom 30. Juni 1997[52], das zum einen die Regelungen über die Modellvorhaben gemäß §§ 63 ff. SGB V neu gefasst und das Kooperationsmodell der vernetzten Praxen in § 73a SGB V eingefügt, zum anderen eine stärkere Verzahnung von ambulanter und stationärer Versorgung eingeleitet hat[53]. Durch das Gesetz zur Reform der gesetzlichen Krankenversicherung ab dem Jahr 2000 vom 22. Dezember 1999[54] wurden die integrierte Versorgung gemäß §§ 140a ff. SGB V ins Leben gerufen und die bestehenden Regelungen über Modellvorhaben erneut grundlegend geändert[55]. Die vorerst letzte Reformstufe wurde mit dem Gesetz zur Modernisierung der gesetzlichen Krankenversicherung

---

Managed Care, S. 18; *Wasem*, Die Ursachen der Ausgabenanstiege, 75, 80 ff.

47 Vgl. dazu §§ 2, 12, 70 SGB V.

48 Der Grundsatz der Beitragssatzstabilität ist sozialgesetzlich in § 71 SGB V verankert.

49 Vgl. *Kayser/ Schwefing*, Managed Care und HMOs, S. 36 f.; LPK-SGB V-*Kruse*, Einleitung, Rn. 20 f.; *Preißler*, MedR 1999, 506 f.

50 Die finanzielle Deckungslücke in der gesetzlichen Krankenversicherung betrug nach vorläufigen Berechnungen des Bundesministeriums für Gesundheit und Soziale Sicherung im Jahr 2002 rund 2,96 Milliarden Euro mit der Folge einer notwendigen Beitragserhöhung von 14 % auf 14,3 %, vgl. *Rieser*, DÄBl. 2003, A-657.

51 Einen Überblick über die Entwicklung des Rechts der gesetzlichen Krankenversicherung im Zusammenhang mit den verschiedenen Gesundheitsreformen seit 1989 geben LPK-SGB V-*Kruse*, Einleitung, Rn. 3 ff. sowie *Rachold,* Neue Versorgungsformen und Managed Care, S. 49 ff.

52 BGBl. I 1997, S. 1520; siehe dazu *Schirmer*, MedR 1997, 431 ff.

53 Vgl. *Andreas*, ArztR 2000, 32; LPK-SGB V-*Kruse*, Einleitung, Rn. 23; *Rüschmann/ Roth/ Krauss*, Vernetzte Praxen auf dem Weg zu managed care?, S. 5 f.

54 BGBl. I 1999, S. 2626; vgl. dazu *Krasney*, NJW 2000, 2697; *Rüschmann/ Roth/ Krauss*, Vernetzte Praxen auf dem Weg zu managed care?, S. 8 ff.

55 Siehe zur normativen Entwicklung vernetzter Kooperationsformen auch den Überblick bei *Erbsen*, Praxisnetze und das Berufsrecht der Ärzte, S. 32 ff.

vom 19. November 2003[56] erreicht, das neben zahlreichen anderen Änderungen im Recht der gesetzliche Krankenversicherung die Vorschriften über die integrierte Versorgung reformiert und die medizinischen Versorgungszentren als neue Kooperationsform in das Vertragsarztrecht einführt. Maßgebliche Intention hinter sämtlichen dieser vernetzten Kooperationsformen ist das Bestreben, durch die Nutzung von Einsparpotenzialen Kosteneinsparungen im deutschen Gesundheitssystem zu bewirken. Hier werden erneut die Grundsätze über Managed Care relevant, die neben einer Förderung der medizinischen Versorgungsqualität eine Erhöhung der Wirtschaftlichkeit bezwecken[57]. Ökonomisierung der Gesundheitsversorgung und Steigerung der Versorgungsqualität sind nach diesem Ansatz keine gegenläufigen Zielvorstellungen, sondern stehen regelmäßig miteinander in Korrelation: „Mehr Qualität und mehr Wirtschaftlichkeit ist ... nicht gleichbedeutend mit weniger Leistungen, sondern mit den richtigen Leistungen in den adäquaten Versorgungsstufen."[58] Die sozialrechtliche Implementierung von Versorgungsnetzen in das System der gesetzlichen Krankenversicherung eröffnet die Möglichkeit, Elemente von Managed Care in dieses zu integrieren und umzusetzen[59]. Dementsprechend werden mit dem Aufbau vernetzter Kooperationen innerhalb der gesetzlichen Krankenversicherung die Zielsetzungen verfolgt, eine Sicherung und Verbesserung der medizinischen Behandlungsqualität auf der einen Seite und Einsparungen finanzieller Ressourcen durch einen Ausschluss überflüssiger Leistungen auf der anderen Seite zu bewirken[60]. Die dadurch frei werdenden finanziellen Mittel kommen – anders als auf der Individualebene der Leistungserbringer – primär dem Gesamtsystem der gesetzlichen Krankenversicherung und damit letztlich der Solidargemeinschaft der gesetzlich Krankenversicherten zugute.

### *B. Zielsetzung der Arbeit und Gang der Untersuchung*

Die Entwicklung vernetzter Kooperationsformen innerhalb der gesetzlichen Krankenversicherung ruft eine Vielzahl aktueller Rechtsprobleme hervor, die in der vorliegenden Arbeit aufgezeigt und einer praktikablen Lösung zugeführt werden sollen. Zentraler Bezugspunkt der Untersuchung sind einerseits die binnenrechtlichen Beziehungen der

56 BGBl. I 2003, S. 2190; vgl. dazu *Muckel*, NJW 2004, 7 ff.; *Orlowski/ Wasem*, Gesundheitsreform 2004; *Scholz*, GesR 2003, 369 ff.

57 *Ahrens*, DOK 1998, 75, 76; *Bien*, ZFSH/ SGB 2000, 387; *Häussler/ Bohm*, Sozialer Fortschritt 2000, 127; *Henke/ Sinha*, Evaluation neuer Vertrags- und Versorgungsformen in der Krankenversicherung, 3, 9 ff.; *Klein-Lange*, Das Public Health Buch, 213, 224 f.; *König/ Seitz*, Gesundheitswesen 1999, 274; *Rüschmann/ Roth/ Krauss*, Vernetzte Praxen auf dem Weg zu managed care?, S. 45 ff.; *Schwartz/ Wismar*, Planung und Management, 558, 571.

58 *Ahrens*, DOK 1998, 75, 76.

59 Ausführlich *Rachold*, Neue Versorgungsformen und Managed Care, S. 93 ff.

60 *Andreas*, ArztR 2000, 32, 33; *Graefe/ Gemke*, Praxisnetze – Realitäten und Möglichkeiten, S. 5; *Hildebrandt*, Entwicklungen und Rechtsprobleme freiberuflicher Zusammenschlüsse, S. 69 f.; *Klein-Lange*, Das Public Health Buch, 213, 225; *Methner*, Die Leistungen 2000, 321; *Rieger*, MedR 1998, 75; *Rüschmann/ Roth/ Krauss*, Vernetzte Praxen auf dem Weg zu managed care?, S. 13 f.

im Versorgungsverbund zusammengeschlossenen Leistungserbringer, andererseits die Auswirkungen der kooperativen Berufsausübung auf die vertrags- und haftungsrechtlichen Beziehungen des Verbundes und seiner Mitglieder zu den Patienten als Leistungsempfängern. Als Ausschnitt aus dem Gesamtsystem der gesetzlichen Krankenversicherung sind diese Rechtsverhältnisse in ein komplexes Beziehungs- und Normgeflecht eingebettet. Aus öffentlich-rechtlicher Perspektive sind in erster Linie die einer rasanten Fortentwicklung unterliegenden Bestimmungen des Sozialrechts und des ärztlichen Berufsrechts maßgebend, die Rahmenbedingungen für die Zulässigkeit und Ausgestaltung vernetzter Kooperationsmodelle festlegen. Die organisatorische Umsetzung und Durchführung der Zusammenarbeit in Versorgungsnetzen berührt jedoch in weitem Umfang auch zivilrechtliche Fragestellungen des Gesellschaftsrechts sowie des Vertrags- und Haftungsrechts. Dieser Bereich ist durch eine umfangreiche Rechtsfortbildung geprägt, wie etwa der jüngste Rechtsprechungswandel zur Rechts- und Haftungsverfassung der Gesellschaft bürgerlichen Rechts sowie die weitläufige Diskussion um die Zulässigkeit medizinischer Tätigkeit in der Rechtsform einer juristisch Person belegen. Einen besonderen Stellenwert nehmen in diesem Zusammenhang ferner spezifische Probleme ein, die aus der interdisziplinären Zusammenarbeit der Mitglieder vernetzter Kooperationsformen resultieren. Das Dissertationsvorhaben befindet sich damit an der Schnittstelle zwischen der öffentlich-rechtlichen und der zivilrechtlichen Teildisziplin, die in vielfältiger Weise miteinander verknüpft sind und gegenseitige Wechselwirkungen entfalten. Es weist zudem fächerübergreifende Bezüge zu den ebenfalls mit der Entwicklung vernetzter Kooperationsformen befassten Gesundheits- und Sozialwissenschaften auf, die bei der Bearbeitung flankierend zu berücksichtigen sind.

Die nachfolgende Untersuchung ist in sechs aufeinander aufbauende Kapitel untergliedert. Im ersten Kapitel wird der sozialversicherungsrechtliche Kontext erläutert, der den äußeren Rahmen für die Realisierung vernetzter Kooperationsmodelle in der gesetzlichen Krankenversicherung steckt. Es erfolgt ein Überblick über das sozialrechtliche Beziehungsgefüge, das bei der Errichtung von Versorgungsnetzen auf der Grundlage von Modellvorhaben, vernetzten Praxen und integrierten Versorgungseinrichtungen entsteht. Die rechtspraktische Umsetzung der sozialrechtlichen Rahmenbedingungen durch die kooperierenden Leistungserbringer liefert wesentliche Anknüpfungspunkte für die Untersuchung der binnenrechtlichen Organisationsstrukturen vernetzter Kooperationen sowie ihrer vertrags- und haftungsrechtlichen Beziehungen zu den Patienten. Daher enthält das zweite Kapitel eine Typologie vernetzter Kooperationsmodelle innerhalb der gesetzlichen Krankenversicherung, die anhand ihrer unterschiedlichen Merkmale und Ausprägungen dargestellt werden. Gegenstand des dritten Kapitels sind die Vorgaben des ärztlichen Berufsrechts über die kooperative Berufsausübung von Ärzten in Praxisverbünden, die ebenfalls als öffentlich-rechtliche Rahmenbedingungen der Zusammenarbeit zu beachten sind.

Sodann wird das Binnenverhältnis vernetzter Kooperationsformen im vierten Kapitel einer näheren Betrachtung unterzogen. Hier wird zunächst untersucht, ob die in einem Versorgungsverbund kooperierenden Leistungserbringer stets in binnenrechtliche Beziehungen zueinander treten und wie ihr Kooperationsverhältnis rechtlich zu qualifizieren ist. Anschließend wird der Frage nachgegangen, welche gesellschaftsrechtlichen Organisationsformen der Zusammenarbeit in vernetzten Kooperationsformen zugrunde gelegt werden können und welche spezifischen Aspekte bei der Rechtsformenwahl zu berücksichten sind. Ein Schwergewicht wird dabei auf der Untersuchung der Rechtsprobleme liegen, die aus dem Spannungsverhältnis der verschiedenen beteiligten Teilrechtsgebiete einschließlich der damit einher gehenden verfassungsrechtlichen Implikationen resultieren. Einen weiteren Schwerpunkt der Bearbeitung bilden die vertraglichen und deliktischen Außenbeziehungen des Versorgungsverbundes und der in ihm kooperierenden Leistungserbringer zu den Patienten. Das fünfte Kapitel widmet sich daher der Fragestellung, wer den Versicherten der eingebundenen Krankenkassen als Leistungs- und Haftungsschuldner gegenüber tritt, wenn diese sich als Patienten zu einem Verbundteilnehmer in Behandlung begeben. Die gefundenen Ergebnisse werden schließlich im sechsten Kapitel in Form von Thesen zusammengefasst.

### *C. Themenbegrenzungen*

Der Aufbau von Versorgungsnetzen innerhalb des Systems der gesetzlichen Krankenversicherung ruft neben den angesprochenen Problemfeldern wettbewerbsrechtliche Fragestellungen hervor, die vielfach eng mit dem ärztlichen Berufsrecht verknüpft sind. Ein in der wettbewerbsrechtlichen Judikatur bereits mehrfach in Erscheinung getretener Anwendungsfall ist etwa die Frage nach einem Unterlassungsanspruch wegen Verstoßes gegen den berufsrechtlichen Grundsatz des ärztlichen Werbeverbots und das damit zusammenhängende Erfordernis einer Abgrenzung zur sachlichen Patienteninformation im Falle einer Veröffentlichung von Werbematerialien für Praxisnetze[61]. Daneben wirft das Konkurrenzverhältnis zwischen bestehenden Versorgungsnetzen und netzexternen Leistungserbringern vielfältige wettbewerbs- und kartellrechtliche Probleme auf. Besonders vor dem Hintergrund des andauernden Zuwachses vernetzter Kooperationsformen wird zunehmend die Frage nach einem Kontrahierungszwang der Krankenkassen, Kassenärztlichen Vereinigungen sowie der an einem Versorgungsnetz teilnehmenden Leistungserbringer mit sogenannten Netzaußenseitern praktisch relevant[62]. Darüber hinaus

---

61 *OLG Hamburg*, Urteil vom 24. Juni 1999 – 3 U 227/ 98; *LG Hamburg*, Urteil vom 16. September 1998 – 315 O 260/ 98, Zusammenfassung in MedR 1999, 34 (beide Urteile betreffen Aussagen in einer Broschüre der Techniker Krankenkasse für das Praxisnetz Berlin); *LG München I*, Urteil vom 02. März 2000 – 17 HKO 193/ 00 (Faltblatt der Betriebskrankenkasse für das Medizinische Qualitätsnetz München). Dazu *Eisenberg*, Ärztliche Kooperations- und Organisationsformen, S. 225 ff.; *Erbsen*, Praxisnetze und das Berufsrecht der Ärzte, S. 198 ff.; *Rieger*, MedR 1998, 75, 80 f.; Lexikon des Arztrechts-*ders.*, Kennzahl 4305, Rn. 62 ff.; *Schirmer*, VSSR 1998, 279, 299 f.

62 Dazu *Becker*, NZS 2001, 505, 513; *Erbsen*, Praxisnetze und das Berufsrecht der Ärzte, S. 83 ff.;

begegnen aktuelle Bestrebungen der Kassenärztlichen Vereinigungen, ihre Vertragsmonopolstellung in der vertragsärztlichen Versorgung faktisch über eine Beteiligung an privatrechtlichen Praxisverbünden aufrechtzuerhalten, denen die Mehrzahl der Vertragsärzte ihres Planungsbereiches angehört, neben vertragsarztrechtlichen auch erheblichen wettbewerbs- und kartellrechtlichen Bedenken[63]. Die Bearbeitung dieser umfänglichen Fragestellungen, die keinen unmittelbaren Bezug zu den hier untersuchten Rechtsbeziehungen der Kooperationspartner untereinander sowie zu den Leistungsempfängern aufweisen, würde den Rahmen der vorliegenden Dissertation jedoch sprengen; sie bleiben in der nachfolgenden Darstellung daher außer Betracht.

Die bei der Durchführung vernetzter Kooperationsmodelle auftretenden Sonderprobleme der Vergütung und Abrechnung von netzintern erbrachten Versorgungsleistungen sowie der Honorarverteilung unter den Netzteilnehmern können in der vorliegenden Untersuchung lediglich am Rande angesprochen werden. Keine Berücksichtigung finden ferner steuerrechtliche Aspekte, die innerhalb des binnenrechtlichen Kooperationsverhältnisses der Leistungserbringer praktische Bedeutung erlangen können[64]. Hinsichtlich der Außenbeziehungen des Versorgungsverbundes und der kooperierenden Leistungserbringer zu den Patienten konzentriert sich die Untersuchung auf die spezifischen Probleme der vertrags- und haftungsrechtlichen Beziehungsebene. Darüber hinaus wirft die Zusammenarbeit von Leistungserbringern in vernetzten Kooperationsformen eine Reihe von Rechtsfragen des Datenschutzes und der beruflichen Schweigepflicht auf, die im Rahmen dieser Arbeit nur angedeutet werden können. Insoweit sind vor allem mit Blick auf die fortschreitende elektronische Vernetzung mittels telemedizinischer Hilfsmittel ernst zu nehmende Gefahren für den Datenschutz der Versicherten durch Zugriffe nicht berechtigter Personen oder Institutionen auf ihre Patientendaten sowie durch

---

*Rieger*, MedR 1998, 75, 76, 78; Lexikon des Arztrechts-*ders.*, Kennzahl 4305, Rn. 22, 76 ff.; *Schirmer*, MedR 1997, 431, 440; *ders.*, VSSR 1998, 279, 288, 302 f.; *Steinmeyer*, Wettbewerbsrecht im Gesundheitswesen, S. 110 ff.; *ders.*, Wettbewerbs- und kartellrechtliche Probleme, 98 ff.; *Wigge*, S. 82 f.; *ders.*, NZS 2001, 17, 23 f. Siehe zur allgemeinen Problematik der Anwendbarkeit des Wettbewerbs- und Kartellrechts auf das Gesundheitswesen *Knispel*, NZS 1998, 563 ff.; *Löwisch*, Wettbewerb, Kollektivverträge und Konfliktlösung in der Reform des Gesundheitswesens; *Neumann*, Kartellrechtliche Sanktionierung von Wettbewerbsbeschränkungen im Gesundheitswesen; *Peikert/ Kroel*, MedR 2001, 14 ff.; *Steinmeyer*, Wettbewerbsrecht im Gesundheitswesen; *Stelzer*, Die Sozialversicherung 2000, 141 ff.; *ders.*, Die Sozialversicherung 2000, 169 ff.

63 Dazu *LSG Baden-Württemberg* MedR 2002, 212 mit Anmerkung *Steck*; *SG Stuttgart*, Beschluss vom 14. November 2000 – S 5 KA 4825/ 00 ER, Zusammenfassung in G+G 2001, 50 f. mit Anmerkung *Freyschmidt* (beide Entscheidungen betreffen die Beteiligung der Kassenärztlichen Vereinigung Nord-Württemberg als Gesellschafterin am Medi-Verbundsystem); *LSG Schleswig-Holstein* Breithaupt 2000, 995, Zusammenfassung in MedR 2001, 40; *SG Kiel* KVuSR 2000, 130 (beide Entscheidungen betreffen die geplante Beteiligung der Kassenärztlichen Vereinigung Schleswig-Holstein an einem genossenschaftlichen Praxisverbund); *Erbsen*, Praxisnetze und das Berufsrecht der Ärzte, S. 144 ff.

64 Siehe zu steuerrechtlichen Fragen im Zusammenhang mit der kooperativen ärztlichen Berufsausübung *Cramer*, MedR 1995, 104; *Lüke-Rosendahl*, Der Beruf des Arztes unter besonderer Berücksichtigung der ärztlichen Kooperationen; *Scheuffler*, MedR 1995, 99 mit weiteren Nachweisen.

Missbrauch dieser Daten zu konstatieren[65]. Rechtsprobleme entstehen schließlich auch im Verhältnis von Versorgungsnetzen zu Versicherten, die einer am Verbund nicht beteiligten Krankenkasse angehören. Dies betrifft insbesondere die Fragestellung, ob und inwieweit die medizinischen Vorteile, die sich aus der Zusammenarbeit im Versorgungsnetz ergeben, den versicherten Patienten nicht eingebundener Krankenkassen vorenthalten werden dürfen. Auf diese Problematik kann hier lediglich hingewiesen werden; ihre Bearbeitung ist anderen Untersuchungen vorbehalten[66].

---

65 Dazu *Dannemann*, ArztR 1999, 182, 185 f.; *Dierks*, Rechtliche und praktische Probleme der Integration von Telemedizin, S. 51 ff.; *ders.*, Rechtsfragen der Telemedizin, 1, 27 ff.; *ders.*, ZaeFQ 1999, 787 ff.; *Eisenberg*, Ärztliche Kooperations- und Organisationsformen, S. 227 ff.; *Erbsen*, Praxisnetze und das Berufsrecht der Ärzte, S. 184 ff.; *Garstka*, ZaeFQ 1999, 781 ff.; *Graefe/ Gemke*, Die Gestaltung von Praxisnetzen und der Datenschutz, S. 8 ff.; *Graefe/ Zieglwalner/ Glökler*, Datenschutzrechtliche Aspekte in der Telemedizin; *Hermeler*, Rechtliche Rahmenbedingungen der Telemedizin, S. 136 ff., 150 ff.; *Mand*, MedR 2003, 393 ff.; *Reichow/ Hartleb/ Schmidt*, MedR 1998, 162 ff.; *Rieger*, MedR 1998, 75, 79 f.; Lexikon des Arztrechts-*ders.*, Kennzahl 4305, Rn. 71 ff.; *Schirmer*, VSSR 1998, 279, 295 ff.; *Schmidt*, Datensicherheit, 101 ff.; *Ulsenheimer/ Heinemann*, MedR 1999, 197, 200 ff.; *Vetter*, ZaeFQ 2001, 662 ff.; *Wienke/ Sauerborn*, MedR 2000, 517 ff.; *dies.*, Manuelle Medizin 2000, 87 ff.

66 Eingehend zu dieser Frage *Erbsen*, Praxisnetze und das Berufsrecht der Ärzte, S. 171 ff.; *Schirmer*, VSSR 1998, 279, 287 f., 291.

# Erstes Kapitel: Sozialversicherungsrechtliche Rahmenbedingungen vernetzter Kooperationsformen

Vernetzte Kooperationsformen in der gesetzlichen Krankenversicherung sind in ein vielschichtiges Gesamtgefüge unterschiedlicher Rechtsbeziehungen eingebettet. Eines der wesentlichen Strukturelemente im System der gesetzlichen Krankenversicherung ist das Naturalleistungsprinzip gemäß § 2 Abs. 2 S. 1 SGB V, das die Krankenkassen kraft des öffentlich-rechtlichen Mitgliedschaftsverhältnisses zu den Versicherten[67] grundsätzlich dazu verpflichtet, die Versicherungsleistungen unmittelbar in Form von Sach- und Dienstleistungen zu erbringen[68]. Nach § 2 Abs. 2 S. 2 SGB V erfüllen die Krankenkassen ihre Leistungsverpflichtung prinzipiell nicht eigenhändig, sondern mittels vertraglicher Kooperationsbeziehungen zu Leistungserbringern[69]. Nur ausnahmsweise werden die Sach- und Dienstleistungen von den Krankenkassen in Form von Eigeneinrichtungen erbracht, deren Zulässigkeit nach § 140 SGB V an enge Voraussetzungen geknüpft ist[70].

Aus dem Zusammenwirken der Sozialversicherungsträger mit Leistungserbringern als Regelform gesetzlicher Gesundheitsversorgung resultiert die im SGB V festgelegte Unterscheidung zwischen Leistungsrecht und Leistungserbringungsrecht. Während das Leistungsrecht in den §§ 11 ff. SGB V die Rechtsbeziehungen der Krankenkassen zu ihren Versicherten einschließlich der bestehenden Leistungsansprüche regelt, normiert das Leistungserbringungsrecht in den §§ 69 ff. SGB V die Rechtsbeziehungen der Krankenkassen und ihrer Verbände zu den Leistungserbringern und deren Verbänden. Folge dieser Zweiteilung ist die Entstehung einer Vielzahl von Rechtsbeziehungen zwischen den Beteiligten, die innerhalb eines komplexen Beziehungsgeflechts miteinander verknüpft sind[71]. Die nachfolgenden Ausführungen geben einen Überblick über die sozialversicherungsrechtlichen Grundlagen, die Rahmenvorgaben für die Errichtung und

---

67 Zur öffentlich-rechtlichen Natur der Rechtsbeziehungen zwischen den Krankenkassen und den gesetzlich Krankenversicherten *BGHZ* 36, 91, 93; 82, 375, 383; *Behrends*, Grenzen des Privatrechts in der gesetzlichen Krankenversicherung, S. 3; *Breulmann*, Die Rechtsbeziehungen im Rahmen der Heil- und Hilfsmittelgewährung, S. 32; *Jörg*, Das neue Kassenarztrecht, Rn. 27; *Kötter*, Die Steuerung der ambulanten ärztlichen Versorgung, S. 192; *Narr*, SGb 1986, 32; Schulin-*Schmitt*, Handbuch des Sozialversicherungsrechts, § 30, Rn. 2; *ders.*, Leistungserbringung durch Dritte im Sozialrecht, S. 141. Siehe zum Mitgliedschaftsverhältnis zwischen den Versicherten und den Krankenkassen die §§ 186 ff. SGB V.

68 Abweichend vom Naturalleistungsprinzip ist eine Kostenerstattung unter den Voraussetzungen des § 13 SGB V zulässig.

69 Allgemein zur Erfüllung von Leistungsverpflichtungen staatlicher Sozialversicherungsträger durch das Eingehen von Kooperationsbeziehungen mit Dritten innerhalb der Leistungsverwaltung *Trute*, Verzahnungen von öffentlichem und privatem Recht, 167, 198.

70 Vgl. *Axer*, Normsetzung der Exekutive in der Sozialversicherung, S. 58; *Kötter*, Die Steuerung der ambulanten ärztlichen Versorgung, S. 195 f.

71 Vgl. *Behrends*, Grenzen des Privatrechts in der gesetzlichen Krankenversicherung, S. 11 ff.; *Kötter*, Die Steuerung der ambulanten ärztlichen Versorgung, S. 194 f.; *Narr*, SGb 1986, 32, 33; *Schimmelpfeng-Schütte*, MedR 2000, 512, 513; Schulin-*Schmitt*, Handbuch des Sozialversicherungsrechts, § 28, Rn. 4; *Schneider*, Handbuch des Kassenarztrechts, Rn. 1170 ff. mit Nachweisen.

Durchführung vernetzter Kooperationsformen innerhalb des Systems der gesetzlichen Krankenversicherung enthalten. Insoweit ist zwischen Versorgungsnetzen auf der Grundlage von Strukturverträgen über vernetzte Praxen gemäß § 73a SGB V, Modellvorhaben gemäß §§ 63 ff. SGB V und integrierten Versorgungseinrichtungen gemäß §§ 140a ff. SGB V zu unterscheiden.

## *A. Vernetzte Praxen gemäß § 73a SGB V*

Die Möglichkeit zur Gründung vernetzter Praxen wurde auf Anregung der ärztlichen Standesorganisationen mit dem zweiten Gesetz zur Neuordnung von Selbstverwaltung und Eigenverantwortung in der gesetzlichen Krankenversicherung[72] in das Recht der gesetzlichen Krankenversicherung eingeführt. § 73a Abs. 1 S. 1 2. Alt. SGB V definiert vernetzte Praxen als Verbünde haus- und fachärztlich tätiger Vertragsärzte. Es handelt sich folglich um eine sozialrechtliche Kooperationsform, in der sich Einzelpraxen niedergelassener Ärzte zur ambulanten Versorgung der gesetzlich Krankenversicherten zusammenschließen. Zielsetzung ist die Sicherung und Steigerung der Qualität der ambulanten Gesundheitsversorgung bei gleichzeitiger Kosteneinsparung[73]. Nach der gesetzlichen Konzeption des § 73a SGB V ist die Schaffung vernetzter Praxen als eine spezielle Ausprägung der allgemeinen Regelversorgung vorgesehen. Die Gesamtstruktur der entstehenden Rechtsbeziehungen entspricht daher in ihren Grundzügen derjenigen der allgemeinen vertragsärztlichen Versorgung[74].

### *I. Rahmenvereinbarungen*

Auf Bundesebene können die Kassenärztlichen Bundesvereinigungen[75] und die Spitzenverbände der Krankenkassen[76] Rahmenvereinbarungen gemäß § 73a Abs. 2 S. 1 SGB V zum Inhalt und zur Durchführung der Strukturverträge über vernetzte Praxen als Bestandteil der Bundesmantelverträge nach § 82 Abs. 1 SGB V treffen. Bei den Bundesmantelverträgen handelt es sich um öffentlich-rechtliche Kollektivverträge mit Doppelfunktion, die einerseits Rechte und Pflichten für die Kassenärztlichen Bundesvereinigungen und die Spitzenverbände der Krankenkassen als Vertragsparteien begründen (obligatorischer Teil), andererseits Normen für die in ihnen zusammengeschlossenen Kassenärztlichen Vereinigungen sowie die Landesverbände der Krankenkassen und die

---

72 BGBl. I 1997, S. 1520.

73 Vgl. *Rieger*, MedR 1998, 75; *Windthorst*, Die integrierte Versorgung in der gesetzlichen Krankenversicherung, S. 32.

74 *Axer*, Normsetzung der Exekutive in der Sozialversicherung, S. 74; *Schirmer*, MedR 1997, 431, 440; *ders.*, VSSR 1998, 279, 282 f.; *Schrinner*, ZaeFQ 2001, 633, 634; *Wigge*, Rechtliche Rahmenbedingungen bei neuen Versorgungsformen, 67, 71; *ders.*, NZS 2001, 17, 18.

75 Insoweit ist zwischen der Kassenärztlichen Bundesvereinigung und der Kassenzahnärztlichen Bundesvereinigung zu unterscheiden, vgl. § 77 Abs. 4 SGB V.

76 Vgl. dazu § 213 Abs. 1 SGB V.

Verbände der Ersatzkassen setzen (normativer Teil)[77]. Der Normzweck des § 73a Abs. 2 S. 1 SGB V, der lediglich eine fakultative Regelungsmöglichkeit ohne Vertragsabschlusspflicht begründet, ist auf eine gesundheitspolitisch sinnvolle Vereinheitlichung der Strukturverträge gerichtet[78]. In der Praxis ist eine Rahmenvereinbarung für vernetzte Praxen bislang nicht zustande gekommen und derzeit auch nicht zu erwarten. Unabhängig vom Bestehen einer besonderen Rahmenvereinbarung sind die Kassenärztlichen Bundesvereinigungen und die Spitzenverbände der Krankenkassen gemäß § 73a Abs. 2 S. 2 SGB V dafür verantwortlich, in den Bundesmantelverträgen die Voraussetzungen zur Durchführung der Strukturverträge nach § 73a Abs. 1 SGB V zu schaffen.

### *II. Strukturverträge*

Auf Landesebene können die Vertragsparteien der Gesamtverträge nach § 83 SGB V Strukturverträge gemäß § 73a Abs. 1 SGB V über die Errichtung vernetzter Praxen abschließen. Dem Aufbau der allgemeinen vertragsärztlichen Versorgung entsprechend können nur die Kassenärztlichen Vereinigungen[79] mit den Landesverbänden der Krankenkassen[80] und den Verbänden der Ersatzkassen[81] kontrahieren, während einzelne Vertragsärzte und deren Gemeinschaften ebenso wie einzelne Krankenkassen von der Vereinbarung eines Strukturvertrages ausgeschlossen sind. Die Vertragsparteien haben sich bei dem Abschluss der Strukturverträge an die Vorgaben der Rahmenvereinbarungen nach § 73a Abs. 2 SGB V zu halten, die als Teil der Bundesmantelverträge Bestandteil der Gesamtverträge sind und daher normative Bindungswirkung für die Kontrahenten der Strukturverträge besitzen. § 73a Abs. 2 S. 1 SGB V eröffnet diesen allerdings die Möglichkeit, die Vorgaben aus den Rahmenvereinbarungen bei der Ausgestaltung der Strukturverträge entsprechend den regionalen Bedürfnissen zu modifizieren.

#### *1. Leistungsumfang*

Vernetzte Praxen können ihrem Leistungsumfang nach einerseits auf die umfassende vertragsärztliche Versorgung von Versicherten der Krankenkassen, die den vertragschließenden Kassenverbänden angehören, einschließlich der ärztlich verordneten oder veranlassten Leistungen gerichtet sein. Der Strukturvertrag wird in diesem Fall regelmäßig die Einbeziehung von Ärzten sämtlicher Fachrichtungen in den Praxisverbund vorsehen, um zu gewährleisten, dass das gesamte ärztliche Leistungsspektrum abge-

---

77 *Axer*, Normsetzung der Exekutive in der Sozialversicherung, S. 66 ff.; Kasseler Kommentar-*Hess*, § 82, Rn. 7; *Jörg*, Das neue Kassenarztrecht, Rn. 345 f.; *Schmitt*, Leistungserbringung durch Dritte im Sozialrecht, S. 142 f.; *Schneider*, Handbuch des Kassenarztrechts, Rn. 727 ff.; vgl. auch *BSGE* 27, 146, 150; 29, 254 ff.; 38, 201, 203.

78 Vgl. die Begründung des Bundestagsausschusses für Gesundheit, BT-Drs. 13/ 7264, S. 63; LPK-SGB V-*Auktor*, § 73a, Rn. 14; *Schirmer*, VSSR 1998, 279, 304.

79 Siehe zur Bildung der Kassenärztlichen Vereinigungen auf Landesebene § 77 Abs. 1 S. 1 SGB V.

80 Zur Bildung der Landesverbände der Krankenkassen § 207 Abs. 1 S. 2 SGB V.

81 Vgl. dazu § 212 Abs. 5 SGB V.

deckt werden kann. Andererseits können sich vernetzte Praxen auf die Erbringung bestimmter Leistungen oder auf einen indikationsbezogenen Teilbereich aus der vertragsärztlichen Versorgung wie etwa die Versorgung chronisch kranker Patienten beschränken, vgl. § 73a Abs. 1 S. 1 SGB V[82].

*2. Einbeziehung der hausärztlichen Versorgung*

Dem Wortlaut des § 73a Abs. 1 S. 1 SGB V zufolge müssen Strukturverträge über vernetzte Praxen auf die Bildung haus- und fachärztlicher Kooperationen gerichtet sein. Diese Formulierung wirft die Frage auf, ob die Vereinbarung rein fachärztlicher Zusammenschlüsse auch ohne eine Mitwirkung von Hausärzten in vernetzen Praxen zulässig ist. Zwar sind in praktischer Hinsicht Konstellationen denkbar, in denen eine adäquate Patientenversorgung innerhalb eines Praxisnetzes nicht notwendig eine hausärztliche Versorgung beinhalten muss. Die Vereinbarung rein fachärztlicher Zusammenschlüsse in Strukturverträgen widerspricht jedoch dem insoweit eindeutigen Wortlaut des § 73a Abs. 1 S. 1 SGB V. Einer extensiven Normauslegung stehen zudem die Vorschriften über die integrierte Versorgung gemäß §§ 140a ff. SGB V entgegen, bei der der Gesetzgeber bewusst auf eine zwingende Teilnahme von Hausärzten verzichtet hat[83]. Die Vereinbarung vernetzter Praxen in Strukturverträgen muss demnach stets eine hausärztliche Versorgung umfassen[84].

*3. Öffnungsklausel*

Den Vertragsparteien wird bei dem Abschluss der Strukturverträge insoweit ein besonderer Verhandlungsfreiraum zugestanden, als sie für die Vergütung der vom Praxisnetz zu erbringenden Leistungen besondere Budgets gemäß § 73a Abs. 1 S. 2 und 3 SGB V vereinbaren können. Darüber hinaus können die Strukturverträge nach § 73a Abs. 1 S. 4 SGB V von den Regelungen des Einheitlichen Bewertungsmaßstabes gemäß § 87 SGB V abweichen, soweit der Grundsatz der Beitragssatzstabilität hierdurch nicht verletzt wird, vgl. § 73a Abs. 1 S. 1 a. E. SGB V[85]. Im Gegensatz zu den für Modellvorha-

---

82 LPK-SGB V-*Auktor*, § 73a, Rn. 7; *Schirmer*, MedR 1997, 431, 438.

83 Der ursprüngliche Entwurf des § 140a Abs. 1 S. 3 SGB sah vor, dass integrierte Versorgungsformen mindestens eine hausärztliche Versorgung nach § 73 Abs. 1 S. 2 einschließen müssen, vgl. BT-Drs. 14/ 1245, S. 24. Diese Vorgabe ist in der mit dem Gesetz zur Reform der gesetzlichen Krankenversicherung ab dem Jahr 2000 (BGBl. I 1999, S. 2626) verabschiedeten Fassung der Vorschriften über die integrierte Versorgung durch die Verpflichtung nach § 140d Abs. 1 Nr. 3 SGB V zur Vereinbarung von Regelungen über die Einbeziehung der hausärztlichen Versorgung in den Rahmenvereinbarungen ersetzt worden und in der aktuellen Fassung der §§ 140a ff. SGB V endgültig aufgegeben worden.

84 So auch *Wigge*, Rechtliche Rahmenbedingungen bei neuen Versorgungsformen, 67, 72 f.; *ders.*, NZS 2001, 17, 18; *Windthorst*, Die integrierte Versorgung in der gesetzlichen Krankenversicherung, S. 31; a. A. *Schirmer*, VSSR 1998, 279, 285 f.

85 Dazu LPK-SGB V-*Auktor*, § 73a, Rn. 10 f.; Schnapp/ Wigge-*Knieps*, Handbuch des Vertragsarztrechts, § 11, Rn. 20; *Rieger*, MedR 1998, 75, 76; Lexikon des Arztrechts-*ders.*, Kennzahl 4305, Rn. 14; *Schirmer*, MedR 1997, 431, 440; *ders.*, VSSR 1998, 279, 292.

ben und Einrichtungen der integrierten Versorgung geltenden Regelungen sieht § 73a Abs. 1 SGB V indessen nicht vor, dass die Vertragsparteien der Strukturverträge über das Leistungserbringungsrecht des SGB V disponieren können[86].

### *4. Vergütung*

Ungeachtet der Möglichkeit, besondere Budgets in den Strukturverträgen zu vereinbaren und von den Regelungen des Einheitlichen Bewertungsmaßstabes abzuweichen, werden die in vernetzten Praxen erbrachten Versorgungsleistungen als Bestandteil der allgemeinen vertragsärztlichen Versorgung im Rahmen der Gesamtvergütung gemäß § 85 SGB V vergütet[87]. Diese wird von den Krankenkassen mit befreiender Wirkung an die Kassenärztliche Vereinigung entrichtet und von dieser anhand der im Strukturvertrag vereinbarten Maßstäbe an die im Praxisverbund zusammengeschlossenen Vertragsärzte verteilt. Wegen des auch für die vertragsärztliche Versorgung durch vernetzte Praxen geltenden Grundsatzes der Beitragssatzstabilität[88] ist eine Erhöhung der Gesamtvergütung über die allgemeinen Vorgaben der §§ 82 ff. SGB V hinaus ausgeschlossen. Vergütungssteigerungen der im Praxisverbund erbrachten Leistungen gehen demzufolge zwangsläufig zu Lasten derjenigen Vertragsärzte, die ebenfalls (Zwangs-)Mitglied der entsprechenden Kassenärztlichen Vereinigung sind, ohne zugleich an der vernetzten Praxis beteiligt zu sein[89].

## *III. Rechtsbeziehungen zwischen Kassenärztlicher Vereinigung und Vertragsärzten*

### *1. Freiwilligkeitsprinzip*

Die Umsetzung der in den Strukturverträgen zwischen den Kassenärztlichen Vereinigungen und den Kassenverbänden vereinbarten vernetzten Praxen bedarf in einem weiteren Schritt der Mitwirkung haus- und fachärztlich tätiger Vertragsärzte. Diesbezüglich wird in § 73a Abs. 1 S. 5 SGB V der Grundsatz der Freiwilligkeit normiert. Die aus dem Zulassungsstatus des Vertragsarztes gemäß § 95 Abs. 3 S. 1 SGB V resultierende Pflicht zur Leistungserbringung erschöpft sich in der Teilnahme an der allgemeinen vertragsärztlichen Versorgung und darf mit Blick auf die Berufsfreiheit gemäß Art. 12 Abs. 1 GG nicht dazu führen, dass Vertragsärzte zur Teilnahme an einem Praxisverbund gezwungen werden[90]. Zur Mitwirkung an einer vernetzten Praxis ist somit eine freiwil-

---

86 Schnapp/ Wigge-*Knieps*, Handbuch des Vertragsarztrechts, § 11, Rn. 16; *Orlowski*, VSSR 1998, 265, 276; *Wigge*, NZS 2001, 17, 19.

87 Allgemein zur Gesamtvergütung nach § 85 SGB V Schulin-*Funk*, Handbuch des Sozialversicherungsrechts, § 32, Rn. 92 ff.; Kasseler Kommentar-*Hess*, § 85, Rn. 1 ff.

88 Vgl. § 73a Abs. 1 S. 1 a. E. in Verbindung mit § 71 Abs. 1 SGB V.

89 LPK-SGB V-*Auktor*, § 73a, Rn. 6, 11; *Schirmer*, MedR 1997, 431, 440; *ders.*, VSSR 1998, 279, 292.

90 *Rieger*, MedR 1998, 75, 76; Lexikon des Arztrechts-*ders.*, Kennzahl 4305, Rn. 20; *Schirmer*, VSSR 1998, 279, 284. Gleichwohl wird angenommen, dass im Rahmen der vertragsärztlichen Bedarfsplanung gemäß §§ 99 ff. SGB V solche Bewerber bei der Zulassung bevorzugt berücksichtigt

lige, rechtsgeschäftliche Teilnahmeerklärung des teilnahmewilligen Vertragsarztes und eine entsprechende Annahmeerklärung der für ihn zuständigen Kassenärztlichen Vereinigung als Vertragspartei des Strukturvertrages erforderlich. Der hierdurch zustande kommende Vertrag wird als öffentlich-rechtlicher Vertrag im Sinne der §§ 53 ff. SGB X eingeordnet, der gemäß § 56 SGB X der Schriftform bedarf[91].

*2. Vertragspartner*

Fraglich ist, wer der Kassenärztlichen Vereinigung bei Zustandekommen eines öffentlich-rechtlichen Vertrages über die Teilnahme an der vernetzten Praxis als Vertragspartei gegenübersteht. Ohne bereits hier auf die möglichen Organisationsformen vernetzter Kooperationsmodelle einzugehen, sind insofern zwei mögliche Fallkonstellationen zu unterscheiden. Zum einen ist denkbar, dass jeweils gesonderte vertragliche Beziehungen zwischen der Kassenärztlichen Vereinigung und den teilnahmewilligen Vertragsärzten zustande kommen. Der einzelne Arzt tritt dann bei der Abgabe seiner Teilnahmeerklärung als Individuum gegenüber der öffentlich-rechtlichen Körperschaft auf. Dies hat zur Konsequenz, dass entsprechend der Anzahl der am Praxisverbund mitwirkenden Vertragsärzte eine Vielzahl gleichgerichteter individuell-zweiseitiger Rechtsbeziehungen zwischen der Kassenärztlichen Vereinigung und den einzelnen Vertragsärzten entsteht. Zum anderen ist möglich, dass die Vertragsärzte gegenüber der Kassenärztlichen Vereinigung nicht als Einzelpersonen auftreten, sondern sich im Vorfeld zu einem Verbund zusammenschließen und ihre Willenserklärung zur Teilnahme an der vernetzten Praxis einheitlich abgeben. Diese Fallkonstellation ist insbesondere dann naheliegend, wenn sich eine Gruppe von Vertragsärzten zunächst auf privatrechtlicher Ebene zu einem freien Ärztenetz zusammenschließt und dann nachträglich in vertragliche Beziehungen zu der Kassenärztlichen Vereinigung tritt, um an der Umsetzung des im Strukturvertrag vereinbarten Versorgungsauftrages mitzuwirken. Gibt eine solche Vereinigung ihre Teilnahmeerklärung einheitlich ab, kommt nicht eine Vielzahl individueller Rechtsbeziehungen, sondern ein einziger Vertrag zwischen der Kassenärztlichen Vereinigung und dem Verbund der haus- und fachärztlich tätigen Vertragsärzte zustande.

---

werden dürfen, die bereit sind, an einem Praxisnetz teilzunehmen. Eine solche Regelung wird im Hinblick auf die Berufsfreiheit trotz des Freiwilligkeitsprinzips nach § 73a Abs. 1 S. 5 SGB V für verfassungsmäßig gehalten, da es sich um eine Regelung der Berufsausübung handele, die angesichts ernsthaft anzunehmender Kostenreduzierungen und Qualitätsverbesserungen im Gesundheitswesen geeignet, erforderlich und auch zumutbar sei, dem Wohle der Allgemeinheit zu dienen, vgl. *Boecken*, NZS 1999, 417 f.

91 *Rieger*, MedR 1998, 75, 76; Lexikon des Arztrechts-*ders.*, Kennzahl 4305, Rn. 21; *Schirmer*, MedR 1997, 431, 438 f.; *ders.*, VSSR 1998, 279, 287; *Windthorst*, Die integrierte Versorgung in der gesetzlichen Krankenversicherung, S. 34; ebenso *Graefe/ Zieglwalner*, Rechtliche Grundlagen und Strukturen bei Praxisnetzen, S. 4.

### 3. *Vertragsinhalt*

Wesentlicher Inhalt des öffentlich-rechtlichen Vertrages über die Teilnahme der Ärzte an der vernetzten Praxis ist neben der Teilnahmeverpflichtung die Übertragung der im Strukturvertrag festgelegten Rechte und Pflichten der Kassenärztlichen Vereinigung auf den Vertragsarzt[92]. Mit dem Vertragsschluss erlangt der Strukturvertrag, der zunächst nur die beteiligten Kassenärztlichen Vereinigungen und Kassenverbände bindet, auch für den teilnehmenden Vertragsarzt Rechtsverbindlichkeit. Mit der Annahmeerklärung der Kassenärztlichen Vereinigung auf die Teilnahmeerklärung des Vertragsarztes entfaltet der Strukturvertrag folglich über die schuldrechtlichen Verpflichtungen der Vertragsparteien hinaus normative Bindungswirkung für die am Praxisnetz teilnehmenden Vertragsärzte und ist daher als Kollektivvertrag mit Doppelfunktion zu qualifizieren[93].

## *IV. Rechtsbeziehungen zu den Versicherten*

§ 73a Abs. 1 S. 5 SGB V bestimmt, dass auch die Teilnahme der Versicherten an vernetzten Praxen freiwillig ist. In den Strukturverträgen darf daher keine zwingende Zuweisung von Versicherten der vertraglich eingebundenen Krankenkassen an den Praxisverbund vorgenommen werden. Der Grundsatz der freien Arztwahl, der in § 76 Abs. 1 SGB V für die allgemeine vertragsärztliche Versorgung festgeschrieben wird[94], gilt somit auch innerhalb der Versorgung durch vernetzte Praxen[95]. Gleichwohl wird eine freiwillige Einschränkung der Arztwahl durch eine entsprechende Willenserklärung des Versicherten, für einen bestimmten Zeitraum vorbehaltlich begründeter Ausnahmefälle ausschließlich Vertragsärzte des Praxisverbundes in Anspruch zu nehmen, für zulässig erachtet. Allerdings ist insoweit anzumerken, dass eine solche Einschreibung des Versicherten gegenüber seiner Krankenkasse wegen § 76 Abs. 1 SGB V keine über die sozialrechtliche Beziehung hinausgehenden rechtlichen Wirkungen entfaltet und mit Ausnahme der Versagung besonderer Anreizvorteilsgewährungen im Falle der Nichteinhaltung sanktionslos bleiben muss[96].

---

92 *Rieger*, MedR 1998, 75, 76; ebenso *Graefe/ Zieglwalner*, Rechtliche Grundlagen und Strukturen bei Praxisnetzen, S. 4.

93 *Graefe/ Zieglwalner*, Rechtliche Grundlagen und Strukturen bei Praxisnetzen, S. 1 f.; *Rieger*, MedR 1998, 75, 76; *Schirmer*, VSSR 1998, 279, 287. Zur Einordnung der Gesamtverträge nach § 83 SGB V als öffentlich-rechtliche Kollektivverträge mit Doppelfunktion *BSGE* 29, 254 ff.; 38, 201, 203; *Axer*, Normsetzung der Exekutive in der Sozialversicherung, S. 73; Kasseler Kommentar-*Hess*, § 82, Rn. 9; *Jörg*, Das neue Kassenarztrecht, Rn. 345 f.; *Schmitt*, Leistungserbringung durch Dritte im Sozialrecht, S. 142 f.; *Schneider*, Handbuch des Kassenarztrechts, Rn. 738 f.

94 Eine inhaltsgleiche Regelung enthalten § 13 Abs. 3 BMV-Ä und § 7 Abs. 3 EKV.

95 LPK-SGB V-*Auktor*, § 73a, Rn. 13; *Schirmer*, MedR 1997, 431, 438; *ders.*, VSSR 1998, 279, 290.

96 Dazu *Erbsen*, Praxisnetze und das Berufsrecht der Ärzte, S. 156 ff.; *Schirmer*, MedR 1997, 431, 438; *ders.*, VSSR 1998, 279, 290 f.

## B. *Modellvorhaben gemäß §§ 63 ff. SGB V*

Parallel zur Einführung des § 73a SGB V wurden die bestehenden Regelungen über Modellvorhaben gemäß §§ 63 ff. SGB V durch das zweite Gesetz zur Neuordnung von Selbstverwaltung und Eigenverantwortung in der gesetzlichen Krankenversicherung[97] neu gefasst und durch das Gesetz zur Reform der gesetzlichen Krankenversicherung ab dem Jahr 2000[98] erneut novelliert. Geringfügige Änderungen wurden zuletzt mit dem Gesetz zur Modernisierung der gesetzlichen Krankenversicherung[99] vorgenommen. Innerhalb der Modellvorhaben ist zwischen den Strukturmodellen nach § 63 Abs. 1 SGB V einerseits und den Leistungsmodellen nach § 63 Abs. 2 SGB V andererseits zu differenzieren. Während erstere der Weiterentwicklung der Verfahrens-, Organisations-, Finanzierungs- und Vergütungsformen der Leistungserbringung dienen und damit die Struktur des Systems der gesetzlichen Krankenversicherung betreffen, beziehen sich letztere auf die Erprobung von Leistungen, die bislang noch nicht zum Leistungskatalog der gesetzlichen Krankenversicherung gehören[100]. Die Erprobung vernetzter Strukturen als neue Kooperationsform in der gesetzlichen Krankenversicherung mit der Zielsetzung, die Qualität und die Wirtschaftlichkeit der Versorgung zu verbessern, fällt nach dieser Unterscheidung in den Bereich der Strukturmodelle gemäß § 63 Abs. 1 SGB V. Im Gegensatz zu den vernetzten Praxen nach § 73a SGB V beschränken sich Modellvorhaben nicht auf die vertragsärztliche Versorgung, sondern können sämtliche Leistungssektoren der gesetzlichen Krankenversicherung umfassen und damit auch sektorenübergreifend und interprofessionell ausgestaltet sein. Angesichts der spezifischen Regelungsstruktur handelt es sich um eine besondere Versorgungsform außerhalb des allgemeinen Versorgungssystems, die alternative Strukturelemente in die Regelversorgung der gesetzlichen Krankenversicherung einführt[101].

### I. *Rahmenvereinbarungen*

Gemäß § 64 Abs. 2 S. 1 SGB V können die Spitzenverbände der Krankenkassen mit den Kassenärztlichen Bundesvereinigungen Grundsätze zur Durchführung von Modellvorhaben mit Vertragsärzten als Bestandteil der Bundesmantelverträge vereinbaren. Die Rahmenvereinbarungen können nach § 64 Abs. 2 S. 2 SGB V Regelungen zu den Voraussetzungen und Bedingungen für die Teilnahme von Vertragsärzten sowie zur Festlegung einer Höchstzahl der zu beteiligenden Ärzte enthalten[102]. Für die übrigen Leistungssektoren außerhalb der vertragsärztlichen Versorgung sind demgegenüber keine Vereinbarungen auf Bundesebene vorgesehen. Die Durchführung vernetzter

97 BGBl. I 1997, S. 1520.
98 BGBl. I 1999, S. 2626.
99 BGBl. I 2003, S. 2190.
100 LPK-SGB V-*Kruse*, § 63, Rn. 4; *Noftz*, VSSR 1997, 393, 416.
101 Vgl. *Axer*, Normsetzung der Exekutive in der Sozialversicherung, S. 74; *Noftz*, VSSR 1997, 393, 417 f.; *Schirmer*, MedR 1997, 431, 436.
102 Dazu LPK-SGB V-*Kruse*, § 64, Rn. 4.

Kooperationsformen auf der Grundlage von Modellvorhaben kann demnach lediglich innerhalb eines begrenzten Teilbereichs der Gesundheitsversorgung einer bundeseinheitlichen Regelung zugeführt werden.

### *II. Strukturmodellverträge*

Zur Errichtung einer vernetzten Kooperationsform als Modellvorhaben bedarf es eines Strukturmodellvertrages gemäß § 64 Abs. 1 in Verbindung mit § 63 Abs. 1 SGB V. Soweit eine Beteiligung von Vertragsärzten an dem Versorgungsnetz vorgesehen ist, haben die Vertragsparteien beim Vertragsschluss die nach § 64 Abs. 2 SGB V vereinbarten Grundsätze zur Durchführung von Modellvorhaben zu beachten, die als Bestandteil der Bundesmantelverträge gemäß § 82 Abs. 1 S. 2 SGB V für die Kassenärztlichen Vereinigungen sowie die Landesverbände der Krankenkassen und die Verbände der Ersatzkassen rechtsverbindlich sind.

#### *1. Vertragsparteien*

Während auf Seiten der Krankenkassen sowohl die Krankenkassen selbst als auch deren Verbände als Vertragspartei auftreten können, ist hinsichtlich des Vertragspartners auf Seiten der Leistungserbringer nach dem Regelungsgegenstand des Vertrages zu unterscheiden. Soweit die ärztliche Behandlung im Rahmen der vertragsärztlichen Versorgung betroffen ist, können gemäß § 64 Abs. 1 S. 2 SGB V nur einzelne Vertragsärzte, deren Gemeinschaften oder die Kassenärztlichen Vereinigungen einen Strukturmodellvertrag abschließen. Abweichend vom Kollektivvertragsprinzip in der allgemeinen vertragsärztlichen Versorgung[103] können die Krankenkassen danach auch Einzelverträge mit Vertragsärzten oder deren Gemeinschaften abschließen. Auf diese Weise eröffnen die Vorschriften über die Vereinbarung von Modellvorhaben größere Gestaltungsfreiräume im Vergleich zur vertragsärztlichen Versorgung durch Gesamtverträge nach § 83 SGB V und ermöglichen den Krankenkassen insbesondere die Schaffung kassenspezifischer Vertragsarztsysteme ohne eine Beteiligung der Kassenärztlichen Vereinigungen[104]. Soweit die Kooperation im Versorgungsverbund hingegen nicht die ärztliche Behandlung im Rahmen der vertragsärztlichen Versorgung betrifft, können gemäß § 64 Abs. 1 S. 1 SGB V sämtliche zugelassene Leistungserbringer der gesetzlichen Krankenversicherung sowie Gruppen dieser Leistungserbringer als Vertragspartner der Krankenkassen oder Kassenverbände auftreten. Leistungserbringer der gesetzlichen Kran-

---

103 Zum Kollektivvertragsprinzip und seiner historischen Entwicklung Kasseler Kommentar-*Hess*, § 72, Rn. 1 ff.; Schnapp/ Wigge-*Schiller*, Handbuch des Vertragsarztrechts, § 5, Rn. 1 ff.; *Schirmer*, Die Organisation der Leistungserbringung, 85 ff.

104 Dazu *Broglie*, Qualitäts-Management 1999, 48 f.; *Schirmer*, VSSR 1998, 279, 280 f.; Schnapp/ Wigge-*Schmidbauer*, Handbuch des Vertragsarztrechts, § 3, Rn. 50; *Wigge*, MedR 1996, 51 ff. In der Praxis sind freilich nur vereinzelt Modellvorhaben zwischen Krankenkassen und einzelnen Vertragsärzten vereinbart worden, vgl. Schnapp/ Wigge-*Schmidbauer*, Handbuch des Vertragsarztrechts, § 3, Rn. 51.

kenversicherung sind im stationären Bereich die zugelassenen Krankenhäuser nach § 108 in Verbindung mit § 107 Abs. 1 SGB V und die zugelassenen Vorsorge- und Rehabilitationseinrichtungen nach § 111 in Verbindung mit § 107 Abs. 2 SGB V. Innerhalb des außervertragsärztlichen ambulanten Leistungssektors sind die in den §§ 124 ff. SGB V aufgeführten Leistungserbringer zur Gesundheitsversorgung der gesetzlich krankenversicherten Patienten zugelassen. Insoweit sind insbesondere die folgenden Personen und Institutionen zu nennen:

- Heilmittelerbringer gemäß § 124 SGB V, aus deren Kreis beispielhaft die Erbringer von Leistungen der physikalischen Therapie, der Sprachtherapie und der Ergotherapie angeführt werden
- Hilfsmittelerbringer gemäß § 126 SGB V
- Apotheken gemäß § 129 SGB V
- Pharmazeutische Unternehmen gemäß § 131 SGB V
- Haushaltshilfen gemäß § 132 SGB V
- Einrichtungen zur Versorgung mit häuslicher Krankenpflege gemäß § 132a SGB V
- Einrichtungen zur Versorgung mit Soziotherapie gemäß § 132b SGB V
- Erbringer von Krankentransportleistungen gemäß § 133 SGB V
- Hebammen gemäß § 134 SGB V.

Darüber hinaus kommen Strukturmodellverträge gemäß § 64 Abs. 1 S. 1 SGB V auch mit Vertragsärzten oder Gruppen von Vertragsärzten in Betracht, da die vertragsärztliche Versorgung ihrem Umfang nach über die ärztliche Behandlung im Sinne des § 73 Abs. 2 Nr. 1 und 2 SGB V hinausgeht und somit Regelungsinhalte verbleiben, die nicht unter die Norm des § 64 Abs. 1 S. 2 SGB V zu subsumieren sind, gleichwohl die vertragsärztliche Versorgung im weiteren Sinne betreffen. Dies gilt beispielsweise für präventive Maßnahmen zur Früherkennung von Krankheiten, für die ärztliche Betreuung bei Schwangerschaft und Mutterschaft sowie für medizinische Maßnahmen zur Herbeiführung einer Schwangerschaft[105]. In jedem Fall beschränkt sich die Möglichkeit zur Teilnahme an Modellvorhaben gemäß § 64 Abs. 1 SGB V auf diejenigen Leistungserbringer, die eine Zulassung zur gesetzlichen Krankenversicherung besitzen. Niedergelassene Leistungserbringer oder stationäre Versorgungseinrichtungen, die ausschließlich zur Behandlung von privat versicherten Patienten tätig werden, sind dagegen von einer Teilnahme generell ausgeschlossen[106].

Sind einzelne Leistungserbringer unmittelbar an der Vereinbarung von Modellvorhaben mit den Krankenkassen oder Kassenverbänden beteiligt, kommen ähnlich wie bei den Verträgen zwischen Kassenärztlichen Vereinigungen und Vertragsärzten über die Teilnahme an vernetzten Praxen gemäß § 73a SGB V zwei unterschiedliche Fallkonstella-

105 Kasseler Kommentar-*Höfler*, § 64 SGB V, Rn. 3.

106 *Orlowski*, VSSR 1998, 265, 270; *Wigge/ Frehse*, MedR 2001, 549, 552; vgl. auch die amtliche Begründung des Bundestages zum Gesetzentwurf, BT-Drs. 13/ 6087, S. 27.

tionen hinsichtlich des Vertragspartnerstatus in Betracht. Möglich ist zum einen, dass die einzelnen vertragschließenden Leistungserbringer in voneinander unabhängige, individuelle Rechtsbeziehungen zu den Krankenkassen oder Kassenverbänden treten. Zum anderen können die Leistungserbringer ihre Willenserklärung zum Vertragsabschluss einheitlich gegenüber ihrem Vertragspartner abgeben, so dass ein einziger Strukturmodellvertrag zustande kommt. Die letztere Vertragsgestaltung wird vor allem dann naheliegen, wenn sich zugelassene Leistungserbringer im Vorfeld zu einem freien Versorgungsnetz zusammengeschlossen haben und im Anschluss daran als Gemeinschaft in vertragliche Beziehungen zu den Krankenkassen oder Kassenverbänden treten.

### 2. *Leistungsumfang*

Ihrem Leistungsumfang nach können Strukturmodellverträge auf die umfassende oder teilweise Versorgung von Versichertengruppen innerhalb eines oder mehrerer Leistungssektoren und Versorgungsbereiche sowie auf die indikationsspezifische Versorgung von Patienten mit einer bestimmten, meist chronischen Erkrankung gerichtet sein.

### 3. *Disposition über das Leistungserbringungs- und Krankenhausfinanzierungsrecht*

Anders als im Bereich der vernetzten Praxen steht den vertragschließenden Parteien bei der Vereinbarung von Modellvorhaben gemäß § 63 Abs. 3 S. 1 SGB V das Leistungserbringungsrecht der §§ 69 ff. SGB V sowie das KHG einschließlich der BPflV zur Disposition. Insofern steht den Kontrahenten ein gegenüber der allgemeinen Regelversorgung weiter Gestaltungsspielraum zur Verfügung, der insbesondere den Ausschluss einer Wirtschaftlichkeitsprüfung ermöglicht. Zwar erklärt § 63 Abs. 3 S. 1 a. E. SGB V den Grundsatz der Beitragssatzstabilität nach § 71 SGB V für entsprechend anwendbar. § 63 Abs. 3 S. 2 SGB V bestimmt jedoch, dass ein Verstoß gegen diesen Grundsatz nicht vorliegt, wenn Mehraufwendungen durch nachzuweisende Einsparungen ausgeglichen werden. Hintergrund dieser Regelung ist die sozialgesetzliche Anerkennung der Notwendigkeit erhöhter Aufwendungen in der Anfangsphase eines Modellvorhabens bei gleichzeitiger Verhinderung ineffizienter Experimente in Modellvorhaben zu Lasten des finanziellen Gesamtvolumens der gesetzlichen Krankenversicherung[107].

Die Dispositionsmöglichkeit der Vertragsparteien nach § 63 Abs. 3 S. 1 SGB V erstreckt sich ausschließlich auf die sozialrechtlichen Vorgaben des Leistungserbringungsrechts sowie des Krankenhausfinanzierungsrechts. Demgegenüber bleiben die Vorschriften des ärztlichen Berufsrechts unberührt[108]. Daher finden die Bestimmungen in den Heilberufs- und Kammergesetzen der Länder ebenso wie die auf dieser Ermäch-

---

107 Vgl. Schnapp/ Wigge-*Knieps*, Handbuch des Vertragsarztrechts, § 11, Rn. 8; LPK-SGB V-*Kruse*, § 63, Rn. 5 f.; *Noftz*, VSSR 1997, 393, 418; *Rieger*, MedR 1998, 75, 76; *Wigge*, NZS 2001, 17, 19.

108 Schnapp/ Wigge-*Knieps*, Handbuch des Vertragsarztrechts, § 11, Rn. 10; *Orlowski*, VSSR 1998, 265, 269.

tigungsgrundlage erlassenen Berufsordnungen und Weiterbildungsordnungen der Ärztekammern auch im Rahmen von Modellvorhaben uneingeschränkte Anwendung.

### *4. Vergütung*

Die Regelung in § 63 Abs. 3 S. 1 SGB V, wonach bei der Vereinbarung von Modellvorhaben vom Leistungserbringungsrecht des SGB V sowie vom KHG einschließlich der BPflV abgewichen werden darf, umfasst die Möglichkeit zur Vereinbarung besonderer Vergütungsregelungen außerhalb der für die allgemeine vertragsärztliche Versorgung geltenden Vergütungen und Budgets sowie der für die allgemeine stationäre Versorgung geltenden Krankenhausbudgets. Allerdings darf dies gemäß § 64 Abs. 3 S. 1 in Verbindung mit § 63 Abs. 3 S. 1 a. E. SGB V auch im Rahmen von Modellvorhaben nicht zu einer Erhöhung des Gesamtfinanzierungsvolumens der gesetzlichen Krankenversicherung führen. Die Vergütungen oder Budgets, in denen die Ausgaben für die erbrachten Leistungen enthalten sind, sind daher entsprechend der Zahl und der Risikostruktur der am Versorgungsnetz teilnehmenden Versicherten im Verhältnis zur Gesamtzahl der Versicherten zu verringern und die Krankenhausbudgets der teilnehmenden Krankenhäuser dem geringeren Leistungsumfang anzupassen[109].

### *5. Zeitliche Begrenzung*

Modellvorhaben sind gemäß § 63 Abs. 5 S. 2 SGB V grundsätzlich auf maximal acht Jahre zu befristen[110]. Vorteil dieses Erfordernisses ist die Möglichkeit, die Tauglichkeit neuer Versorgungsstrukturen in einem zeitlich begrenzten Rahmen zu erproben, ohne hierdurch bereits endgültige Systemveränderungen herbeizuführen[111]. Hierin liegt jedoch zugleich der Nachteil von Modellvorhaben, mit denen langfristig keine neuen Versorgungsstrukturen geschaffen werden können. Im Falle einer erfolgreichen Einführung vernetzter Kooperationsformen auf der Grundlage eines Strukturmodellvertrages besteht vor diesem Hintergrund die Gefahr, dass eine Versorgungskontinuität aufgrund der Befristung des Vorhabens nicht sichergestellt werden kann.

### *6. Evaluationspflicht*

Die am Modellvorhaben als Vertragsparteien beteiligten Krankenkassen oder Kassenverbände trifft eine Evaluationspflicht gemäß § 65 SGB V. Diese soll dem Versuchscharakter entsprechend Aufschluss darüber geben, inwieweit die mit dem Modellvorhaben verfolgten Ziele erreicht wurden und welche Auswirkungen dessen Durchführung auf die Qualität und Kostenentwicklung der Gesundheitsversorgung hatte[112].

109 Vgl. LPK-SGB V-*Kruse*, § 64, Rn. 5.
110 Dazu LPK-SGB V-*Kruse*, § 63, Rn. 18; Lexikon des Arztrechts-*Rieger*, Kennzahl 4305, Rn. 12.
111 LPK-SGB V-*Kruse*, § 63, Rn. 2.
112 Dazu LPK-SGB V-*Kruse*, § 65, Rn. 1 ff.

*III. Rechtsbeziehungen zwischen Kassenärztlicher Vereinigung und Vertragsärzten*

Angesichts der durch § 64 Abs. 1 S. 2 SGB V eröffneten Möglichkeit der Krankenkassen oder Kassenverbände zum Abschluss von Einzelverträgen führt die Teilnahme von Vertragsärzten an Modellvorhaben nicht zwangsläufig zur Entstehung besonderer, über das allgemeine Mitgliedschaftsverhältnis gemäß §§ 77 Abs. 1 S. 1, 95 Abs. 3 S. 1 SGB V hinausgehender Rechtsbeziehungen zu den Kassenärztlichen Vereinigungen. Vielmehr kommen diese nur zustande, wenn an einem Modellvorhaben neben den Krankenkassen oder Kassenverbänden eine Kassenärztliche Vereinigung als Vertragspartei beteiligt ist, so dass zur Umsetzung des Strukturmodellvertrages zusätzlich ein Beitritt der Vertragsärzte erforderlich ist[113]. Obwohl eine dem § 73a Abs. 1 S. 5 SGB V entsprechende Regelung in den §§ 63 ff. SGB V fehlt, erfolgt auch die Teilnahme von Leistungserbringern an vernetzten Kooperationsformen auf der Grundlage von Modellvorhaben stets auf freiwilliger Basis[114]. Der Beitritt zum Modellvorhaben bedarf daher einer privatautonomen rechtsgeschäftlichen Teilnahmeerklärung seitens des teilnahmewilligen Leistungserbringers sowie einer inhaltlich übereinstimmenden Annahmeerklärung seitens des am Strukturmodellvertrag als Vertragspartei beteiligten Verbandes.

*IV. Rechtsbeziehungen zu den Versicherten*

Auch für die Versicherten ist die Teilnahme an Modellvorhaben trotz fehlender ausdrücklicher Regelung freiwillig[115]. Gemäß § 63 Abs. 3 S. 3 SGB V besteht schließlich die Möglichkeit, erzielte Einsparungen an die teilnehmenden Versicherten weiterzugeben, soweit die Einsparungen die Mehraufwendungen überschreiten (sogenannte Bonusregelung). Auf diese Weise kann ein wirtschaftlicher Anreiz zur Teilnahme von Versicherten an vernetzten Kooperationsformen geschaffen und zugleich deren Interesse an einer effizienten medizinischen Versorgung gefördert werden[116].

---

113 Die in Lexikon des Arztrechts-*Rieger*, Kennzahl 4305, Rn. 28, 29 getroffene Feststellung, es entstünden bei Modellvorhaben „keinerlei Rechtsbeziehungen" zwischen Kassenärztlichen Vereinigungen und Vertragsärzten, ist mit Blick auf die in der Praxis durchaus häufig anzutreffende Beteiligung der Kassenärztlichen Vereinigungen an Modellvorhaben demnach unzutreffend.

114 *Orlowski*, VSSR 1998, 265, 271 f.; vgl. auch den Bericht des Bundestagsausschusses für Gesundheit, BT-Drs. 13/ 7264, S. 62.

115 *Orlowski*, VSSR 1998, 265, 271 f.; vgl. auch den Bericht des Bundestagsausschusses für Gesundheit, BT-Drs. 13/ 7264, S. 62. Die auf S. 41 gemachten Ausführungen gelten insoweit entsprechend.

116 LPK-SGB V-*Kruse*, § 63, Rn. 7; *Orlowski*, VSSR 1998, 265, 272 ff.; *Schirmer*, MedR 1997, 431, 435.

### *C. Einrichtungen der integrierten Versorgung gemäß §§ 140a ff. SGB V*

Als eines der Kernstücke des Gesetzes zur Reform der gesetzlichen Krankenversicherung ab dem Jahr 2000[117] wurde mit den §§ 140a ff. SGB V das Kooperationsmodell der integrierten Versorgung in das Sozialversicherungsrecht eingeführt. Mit den Neuregelungen wird die Zielsetzung verfolgt, die bisherige starre Aufgabenverteilung zwischen der ambulanten und der stationären Versorgung gezielt zu durchbrechen, um eine stärker an den Patientenbedürfnissen orientierte sektorenübergreifende medizinische Versorgung in der gesetzlichen Krankenversicherung zu fördern[118]. Grundlage dieses Versorgungskonzeptes ist die auch seitens des Sozialrechts anerkannte Notwendigkeit einer interdisziplinären und intersektoralen Patientenversorgung unter Einbeziehung sämtlicher Leistungserbringer des Gesundheitswesens im Interesse einer qualitativen und effizienten Gesundheitsversorgung[119]. Tatsächlich sind die Bemühungen um die Schaffung einer integrierten Versorgung bislang weitgehend erfolglos geblieben. Ursachen für die zögerliche Umsetzung waren zum einen die hohe Regelungsdichte und Komplexität der einschlägigen Vorschriften, zum anderen die miteinander nicht harmonierenden Vergütungssysteme in den unterschiedlichen Leistungssektoren, die eine für die potenziellen Vertragspartner ökonomisch attraktive und sinnvolle Realisierung der integrierten Versorgung erschwerten[120]. Als Konsequenz aus dem praktischen Scheitern der bisherigen gesetzlichen Rahmenbedingungen hat der Gesetzgeber die Vorschriften über die integrierte Versorgung mit dem Gesetz zur Modernisierung der gesetzlichen Krankenversicherung[121] neu gefasst. Mit den Neuregelungen sollen die bestehenden Hemmnisse aufgehoben und den Vertragsparteien weitergehende Gestaltungsspielräume bei der Schaffung integrierter Versorgungseinrichtungen eröffnet werden[122].

---

117 BGBl. I 1999, S. 2626.

118 So die amtliche Begründung zum Gesetzentwurf, BT-Drs. 14/ 1245, S. 91.

119 Der Bedarf nach einem integrierten medizinischen Versorgungssystem als Mittel zur Verwirklichung einer optimalen, d. h. qualitativen und wirtschaftlichen Gesundheitsversorgung wird bereits seit den 70er Jahren diskutiert; vgl. dazu die Studie „Integrierte Medizinische Versorgung“ des *Wirtschafts- und Sozialwissenschaftlichen Instituts des Deutschen Gewerkschaftsbundes* aus dem Jahre 1975, in der auf die Notwendigkeit einer Verknüpfung sämtlicher Einrichtungen der Gesundheitsvorsorge, der Krankheitsfrüherkennung, der Behandlung und der Rehabilitation zu einem einheitlichen medizinischen Versorgungssystem hingewiesen und das Erfordernis einer partnerschaftlichen Einbeziehung der nichtärztlichen Heilberufe besonders hervorgehoben wird, sowie *Mudra*, Integration als Mittel zur Verwirklichung optimaler medizinischer Versorgung, 56.

120 Eingehend zu den Hinderungsgründen *Udsching*, NZS 2003, 411 ff.

121 BGBl. I 2003, S. 2190.

122 Vgl. die amtliche Begründung zum Gesetzentwurf, BT-Drs. 15/ 1525, S. 74, 129 ff. Auch nach der Neufassung der §§ 140a ff. SGB V durch das Gesetz zur Modernisierung der gesetzlichen Krankenversicherung fallen die Prognosen hinsichtlich der praktischen Realisierung einer flächendeckenden Integrationsversorgung und einer damit einher gehenden Steigerung der Qualität und Wirtschaftlichkeit der Gesundheitsversorgung allerdings pessimistisch aus, vgl. etwa *Udsching*, NZS 2003, 411 ff.; siehe ferner *Orlowski/ Wasem*, Gesundheitsreform 2004, S. 91, die zutreffend darauf hinweisen, dass ein Teil der bisherigen Umsetzungsprobleme nach wie vor ungelöst ist. Ein möglicher Anreiz zum Abschluss von Verträgen über integrierte Versorgungsformen könnte von der gesetzlichen Förderung strukturierter Behandlungsprogramme bei chronischen Krankheiten nach den §§ 137f und g SGB V ausgehen, die durch das Gesetz zur Reform des Risikostrukturaus-

§ 140a Abs. 1 S. 1 SGB V beschreibt die integrierte Versorgung als eine verschiedene Leistungssektoren übergreifende oder interdisziplinär-fachübergreifende Versorgung. Einrichtungen der integrierten Versorgung können demnach mehrere Leistungssektoren, Versorgungsbereiche und Fachrichtungen erfassen[123] und sind ebenso wie die Modellvorhaben nach §§ 63 ff. SGB V als eine besondere Versorgungsform außerhalb der allgemeinen Regelversorgung konzipiert. Anders als die Modellvorhaben besitzen integrierte Versorgungsformen jedoch nicht lediglich Erprobungscharakter, sondern führen zeitlich unbefristet alternative Versorgungsstrukturen in das System der gesetzlichen Krankenversicherung ein[124].

### *I. Rahmenvereinbarungen*

Die ursprüngliche Fassung der Vorschriften über die integrierte Versorgung enthielt eine Verpflichtung der Spitzenverbände der Krankenkassen und der Kassenärztlichen Bundesvereinigungen zum Abschluss von Rahmenvereinbarungen als Bestandteil der Bundesmantelverträge, die verbindliche Regelungen zum Inhalt der Verträge über die Errichtung integrierter Versorgungsformen innerhalb der vertragsärztlichen Versorgung festlegen sollten[125]. Daneben konnten die Spitzenverbände der Krankenkassen für den stationären Leistungssektor mit der Deutschen Krankenhausgesellschaft und für den außervertragsärztlichen ambulanten Bereich mit den für die Wahrnehmung der wirtschaftlichen Interessen gebildeten maßgeblichen Spitzenorganisationen von Leistungserbringern Rahmenvereinbarungen über den Inhalt und die Durchführung der integrierten Versorgung schließen[126]. Mit der Neufassung der §§ 140a ff. SGB V durch das Ge-

---

gleichs in der gesetzlichen Krankenversicherung vom 10. Dezember 2001 (BGBl. I 2001, S. 3465) eingeführt wurden. Zur Verknüpfung von Disease-Management-Programmen mit Einrichtungen der integrierten Versorgung *Becker*, VSSR 2001, 277 ff.; *Knieps*, VSSR 2001, 253 ff.; *Lauterbach/ Stock*, DÄBl. 2001, A-1935 ff.; *Rebscher*, VSSR 2001, 245, 249; *Vollmöller*, NZS 2004, 63 ff.

123 Dazu *Orlowski/ Wasem*, Gesundheitsreform 2004, S. 91.

124 *Degener-Hencke*, NZS 2003, 629, 632; Schnapp/ Wigge-*Knieps*, Handbuch des Vertragsarztrechts, § 11, Rn. 3, 25; LPK-SGB V-*Murawski*, Vorbemerkung zu §§ 140a bis 140h, Rn. 2; *Schirmer*, Die Organisation der Leistungserbringung, 85, 96; *Schrinner*, ZaeFQ 2001, 633, 635 f.; *Wigge*, Rechtliche Rahmenbedingungen bei neuen Versorgungsformen, 67, 71; *ders.*, NZS 2001, 17, 18; ausführlich zur Abgrenzung der integrierten Versorgung gegenüber der allgemeinen Regelversorgung *Windthorst*, Die integrierte Versorgung in der gesetzlichen Krankenversicherung, S. 20 ff.

125 § 140d SGB V in der Fassung des Gesetzes zur Reform der gesetzlichen Krankenversicherung ab dem Jahr 2000. Für den Bereich der vertragsärztlichen Integrationsversorgung ist eine Rahmenvereinbarung nach dieser Vorschrift rückwirkend zum 01. Juli 2000 beschlossen worden, abgedruckt im DÄBl. 2000, A-3364. Sowohl der verspätete Abschluss außerhalb der vorgegebenen Frist als auch der Inhalt der Rahmenvereinbarung haben innerhalb der rechtswissenschaftlichen Literatur zu erheblicher Kritik geführt, vgl. insbesondere *Wigge*, NZS 2001, 17, 20 ff.; *Zuck*, NJW 2000, 3404; ferner *Bihr/ Krauskopf*, ZögU 2001, 194, 198; *Kuhlmann*, KHuR 2000, 171; *Windthorst*, Die integrierte Versorgung in der gesetzlichen Krankenversicherung, S. 95 f.

126 § 140e SGB V in der Fassung des Gesetzes zur Reform der gesetzlichen Krankenversicherung ab dem Jahr 2000. Eine Rahmenvereinbarung nach dieser Vorschrift ist mit der Deutschen Krankenhausgesellschaft mit Wirkung zum 01. Januar 2002 zustande gekommen. Anders als die Kassenärztlichen Bundesvereinigungen nach § 77 Abs. 5 SGB V sind die deutsche Krankenhausgesellschaft im Sinne des § 108a S. 2 SGB V und die für die Wahrnehmung der wirtschaftlichen Interes-

setz zur Modernisierung der gesetzlichen Krankenversicherung sind die früheren Rechtsgrundlagen zu den Rahmenvereinbarungen ersatzlos gestrichen worden. Nach dem ausdrücklichen Willen des Gesetzgebers sind die bisher abgeschlossenen Rahmenvereinbarungen nicht mehr von dessen Geltungswillen erfasst und damit unwirksam[127].

### *II. Integrationsversorgungsverträge*

Zur Errichtung einer integrierten Versorgungsform ist der Abschluss eines Integrationsversorgungsvertrages erforderlich, aus dem sich gemäß § 140a Abs. 1 S. 3 SGB V das Versorgungsangebot und die Voraussetzungen seiner Inanspruchnahme ergeben müssen.

#### *1. Vertragsparteien*

Nach dem Wortlaut der §§ 140a Abs. 1 S. 1, 140b Abs. 1 SGB V werden die Verträge zu integrierten Versorgungsformen von den Krankenkassen abgeschlossen, während die Landesverbände der Krankenkassen und die Verbände der Ersatzkassen als mögliche Vertragsparteien nicht aufgeführt sind[128]. Ein originäres Recht der Kassenverbände zum Abschluss von Integrationsversorgungsverträgen besteht demnach nicht. Zulässig ist jedoch eine Übertragung der Abschlussbefugnis auf die Kassenverbände durch eine entsprechende Bevollmächtigung seitens der in den Verbänden zusammengeschlossenen Krankenkassen[129]. Die potenziellen Vertragspartner der Krankenkassen werden in § 140b Abs. 1 SGB V abschließend aufgezählt:

1. einzelne, zur vertragsärztlichen Versorgung zugelassene Ärzte und Zahnärzte sowie einzelne sonstige, nach den §§ 69 ff. SGB V zur Versorgung der Versicherten berechtigte Leistungserbringer oder deren Gemeinschaften[130]

---

sen gebildeten maßgeblichen Spitzenorganisationen von Leistungserbringern keine Körperschaften des öffentlichen Rechts, sondern privatrechtliche Organisationen ohne Normsetzungskompetenz. Die unter ihrer Mitwirkung zustande gekommenen Rahmenvereinbarungen hatten daher keine normative Bindungswirkung, sondern nahmen lediglich den Charakter von unverbindlichen Empfehlungen ein; vgl. *Becker*, NZS 2001, 505, 507; *Beule*, Rechtsfragen der integrierten Versorgung, S. 112; *Nissen*, ZögU 2002, 22, 25; *Wigge*, Rechtliche Rahmenbedingungen bei neuen Versorgungsformen, 67, 80; *ders.*, NZS 2001, 17, 23; *Windthorst*, Die integrierte Versorgung in der gesetzlichen Krankenversicherung, S. 69; vgl. auch die amtliche Begründung zum Gesetzentwurf, BT-Drs. 14/ 1245, S. 93.

127 Vgl. die amtliche Begründung zum Gesetzentwurf, BT-Drs. 15/ 1525, S. 131 f.; *Degener-Hencke*, NZS 2003, 629, 631.

128 Anders noch die ursprüngliche Fassung des § 140b Abs. 1 S. 1 SGB V im Gesetzentwurf (BT-Drs. 14/ 1245, S. 24) und in der Beschlussempfehlung des Gesundheitsausschusses (BT-Drs. 14/ 1977, S. 63).

129 *Beule*, Rechtsfragen der integrierten Versorgung, S. 117 ff.; Kasseler Kommentar-*Hess*, § 140b SGB V, Rn. 2; *Windthorst*, Die integrierte Versorgung in der gesetzlichen Krankenversicherung, S. 94 f.; kritisch hingegen *Becker*, NZS 2001, 505, 507.

130 Demgegenüber waren die zur vertragsärztlichen Versorgung zugelassenen Ärzte und Zahnärzte nach der Vorgängerregelung in § 140b Abs. 2 SGB V in der Fassung des Gesetzes zur Reform der gesetzlichen Krankenversicherung ab dem Jahr 2000 nach überwiegender Auffassung nicht als

2. Träger zugelassener Krankenhäuser, soweit sie zur Versorgung der Versicherten berechtigt sind, Träger von stationären Vorsorge- und Rehabilitationseinrichtungen, soweit mit ihnen ein Versorgungsvertrag nach § 111 Abs. 2 besteht, Träger von ambulanten Rehabilitationseinrichtungen oder deren Gemeinschaften
3. Träger von medizinischen Versorgungszentren nach § 95 Abs. 1 S. 2 SGB V oder deren Gemeinschaften[131]
4. Träger von Einrichtungen, die eine integrierte Versorgung durch zugelassene Leistungserbringer anbieten[132]
5. Gemeinschaften der vorgenannten Leistungserbringer und deren Gemeinschaften[133].

Einrichtungen der integrierten Versorgung kommen folglich durch den Abschluss von Einzelverträgen der Krankenkassen mit den vorgenannten Vertragspartnern zustande. Mögliche Vertragsgestaltungen sind entweder eine Vielzahl gleichgerichteter individueller Rechtsbeziehungen zu den beteiligten Personen und Institutionen oder ein einheitlicher Vertragsschluss mit einer bereits bestehenden Gemeinschaft[134]. Anders als nach der ursprünglichen Regelung sind die Kassenärztlichen Vereinigungen aus dem Kreis der Kontrahenten ausgeschlossen[135]. Vor dem Hintergrund dieser vollständigen Lösung vom Kollektivvertragsprinzip in der integrierten Versorgung regelt § 140a Abs. 1 S. 2 SGB V, dass der Sicherstellungsauftrag der Kassenärztlichen Vereinigungen nach § 75 Abs. 1 SGB V eingeschränkt ist, soweit die Versorgung der Versicherten durch Einrichtungen der integrierten Versorgung durchgeführt wird[136]. Klarstellend bestimmt § 140b

---

Einzelpersonen, sondern nur als Gemeinschaften zum Abschluss von Verträgen zu integrierten Versorgungsformen befugt, vgl. Schnapp/ Wigge-*Knieps*, Handbuch des Vertragsarztrechts, § 11, Rn. 32; *Mühlbacher/ Henke/ von Troschke*, Z. Allg. Med. 2000, 592, 595; *Wigge*, Rechtliche Rahmenbedingungen bei neuen Versorgungsformen, 67, 81; *ders.*, NZS 2001, 17, 23; a. A. *Beule*, Rechtsfragen der integrierten Versorgung, 119 ff.; *Windthorst*, Die integrierte Versorgung in der gesetzlichen Krankenversicherung, S. 101 ff., wonach einzelne Vertragsärzte unter den Begriff der einzelnen sonstigen an der Versorgung der Versicherten teilnehmenden Leistungserbringer zu subsumieren waren. Siehe zu dem Kreis der zur Versorgung der gesetzlich Krankenversicherten zugelassenen Leistungserbringer die Auflistung auf S. 44.

131 Siehe zu den medizinischen Versorgungszentren S. 151 ff.

132 Damit sind insbesondere Träger- und Managementgesellschaften angesprochen, vgl. die amtliche Begründung zum Gesetzentwurf, BT-Drs. 15/ 1525, S. 129; kritisch gegenüber der Einbeziehung von Managementgesellschaften in den Kreis der potenziellen Vertragspartner *Wigge*, MedR 2004, 123, 133. Siehe zur Beteiligung von Träger- und Managementgesellschaften an vernetzten Kooperationsformen S. 190 f.

133 Da die sektoren- und professionsinternen Gemeinschaften von Leistungserbringern bereits von den Regelungen in § 140b Abs. 1 Nr. 1 bis 3 SGB V erfasst sind, betrifft diese Fallgruppe in erster Linie interdisziplinäre und sektorenübergreifende Kooperationen von Leistungserbringern; vgl. auch *Windthorst*, Die integrierte Versorgung in der gesetzlichen Krankenversicherung, S. 105 zur Vorgängerregelung in § 140b Abs. 2 SGB V in der Fassung des Gesetzes zur Reform der gesetzlichen Krankenversicherung ab dem Jahr 2000.

134 Vgl. *Becker*, NZS 2001, 505, 512; *Kuhlmann*, KHuR 2000, 171, 173 ff. sowie die entsprechenden Ausführungen zu Modellvorhaben auf S. 44 f.

135 Dazu *Scholz*, GesR 2003, 369, 373 f.

136 Die mit der Durchbrechung des Kollektivvertragsprinzips einher gehende Positionsschwächung hat zu erheblicher Kritik seitens der Kassenärztlichen Vereinigungen geführt; vgl. dazu bereits die Stellungnahme der Kassenärztlichen Bundesvereinigung zum Gesetz zur Reform der gesetzlichen

Abs. 5 SGB V, dass ein Beitritt Dritter zu Verträgen der integrierten Versorgung nur mit Zustimmung aller Vertragspartner möglich ist. Anlass dieser Vorschrift war das in der Rahmenvereinbarung zwischen den Spitzenverbänden der Krankenkassen und der Kassenärztlichen Bundesvereinigung vorgesehene automatische Beitrittsrecht der Kassenärztlichen Vereinigungen zu den Verträgen über integrierte Versorgungsformen nach einer Frist von drei Jahren auch gegen den Willen der Vertragsparteien[137].

### 2. *Leistungsumfang*

Einrichtungen der integrierten Versorgung können entweder ein umfassendes oder auf bestimmte Versorgungsleistungen begrenztes Leistungsangebot beinhalten oder auf eine indikationsspezifische Versorgung bestimmter Patientengruppen ausgerichtet sein[138].

### 3. *Gewährleistungsverpflichtung*

Nach § 140b Abs. 3 SGB V müssen sich die Vertragspartner der Krankenkassen in den Verträgen über die Errichtung integrierter Versorgungsformen zu einer qualitätsgesicherten, wirksamen, ausreichenden, zweckmäßigen und wirtschaftlichen Versorgung verpflichten und die Erfüllung der Leistungsansprüche der eingeschriebenen Versicherten nach den §§ 2, 11 ff. SGB V gewährleisten. Insbesondere müssen sie die Gewähr dafür übernehmen, dass sie die organisatorischen, betriebswirtschaftlichen sowie die medizinischen und medizinisch-technischen Voraussetzungen für die vereinbarte integrierte Versorgung entsprechend dem allgemein anerkannten Stand der medizinischen Erkenntnisse und des medizinischen Fortschritts erfüllen. Ferner müssen die Vertragspartner eine an dem Versorgungsbedarf der teilnehmenden Versicherten orientierte Zusammenarbeit zwischen allen an der Versorgung Beteiligten einschließlich der Koordination zwischen den verschiedenen Versorgungsbereichen und einer ausreichenden Dokumentation sicherstellen. Regelungszweck dieser Vorschrift ist die Festlegung eines gesetzlichen Mindeststandards zur Sicherung der Qualität und Wirtschaftlichkeit der Versorgung über die einzelne Behandlung hinaus im Sinne einer effektiven und effizienten Prozessorganisation in der integrierten Gesundheitsversorgung.

---

Krankenversicherung ab dem Jahr 2000, das lediglich die Möglichkeit des Abschlusses von Einzelverträgen unter gleichzeitiger Einbeziehung der Kassenärztlichen Vereinigungen in den Kreis der potenziellen Vertragspartner der Verträge zu integrierten Versorgungsformen vorsah, *Kassenärztliche Bundesvereinigung*, Reform 2000, S. 23 ff.

137 Vgl. *Orlowski/ Wasem*, Gesundheitsreform 2004, S. 92. Über die angesprochene Vorschrift in § 13 Abs. 3 der Rahmenvereinbarung nach § 140d SGB V in der Fassung des Gesetzes zur Reform der gesetzlichen Krankenversicherung ab dem Jahr 2000 konnten die Vertragsparteien letztlich keine Einigung erzielen und haben bis zur Klärung ihrer Rechtmäßigkeit durch das Bundesschiedsgericht von einer Verabschiedung dieser Norm Abstand genommen; zur Rechtswidrigkeit dieser Bestimmung *Wigge*, NZS 2001, 17, 21 f.; *Zuck*, NJW 2000, 3404.

138 *Bihr/ Krauskopf*, ZögU 2001, 194, 199 f.; Kasseler Kommentar-*Hess*, Vor § 140a SGB V, Rn. 6; *Kuhlmann*, KHuR 2000, 171, 172; *Mühlbacher/ Henke/ von Troschke*, Z. Allg. Med. 2000, 592, 596; *Windthorst*, Die integrierte Versorgung in der gesetzlichen Krankenversicherung, S. 19.

Gemäß § 140b Abs. 4 S. 1 SGB V können die Vertragsparteien der Integrationsversorgungsverträge abweichende Regelungen von den Vorschriften der §§ 69 ff. SGB V und des KHG einschließlich der BPflV insoweit vereinbaren, als dies dem Sinn und der Eigenart der integrierten Versorgung entspricht, die Qualität, die Wirksamkeit und die Wirtschaftlichkeit der integrierten Versorgung verbessert oder aus sonstigen Gründen zu ihrer Durchführung erforderlich ist[139]. Der Grundsatz der Beitragssatzstabilität nach § 71 Abs. 1 SGB V wird gemäß § 140b Abs. 4 S. 2 SGB V bis zum 31. Dezember 2006 suspendiert, um die Umsetzung von Integrationsvorhaben nicht durch das Erfordernis erhöhter Aufwendungen in der Anfangsphase zu blockieren[140]. Ausdrücklich gestattet ist nach § 140b Abs. 4 S. 3 SGB V die vom Zulassungs- und Ermächtigungsrecht abweichende Leistungserbringung innerhalb der integrierten Versorgung[141]. Hierdurch werden etwa Vertragsgestaltungen ermöglicht, nach denen Krankenhäuser auch ohne eine Ermächtigung im Sinne von § 116 SGB V vertragsärztliche Leistungen erbringen. Ebenso können ermächtigte Krankenhausärzte über den Leistungskatalog ihrer Ermächtigung hinaus ambulant tätig werden, soweit die erbrachten Leistungen von ihrem Fachgebiet abgedeckt sind. Umgekehrt wird die Erbringung von stationären oder teilstationären Leistungen durch Vertragsärzte innerhalb der integrierten Versorgung gestattet. Zulässig ist ferner die Einbeziehung von Krankenhausapotheken in die ambulante Patientenversorgung innerhalb der Räumlichkeiten des teilnehmenden Krankenhauses[142].

Abweichungen vom Zulassungs- und Ermächtigungsrecht sind zum Schutz der ärztlichen Bedarfsplanung allerdings stets nur insoweit erlaubt, als die betreffenden Leistungen von dem Zulassungs- und Ermächtigungsstatus der an der integrierten Versorgung teilnehmenden Leistungserbringer gedeckt sind. Die zur Disposition stehenden Versorgungsleistungen werden danach durch den Zulassungs- und Ermächtigungsstatus begrenzt, den die Vertragspartner in den Vertrag über die Schaffung einer integrierten

---

139 Siehe dazu *Wigge*, NZS 2001, 66, 67 ff.

140 Vgl. *Degener-Hencke*, NZS 2003, 629, 632; *Orlowski/ Wasem*, Gesundheitsreform 2004, S. 93.

141 Demgegenüber sah § 6 Abs. 2 der Rahmenvereinbarung nach § 140d SGB V in der Fassung des Gesetzes zur Reform der gesetzlichen Krankenversicherung ab dem Jahr 2000 vor, dass vertragsärztliche Leistungen auch in der integrierten Versorgung grundsätzlich nur insoweit erbracht werden dürfen, als sie vom Zulassungs- und Ermächtigungsstatus des jeweiligen Leistungserbringers gedeckt sind. Diese Vorschrift wurde zu Recht überwiegend für rechtswidrig erklärt, vgl. *Beule*, Rechtsfragen der integrierten Versorgung, S. 49 ff.; *Kuhlmann*, KHuR 2000, 171, 172; *Wigge*, NZS 2001, 66, 68; *ders./ Frehse*, MedR 2001, 549, 552; *Zuck*, NJW 2000, 3404; a. A. Kasseler Kommentar-*Hess*, Vor § 140a SGB V, Rn. 10; *Windthorst*, Die integrierte Versorgung in der gesetzlichen Krankenversicherung, S. 99.

142 Die Zulässigkeit der Abgabe von Arzneimitteln durch Krankenhausapotheken an ambulant behandelte Patienten im Rahmen der integrierten Versorgung ist nunmehr in § 14 Abs. 4 S. 3 ApothekenG ausdrücklich geregelt. Zur Einbeziehung von Krankenhausapotheken in die ambulante Patientenversorgung nach den früheren Vorschriften über die integrierte Versorgung *Wigge/ Kleinke*, MedR 2002, 391, 394.

Versorgungseinrichtung einbringen[143]. Von der durch § 140b Abs. 4 S. 1 SGB V eröffneten Dispositionsmöglichkeit sind naturgemäß die Vorschriften der §§ 140a ff. SGB V unberührt[144]. Keine Einschränkung erfahren darüber hinaus die berufsrechtlichen Vorschriften in den Heilberufs- und Kammergesetzen der Länder und den Berufsordnungen und Weiterbildungsordnungen der Ärztekammern[145].

### *5. Vergütung*

In den Verträgen zur integrierten Versorgung ist gemäß § 140c Abs. 1 S. 1 SGB V die Vergütung festzulegen, aus der sämtliche Leistungen, die von den teilnehmenden Versicherten im Rahmen des vertraglichen Versorgungsauftrages in Anspruch genommen werden, zu vergüten sind. Dies gilt nach § 140c Abs. 1 S. 3 SGB V auch für die Inanspruchnahme von Versorgungsleistungen, die von Leistungserbringern außerhalb der integrierten Versorgung erbracht werden, soweit die Versicherten von den an der integrierten Versorgung teilnehmenden Kooperationspartnern an die externen Leistungserbringer überwiesen wurden oder aus sonstigen, in dem Vertrag zur integrierten Versorgung geregelten Gründen berechtigt waren, die externen Leistungserbringer in Anspruch zu nehmen. Die Vertragspartner der Integrationsversorgungsverträge können gemäß § 140c Abs. 2 SGB V die vollständige oder teilweise Übernahme von Budgetverantwortung durch das Versorgungsnetz vereinbaren[146]. Nach der in § 140b Abs. 4 S. 1 SGB V geregelten Dispositionsmöglichkeit können die Verträge zu integrierten Versorgungsformen außerdem besondere Vergütungsregelungen außerhalb der für die allgemeine vertragsärztliche Versorgung geltenden Vergütungen und Budgets sowie der für die allgemeine stationäre Versorgung geltenden Krankenhausbudgets vorsehen[147]. Zur Förderung der integrierten Versorgung haben die Krankenkassen gemäß § 140d Abs. 1 SGB V in den Jahren 2004 bis 2006 jeweils bis zu 1% ihrer Mittel von der nach § 85 SGB V an die Kassenärztlichen Vereinigungen zu entrichtenden Gesamtvergütung sowie von den Rechnungen der einzelnen Krankenhäuser für voll- und teilstationäre Versorgung einzubehalten, soweit die einbehaltenen Mittel zur Umsetzung von Integrationsversorgungsverträgen erforderlich sind. Eine Bereinigung der Gesamtvergütungen ist nach § 140d Abs. 2 SGB V nur insoweit vorgesehen, als die zur Förderung der integrierten Versorgung aufgewendeten Mittel den einbehaltenen Betrag übersteigen[148].

---

143 *Degener-Hencke*, NZS 2003, 629, 632; *Orlowski/ Wasem*, Gesundheitsreform 2004, S. 81 f., 92 f.

144 Dem entspricht der Wortlaut des § 140a Abs. 1 S. 1 SGB V, wonach die Krankenkassen „abweichend von den übrigen Regelungen dieses Kapitels“ Verträge über eine integrierte Versorgung abschließen können; vgl. außerdem *Becker*, NZS 2001, 505, 508; *Beule*, Rechtsfragen der integrierten Versorgung, S. 161 f.; Kasseler Kommentar-*Hess*, Vor § 140a SGB V, Rn. 3; *Windthorst*, Die integrierte Versorgung in der gesetzlichen Krankenversicherung, S. 91 f.

145 *Becker*, NZS 2001, 505, 512; *Kuhlmann*, KHuR 2000, 171, 172; *Wigge*, Rechtliche Rahmenbedingungen bei neuen Versorgungsformen, 67, 88; *ders.*, NZS 2001, 66, 69.

146 Dazu *Beule*, Rechtsfragen der integrierten Versorgung, S. 148 ff.; *Nissen*, ZögU 2002, 22, 33; *Windthorst*, Die integrierte Versorgung in der gesetzlichen Krankenversicherung, S. 129 f.

147 Eingehend zur Bildung von Integrationsbudgets *Nissen*, ZögU 2002, 22, 31 ff.

148 Dazu *Orlowski/ Wasem*, Gesundheitsreform 2004, S. 93 f.; kritisch gegenüber den Regelungen zur

Gemäß § 140a Abs. 2 S. 1 SGB V ist die Teilnahme der Versicherten an der integrierten Versorgung freiwillig. Zum Schutz der Patientendaten regelt § 140a Abs. 2 S. 2 SGB V, dass ein behandelnder Leistungserbringer aus der gemeinsamen Dokumentation nach § 140b Abs. 3 S. 3 SGB V die den Versicherten betreffenden Behandlungsdaten und Befunde nur dann abrufen darf, wenn eine wirksame Einwilligung des Betroffenen vorliegt[149], die Information für den konkret anstehenden Behandlungsfall genutzt werden soll und der Leistungserbringer zu dem Personenkreis gehört, der nach § 203 StGB der Geheimhaltungspflicht unterliegt. Die in § 140g S. 1 SGB V in der Fassung des Gesetzes zur Reform der gesetzlichen Krankenversicherung ab dem Jahr 2000 vorgesehene Möglichkeit zur Weitergabe erzielter Einsparungen als Versichertenbonus an die teilnehmenden Versicherten, die die Teilnahmebedingungen mindestens ein Jahr lang eingehalten haben, ist mit der Neufassung der §§ 140a ff. SGB V durch das Gesetz zur Modernisierung der gesetzlichen Krankenversicherung entfallen[150].

Anschubfinanzierung und Bereinigung in § 140d SGB V aus der Sicht der Krankenhäuser *Degener-Hencke*, NZS 2003, 629, 632 f.

149 Zu den Anforderungen an die Einwilligung Schnapp/ Wigge-*Knieps*, Handbuch des Vertragsarztrechts, § 11, Rn. 28.

150 Dazu *Scholz*, GesR 2003, 369, 374.

## Zweites Kapitel: Typologie vernetzter Kooperationsformen

Unter Berücksichtigung der dargestellten sozialversicherungsrechtlichen Rahmenbedingungen soll nachfolgend die organisatorische Durchführung vernetzter Kooperationsformen durch die beteiligten Leistungserbringer einer näheren Betrachtung unterzogen werden. Die rechtspraktische Umsetzung der öffentlich-rechtlichen Vorgaben ist sowohl für die weitere Bearbeitung der binnenrechtlichen Verbundstrukturen sowie für die Untersuchung der vertrags- und haftungsrechtlichen Beziehungen des Versorgungsnetzes und der in ihm zusammengeschlossenen Leistungserbringer zu den Versicherten als Leistungsempfängern von erheblicher Bedeutung. Aufgrund der mittlerweile unüberschaubaren Anzahl bestehender und geplanter Versorgungsnetze ist eine umfassende empirische Untersuchung im Rahmen des Dissertationsvorhabens nicht realisierbar[151]. Eine erschöpfende Darstellung sämtlicher vorhandener und geplanter Kooperationsmodelle ist mit Blick auf die zu bearbeitenden Rechtsfragen indes auch nicht geboten. Grundlage einer juristischen Bearbeitung müssen vielmehr Erkenntnisse darüber sein, welche tatsächlichen Gestaltungsmöglichkeiten die sozialgesetzlichen Vorgaben über vernetzte Kooperationsformen eröffnen. Nachfolgend wird daher der Versuch einer Typologie vernetzter Kooperationsmodelle im System der gesetzlichen Krankenversicherung unternommen, welche die möglichen Erscheinungsformen erfasst und anhand ihrer unterschiedlichen Merkmale und Ausprägungen klassifiziert. Die Beobachtung existierender und geplanter Versorgungsnetze dient hierbei als wichtige Informationsquelle und liefert zugleich praxisnahe Beispiele für die beschriebenen Fallgestaltungen.

### *A. Typenvielfalt*

Das sozialrechtliche Normengefüge zur Regelung vernetzter Kooperationsformen legt die öffentlich-rechtlichen Rahmenbedingungen fest, die bei der Realisierung von Versorgungsnetzen zu beachten sind. Diese belassen den Leistungserbringern einen erheblichen Spielraum bei der organisatorischen Umsetzung. Ihnen steht eine große Bandbreite unterschiedlicher Organisationsstrukturen und Gestaltungsinstrumente zur Auswahl, derer sie sich entsprechend der Zielsetzung und den Bedürfnissen der Kooperation

151 Schätzungen zufolge bestanden im Jahr 1997 etwa 40 ärztliche Praxisverbünde, während Ende 1998 von 200 Praxisnetzen ausgegangen wurde, vgl. *Graefe/ Gemke*, Praxisnetze – Realitäten und Möglichkeiten, S. 4. Im März 2000 wurde die Anzahl bestehender Ärztenetze bereits auf zirka 400 geschätzt, vgl. *Bausch/ Stock*, G+G 3/ 2000, 22. Diese Zahlen beziehen sowohl Praxisnetze mit Kassenbeteiligung auf der Grundlage sozialgesetzlicher Normen als auch freie und private Ärztenetze, die ausschließlich auf privatautonomen Vereinbarungen der Verbundteilnehmer beruhen, ein. Die in den ärztlichen Medien nahezu alltäglichen Meldungen über die Planung und Gründung neuer Versorgungsnetzwerke legen die Vermutung nahe, dass bis zum heutigen Tag ein kontinuierlicher Zuwachs an vernetzten Kooperationsformen zu verzeichnen ist. Eine Datenbank für Praxisnetze und medizinische Verbundsysteme mit Basisdaten von über 500 Versorgungsnetzen in Deutschland wird von dem Unternehmen mediportale GmbH entwickelt und verwaltet, im Internet unter http://www.mediportale.de.

bedienen können. Ein einheitlicher Typus eines Versorgungsnetzes existiert dementsprechend weder in organisationsrechtlicher noch in rechtspraktischer Hinsicht[152].

*I. Teilnehmerzahl*

Erhebliche Unterschiede bei der Ausgestaltung vernetzter Kooperationsformen bestehen zunächst hinsichtlich ihrer Größe und der Anzahl der beteiligten Leistungserbringer. Weder die Vorschriften zu vernetzten Praxen noch die Regelungen zur Durchführung von Modellvorhaben enthalten bindende Vorgaben bezüglich der Teilnehmerzahl. § 64 Abs. 2 S. 2 SGB V bestimmt lediglich, dass die Vertragspartner der Bundesmantelverträge Regelungen zur Festlegung einer Höchstzahl der zu beteiligenden Ärzte vereinbaren können. Für die integrierte Versorgung wurde ursprünglich angeordnet, dass die von den Spitzenverbänden der Krankenkassen und den Kassenärztlichen Bundesvereinigungen zu treffenden Rahmenvereinbarungen Regelungen über die inhaltlichen Voraussetzungen zur Teilnahme von Vertragsärzten einschließlich der Festlegung einer Mindest- oder Höchstzahl der teilnehmenden Ärzte enthalten müssen[153]. Diese Vorgabe ist in der Neufassung der Vorschriften über die integrierte Versorgung durch das Gesetz zur Modernisierung der gesetzlichen Krankenversicherung[154] ersatzlos entfallen[155].

*II. Leistungssektoren, Versorgungsbereiche und Berufsgruppen*

Je nach Ausgestaltung des Versorgungsnetzes kann sich dieses auf einen oder mehrere Leistungssektoren[156] (ambulante und stationäre Versorgung) und Versorgungsbereiche (präventive, kurative und rehabilitative Versorgung) sowie auf eine oder mehrere Gruppen von Leistungserbringern (Vertragsärzte, stationäre Versorgungseinrichtungen und nichtärztliche niedergelassene Leistungserbringer) erstrecken. Insoweit eröffnen die sozialgesetzlichen Vorgaben unterschiedliche Gestaltungsspielräume: Während vernetz-

---

152 Vgl. auch *Erbsen*, Praxisnetze und das Berufsrecht der Ärzte, S. 22, 44 ff., deren Untersuchung sich freilich gleichermaßen auf sozialrechtlich eingebundene und privatautonome Vernetzungsprojekte ohne sozialgesetzliche Grundlage erstreckt.

153 § 140d Abs. 1 S. 2 Nr. 3 SGB V in der Fassung des Gesetzes zur Reform der gesetzlichen Krankenversicherung ab dem Jahr 2000 (BGBl. I 1999, S. 2626). Diese Bestimmung ist in §§ 9, 10 der Rahmenvereinbarung konkretisiert worden, ohne jedoch zahlenmäßige Vorgaben hinsichtlich der Teilnehmerzahl zu liefern. Vielmehr wurde die Festlegung von Mindest- und Höchstzahlen der teilnehmenden Vertragsärzte den jeweiligen Vertragspartnern der Integrationsversorgungsverträge aufgegeben, die sich dabei an den in der Rahmenvereinbarung aufgeführten Kriterien und Zielvorstellungen zu orientieren hatten.

154 BGBl. I 2003, S. 2190.

155 In der Praxis reicht das Spektrum von kleineren Versorgungsverbünden mit zehn bis zwanzig Teilnehmern bis hin zu Kooperationen mit weit über hundert Leistungserbringern. So sind beispielsweise an der Medizinischen Qualitätsgemeinschaft Rendsburg derzeit 40 Ärzte (vgl. im Internet unter http://www.mqr.de), an der Medizinischen Gemeinschaft Salzgitter 162 Ärzte (vgl. im Internet unter http://www.megesa.de) und am Regionalen Praxisnetz Kiel mehr als 400 Ärzte (vgl. im Internet unter http://www.praxisnetz-kiel.de) beteiligt.

156 Eingehend zum Begriff des Leistungssektors und der Abgrenzung der einzelnen Leistungssektoren *Beule*, Rechtsfragen der integrierten Versorgung, S. 25 ff.

te Praxen gemäß § 73a SGB V auf die ambulante vertragsärztliche Versorgung beschränkt sind, ermöglichen Modellvorhaben gemäß §§ 63 ff. SGB V ebenso wie Einrichtungen der integrierten Versorgung gemäß §§ 140a ff. SGB V auch sektoren- und professionsübergreifende Kooperationsmodelle.

### *III. Leistungsumfang*

Auch im Leistungsumfang vernetzter Kooperationsformen ist eine Bandbreite unterschiedlicher Gestaltungsformen zu verzeichnen. Versorgungsnetze können zum einen auf die umfassende medizinische Versorgung von Versichertengruppen gerichtet sein. Dies erfordert regelmäßig die Einbeziehung von Leistungserbringern sämtlicher Fachrichtungen, um eine Abdeckung des gesamten medizinischen Leistungsspektrums sicherzustellen[157]. Vernetzte Kooperationsmodelle können zum anderen ein inhaltlich definiertes Leistungsangebot zum Gegenstand haben, das auf die indikationsunabhängige medizinische Versorgung von Versichertengruppen gerichtet ist. Namentlich geht es hierbei um die Erbringung von Gesundheitsleistungen aus einem bestimmten medizinischen Fachgebiet wie beispielsweise der Chirurgie, Gynäkologie, inneren Medizin oder Orthopädie. Versorgungsnetze können ferner auf die indikationsspezifische Gesundheitsversorgung von Versichertengruppen gerichtet sein. Das Leistungsangebot beinhaltet in diesem Fall die umfassende, regelmäßig interdisziplinäre medizinische Versorgung von Patienten mit einer ausgewählten Erkrankung. Besondere Bedeutung erlangt dieses Indikationsmodell zum einen im Bereich der chronischen Erkrankungen wie etwa Diabetes, Hypertonie, Erkrankungen aus dem rheumatischen Formenkreis und der Onkologie, zum anderen im Bereich der Geriatrie[158].

## *B. Typische Ausprägungen einer netzinternen Zusammenarbeit*

Im folgenden Abschnitt werden die speziellen Ausprägungen einer Zusammenarbeit der Leistungserbringer in vernetzten Kooperationsmodellen dargestellt. Wegen der ausgesprochenen Heterogenität bestehender und möglicher Erscheinungsformen ist der nachfolgende Katalog keineswegs abschließender Art, sondern enthält eine Zusammenstellung derjenigen Kooperationsmerkmale, wie sie in Versorgungsnetzwerken typischerweise vorkommen (können).

---

157 Praxisbeispiele sind insoweit die Medizinische Qualitätsgemeinschaft Salzgitter (vgl. im Internet unter http://www.megesa.de), die Medizinische Qualitätsgemeinschaft Rendsburg (vgl. im Internet unter http://www.mqr.de) und das Regionale Praxisnetz Kiel (vgl. im Internet unter http://www.praxisnetz-kiel.de).

158 Ein Praxisbeispiel für indikationsspezifische Versorgungsnetze ist etwa das „Modellprojekt Diabetes" der AOK und der Kassenärztlichen Vereinigung in Thüringen, vgl. *Becker-Berke/ Mehl*, G+G 8/ 1998, 22, 25 ff.; *Worms/ Sicker*, G+G 3/ 2000, 18 f.

## I. Gemeinsame Nutzung von Personal und Einrichtungen

Häufig wird die Zusammenarbeit der Verbundmitglieder die gemeinsame Nutzung personeller und/ oder sachlicher Mittel sowie die Bildung von Einkaufsgemeinschaften erfassen[159]. Dies kann einerseits eine Erweiterung der Therapie- und Versorgungsmöglichkeiten im Sinne einer Qualitätssteigerung mit sich bringen, andererseits zu einer Senkung der mit der Berufsausübung verbundenen Kosten führen[160].

## II. Netzinterne Leitstellen und Netzmanagement

Besonders innerhalb von Kooperationsmodellen mit komplexeren Vernetzungsstrukturen ist die Einrichtung netzinterner Leitstellen zur Koordination der Versorgung und der Zusammenarbeit der Leistungserbringer zweckmäßig. Die tatsächliche Umsetzung und Durchführung von Versorgungsnetzen hat gezeigt, dass der nötige Aufwand für das Netzmanagement von den Beteiligten vielfach unterschätzt wird[161]. Die Organisation und Koordination der einzelnen Versorgungsvorgänge erfordern gerade in größeren Netzwerkgemeinschaften fachliche und zeitliche Kapazitäten, die das Leistungspotenzial der Netzteilnehmer häufig übersteigen. Daher bedarf es zur Schaffung leistungs- und konkurrenzfähiger Kooperationsmodelle zumindest langfristig der Etablierung netzinterner Leitstellen, die das Management im Versorgungsnetz übernehmen[162]. Dies gilt in besonderem Maße, jedoch keineswegs ausschließlich für solche Versorgungsverbünde, in denen eine Patientenversorgung unter Einschluss mehrerer Leistungssektoren oder Versorgungsbereiche vorgesehen ist. Dementsprechend finden die Anstellung von professionellen Netzmanagern und die Beauftragung von gewerblichen Netzbetreibern auch in der Praxis zunehmende Verbreitung[163]. In einem weiteren Schritt kommt die Errichtung organisatorisch selbstständiger Netzbetreibergesellschaften in Betracht, die

---

159 Vgl. *Erbsen*, Praxisnetze und das Berufsrecht der Ärzte, S. 47; *Kuhlmann*, KHuR 2000, 171, 176; *Rieger*, MedR 1998, 75.

160 Siehe zu den medizinischen und ökonomischen Grundlagen der Entwicklung vernetzter Kooperationsformen die Ausführungen auf S. 20 ff.

161 Dazu *Westebbe*, Ärzte im Netz, S. 26, 31 ff.

162 *Bihr/ Krauskopf*, ZögU 2001, 194, 202; *Broglie*, Qualitäts-Management 1999, 48, 53; *Erbsen*, Praxisnetze und das Berufsrecht der Ärzte, S. 47, 179 f.; *Graefe/ Gemke*, Die Gestaltung von Praxisnetzen und der Datenschutz, S. 7 f.; *Häussler/ Bohm*, Sozialer Fortschritt 2000, 127, 129. Innerhalb des stationären Bereichs ist die Einrichtung übergeordneter Betriebsleitungen zur Sicherung der Qualität und Effizienz der Krankenhausversorgung bereits seit längerem verbreitet.

163 So hat etwa die in zweiter Generation als eingetragene Genossenschaft gegründete Medizinische Qualitätsgemeinschaft Rendsburg die Sana Kliniken-GmbH mit dem professionellen Management ihres Versorgungsverbundes beauftragt, vgl. im Internet unter http://www.mqr.de. Seit Mai 2001 bietet die auf Initiative der Bundesärztekammer, der Kassenärztlichen Bundesvereinigung und der Deutschen Apotheker- und Ärztebank gegründete Netzakademie e. V. einen berufsbegleitenden Studiengang zur Ausbildung von Netzmanagern für den Aufbau und die Gestaltung von Praxisnetzen an, vgl. *Anonymus*, DÄBl. 2001, A-949. Siehe zu Rechtsfragen des Datenschutzes, der beruflichen Schweigepflicht sowie des ärztlichen Berufsrechts, die bei einer Zusammenarbeit mit gewerblichen Netzbetreibern entstehen können, *Schirmer*, VSSR 1998, 279, 301.

dem Versorgungsnetz im Sinne einer mehrstufigen Organisationsstruktur vorangestellt werden und die professionelle Netzleitung übernehmen[164].

### *III. Zentrale Anlaufstellen für Patienten*

Eine weitere Ausprägung der Kooperation von Leistungserbringern in vernetzten Strukturen ist die Errichtung zentraler Anlaufstellen, die ein einheitliches Auftreten des Versorgungsverbundes im Außenverhältnis namentlich gegenüber den Patienten bewirken. Diese können in der Anlaufstelle Informationen über die Behandlungsmöglichkeiten und Leistungsangebote des Versorgungsnetzes in Erfahrung bringen und erhalten auf diese Weise einen zentralen Ansprechpartner im Versorgungsverbund. Zentrale Anlaufstellen können außerdem zur Koordination einer Patientenversorgung außerhalb der üblichen Präsenzzeiten errichtet werden. Patienten, die sich außerhalb der normalen Praxisöffnungszeiten an den Versorgungsverbund wenden, werden in der Leitstelle in Empfang genommen und bei Bedarf an diejenigen Leistungserbringer weiter vermittelt, die entsprechend der Abstimmung unter den Netzteilnehmern Bereitschaftsdienst haben. Über die Vermittlung von Patienten an die jeweiligen Niederlassungen der teilnehmenden Leistungserbringer hinaus kommt ferner ein gemeinsamer Betrieb von Notfall- und Bereitschaftspraxen in den sprechstundenfreien Zeiten in Betracht. Auf diese Weise kann durch die Kooperation der Verbundteilnehmer eine medizinische Versorgung rund um die Uhr sichergestellt werden[165].

### *IV. Binnenstrukturelle Überweisungspraxis*

Ein charakteristisches Merkmal der Zusammenarbeit in vernetzten Kooperationsformen ist ferner die Vereinbarung einer binnenstrukturellen Überweisungspraxis. Danach verpflichten sich die teilnehmenden Leistungserbringer gegenseitig, die Patienten grundsätzlich an ihre Kooperationspartner innerhalb des Versorgungsverbundes zu überweisen, sofern nicht besondere Gesichtspunkte, insbesondere medizinische Gründe oder der

---

164 Zur rechtlichen Struktur mehrstufiger Organisationsmodelle S. 190 f.

165 *Erbsen*, Praxisnetze und das Berufsrecht der Ärzte, S. 47, 179; *Graefe/ Gemke*, Die Gestaltung von Praxisnetzen und der Datenschutz, S. 5; *Rieger*, MedR 1998, 75. Vgl. für Praxisbeispiele *Broglie*, Qualitäts-Management 1999, 48, 50 f. sowie *Rüschmann/ Roth/ Krauss*, Vernetzte Praxen auf dem Weg zu managed care?, S. 28 f. zur Anlaufpraxis der Medizinischen Qualitätsgemeinschaft Rendsburg. Der gemeinsame Betrieb einer vertragsärztlichen Zweigpraxis zur Sicherstellung der Patientenversorgung außerhalb der üblichen Präsenzzeiten erfordert allerdings eine Genehmigung durch die zuständige Kassenärztliche Vereinigung, die nur erteilt werden darf, wenn die Zweigpraxis zur Sicherung einer ausreichenden vertragsärztlichen Versorgung der Versicherten notwendig ist, vgl. *BSGE* 77, 188 ff.; *Schiller*, NZS 1997, 103, 105 ff. mit weiteren Nachweisen. Ein entsprechendes Verbot mit Erlaubnisvorbehalt normiert auch das ärztliche Berufsrecht, vgl. § 18 Abs. 1 MBO-Ä: „Dem Arzt ist es nicht gestattet, an mehreren Stellen Sprechstunden abzuhalten. Die Ärztekammer kann, soweit es die Sicherstellung der ärztlichen Versorgung der Bevölkerung erfordert, die Genehmigung für eine Zweigpraxis (Sprechstunde) erteilen. Eine Zweigpraxis ist auch eine gemeinschaftlich mit anderen Ärzten organisierte Praxis zur Sicherstellung des ärztlichen Notfalldienstes in den sprechstundenfreien Zeiten."

geäußerte Wunsch des zu überweisenden Patienten, entgegenstehen[166]. Hintergrund dieser Kooperationsabsprache ist einerseits die unter Qualitäts- und Wirtschaftlichkeitsgesichtspunkten angestrebte Systematisierung der Versorgungsprozesse innerhalb des Verbundes[167], andererseits die wechselseitige Förderung der Netzteilnehmer[168].

### *V. Qualitätssicherungsinstrumente*

Angesichts der Zielsetzung vernetzter Kooperationen, eine Sicherung und Verbesserung der medizinischen Versorgungsqualität bei gleichzeitiger Nutzung von Ökonomisierungseffekten herbeizuführen, erlangt die Implementation von Maßnahmen zur Qualitätssicherung in die netzinternen Versorgungsabläufe eine besondere Bedeutung. Die Systematisierung der Kooperationsvorgänge im Versorgungsverbund erfordert eine Verständigung der Teilnehmer über die Art und die zugrunde gelegten Kriterien ihrer Zusammenarbeit. Dies beinhaltet Absprachen der Leistungserbringer über die Einhaltung bestimmter Qualitätsregeln und standardisierter Verfahren wie etwa die Beachtung festgelegter Therapiemethoden bei der Patientenversorgung, Vereinbarungen zur Verfahrensorganisation sowie eine gegenseitige Verpflichtung der Netzteilnehmer zu einem hinreichenden Informationsaustausch[169].

#### *1. Netzinterne Regelwerke*

Ein in der wissenschaftlichen Diskussion um qualitätsgesicherte Patientenversorgung in vernetzten Kooperationsformen besonders hervorgehobenes Instrument ist die Implementation von netzinternen Regelwerken, namentlich von Leitlinien und Empfehlungen in den Versorgungsprozess[170]. Es handelt sich hierbei um medizinische Handlungsanleitungen, die innerhalb eines bestimmten Verfahrens im Versorgungsverbund zustande kommen und die normative Aussagen über die Anforderungen an eine gute medizinische Versorgung enthalten.

---

166 Vgl. etwa die Kooperationsvereinbarung in den Richtlinien und Grundlagen der Medizinischen Qualitätsgemeinschaft Rendsburg, abgedruckt bei *Rüschmann/ Roth/ Krauss*, Vernetzte Praxen auf dem Weg zu managed care?, S. 290.

167 Vgl. in dem Zusammenhang die Ausführungen zu Managed Care auf S. 25 ff.

168 Siehe zur Vereinbarkeit der binnenstrukturellen Überweisungspraxis mit dem berufsrechtlichen Verbot der Patientenzuweisung ohne hinreichenden Grund im Sinne des § 34 Abs. 5 MBO-Ä und dem Verbot der entgeltlichen Patientenzuweisung im Sinne des § 31 MBO-Ä S. 99 ff.

169 LPK-SGB V-*Auktor*, § 73a, Rn. 8; *Erbsen*, Praxisnetze und das Berufsrecht der Ärzte, S. 47, 162 ff.; *Graefe/ Gemke*, Die Gestaltung von Praxisnetzen und der Datenschutz, S. 6, 8; *Mühlbacher/ Henke/ von Troschke*, Z. Allg. Med. 2000, 592, 596; *Schirmer*, MedR 1997, 431, 439; *ders.*, VSSR 1998, 279, 288 f.

170 Die Integration von Leitlinien wird von vielen Autoren als ein wesentlicher Erfolgsfaktor für die Zusammenarbeit der Netzteilnehmer angesehen; vgl. etwa *Henkel*, G+G 4/ 2000, 16; *Rüschmann/ Roth/ Krauss*, Vernetzte Praxen auf dem Weg zu managed care?, S. 27.

*a. Begriffsbestimmungen*

Hinsichtlich ihrer normativen Verbindlichkeit wird bei medizinischen Handlungsanleitungen üblicherweise zwischen Richtlinien, Leitlinien und Empfehlungen differenziert:

*aa. Richtlinien*

Richtlinien sind Handlungsregeln, die von einer rechtlich legitimierten Institution konsentiert, schriftlich fixiert und veröffentlicht werden. Sie sind für den Rechtsraum dieser Institution rechtsverbindlich und können im Falle ihrer Nichtbeachtung definierte Sanktionen nach sich ziehen[171].

*bb. Leitlinien*

Bei Leitlinien handelt es sich um systematisch entwickelte Entscheidungshilfen über die angemessene Vorgehensweise bei speziellen gesundheitlichen Problemen. Ihre Adressaten sind regelmäßig die medizinischen Leistungserbringer[172], denen Orientierungshilfen im Sinne von „Handlungs- und Entscheidungskorridoren" für die jeweilige medizinische Tätigkeit gegeben werden sollen. Die in Leitlinien aufgestellten Anforderungen an eine gute medizinische Versorgung sind für die Leistungserbringer grundsätzlich verbindlich. Im begründeten Einzelfall sind Abweichungen allerdings zulässig oder sogar zwingend notwendig[173].

*cc. Empfehlungen*

Empfehlungen enthalten demgegenüber die bloße Beschreibung medizinischer Handlungsmöglichkeiten. Im Vergleich zu Richtlinien und Leitlinien handelt es sich um Regelungswerke mit dem geringsten Verbindlichkeitsgrad, die darauf gerichtet sind, die

---

171 *AWMF/ ÄZQ*, Das Leitlinien-Manual, S. 6, 69, 71; *Hart*, Ärztliche Leitlinien und Haftungsrecht, 137, 140; *ders.*, arznei-telegramm 2000, 93, 94; *ders.*, medgen 2001, 63, 64 f.; *Kemmnitz*, Empirische Untersuchung medizinischer Normsetzungsprozesse, 89, 90; *Ollenschläger/ Berenbeck u. a.*, ZaeFQ 2002, 545, 546; *Rienhoff*, Qualitätsmanagement, 585, 593; *Vosteen*, Leitlinien der wissenschaftlichen Fachgesellschaften, 23, 24; *Wienke*, MedR 1998, 172.

172 Es ist aber darauf hinzuweisen, dass gerade in jüngerer Zeit zunehmend auch die Öffentlichkeit und namentlich die Patienten als zentrales Subjekt jeder medizinischen Versorgung als Adressaten von Leitlinien hervorgehoben werden, vgl. *AWMF/ ÄZQ*, Das Leitlinien-Manual, S. 5; *Ollenschläger/ Oesingmann u. a.*, Die „Leitlinie für Leitlinien", 41; *Wienke*, MedR 1998, 172, 173.

173 *AWMF/ ÄZQ*, Das Leitlinien-Manual, S. 5 f., 68, 71; *Francke*, SGb 2000, 159, 160; *Hart*, MedR 1998, 8, 10 f.; *ders.*, Ärztliche Leitlinien und Haftungsrecht, 137, 140 f.; *ders.*, arznei-telegramm 2000, 93 f.; *ders.*, medgen 2001, 63, 64 f.; *Helou/ Schwartz/ Ollenschläger*, Bundesgesundheitsbl – Gesundheitsforsch – Gesundheitsschutz 2002, 205, 209; *Kemmnitz*, Empirische Untersuchung medizinischer Normsetzungsprozesse, 89 f.; *Kirchner/ Ollenschläger*, Implementierung von Leitlinien, 63, 66 f.; *Kollhosser*, Der Kassenarzt 2001, 40; *Ollenschläger/ Berenbeck u. a.*, ZaeFQ 2002, 545 f.; *Ollenschläger/ Oesingmann u. a.*, Die „Leitlinie für Leitlinien", 41 f.; *Rienhoff*, Qualitätsmanagement, 585, 593; *Vosteen*, Leitlinien der wissenschaftlichen Fachgesellschaften, 23, 24; *Wienke*, MedR 1998, 172, 173.

Aufmerksamkeit ihrer Adressaten auf bestimmte medizinische Sachverhalte zu lenken und Vorschläge zum Umgang mit diesen anzubieten. Mangels rechtsverbindlicher Wirkung sind Abweichungen von Empfehlungen stets zulässig und ziehen keinerlei Sanktionen nach sich[174].

*dd. Zuordnung netzinterner Regelwerke*

Wegen der besonderen rechtlichen Legitimation ihrer normgebenden Institutionen sollte der Begriff der Richtlinie auf die zuvor beschriebenen Regelwerke beschränkt werden[175]. Nach dieser Begriffsdefinition können Versorgungsnetze mangels legitimierender gesetzlicher oder untergesetzlicher Regelung keine Richtlinien erlassen. Handlungsanleitungen für eine qualitative medizinische Versorgung im Versorgungsverbund können aber sowohl in netzinternen Leitlinien als auch in Empfehlungen erfolgen. Die Einordnung eines netzinternen Regelwerkes als Leitlinie oder als Empfehlung hängt von der Frage ab, welcher Verbindlichkeitsgrad den im Regelwerk enthaltenen Bestimmungen zukommt. Anhaltspunkte liefert insoweit neben dem Wortlaut der Regelungen das Vorhandensein von Sanktionsmechanismen für den Fall einer Missachtung der im Regelwerk normierten Handlungsanleitungen. In diesem Zusammenhang ist darauf hinzuweisen, dass der sprachliche Gebrauch insbesondere des Terminus der Leitlinie in der Praxis vielfach nicht den zuvor dargestellten Begriffsbestimmungen entspricht und daher jeweils genau zu prüfen ist, um welche Normart es sich bei dem Regelwerk handelt.

*b. Funktionen netzinterner Regelwerke*

Ihrem Regelungsgegenstand nach können netzinterne Regelwerke unterschiedliche Funktionen erfüllen, die inhaltlich deutlich voneinander zu unterscheiden sind:

*aa. Sicherung der Behandlungsqualität*

Leitlinien und Empfehlungen können zum einen der Sicherung der Qualität medizinischen Handelns bei der Versorgung von Patienten im Bereich der Standardbehandlung und der Heilversuchsbehandlung dienen (sogenannte Behandlungsleitlinien und -empfehlungen). Die auf medizinisch-wissenschaftlicher Erkenntnis und Erfahrung beruhenden medizinischen Standards und Regeln des Versuchshandelns sollen in diesen Regelwerken rezipiert und normativ erfasst werden. Die dadurch entstehenden Handlungsanleitungen enthalten Aussagen über die Anforderungen an sorgfältiges medizinisches Handeln bei der Therapie von Patienten wie beispielsweise eine Konzentration

---

174 *Hart*, Ärztliche Leitlinien und Haftungsrecht, 137, 140; *ders.*, arznei-telegramm 2000, 93, 94; *Rienhoff*, Qualitätsmanagement, 585, 593; *Vosteen*, Leitlinien der wissenschaftlichen Fachgesellschaften, 23, 24; *Wienke*, MedR 1998, 172, 173.

175 Vgl. *AWMF/ ÄZQ*, Das Leitlinien-Manual, S. 6, 71; *Hart*, MedR 1998, 8, 11; *Kopp/ Encke/ Lorenz*, Bundesgesundheitsbl – Gesundheitsforsch – Gesundheitsschutz 2002, 223, 224; *Ollenschläger/ Oesingmann u. a.*, Die „Leitlinie für Leitlinien“, 41, 42.

der Behandlungsmethoden auf wissenschaftlich gesicherte Inhalte nach den Regeln einer evidenzbasierten Medizin[176].

*bb. Steuerung von Versorgungsprozessen*

Die Zielsetzung netzinterner Regelwerke kann zum anderen in einer Verbesserung der Prozessqualität der Versorgung durch eine Steuerung und Systematisierung von Versorgungsabläufen im Versorgungsverbund bestehen. Hierzu werden Qualitätsindikatoren zur Beschreibung der jeweils adäquaten Versorgungsstufe im Versorgungsnetz festgelegt und entsprechende Handlungsanleitungen für die Leistungserbringer gegeben. Besondere Bedeutung erlangen diese prozessbezogenen Leitlinien und Empfehlungen bei der Integration von Managed Care-Ansätzen, deren Grundgedanke maßgeblich auf einer Steuerung der medizinischen Versorgungsprozesse beruht[177].

*cc. Steigerung der Versorgungseffizienz*

Neben einer Verbesserung der medizinischen Versorgungsqualität verfolgen medizinische Regelwerke zunehmend auch eine Steigerung der Versorgungseffizienz als Zielsetzung und beziehen damit ökonomische und gesundheitssystembezogene Gesichtspunkte ein (sogenannte Versorgungsleitlinien und -empfehlungen)[178]. Diese gewinnen speziell innerhalb von Versorgungsnetzen, namentlich bei der netzinternen Umsetzung von Managed Care-Ansätzen an Bedeutung[179] und müssen mit Blick auf ihre unterschiedlichen, unter Umständen gar gegenläufigen Zielrichtungen stets deutlich von Aspekten der Qualitätssicherung unterschieden werden[180].

*c. Entwicklung und Implementation netzinterner Regelwerke*

Die Entstehung netzinterner Regelwerke und deren Implementierung in die Versorgungsprozesse des Versorgungsverbundes können auf unterschiedliche Weise erfolgen:

---

176 Vgl. *Hart*, MedR 1998, 8, 10 f.; *ders.*, Ärztliche Leitlinien und Haftungsrecht, 137 ff.; *ders.*, arznei-telegramm 2000, 93, 94; *ders.*, medgen 2001, 63, 64 f.; *Kollhosser*, Der Kassenarzt 2001, 40; *Ollenschläger/ Oesingmann u. a.*, Die „Leitlinie für Leitlinien", 41; *Vosteen*, Leitlinien der wissenschaftlichen Fachgesellschaften, 23, 24; *Wienke*, MedR 1998, 172, 173.

177 Siehe dazu die Ausführungen auf S. 25 ff.

178 Vgl. *Francke*, SGb 2000, 159, 164; *Kopp/ Encke/ Lorenz*, Bundesgesundheitsbl – Gesundheitsforsch – Gesundheitsschutz 2002, 223, 225; *Ollenschläger/ Oesingmann u. a.*, Die „Leitlinie für Leitlinien", 41; *Wienke*, MedR 1998, 172, 173.

179 Dazu *Amelung/ Schumacher*, Managed Care, S. 106 ff.

180 Vgl. auch *Hart*, arznei-telegramm 2000, 93, 94; *ders.*, medgen 2001, 63, 65.

*aa. Entwicklung netzeigener Regelwerke in netzinternen Gremien (bottom up-Verfahren)*

Netzinterne Leitlinien und Empfehlungen können einerseits durch netzeigene Einrichtungen, insbesondere durch medizinische Qualitätszirkel der Netzteilnehmer entwickelt werden. Entsprechend den Zielsetzungen und dem vorhandenen Regelungsbedarf können diese Gremien Handlungsanleitungen für lösungsbedürftige Sachverhalte im Versorgungsverbund erarbeiten und in netzinternen Regelwerken normieren. Bei diesem Verfahren sind es in aller Regel die Anwender und Adressaten der Regelwerke selbst, die die Handlungsregeln für die Zusammenarbeit im Versorgungsnetz festlegen (sogenanntes bottom up-Verfahren)[181]. In der Terminologie der *Arbeitsgemeinschaft der Wissenschaftlichen Medizinischen Fachgesellschaften (AWMF)* und der *Ärztlichen Zentralstelle Qualitätssicherung („ÄZQ")* handelt es sich bei diesen kleinformatigen Regelwerken um regionale Leitlinien beziehungsweise um lokale, unter Umständen leitliniengestützte Handlungsempfehlungen[182].

*bb. Implementation netzexterner Regelwerke in das Versorgungsnetz (top down-Verfahren)*

Andererseits können netzinterne Leitlinien und Empfehlungen auf bereits vorhandenen Regelwerken netzexterner Institutionen beruhen, die auf die Patientenversorgung im Versorgungsverbund übertragen und entsprechend den regionalen und netzeigenen Besonderheiten angepasst werden. Insoweit kommt insbesondere die Implementierung internationaler oder nationaler Leitlinien[183] und Empfehlungen medizinischer Fachgesellschaften, ärztlicher Standesorganisationen oder staatlicher Institutionen in das Versorgungsnetz in Betracht (sogenanntes top down-Verfahren)[184].

*2. Netzeigene Positivlisten und Negativlisten*

Ergänzend, unter Umständen auch anstelle netzinterner Regelwerke können die Teilnehmer eines Versorgungsverbundes netzeigene Positivlisten oder Negativlisten vereinbaren. Es handelt sich hierbei um Steuerungsinstrumente, die bestimmte Gesundheitsleistungen in Gestalt von Leistungskatalogen explizit vorgegeben beziehungsweise

---

181 Ausführlich zur Entwicklung regionaler Leitlinien durch netzeigene Gremien *Kirchner/ Ollenschläger*, Implementierung von Leitlinien, 63, 95 ff. Zur Vereinbarkeit netzinterner Leitlinien mit der ärztlichen Therapiefreiheit und dem Selbstbestimmungsrecht des Patienten *Erbsen*, Praxisnetze und das Berufsrecht der Ärzte, S. 165 ff.

182 *AWMF/ ÄZQ*, Das Leitlinien-Manual, S. 7; vgl. auch *Hart*, Ärztliche Leitlinien und Haftungsrecht, 137, Fn. 1; *ders.*, arznei-telegramm 2000, 93; *ders.*, medgen 2001, 63, 64.

183 Zur Terminologie *AWMF/ ÄZQ*, Das Leitlinien-Manual, S. 6; *Hart*, Ärztliche Leitlinien und Haftungsrecht, 137, Fn. 1; *ders.*, arznei-telegramm 2000, 93; *ders.*, medgen 2001, 63, 64. Als Beispiel für eine nationale Leitlinie *AkdÄ/ DDG u. a.*, Nationale Versorgungs-Leitlinie Diabetes mellitus 2.

184 Ausführlich dazu *Kirchner/ Ollenschläger*, Implementierung von Leitlinien, 63, 83 ff.

ausschließen[185]. Praktischer Hauptanwendungsfall in vernetzten Kooperationsformen sind Arzneimittelverzeichnisse, die die Verordnung bestimmter Medikamente zulassen oder untersagen[186]. Ebenso wie netzinterne Regelwerke können Handlungsanweisungen in netzeigenen Positivlisten und Negativlisten verschiedene Verbindlichkeitsgrade einnehmen sowie unterschiedliche Aspekte der Qualitätssicherung und der Ökonomisierung der Patientenversorgung als Ziele verfolgen[187].

### 3. *Qualitätszirkel und Netzkonferenzen*

Ein charakteristisches Instrument zur Unterstützung eines kontinuierlichen Informationsaustausches in vernetzten Kooperationsmodellen ist die Zusammenarbeit der Leistungserbringer in netzinternen Qualitätszirkeln und Netzkonferenzen. Es handelt sich hierbei um Arbeitsgruppen der Netzteilnehmer, die in regelmäßigen Zeitabständen zusammentreten, um aktuelle medizinische oder organisatorische Probleme im Versorgungsnetz gemeinsam zu erörtern. In den Arbeitstreffen werden ausgewählte Themen von den Teilnehmern untersucht und diskutiert sowie konkrete Lösungs- und Verbesserungsvorschläge für die Zusammenarbeit im Versorgungsverbund erarbeitet[188]. Zu den typischen Aufgabenfeldern zählen regelmäßig zum einen die Vorstellung und Besprechung aktueller Behandlungsfälle, zum anderen die Entwicklung und Implementierung netzinterner Leitlinien und Empfehlungen sowie netzeigener Positivlisten und Negativlisten. Besonderes Merkmal von Qualitätszirkeln und Netzkonferenzen ist die gleichberechtigte Diskussion der Teilnehmer, gegebenenfalls angeleitet durch professionelle Moderatoren (bottom up-Prinzip), im Gegensatz zu einer vertikalen Wissensvermittlung durch übergeordnete Fachleute (top-down-Prinzip)[189]. Diese Organisationsstruktur ist von besonderem Nutzen im Bereich der interprofessionellen und sektorenübergreifenden Kooperationen, da sie einen regelmäßigen und intensiven Erfahrungsaustausch der verschiedenen Berufsgruppen auf kollegialer Ebene ermöglicht[190].

---

185 *Amelung/ Schumacher*, Managed Care, S. 116.

186 *Amelung/ Schumacher*, Managed Care, S. 116; *Rüschmann/ Roth/ Krauss*, Vernetzte Praxen auf dem Weg zu managed care?, S. 27. Zur rechtlichen Zulässigkeit netzeigener Arzneimittelpositivlisten *Erbsen*, Praxisnetze und das Berufsrecht der Ärzte, S. 167 ff.; *Schirmer*, VSSR 1998, 279, 303.

187 Siehe zu den unterschiedlichen Zielsetzungen beim Einsatz von Arzneimittelpositivlisten in Managed Care-Organisationen die Einteilung bei *Amelung/ Schumacher*, Managed Care, S. 116 ff.

188 *Helou/ Schwartz/ Ollenschläger*, Bundesgesundheitsbl – Gesundheitsforsch – Gesundheitsschutz 2002, 205, 207 f.; *Rienhoff*, Qualitätsmanagement, 585, 589; *Rüschmann/ Roth/ Krauss*, Vernetzte Praxen auf dem Weg zu managed care?, S. 21 f., 31 f. mit einer Zusammenstellung der Arbeitsgruppen der Medizinischen Qualitätsgemeinschaft Rendsburg. Vgl. als Praxisbeispiele auch die Qualitätszirkel und Arbeitsgruppen der Medizinischen Gemeinschaft Salzgitter, im Internet unter http://www.megesa.de.

189 *Rienhoff*, Qualitätsmanagement, 585, 589; vgl. auch *Rüschmann/ Roth/ Krauss*, Vernetzte Praxen auf dem Weg zu managed care?, S. 21 f., 31 f. mit weiteren Nachweisen.

190 Dazu *Schwartz/ Wismar*, Planung und Management, 558, 569; vgl. auch *Helou/ Schwartz/ Ollenschläger*, Bundesgesundheitsbl – Gesundheitsforsch – Gesundheitsschutz 2002, 205, 208.

*4. Gemeinsame Dokumentation*

Leistungserbringer, die einen Patienten medizinisch betreuen, sind regelmäßig auf die Kenntnis der im Zusammenhang mit früheren Versorgungsmaßnahmen erhobenen Informationen über ihre Patienten angewiesen, um eine zuverlässige Basis für die zu treffenden medizinischen Entscheidungen zu erhalten. Dieser Informationsbedarf schließt nicht nur Kenntnisse über die eigene Leistungserbringung ein, sondern insbesondere auch Versorgungsmaßnahmen anderer Leistungserbringer, die an der Versorgung des behandelten Patienten beteiligt waren oder noch beteiligt sind. So ist etwa im Falle der gleichzeitigen oder zeitlich aufeinanderfolgenden Behandlung von Patienten durch mehrere Leistungserbringer ein Austausch der erhobenen Patientendaten über vorangegangene Untersuchungen, Diagnosen und Behandlungsschritte notwendig, um überflüssige oder gar schädliche Doppeluntersuchungen und Mehrfachbehandlungen zu vermeiden. Diesen medizinischen Erfordernissen entsprechend dient eine gemeinsame Dokumentation innerhalb von vernetzten Kooperationsformen einer Konzentrierung der erhobenen patientenbezogenen Daten[191]. Zu dem Zweck einer Wahrung der Qualität und Homogenität der gemeinsamen Dokumentation können die am Versorgungsnetz teilnehmenden Leistungserbringer Qualitätsindikatoren bestimmen und gegebenenfalls vertraglich vereinbaren, anhand derer die erhobenen Daten zu dokumentieren sind[192]. Wird ein netzinterner Leistungserbringer von einem Patienten in Anspruch genommen, ermöglicht ihm die gemeinsame Dokumentation bei Vorliegen einer entsprechenden Zugangsberechtigung einen umfassenden Überblick über die innerhalb des Versorgungsnetzes an den Patienten erbrachten Versorgungsmaßnahmen.

*5. Überweisungsbegleitbriefe*

Ähnlich wie mit der gemeinsamen Dokumentation der netzinternen Versorgungsvorgänge wird mit der Einführung einheitlicher Verfahren zur Informationsübermittlung bei der Überweisung von Patienten im Versorgungsverbund die Zielsetzung verfolgt, eine Verbesserung der Kommunikation zwischen den Leistungserbringern bei der gemeinsamen oder zeitlich aufeinanderfolgenden Versorgung von Patienten herbeizuführen. Alle Informationen, die für die weitere Gesundheitsversorgung des Patienten von Bedeutung sind, werden in standardisierten Überweisungsbegleitbriefen vermerkt und an den weiterbehandelnden Leistungserbringer übermittelt. Qualitäts- und effizienzmindernde Doppeluntersuchungen und Mehrfachbehandlungen sollen hierdurch verhindert werden. Zugleich dienen die Begleitbriefe einem Rücklauf derjenigen Informationen

191 Es ist mittlerweile allgemein anerkannt, dass Leistungserbringer im Rahmen der Patientenversorgung zur Dokumentation der stattgefundenen Versorgungsmaßnahmen verpflichtet sind; vgl. statt vieler Laufs/ Uhlenbruck-*Uhlenbruck/ Schlund*, Handbuch des Arztrechts, § 59, Rn. 1 ff. mit zahlreichen Rechtsprechungs- und Literaturnachweisen.

192 Vgl. *Ahrens*, DOK 1998, 75 f.

über Untersuchungsbefunde und Behandlungsmaßnahmen zum Hausarzt, die durch die Überweisung veranlasst wurden[193].

### *6. Zweitmeinungen und Konsile*

Kennzeichnend für die Zusammenarbeit von Leistungserbringern in vernetzten Kooperationsformen ist schließlich die Errichtung eines organisierten Systems zur Einholung von Zweitmeinungen und Konsilen. Hierbei zieht ein behandelnder Leistungserbringer, der im unmittelbaren Kontakt zum Patienten steht, einen weiteren, regelmäßig spezialisierten Leistungserbringer aus dem Versorgungsverbund zur Unterstützung bei der Befundung oder Diagnostik in bestimmten Versorgungssituationen wie beispielsweise bei schwierigen Behandlungsentscheidungen oder vor Krankenhauseinweisungen hinzu[194].

## *VI. Elektronische Vernetzung mit telemedizinischen Hilfsmitteln*

Wachsende Bedeutung auch und gerade innerhalb vernetzter Kooperationsformen erlangt die elektronische und digitale Vernetzung der Netzteilnehmer mittels moderner Technologien aus dem Bereich der Telemedizin. Die effektive Zusammenarbeit von Leistungserbringern in Versorgungsnetzen erfordert eine hohes Maß an gegenseitiger Information und Kommunikation. Dies bedarf eines funktionierenden Kommunikationssystems, das den Netzteilnehmern einen schnellen und unproblematischen Informations- und Datenaustausch ermöglicht[195]. Geeignete technische Hilfsmittel zur Unterstützung der netzinternen Kommunikation werden in zunehmendem Maße von der sogenannten Telemedizin zur Verfügung gestellt[196]. Der Begriff der Telemedizin wird umschrieben als die Gesamtheit aller Informations- und Telekommunikationstechnologien, die der Erbringung oder Unterstützung von Gesundheitsdienstleistungen bei räumlicher Trennung der Teilnehmer dienen[197]. Der spezifische Nutzen telemedizinischer

---

193 Siehe *Rüschmann/ Roth/ Krauss*, Vernetzte Praxen auf dem Weg zu managed care?, S. 30 f., 324 ff. zur Befundübertragung mittels standardisierter Überweisungsbegleitbriefe innerhalb der Medizinischen Qualitätsgemeinschaft Rendsburg.

194 Vgl. *Rüschmann/ Roth/ Krauss*, Vernetzte Praxen auf dem Weg zu managed care?, S. 31; *Schirmer*, MedR 1997, 431, 438. Auf die durch das Selbstbestimmungsrecht des Patienten gesetzten Grenzen eines standardisierten Systems zur Einholung von Zweitmeinungen weist zutreffend hin *Erbsen*, Praxisnetze und das Berufsrecht der Ärzte, S. 161 f.

195 *Erbsen*, Praxisnetze und das Berufsrecht der Ärzte, S. 184 f.; *Graefe/ Gemke*, Praxisnetze – Realitäten und Möglichkeiten, S. 1; *Mühlbacher/ Henke/ von Troschke*, Z. Allg. Med. 2000, 592, 596.

196 *Broglie*, Qualitäts-Management 1999, 48, 53 hält die Nutzung moderner Technologien aus dem Bereich der Telemedizin in Versorgungsnetzen „nicht nur (für) sinnvoll, sondern eher (für) unverzichtbar“.

197 *Bahlo*, Telemedizin, 125; *Deutsche Gesellschaft für Medizinrecht*, „Einbecker Empfehlungen“, 133 (Nr. 1); *Dierks*, Rechtliche und praktische Probleme der Integration von Telemedizin, S. 3; *ders.*, Rechtsfragen der Telemedizin, 1, 3; *ders.*, ZaeFQ 1999, 787; *Dietel/ Hufnagl*, ZaeFQ 2001, 596; *Dietzel*, DÄBl. 2001, A-158; *Feussner/ Baumgartner/ Siewert*, Telemedizin in der Praxis, 37; *Graefe/ Zieglwalner/ Glökler*, Datenschutzrechtliche Aspekte in der Telemedizin, S. 1; *Hanika*, MedR 2001, 107, 108; *Hermeler*, Rechtliche Rahmenbedingungen der Telemedizin, S. 5 f.; *Hoppe*, MedR 1998, 462; *Pflüger*, VersR 1999, 1070.

Einrichtungen liegt in der Möglichkeit, zeitliche und räumliche Grenzen der Kommunikation innerhalb der Gesundheitsversorgung zu überwinden. Die Verbindung der Kommunikationspartner erfolgt in technischer Hinsicht über eine Infrastruktur zur Datenfernübertragung, die einen schnellen Informationsfluss zwischen den Beteiligten ermöglicht. Auf diese Weise können zeitliche Verzögerungen der Kommunikation verringert und zugleich Fehlerquellen vermieden werden, die bei der Versendung verkörperter Daten entstehen können. Versorgungsdefizite, die auf einer verzögerten Informationsübermittlung oder auf vermeidbaren Datenverlusten beruhen, können so behoben oder jedenfalls reduziert werden und damit zu einer Steigerung der medizinischen Versorgungsqualität und Versorgungseffizienz führen[198]. Die Erscheinungsformen und Anwendungsgebiete telemedizinischer Einrichtungen sind äußerst vielfältig[199]. Mit Blick auf die Zusammenarbeit von Leistungserbringern in vernetzten Kooperationsformen sind in erster Linie der Einsatz der zentralen elektronischen Patientenakte sowie die Anwendung audiovisueller Punkt-zu-Punkt-Verbindungen von Bedeutung.

### *1. Zentrale elektronische Patientenakte*

Die zentrale elektronische Patientenakte ist ein computergestütztes Netzwerk zur digitalen Sammlung und Speicherung von Patientendaten. Sämtliche Daten, die im Rahmen der Versorgung eines Patienten innerhalb des Versorgungsnetzes erhobenen werden, sollen in der Patientenakte vollständig erfasst und auf einem zentralen Server zusammenführt werden. Soweit Dokumentationen in einzelnen Patientendateien vorhanden sind, werden diese im Netzwerk miteinander verknüpft und so zu einer Gesamtdokumentation verbunden[200]. Zielsetzung der zentralen Datenspeicherung ist die Vermeidung von Informationsverlusten, die durch die verstreute Speicherung von patientenbezogenen Daten auf verschiedenen Informationsträgern regelmäßig entstehen. Versorgungsdefizite, die auf lückenhaften Dokumentationen und zeitlichen Verzögerungen bei

---

198 *Bahlo*, Telemedizin, 125, 126 ff.; *Deutsche Gesellschaft für Medizinrecht*, „Einbecker Empfehlungen", 133 (Nr. 1 und 2); *Dierks*, Rechtliche und praktische Probleme der Integration von Telemedizin, S. 15; *ders.*, Rechtsfragen der Telemedizin, 1, 13 f.; *ders.*, ZaeFQ 1999, 787; *Dietel/ Hufnagl*, ZaeFQ 2001, 596; *Graefe/ Zieglwalner/ Glökler*, Datenschutzrechtliche Aspekte in der Telemedizin, S. 1; *Hermeler*, Rechtliche Rahmenbedingungen der Telemedizin, S. 12 ff.; *Hoppe*, MedR 1998, 462; *Pflüger*, VersR 1999, 1070; *Reichow/ Hartleb/ Schmidt*, MedR 1998, 162 f.; *Ulsenheimer/ Heinemann*, MedR 1999, 197.

199 Einen Überblick über die Erscheinungsformen und Anwendungsgebiete der Telemedizin geben etwa *Dierks*, Rechtliche und praktische Probleme der Integration von Telemedizin, S. 7 ff.; *ders.*, Rechtsfragen der Telemedizin, 1, 6 ff.; *Feussner/ Baumgartner/ Siewert*, Telemedizin in der Praxis, 37 ff.; *Hanika*, MedR 2001, 107, 108; *Hermeler*, Rechtliche Rahmenbedingungen der Telemedizin, S. 6 ff.; *Pflüger*, VersR 1999, 1070 f.

200 *Brenner*, ZaeFQ 2001, 646, 649 f.; *Dierks*, Rechtliche und praktische Probleme der Integration von Telemedizin, S. 11; *ders.*, Rechtsfragen der Telemedizin, 1, 9; *Graefe/ Zieglwalner/ Glökler*, Datenschutzrechtliche Aspekte in der Telemedizin, S. 5 f.; *Hermeler*, Rechtliche Rahmenbedingungen der Telemedizin, S. 10 f.; *Pflüger*, VersR 1999, 1070. Ein Computersystem zur zentralen Datenspeicherung und Datenauswertung wird beispielsweise im Hypertonie-Pilotprojekt des Praxisnetzes Nürnberg Nord eingesetzt, vgl. *Krüger-Brand*, DÄBl. 2002, A-2991.

der Datenübermittlung beruhen, sollen durch die konzentrierte Bereitstellung der Patientendaten im Versorgungsverbund vermieden werden[201]. Auf diese Weise kann die elektronische Patientenakte insbesondere zur Unterstützung einer gemeinsamen Dokumentation im Versorgungsnetz eingesetzt werden. Die innerhalb des Versorgungsnetzes tätigen Leistungserbringer werden in dem computergestützten Netzwerk miteinander verbunden und erhalten im Falle ihrer Zugangsberechtigung Zugriff auf den zentralen Server. Sämtliche zur Verfügung stehenden Patientendaten können so ohne nennenswerte zeitliche Verzögerung und ohne größeren technischen Aufwand eingesehen werden und auf diese Weise eine solide Entscheidungsgrundlage für die weitere Gesundheitsversorgung des Patienten liefern[202].

Der medizinische Nutzen einer zentralen elektronischen Datenspeicherung wird etwa deutlich an einem Urteil des *OLG Düsseldorf*[203]. Darin hatte sich das Gericht mit der Frage zu befassen, ob die nicht erfolgte Hinzuziehung älterer Dokumentationen zur Überprüfung der anamnestischen Angaben einer Patientin einen Behandlungsfehler darstellt. Der zu entscheidende Fall betraf die Geburt eines Kindes, bei der es infolge seiner Übergröße zu Komplikationen kam, die schließlich zu einer dauerhaften Plexuslähmung des rechten Oberarmes führten. Die Eltern, deren Deutschkenntnisse eingeschränkt waren, hatten beim Aufnahmegespräch versäumt darauf hinzuweisen, dass die Mutter bereits zwei übergroße Kinder zur Welt gebracht hatte. Auch bei der Geburt eines dieser Kinder, die ebenfalls in der beklagten Klinik durchgeführt wurde, kam es aufgrund der Übergröße des Kindes zu Komplikationen, die eine dauerhafte Lähmung eines Oberarmes zur Folge hatten. Die behandelnden Hebammen, die sich im Aufnahmegespräch ausdrücklich nach früheren Komplikationen erkundigt hatten, hatten auf die Angaben der Eltern vertraut und daher die Krankenunterlagen zu der vorangegangenen Geburt nicht hinzugezogen. Eine hierauf begründete Sorgfaltspflichtverletzung wurde vom Gericht mit der Begründung abgelehnt, dass kein Anlass zu Zweifeln an der Vollständigkeit der Angaben der Eltern bestanden habe und ältere Krankenunterlagen in größeren Kliniken zudem oft nicht ohne weiteres zugänglich seien. Sie müssten daher keineswegs routinemäßig beschafft werden, wenn ein Patient das gleiche Krankenhaus wieder aufsucht. Es erscheint zweifelhaft, ob das *OLG Düsseldorf* ebenso entschieden hätte, wenn die Dokumentationen über die vorangegangene Geburt in einer zentralen elektronischen Patientenakte des Krankenhauses gespeichert gewesen wären. Jedenfalls verliert das Argument einer mangelnden Zugänglichkeit älterer Dokumentationen in dem Maße an Überzeugungskraft, in dem digital gespeicherte Patientendaten aus früheren Behandlungen jederzeit ohne größeren zeitlichen und technischen Aufwand verfügbar sind. Nur

---

201 Vgl. *Brenner*, ZaeFQ 2001, 646, 649 f.; *Graefe/ Zieglwalner/ Glökler*, Datenschutzrechtliche Aspekte in der Telemedizin, S. 5; *Hermeler*, Rechtliche Rahmenbedingungen der Telemedizin, S. 12 ff.; *Pflüger*, VersR 1999, 1070.

202 *Brenner*, ZaeFQ 2001, 646, 649 f.; *Dierks*, Rechtliche und praktische Probleme der Integration von Telemedizin, S. 11; *ders.*, Rechtsfragen der Telemedizin, 1, 9.

203 Zusammenfassung in MedR 2001, 40.

beiläufig soll in diesem Zusammenhang auf die Bedeutung des telemedizinischen Fortschrittes für die Bestimmung des jeweiligen medizinischen Standards hingewiesen werden. Der Einsatz telemedizinischer Einrichtungen eröffnet in vielen Fällen neue Versorgungsmöglichkeiten, die die bestehenden Anforderungen an eine sorgfältige Behandlung beeinflussen, namentlich verschärfen und damit bestehende Standards verändern können[204].

Es liegt auf der Hand, dass die Sammlung und Speicherung von personenbezogenen Gesundheitsdaten auf einem zentralen Server nicht nur Vorteile für die medizinische Versorgungsqualität, sondern auch Nachteile im Vergleich zu herkömmlichen Dokumentationen in nicht digitalisierter Form mit sich bringen. Diese betreffen zum einen erhöhte Gefahren für den Schutz der Patientendaten vor Zugriffen nicht befugter Personen[205]. Insoweit soll durch die Errichtung einer Zugriffssperre mittels Verschlüsselung der zentral gespeicherten Daten oder durch die Verwendung von sogenannten Health Professional Cards verhindert werden, dass Außenstehende auf die netzinterne Patientenakte zugreifen können. Zugleich bewirkt eine solche Zugriffssperre, dass nicht sämtliche Netzteilnehmer zu jedem Zeitpunkt Zugang zu den Patientendaten haben. Erst wenn ein Patient einen netzinternen Leistungserbringer tatsächlich in Anspruch nimmt, erhält dieser bei Vorliegen einer wirksamen Einwilligung des Patienten Zugriff auf dessen Patientendaten[206]. Fraglich und keineswegs abschließend geklärt ist allerdings, welche Anforderungen im Einzelnen an die Wirksamkeit der erforderlichen Einwilligung zu stellen sind und in welchen Fallkonstellationen diese ausnahmsweise aufgrund spezialgesetzlicher oder datenschutzrechtlicher Regelungen entbehrlich ist[207]. Mit Blick auf die praktische Umsetzbarkeit ist außerdem darauf hinzuweisen, dass auch bei Beachtung der dargestellten Schutzmaßnahmen eine umfassende Datensicherheit nicht gewährleistet werden kann[208]. Gefahren für den Datenschutz des Patienten als konkrete

---

204 Vgl. dazu etwa *Deutsche Gesellschaft für Medizinrecht*, „Einbecker Empfehlungen", 133, 134 f. (Nr. 11 und 12); *Kern*, Rechtliche Konsequenzen für medizinischen Standard, 54, 59 f.; *Pflüger*, VersR 1999, 1070, 1073.

205 § 10 Abs. 5 S. 1 MBO-Ä bestimmt daher, dass Aufzeichnungen auf elektronischen Datenträgern oder anderen Speichermedien besonderer Sicherungs- und Schutzmaßnahmen bedürfen, um deren Veränderung, Vernichtung oder unrechtmäßige Verwendung zu verhindern.

206 *Dannemann*, ArztR 1999, 182, 185 f.; *Dierks*, Rechtliche und praktische Probleme der Integration von Telemedizin, S. 11; *ders.*, Rechtsfragen der Telemedizin, 1, 9; *Graefe/ Zieglwalner/ Glökler*, Datenschutzrechtliche Aspekte in der Telemedizin, S. 6; *Pflüger*, VersR 1999, 1070 f.; *Schirmer*, VSSR 1998, 279, 296; *Ulsenheimer/ Heinemann*, MedR 1999, 197, 201; *Vetter*, ZaeFQ 2001, 662, 663. Zu den Einzelheiten der technischen Funktionsweise und praktischen Anwendbarkeit von Verschlüsselungssystemen *Hermeler*, Rechtliche Rahmenbedingungen der Telemedizin, S. 92 ff.

207 Dazu *Dierks*, Rechtliche und praktische Probleme der Integration von Telemedizin, S. 52 ff.; *ders.*, Rechtsfragen der Telemedizin, 1, 28 ff.; *ders.*, ZaeFQ 1999, 787, 788 f.; *Erbsen*, Praxisnetze und das Berufsrecht der Ärzte, S. 188 ff.; *Graefe/ Zieglwalner/ Glökler*, Datenschutzrechtliche Aspekte in der Telemedizin, S. 1 ff., 6 f.; *Rieger*, MedR 1998, 75, 79 f.; *Schirmer*, VSSR 1998, 279, 295 f.; *Ulsenheimer/ Heinemann*, MedR 1999, 197, 201; *Vetter*, ZaeFQ 2001, 662, 663 f.

208 Vgl. *Bahlo*, Telemedizin, 125, 131; *Deutsche Gesellschaft für Medizinrecht*, „Einbecker Empfehlungen", 133, 136 (Nr. 20); *Hermeler*, Rechtliche Rahmenbedingungen der Telemedizin, S. 96 ff. *Dierks,* ZaeFQ 1999, 787, 788 weist darauf hin, dass „die im Bereich der Telemedizin eingesetzte

Ausprägung seines Grundrechts auf informationelle Selbstbestimmung resultieren zum anderen aus der Möglichkeit eines Missbrauchs der den Netzteilnehmern zur Kenntnis gebrachten personenbezogenen Daten sowie aus einer möglichen Verletzung ihrer beruflichen Schweigepflicht durch unbefugte Preisgabe der Patientendaten, auf die im Rahmen dieser Untersuchung jedoch nicht näher eingegangen werden soll[209].

### *2. Audiovisuelle Punkt-zu-Punkt-Verbindungen*

Anders als computergestützte Netzwerke dienen audiovisuelle Punkt-zu-Punkt-Verbindungen in erster Linie nicht der Datenspeicherung, sondern der direkten Kommunikation zwischen einzelnen Leistungserbringern[210]. Es handelt sich um ein Medium zur Übermittlung digitalisierter Informationen in Bild und/ oder Ton, die über ein Kommunikationsnetz von einem Kommunikationspartner zum anderen übertragen werden[211]. Die Erscheinungsformen audiovisueller Punkt-zu-Punkt-Verbindungen sind vielfältig und reichen von der einfachen Befundübertragung hin zu verschiedenen Formen der netzinternen Telekommunikation bei der Patientenbehandlung. Insoweit können telemedizinische Einrichtungen etwa zur Unterstützung standardisierter Verfahren bei der Befundübermittlung[212] oder zur Einholung konsiliarischen Rates (sogenannte Telekonsultation oder Telekonsil)[213] eingesetzt werden. Geht die Telekommunikation zwischen den an der Patientenversorgung beteiligten Leistungserbringern über eine unterstützende Funktion bei der Diagnostik hinaus, wirkt also der hinzugezogene Leistungserbringer an der Patientenbehandlung aktiv mit, handelt es sich um sogenannte Teletherapie. Dies ist etwa der Fall, wenn der hinzugezogene Leistungserbringer mit Hilfe eines telemedizinischen Kommunikationsmediums Behandlungsanleitungen gibt und so auf die Therapie des Patienten durch den unmittelbar behandelnden Leistungserbringers einwirkt[214].

---

Technologie nicht per se datenschutzfreundlich (ist). Zahlreiche Komponenten im Hard- und Softwarebereich erschweren und verunmöglichen die erforderlichen Maßnahmen des Datenschutzes und der Datensicherheit.“ *Schmidt*, Datensicherheit, 101, 102 ff. geht davon aus, dass an sich ausreichende technische Methoden zum Schutz der Datensicherheit zur Verfügung stehen, betont jedoch die in der Anwendungspraxis bestehenden Sicherheitsdefizite.

209 Siehe zu den Rechtsfragen des Datenschutzes und der beruflichen Schweigepflicht die in Fn. 65 aufgeführten Fundstellen.

210 *Feussner/ Baumgartner/ Siewert*, Telemedizin in der Praxis, 37, 44.

211 Siehe zu Einzelheiten der technischen Umsetzung *Feussner/ Baumgartner/ Siewert*, Telemedizin in der Praxis, 37 ff.

212 Zur Befundübertragung mittels elektronischen Arztbriefes *Richter-Reichhelm*, ZaeFQ 2001, 620, 621.

213 Dazu *Dierks*, Rechtliche und praktische Probleme der Integration von Telemedizin, S. 8; *ders.*, Rechtsfragen der Telemedizin, 1, 7; *Pflüger*, VersR 1999, 1070, 1071; *Richter-Reichhelm*, ZaeFQ 2001, 620, 621 f. Siehe zu praktischen Anwendungsbeispielen der Telekonsultation *Ulsenheimer/ Heinemann*, MedR 1999, 197 f. Wirken bei der Telekonsultation mehr als zwei Leistungserbringer zusammen, wird diese als Telekonferenz bezeichnet, vgl. *Dierks*, Rechtliche und praktische Probleme der Integration von Telemedizin, S. 8; *ders.*, Rechtsfragen der Telemedizin, 1, 7.

214 *Dierks*, Rechtliche und praktische Probleme der Integration von Telemedizin, S. 10; *ders.*, Rechtsfragen der Telemedizin, 1, 8.; vgl. auch *Pflüger*, VersR 1999, 1070, 1071 zur intraoperativen Telepräsenz. Diese scheinbar trennscharfen Begriffsdefinitionen dürfen allerdings nicht darüber hinweg täuschen, dass eine klare Abgrenzung zwischen der nur diagnostischen Telekonsultation und der te-

Audiovisuelle Punkt-zu-Punkt-Verbindungen können schließlich zur Schaffung eines regelmäßigen Informationsflusses im Versorgungsverbund sowie zur Förderung der Kommunikation und gegenseitigen Weiterbildung der Netzteilnehmer mittels Newsletter, Foren und Chatrooms eingesetzt werden.

### *VII. Auslagerung von Leistungen auf Dienstleistungszentren*

Sofern bestimmte Gesundheitsleistungen innerhalb eines Versorgungsnetzes regelmäßig erbracht werden, kommt eine Auslagerung dieser Leistungen aus dem individuellen Leistungsangebot der einzelnen Netzteilnehmer auf netzinterne Dienstleistungszentren in Betracht. Ein Outsourcing von Dienstleistungen eignet sich besonders für solche Tätigkeiten, die von den Leistungserbringern lediglich als Randgebiet ihrer Arbeit wahrgenommen werden sowie für Leistungen, die nicht (mehr) vom Leistungskatalog der gesetzlichen Krankenversicherung erfasst werden und daher von den Patienten privat zu vergüten sind (sogenannte individuelle Gesundheitsleistungen – IGEL)[215].

## *C. Organisatorische Zusammenarbeit und gemeinschaftliche Berufsausübung*

Freiberufliche Zusammenschlüsse werden traditionell in Gemeinschaften zur Berufsausübung und Organisationsgemeinschaften unterteilt[216]. Hinsichtlich der Art und Intensität der Zusammenarbeit von Leistungserbringern in vernetzten Kooperationsmodellen ist daher zwischen der gemeinschaftlichen Berufsausübung einerseits und der Schaffung organisatorischer Rahmenbedingungen für die Berufsausübung andererseits zu differenzieren.

---

lemedizinischen Mitbehandlung durch den hinzugezogenen Netzteilnehmer in der Praxis Schwierigkeiten bereiten kann, vgl. *Dierks*, Rechtliche und praktische Probleme der Integration von Telemedizin, S. 10; *ders.*, Rechtsfragen der Telemedizin, 1, 8.

215 Vgl. *Preißler*, MedR 1998, 90, 92.

216 Hierzu und zum folgenden *Breuninger*, Die BGB-Gesellschaft als Rechtssubjekt im Wirtschaftsverkehr, S. 197; *Ganster*, Freier Beruf und Kapitalgesellschaft, S. 172 ff.; *Hildebrandt*, Entwicklungen und Rechtsprobleme freiberuflicher Zusammenschlüsse, S. 45 ff.; Kooperationsformen Freie Berufe-*Lenz*, D 4, Rn. 1 f.; *Michalski*, Das Gesellschafts- und Kartellrecht der berufsrechtlich gebundenen freien Berufe, S. 95; *Schmidt*, Gesellschaftsrecht, § 58 III 5 b); Münchener Handbuch des Gesellschaftsrechts-*Schücking*, § 4, Rn. 20. Speziell zu freiberuflichen Zusammenschlüssen im ärztlichen Bereich *Ahrens*, MedR 1992, 141 f.; *Deutsch/ Spickhoff*, Medizinrecht, Rn. 104 ff.; *Ehmann*, MedR 1994, 141, 144 ff.; *Eisenberg*, Ärztliche Kooperations- und Organisationsformen, S. 61 ff.; *Hart*, JURA 2000, 14, 16; *Lüke-Rosendahl*, Der Beruf des Arztes unter besonderer Berücksichtigung der ärztlichen Kooperationen, S. 59 ff.; *Saenger*, NZS 2001, 234; Kooperationsformen Freie Berufe-*Schneider*, C 2, Rn. 90 ff., 96 ff.; Laufs/ Uhlenbruck-*Uhlenbruck/ Schlund*, Handbuch des Arztrechts, § 18 Rn. 6 ff.; *Werner*, Gemeinschaftliche ärztliche Berufsausübung, S. 191 ff. Allerdings wird die Terminologie insoweit nicht einheitlich verwendet: Teilweise wird anstelle von Berufsausübungsgemeinschaften von Gemeinschaftspraxen und anstelle von Organisationsgemeinschaften von Praxisgemeinschaften gesprochen, ohne dass damit bereits eine Aussage über die gesellschaftsrechtliche Organisationsform getroffen werden soll.

## *I. Begriffsbestimmungen*

### *1. Berufsausübungsgemeinschaften*

Die teilweise auch als Mitunternehmergesellschaft bezeichnete[217] Gemeinschaft zur Berufsausübung hat eine enge Kooperation der teilnehmenden Leistungserbringer zum Gegenstand. Diese umfasst typischerweise neben gemeinsamen Praxisräumen, Praxiseinrichtungen und Praxispersonal auch eine gemeinschaftliche Berufsausübung und Abrechnung. Innerhalb seiner Fachgebietsgrenzen kann grundsätzlich jeder Kooperationspartner Leistungen an die Patienten der Berufsausübungsgemeinschaft erbringen. Zur Hinzuziehung weiterer Leistungserbringer bei der Behandlung von Patienten bedarf es dementsprechend keiner Überweisung innerhalb der Kooperationsgemeinschaft. Es handelt sich bei der Berufsausübungsgemeinschaft folglich um eine räumliche und fachliche Einheit, die auch im Rechtsverkehr – namentlich im Verhältnis zum Patienten – als solche auftritt und somit zwingend Außenwirkung besitzt[218].

### *2. Organisationsgemeinschaften*

Im Gegensatz dazu stellen Organisationsgemeinschaften einen beruflichen Zusammenschluss zur Schaffung der organisatorischen Rahmenbedingungen für die Berufsausübung dar, die vor allem in der gemeinsamen Nutzung von Räumen und Einrichtungen sowie der Beschäftigung von Praxispersonal bestehen. Sie beinhalten keine gemeinschaftliche medizinische Berufsausübung, so dass die Patientenbehandlung, die Patientenkartei sowie die Abrechnung getrennt voneinander erfolgen. Daher erfordert die Hinzuziehung anderer Leistungserbringer der Organisationsgemeinschaft bei der Behandlung von Patienten grundsätzlich eine Überweisung durch den erstbehandelnden Kooperationspartner[219]. Es handelt sich mithin um eine lose Form der Kooperation, bei der zwar eine räumliche, jedoch keine fachliche Einheit besteht. Während die zusammengeschlossenen Leistungserbringer im Verhältnis zu ihren Lieferanten, Vermietern oder Personal häufig einheitlich auftreten, tritt das Bestehen einer Organisationsgemeinschaft

---

217 Vgl. *Schmidt*, Gesellschaftsrecht, § 58 III 5 b).

218 *BGHZ* 97, 273, 276 f.; *BSGE* 23, 170, 171; 55, 97, 104; *Ahrens*, MedR 1992, 141 f.; *Breuninger*, Die BGB-Gesellschaft als Rechtssubjekt im Wirtschaftsverkehr, S. 198 f.; *Deutsch/ Spickhoff*, Medizinrecht, Rn. 104; *Dietze/ Brandenburg*, Recht in der Arztpraxis, S. 13; *Ehmann*, MedR 1994, 141, 145; *Eisenberg*, Ärztliche Kooperations- und Organisationsformen, S. 63 ff.; *Hildebrandt*, Entwicklungen und Rechtsprobleme freiberuflicher Zusammenschlüsse, S. 52 f.; Kooperationsformen Freie Berufe-*Lenz*, D 4, Rn. 2; *Michalski*, Das Gesellschafts- und Kartellrecht der berufsrechtlich gebundenen freien Berufe, S. 95 f.; *Narr/ Hess/ Schirmer*, Ärztliches Berufsrecht, Rn. B 428; Lexikon des Arztrechts-*Rieger/ Küntzel*, Kennzahl 2050, Rn. 1 ff.; *Rupprecht*, Zivilrechtliche Haftung des niedergelassenen Arztes, S. 131 f.; *Saenger*, NZS 2001, 234; *Schinnenburg*, MedR 2000, 311; *Schmidt*, Gesellschaftsrecht, § 58 III 5 b); Kooperationsformen Freie Berufe-*Schneider*, C 2, Rn. 96 ff.; Laufs/ Uhlenbruck-*Uhlenbruck/ Schlund*, Handbuch des Arztrechts, § 18 Rn. 12; *Walter*, MedR 2002, 169, 170; *Werner*, Gemeinschaftliche ärztliche Berufsausübung, S. 195 f.

219 Zu den rechtlichen Grundlagen der Überweisung im Rahmen einer fachärztlichen Zusammenarbeit *Gollasch*, Die fachübergreifende Gemeinschaftspraxis, S. 91 f.

im Verhältnis zum Patienten grundsätzlich nicht in Erscheinung, so dass insoweit regelmäßig keine Außenwirkung vorliegt[220].

*II. Zuordnung vernetzter Kooperationsformen*

Aus den zuvor dargestellten möglichen Ausprägungen einer netzinternen Zusammenarbeit geht hervor, dass diese sowohl typische Merkmale rein organisatorischer Zusammenschlüsse als auch Elemente einer gemeinschaftlichen Berufsausübung beinhalten kann:

*1. Typische Merkmale einer organisatorischen Zusammenarbeit*

Eine typische Erscheinungsform der Zusammenarbeit von Leistungserbringern in vernetzten Kooperationsformen, die der Schaffung organisatorischer Rahmenbedingungen für die Berufsausübung dient, ist die gemeinsame Nutzung von Personal und Einrichtungen ebenso wie die Bildung von Einkaufsgemeinschaften. Charakteristisch für das Vorliegen einer Organisationsgemeinschaft ist weiterhin die Hinzuziehung anderer Leistungserbringer aus dem Versorgungsverbund im Wege der Überweisung als Regelform einer gemeinsamen Patientenversorgung innerhalb der Kooperationsgemeinschaft.

*2. Elemente einer gemeinschaftlichen Berufsausübung*

Vernetzte Kooperationsmodelle können jedoch in verschiedener Hinsicht über Zusammenschlüsse rein organisatorischer Art hinausgehen und Elemente einer gemeinschaftlichen Berufsausübung in sich vereinen. Dies gilt zunächst für die Vereinbarung gemeinsamer Qualitätssicherungsmaßnahmen, denen sich die am Versorgungsverbund teilnehmenden Leistungserbringer unterwerfen. So handelt es sich bei der gemeinsamen Entwicklung und Implementierung von netzinternen Regelwerken wie Leitlinien und Empfehlungen sowie von netzeigenen Positivlisten und Negativlisten um Maßnahmen, die direkten Einfluss auf die Art und Weise der medizinischen Leistungserbringung nehmen und damit die Berufsausübung der am Versorgungsnetz teilnehmenden Leistungserbringer unmittelbar betreffen. Ebenso ist die Einholung von Zweitmeinungen

---

220 *Ahrens*, MedR 1992, 142; *Breuninger*, Die BGB-Gesellschaft als Rechtssubjekt im Wirtschaftsverkehr, S. 197 ff.; *Deutsch/ Spickhoff*, Medizinrecht, Rn. 106; *Dietze/ Brandenburg*, Recht in der Arztpraxis, S. 21; *Ehmann*, MedR 1994, 141, 144; *Eisenberg*, Ärztliche Kooperations- und Organisationsformen, S. 119; *Hart*, JURA 2000, 14, 16; *Hildebrandt*, Entwicklungen und Rechtsprobleme freiberuflicher Zusammenschlüsse, S. 46; Kooperationsformen Freie Berufe-*Lenz*, D 4, Rn. 2; *Michalski*, Das Gesellschafts- und Kartellrecht der berufsrechtlich gebundenen freien Berufe, S. 96; *Narr/ Hess/ Schirmer*, Ärztliches Berufsrecht, Rn. B 435; Lexikon des Arztrechts-*Rieger/ Küntzel*, Kennzahl 4270, Rn. 1 ff.; *Rupprecht*, Zivilrechtliche Haftung des niedergelassenen Arztes, S. 123 ff.; *Saenger*, NZS 2001, 234; *Schinnenburg*, MedR 2000, 311, 314; *Schmidt*, Gesellschaftsrecht, § 58 III 5 b); Kooperationsformen Freie Berufe-*Schneider*, C 2, Rn. 90 ff.; Laufs/ Uhlenbruck-*Uhlenbruck/ Schlund*, Handbuch des Arztrechts, § 18 Rn. 9; *Walter*, MedR 2002, 169 f.; *Werner*, Gemeinschaftliche ärztliche Berufsausübung, S. 191 f.

und konsiliarischer Unterstützung bei der Befundung oder Diagnostik in bestimmten Versorgungssituationen Ausdruck einer gemeinschaftlichen Berufsausübung. Ferner können netzinterne Leitstellen unmittelbaren Einfluss auf das Leistungsgeschehen im Versorgungsverbund nehmen, soweit diese nicht lediglich zu organisatorischen Zwecken eingesetzt werden, sondern auch die Koordination der Versorgungsprozesse und der Zusammenarbeit der Netzteilnehmer bei der Leistungserbringung übernehmen. Auch bei dem gemeinsamen Betreiben von Notfall- und Bereitschaftspraxen des Versorgungsverbundes handelt es sich schließlich um eine gemeinschaftliche Berufsausübung der teilnehmenden Leistungserbringer.

### *3. Atypische Elemente einer organisatorischen Zusammenarbeit*

Auch in der entgegengesetzten Richtung können vernetzte Kooperationsformen von dem klassischen Bild der Organisationsgemeinschaft abweichen. Anders als dies etwa bei der Praxisgemeinschaft, der Apparategemeinschaft oder der Laborgemeinschaft der Fall ist, erfordert die Zusammenarbeit von Leistungserbringern in Versorgungsnetzen nicht notwendig die Nutzung gemeinschaftlicher Einrichtungen. Im Gegensatz zu den traditionellen Erscheinungsformen medizinischer Organisationsgemeinschaften ist gerade die räumliche Trennung der Praxissitze der niedergelassenen Leistungserbringer ein charakteristisches Merkmal vernetzter Kooperationsformen[221]. Insoweit können Versorgungsnetze hinter der einfachen Organisationsgemeinschaft zurückbleiben.

### *4. Zwischenergebnis*

Aus den vorstehenden Ausführungen ergibt sich, dass eine problemlose Einordnung der vernetzten Kooperationsformen in die traditionelle Zweiteilung freiberuflicher Zusammenschlüsse angesichts der Vielfalt möglicher Ausprägungen der netzinternen Zusammenarbeit keineswegs möglich ist. Es liegt vielmehr im Wesen vernetzter Kooperationsmodelle, dass diese sowohl typische Merkmale einer organisatorischen Zusammenarbeit als auch Elemente einer gemeinsamen Berufsausübung in sich vereinen können. Hierauf ist auch der – nur auf den ersten Blick widersprüchlich erscheinende – Umstand zurückzuführen, dass der Praxisverbund einerseits als „lockerste Form der ärztlichen Kooperation"[222] beschrieben, andererseits darauf hingewiesen wird, dass dieser neben organisatorischen Elementen auch eine gemeinschaftliche Berufsausübung einschließen kann[223]. Die Verbindung dieser unterschiedlichen Kooperationselemente ist nach der

---

221 In der ursprünglichen Fassung der berufsrechtlichen Mustervorschrift in Kap. D II Nr. 11 S. 1 MBO-Ä in der Fassung der Beschlüsse des 100. Deutschen Ärztetages 1997 in Eisenach wurde die räumliche Trennung der Praxissitze zwingend festgelegt: „Ärzte dürfen sich ... unter Beibehaltung ihrer selbstständigen Berufsausübung und ihrer Praxissitze ... zu einem Praxisverbund zusammenschließen...".

222 So *Dietze/ Brandenburg*, Recht in der Arztpraxis, S. 27; ähnlich Kooperationsformen Freie Berufe-*Schneider*, C 2, Rn. 88: „loseste Verbindung mehrerer Praxen".

223 Vgl. *Preißler*, MedR 1998, 90, 91; *Schirmer*, MedR 1997, 431, 437.

sozialversicherungsrechtlichen Konzeption vernetzter Strukturen gerade vorgesehen und erwünscht und kommt bei der praktischen Umsetzung vernetzter Kooperationsmodelle bereits zur Anwendung[224]. Es sei in diesem Zusammenhang darauf aufmerksam gemacht, dass die dichotome Unterteilung in Berufsausübungsgemeinschaften einerseits und Organisationsgemeinschaften andererseits keineswegs erst mit der Entstehung vernetzter Kooperationsformen an ihre Grenzen stößt. Bereits in Bezug auf die ärztliche Praxisgemeinschaft als Urform der Organisationsgemeinschaft im Gesundheitswesen wurde darauf hingewiesen, dass diese faktisch eine Stufe der Zusammenarbeit erreichen könne, die einer gemeinschaftlichen Berufsausübung nahe komme[225]. Die sich schon dort abzeichnenden Abgrenzungsprobleme treten innerhalb der aktuellen Entwicklung vernetzter Kooperationsmodelle in besonderem Maße hervor und belegen die zunehmende Unschärfe der traditionellen Zweiteilung freiberuflicher Zusammenschlüsse jedenfalls innerhalb des medizinischen Dienstleistungssektors.

### *D. Innenwirkung und Außenwirkung*

Eine Typologie vernetzter Kooperationsmodelle kann schließlich anhand ihres Auftretens im Verhältnis zu netzexternen Personen vorgenommen werden. Insoweit ist zwischen der Innenwirkung und der Außenwirkung eines Zusammenschlusses zu unterscheiden. Außenwirkung liegt nach herrschender Auffassung im Gesellschaftsrecht vor, wenn die Zusammenarbeit nicht nur im Verhältnis der kooperierenden Leistungserbringer zueinander in Erscheinung tritt, sondern wenn der Zusammenschluss auch gegenüber netzexternen Personen auftritt und damit am Rechtsverkehr teilnimmt. Tritt die Kooperation dagegen nach außen nicht in Erscheinung, nimmt diese mithin nicht am Rechtsverkehr teil, entfaltet der Versorgungsverbund ausschließlich im Innenverhältnis der kooperierenden Leistungserbringer Rechtswirkungen[226].

#### *I. Adressatenkreise*

Bei einer Teilnahme des Versorgungsverbundes am Rechtsverkehr ist hinsichtlich der möglichen Adressatenkreise zu unterscheiden:

---

224 Dieses Ergebnis scheint freilich auf den ersten Blick im Widerspruch zum ärztlichen Berufsrecht zu stehen, wonach der Praxisverbund keine Berufsausübungsgemeinschaft darstellt, vgl. S. 83 ff.

225 *Hildebrandt*, Entwicklungen und Rechtsprobleme freiberuflicher Zusammenschlüsse, S. 49; vgl. auch *Deutsch/ Spickhoff*, Medizinrecht, Rn. 106.

226 Vgl. *RGZ* 166, 160, 163; *BGHZ* 12, 308, 314; NJW 1960, 1851; *Breuninger*, Die BGB-Gesellschaft als Rechtssubjekt im Wirtschaftsverkehr, S. 129 ff.; *Eisenhardt*, Gesellschaftsrecht, Rn. 103; *Hueck*, Gesellschaftsrecht, § 2 III; *Kübler*, Gesellschaftsrecht, § 3 IV; *Michalski*, Das Gesellschafts- und Kartellrecht der berufsrechtlich gebundenen freien Berufe, S. 115; Münchener Kommentar-*Ulmer*, 4. Auflage, § 705, Rn. 254, 275 ff. mit weiteren Nachweisen; a. A. *Flume*, Die Personengesellschaft, § 1 III sowie *Schmidt*, Gesellschaftsrecht, § 43 II 3 a), § 58 II 2 a), die nicht an die Offenlegung des Zusammenschlusses gegenüber dem Rechtsverkehr, sondern an dessen Rechtsträgerschaft anknüpfen.

### *1. Krankenkassen, Kassenverbände und Kassenärztliche Vereinigungen*

Zur Errichtung vernetzter Kooperationsformen innerhalb des Systems der gesetzlichen Krankenversicherung gehen die am Zusammenschluss teilnehmenden Leistungserbringer vertragliche Beziehungen zu den beteiligten Krankenkassen oder Kassenverbänden beziehungsweise zu den Kassenärztlichen Vereinigungen ein. Es stellt sich somit die Frage, ob ein Versorgungsverbund aufgrund dieser Rechtsbeziehungen der Netzteilnehmer Außenwirkung gegenüber den aufgeführten Vertragspartnern entfaltet. Es wurde bereits dargestellt, dass insoweit zwei unterschiedliche Fallkonstellationen in Betracht kommen. Die teilnehmenden Leistungserbringer können entweder einzelne Verträge über ihre Teilnahme am Kooperationsmodell mit den Krankenkassen, Kassenverbänden oder Kassenärztlichen Vereinigungen abschließen. Es kommt dann eine Vielzahl gleichgerichteter individuell-zweiseitiger Rechtsbeziehungen zustande. Ebenso ist möglich, dass die Netzteilnehmer nicht als Einzelpersonen auftreten, sondern sich schon im Vorfeld zu einem Verbund zusammenschließen und ihre Willenserklärung zur Teilnahme am Versorgungsnetz einheitlich gegenüber den Krankenkassen, Kassenverbänden oder Kassenärztlichen Vereinigungen abgeben. In dem Fall kommt ein einheitlicher Vertrag mit dem Versorgungsverbund zustande. Da die Netzteilnehmer in der zuletzt genannten Konstellation als Verband auftreten, entfaltet der Zusammenschluss in diesem Fall rechtliche Außenwirkung gegenüber den vertragschließenden Krankenkassen, Kassenverbänden oder Kassenärztlichen Vereinigungen. Soweit sich hingegen die einzelnen Leistungserbringer bei Vorliegen einer Vielzahl von Einzelverträgen überhaupt im Vorfeld zu einer Kooperation zusammenschließen, tritt diese gegenüber den Vertragspartnern nicht in Erscheinung und hat insofern lediglich Innenwirkung.

### *2. Patienten*

Vernetzte Kooperationen können des Weiteren Außenwirkung gegenüber ihren Patienten entfalten. Dies ist zunächst der Fall, wenn die Zusammenarbeit im Versorgungsnetz Elemente einer gemeinschaftlichen Berufsausübung einschließt. Die Kooperation betrifft dann nicht allein das Innenverhältnis der Netzteilnehmer, sondern entfaltet auch unmittelbare Wirkungen gegenüber den Patienten bei der Leistungserbringung. Darüber hinaus treten Versorgungsnetze regelmäßig unter einem gemeinsamen Namen, häufig auch unter einem einheitlichen Logo nach außen auf, das den Patienten als „Markenzeichen" zur Identifizierung und Wiedererkennung des Zusammenschlusses dienen soll[227].

227 So etwa die Medizinische Qualitätsgemeinschaft Rendsburg (Abdruck des Logos bei *Rüschmann/ Roth/ Krauss*, Vernetzte Praxen auf dem Weg zu managed care?, S. 15), das Regionale Praxisnetz Kiel (Abdruck des Logos bei *Rüschmann/ Roth/ Krauss*, Vernetzte Praxen auf dem Weg zu managed care?, S. 18) sowie die Medizinische Gemeinschaft Salzgitter (Abbildung des Logos im Internet unter http://www.megesa.de). Die Ankündigung der Zugehörigkeit eines Arztes zu einem Praxisverbund durch Hinzufügen des Namens des Verbundes auf Praxisschildern, in Anzeigen und Verzeichnissen sowie auf Briefbögen, Rezeptvordrucken und im sonstigen Schriftverkehr ist nunmehr auch berufsrechtlich zulässig, vgl. § 22a Abs. 4 MBO-Ä.

Eine Teilnahme am Rechtsverkehr wird auch durch die Errichtung zentraler Anlaufstellen für Patienten nach außen kenntlich gemacht. Ferner ist in vernetzten Kooperationen teilweise eine Einschreibung von Versicherten in den Versorgungsverbund vorgesehen, durch die ein einheitliches Auftreten der Kooperation im Außenverhältnis ebenfalls zum Ausdruck gebracht wird. Keine Außenwirkung im Verhältnis zu den Patienten hat dagegen eine Kooperation im Versorgungsnetz, soweit sie die Leistungserbringung nicht unmittelbar betrifft. Dies gilt auch dann, wenn die Zusammenarbeit einen indirekten Zusammenhang zur Berufsausübung aufweist, wie dies etwa bei Fallbesprechungen im Rahmen netzinterner Qualitätszirkel oder bei Absprachen der Netzteilnehmer über organisatorische Rahmenbedingungen der Berufsausübung der Fall ist.

### *3. Lieferanten, Vermieter und Personal*

Von der Außenwirkung vernetzter Kooperationen gegenüber den Patienten ist schließlich die Teilnahme am Rechtsverkehr außerhalb der unmittelbaren Leistungserbringung zu unterscheiden. Insoweit kommen insbesondere vertragliche Beziehungen des Versorgungsverbundes zu Vermietern oder Lieferanten von gemeinsam angeschafften Geräten und Praxismaterial sowie zu gemeinsam angestelltem Personal in Betracht, die der Schaffung der organisatorischen Rahmenbedingungen der Berufsausübung dienen.

## *II. Verhältnis zur Unterscheidung zwischen organisatorischer Zusammenarbeit und gemeinschaftlicher Berufsausübung*

Abschließend soll der Frage nachgegangen werden, in welcher Beziehung das Begriffspaar der Innenwirkung und Außenwirkung einer Kooperation zu der Unterscheidung zwischen organisatorischer Zusammenarbeit und gemeinschaftlicher Berufsausübung steht. Diesbezüglich gilt zunächst, dass ein Versorgungsverbund immer im Rechtsverkehr in Erscheinung tritt und daher zwingend Außenwirkung besitzt, wenn die Zusammenarbeit der Leistungserbringer Elemente einer gemeinschaftlichen Berufsausübung beinhaltet. Daraus kann jedoch nicht im Umkehrschluss gefolgert werden, dass rein organisatorische Zusammenschlüsse stets nur im Innenverhältnis der Leistungserbringer Rechtswirkungen entfalten. Zwar treten Organisationsgemeinschaften mangels gemeinschaftlicher Berufsausübung bei der Leistungserbringung gegenüber den Patienten grundsätzlich nicht in Erscheinung. Eine Außenwirkung im Verhältnis zu den Patienten kann gleichwohl bestehen, wenn der Zusammenschluss durch ein einheitliches Auftreten im Rechtsverkehr offengelegt wird. Organisationsgemeinschaften können des Weiteren im Verhältnis zu anderen netzexternen Personen nach außen auftreten. Soweit die Zusammenarbeit eine gemeinsame Nutzung sachlicher oder personeller Mittel umfasst, werden etwa regelmäßig vertragliche Beziehungen zu Vermietern, Lieferanten von gemeinsam angeschafften Geräten und Praxismaterial oder gemeinsam angestelltem Personal bestehen. In diesen Fällen hat das Versorgungsnetz unabhängig von seiner Qualifikation als Organisationsgemeinschaft Außenwirkung im Rechtsverkehr[228]. Nur wenn die vernetzte Kooperation gegenüber netzexternen Dritten gar nicht in Erscheinung tritt, entfaltet der Zusammenschluss ausschließlich im Innenverhältnis der kooperierenden Leistungserbringer Rechtswirkungen. Es bleibt somit festzuhalten, dass die Unterscheidung zwischen Innenwirkung und Außenwirkung einer Kooperation zwar gemeinsame Schnittmengen mit der Differenzierung zwischen organisatorischer Zusammenarbeit und gemeinschaftlicher Berufsausübung aufweist, mit dieser nach den vorstehenden Ausführungen aber keineswegs deckungsgleich ist.

---

228 Ebenso *Gollasch*, Die fachübergreifende Gemeinschaftspraxis, S. 95; zum Verhältnis zwischen Organisationsgemeinschaften und Innengesellschaften auch *Michalski*, Das Gesellschafts- und Kartellrecht der berufsrechtlich gebundenen freien Berufe, S. 115 f.

## Drittes Kapitel: Berufsrechtliche Rahmenbedingungen vernetzter Kooperationsformen

Öffentlich-rechtliche Rahmenbedingungen für die Zusammenarbeit von Leistungserbringern in vernetzten Kooperationsformen in der gesetzlichen Krankenversicherung normiert neben dem Sozialversicherungsrecht das ärztliche Berufsrecht. Insoweit ist zwischen den Heilberufs- und Kammergesetzen der Länder[229] und den Berufsordnungen der Ärztekammern[230] zu unterscheiden. Während es sich bei den Heilberufs- und Kammergesetzen um formelle Landesgesetze handelt, werden die Berufsordnungen aufgrund einer entsprechenden Ermächtigung in den Heilberufs- und Kammergesetzen der Länder von den Ärztekammern als Satzungen erlassen[231]. Als Mitgliedskörperschaften des öffentlichen Rechts können die Ärztekammern ausschließlich die in ihnen verbundenen Ärzte satzungsrechtlich binden. Für andere Leistungserbringer entfalten die Berufsordnungen keine unmittelbare Rechtsverbindlichkeit[232]. Berufsrechtliche Rahmenbedingungen für die Zusammenarbeit von Leistungserbringern in Versorgungsnetzen sind maßgeblich in den Berufsordnungen der Ärztekammern enthalten. Neben den darin enthaltenen Spezialregelungen über den Praxisverbund sind auch die allgemeinen berufsrechtlichen Bestimmungen zu beachten, wobei im Kontext vernetzter Kooperationsformen insbesondere das Verbot der Patientenzuweisung ohne hinreichenden Grund sowie das Verbot der entgeltlichen Patientenzuweisung Probleme aufwerfen.

### *A. Berufsrechtliche Vorgaben zum Praxisverbund*

Die zentralen berufsrechtlichen Vorgaben zur ärztlichen Berufsausübung in vernetzten Kooperationsformen sind in den Regelungen zum sogenannten Praxisverbund in den Berufsordnungen der Ärztekammern enthalten. Die entsprechende Mustervorschrift in § 22 in Verbindung mit Kap. D II Nr. 11 MBO-Ä[233] wurde erstmalig im Jahr 1997 im Vorgriff auf die geplante sozialrechtliche Einführung der vernetzten Praxen gemäß § 73a SGB V durch das zweite Gesetz zur Neuordnung von Selbstverwaltung und

---

229 Etwa für das Land Bremen das Gesetz über die Berufsvertretung, die Berufsausübung, die Weiterbildung und die Berufsgerichtsbarkeit der Ärzte, Zahnärzte, Psychotherapeuten, Tierärzte und Apotheker (Heilberufsgesetz – BremHBerG) in der Fassung der Bekanntmachung vom 05. Januar 2000, zuletzt geändert am 17. Dezember 2002. Die Heilberufs- und Kammergesetze sämtlicher Bundesländer sind zusammengetragen bei *Schiwy/ Dalichau/ Brack*, Deutsches Arztrecht, Kennzahl 1050 ff.

230 Etwa für das Land Bremen die Berufsordnung für Ärztinnen und Ärzte im Lande Bremen vom 09. September 1998, zuletzt geändert am 12. März 2003.

231 Siehe dazu auch Fn. 4.

232 Vgl. *BVerfGE* 10, 20, 49 f.; 33, 125, 156; *Laufs*, Arztrecht, Rn. 55, 61; *Maurer*, Allgemeines Verwaltungsrecht, § 4, Rn. 17.

233 MBO-Ä in der Fassung der Beschlüsse des 100. Deutschen Ärztetages 1997 in Eisenach, geändert durch die Beschlüsse des 103. Deutschen Ärztetages 2000 in Köln, des 105. Deutschen Ärztetages 2002 in Rostock und des 106. Deutschen Ärztetages 2003 in Köln. Siehe zur Rechtsnatur der MBO-Ä die Ausführungen in Fn. 4.

Eigenverantwortung in der gesetzlichen Krankenversicherung vom 30. Juni 1997[234] in die MBO-Ä aufgenommen[235] und infolge der Änderungen im SGB V durch das Gesetz zur Reform der gesetzlichen Krankenversicherung ab dem Jahr 2000 vom 22. Dezember 1999[236] neu gefasst[237].

*I. Begriff des Praxisverbundes*

Kap. D II Nr. 11 Abs. 1 S. 1 MBO-Ä definiert den Praxisverbund als eine Kooperation von Ärzten, die auf die Erfüllung eines durch gemeinsame oder gleichgerichtete Maßnahmen bestimmten Versorgungsauftrages oder auf eine andere Form der Zusammenarbeit zur Patientenversorgung, z. B. auf dem Gebiet der Qualitätssicherung oder der Versorgungsbereitschaft, gerichtet ist. Im Gegensatz zu ihrer ursprünglichen Fassung enthält diese Begriffsbestimmung nicht die Einschränkung, dass der Zusammenschluss durch ein gemeinsames Versorgungsziel im Rahmen der vertragsärztlichen Versorgung der Versicherten der gesetzlichen Krankenversicherung aufgrund von Maßnahmen der Kassenärztlichen Vereinigungen begründet sein muss[238]. Begriff und Zulässigkeit des Praxisverbundes werden folglich nicht mehr an die sozialrechtlichen Vorgaben über vernetzte Praxen gemäß § 73a SGB V geknüpft. Der Anwendungsbereich der berufsrechtlichen Regelung wird damit einerseits den sozialrechtlichen Änderungen der Vorschriften zur integrierten Versorgung und zu den Modellvorhaben angepasst, die keine beziehungsweise keine zwingende Beteiligung der Kassenärztlichen Vereinigungen mehr vorsehen. Andererseits wird die Bildung solcher Versorgungsverbünde zugelassen, die auf einem rein privatautonomen Zusammenschluss von Leistungserbringern ohne sozialgesetzliche Grundlage beruhen[239]. Diesen sind zum einen die sogenannten freien Versorgungsnetze zuzuordnen, die durch eine entsprechende Kooperationsvereinbarung zugelassener Leistungserbringer zustande kommen. Ihrer Errichtung liegen zunächst ausschließlich zivilrechtliche Vertragsbeziehungen ohne Beteiligung der Krankenkassen zugrunde. Soweit die beteiligten Leistungserbringer die im Einzelfall bestehenden Teilnahmevoraussetzungen erfüllen, haben freie Versorgungsverbünde die Möglichkeit, sich nachträglich in ein sozialgesetzliches Versorgungsnetz einzubinden, indem sie entweder (im Falle einer vernetzten Praxis oder eines Modellvorhabens) ei-

234 BGBl. I 1997, S. 1520.

235 Kap. D II Nr. 11 MBO-Ä in der Fassung der Beschlüsse des 100. Deutschen Ärztetages 1997 in Eisenach.

236 BGBl. I 1999, S. 2626.

237 Kap. D II Nr. 11 MBO-Ä in der Fassung der Beschlüsse des 100. Deutschen Ärztetages 1997 in Eisenach, geändert durch die Beschlüsse des 103. Deutschen Ärztetages 2000 in Köln. Dazu *Klinkhammer*, DÄBl. 2000, C-1036; *Ratzel/ Lippert*, Kommentar zur MBO, Kap. D II Nr. 11, Rn. 1 f.

238 Zur Regelung des Praxisverbundes nach Kap. D II Nr. 11 MBO-Ä in ihrer ursprünglichen Fassung und den damit verbundenen rechtstatsächlichen Schwierigkeiten *Erbsen*, Praxisnetze und das Berufsrecht der Ärzte, S. 56 ff.

239 Vgl. *Erbsen*, Praxisnetze und das Berufsrecht der Ärzte, S. 60 ff.; *Klinkhammer*, DÄBl. 2000, C-1036; Lexikon des Arztrechts-*Rieger*, Kennzahl 4305, Rn. 5. Siehe zur früheren Fassung *Schirmer*, MedR 1997, 431, 441; *ders.*, VSSR 1998, 279, 294 f.

nem zwischen Krankenkassen oder Kassenverbänden und Kassenärztlichen Vereinigungen vereinbarten Kooperationsmodell beitreten oder (im Falle eines Modellvorhabens oder einer integrierten Versorgungseinrichtung) direkte Vertragsverhandlungen zu Krankenkassen oder Kassenverbänden aufnehmen. Darüber hinaus erlaubt das ärztliche Berufsrecht nunmehr auch die Bildung von sogenannten privaten Versorgungsverbünden. Es handelt sich hierbei um Zusammenschlüsse von Leistungserbringern, die ausschließlich zur Versorgung von Privatpatienten tätig werden und zur Versorgung von gesetzlich Krankenversicherten nicht zugelassen sind[240]. Mangels Zulassung aller oder eines Teiles der in ihnen zusammengeschlossenen Leistungserbringer können private Versorgungsnetze auch nicht nachträglich in die Versorgung der gesetzlichen Krankenversicherung integriert werden.

### *II. Qualifikation des Praxisverbundes als Organisationsgemeinschaft?*

Nach der Regelung in Kap. D II Nr. 11 Abs. 1 S. 1 MBO-Ä handelt es sich bei dem Praxisverbund um eine Kooperation, die keine Berufsausübungsgemeinschaft ist. Legt man die traditionelle Unterteilung freiberuflicher Zusammenschlüsse in Gemeinschaften zur Berufsausübung einerseits und Organisationsgemeinschaften andererseits zugrunde, scheint auf den ersten Blick eine Zuordnung des Praxisverbundes zu den letzteren nahezuliegen. Von einer Qualifikation vernetzter Kooperationsformen als besondere Ausprägung der Organisationsgemeinschaften geht auch der überwiegende Teil der Literatur aus[241]. Diese Abgrenzung des Praxisverbundes gegenüber den Berufsausübungsgemeinschaften spiegelt sich allerdings weder in den sozialrechtlichen Vorschriften über vernetzte Kooperationsformen noch in der Rechtspraxis wider. Vielmehr wurde bereits ausgeführt, dass die Kooperation der Leistungserbringer in Versorgungsnetzen sowohl typische Merkmale rein organisatorischer Zusammenschlüsse als auch Elemente einer gemeinschaftlichen Berufsausübung beinhalten kann, eine eindeutige Einordnung in die traditionelle Zweiteilung freiberuflicher Zusammenschlüsse daher nicht möglich ist.

---

240 Eine etwas andere Terminologie verwendet *Erbsen*, Praxisnetze und das Berufsrecht der Ärzte, S. 49, die sowohl die freien Versorgungsnetze zugelassener Leistungserbringer als auch die privaten Versorgungsverbünde zur ausschließlichen Versorgung von Privatpatienten unter den Begriff der „freien" Netze subsumiert.

241 So etwa *Erbsen*, Praxisnetze und das Berufsrecht der Ärzte, S. 63 ff.; *Gollasch*, Die fachübergreifende Gemeinschaftspraxis, S. 95; Lexikon des Arztrechts-*Rieger*, Kennzahl 4305, Rn. 4, 31. In diesem Sinne hat bereits die herrschende Lehre nach der ursprünglichen Fassung von Kap. D II Nr. 11 S. 1 MBO-Ä vor der Änderung durch die Beschlüsse des 103. Deutschen Ärztetages 2000 in Köln eine Zuordnung vernetzter Kooperationsformen zu den Organisationsgemeinschaften vorgenommen, obwohl der Zusammenschluss von Ärzten zu einem Praxisverbund nach dieser Regelung weder die Bildung einer Berufsausübungsgemeinschaft noch einer Organisationsgemeinschaft zum Gegenstand hatte, vgl. *Hildebrandt*, Entwicklungen und Rechtsprobleme freiberuflicher Zusammenschlüsse, S. 70 f.; *Rieger*, MedR 1998, 75, 77; ähnlich auch *Hart*, JURA 2000, 14, 16, demzufolge vernetzte Praxen „in der Regel Praxisgemeinschaften sein werden". Demgegenüber gehen *Kuhlmann*, KHuR 2000, 171, 178 sowie *Pranschke-Schade*, Arzt & Wirtschaft 2001, 62, 63 offenbar von einer gemeinsamen Berufsausübung der Leistungserbringer aus, ohne jedoch auf die berufsrechtliche Qualifikation vernetzter Kooperationsformen einzugehen.

Auf diese Sonderstellung der vernetzten Kooperationsformen wird auch von Seiten derjenigen Autoren hingewiesen, die deren Nähe zu den Organisationsgemeinschaften betonen. So wird ausgeführt, dass der Begriff der reinen Organisationsgemeinschaft im Sinne eines Zusammenschlusses mit primär ökonomisch-technischer Zielsetzung zu eng sei, da der Praxisverbund in erster Linie auf eine Zusammenarbeit auf dem Gebiet der Patientenversorgung gerichtet sei[242]. Kooperationsgegenstand eines Praxisverbundes sei demnach ein doppelter: Er umfasse einerseits die patientenbezogene medizinische Versorgung und deren Abläufe, andererseits betriebsorganisatorische und administrative Vorkehrungen zur Ermöglichung dieser Versorgung[243]. Gleichwohl handele es sich um eine organisatorische, wenn auch im Gegensatz zur herkömmlichen Organisationsgemeinschaft fachlich ausgerichtete Zusammenarbeit der beteiligten Leistungserbringer. Gegenstand der netzinternen Zusammenarbeit sei nicht eine gemeinsame, durch die zu jeder Zeit austauschbare medizinische Leistung gekennzeichnete, sondern lediglich eine abgesprochene selbstständige Berufsausübung der Verbundmitglieder[244].

Eine solche Argumentation erscheint indessen inkonsequent. Kennzeichnendes Merkmal einer gemeinschaftlichen Berufsausübung ist gerade die über die Schaffung organisatorischer Rahmenbedingungen hinausgehende Zusammenarbeit der Kooperationspartner auf fachlicher Ebene. Einer jederzeitigen Austauschbarkeit der vom Kooperationszweck erfassten Versorgungsleistungen bedarf es zur Begründung einer Berufsausübungsgemeinschaft nicht. Unzutreffend ist daher auch die Auffassung, wonach die bei einem Praxisverbund regelmäßig anzutreffende Verbindung von Ärzten verschiedener Fachgruppen gegen eine Klassifizierung als Berufsausübungsgemeinschaft spricht[245]. Die Qualifikation eines Zusammenschlusses als Gemeinschaft zur Berufsausübung oder zur Schaffung der organisatorischen Rahmenbedingungen hängt zuvörderst von den empirischen Gegebenheiten ab[246]. Ob es sich bei einem Versorgungsverbund um eine Berufsausübungsgemeinschaft handelt, richtet sich daher nach der konkreten Art der netzinternen Zusammenarbeit. Erreicht diese einen Vernetzungsgrad, der eine fachliche Kooperation bei der Patientenversorgung beinhaltet, ist der Zusammenschluss den Berufsausübungsgemeinschaften zuzuordnen. Eine andere, davon zu unterscheidende Frage ist, ob die gemeinschaftliche Berufsausübung mit den berufsrechtlichen Vorgaben in Einklang zu bringen ist und welche Konsequenzen sich daraus für die vertrags- und

242 *Erbsen*, Praxisnetze und das Berufsrecht der Ärzte, S. 65 f.; vgl. auch *Schirmer*, VSSR 1998, 279, 289: „Da Gegenstand dieses Vertrags nicht eine gemeinsame Berufsausübung im engeren Sinne ist, aber auch nicht eine Praxisorganisation im weitesten Sinne, handelt es sich nicht um eine Gemeinschaftspraxis oder eine Praxisgemeinschaft, sondern um eine Kooperation.“ Ähnlich *Dierks*, Rechtliche und praktische Probleme der Integration von Telemedizin, S. 49, der den Praxisverbund als „Kooperationsform sui generis“ qualifiziert.

243 *Erbsen*, Praxisnetze und das Berufsrecht der Ärzte, S. 66.

244 *Erbsen*, Praxisnetze und das Berufsrecht der Ärzte, S. 67.

245 In diese Richtung deutet jedoch der Hinweis bei *Erbsen*, Praxisnetze und das Berufsrecht der Ärzte, S. 64, Fn. 181.

246 Vgl. *Saenger*, NZS 2001, 234.

haftungsrechtlichen Außenbeziehungen ergeben[247]. Ferner steht auch die für vernetzte Kooperationsformen charakteristische räumliche Trennung der Praxissitze der Verbundmitglieder einer Klassifizierung als Berufsausübungsgemeinschaft nicht entgegen[248]. Dies ergibt sich bereits aus dem in Kap. D II Nr. 8 Abs. 2 S. 1 MBO-Ä geregelten Verbot der überörtlichen Berufsausübungsgemeinschaft von Ärzten, das im Falle einer Anknüpfung der Qualifikation eines Zusammenschlusses als Berufsausübungsgemeinschaft an das Vorliegen eines gemeinsamen Praxissitzes gegenstandslos wäre. Überdies ist für andere Bereiche freiberuflicher Betätigung anerkannt, dass eine gemeinschaftliche Berufsausübung auch bei einer räumlichen Trennung der Niederlassungen der Kooperationspartner in Betracht kommt[249]. Hat die Kooperation der Leistungserbringer vernetzter Kooperationsmodelle eine über die Schaffung organisatorischer Rahmenbedingungen hinausgehende Zusammenarbeit auf fachlicher Ebene zum Gegenstand, ist der Zusammenschluss folgerichtig den Berufsausübungsgemeinschaften zuzuordnen. Es handelt sich demnach bei dem Praxisverbund um keine Zwischenform im traditionellen System freiberuflicher Zusammenschlüsse[250], sondern je nach konkreter Ausgestaltung der Kooperation um eine organisatorische Gemeinschaft oder eine Gemeinschaft zur Berufsausübung.

Mit Blick auf diesen Befund ist fraglich, ob das ärztliche Berufsrecht die Teilnahme von Ärzten an vernetzten Kooperationsformen insoweit untersagt, als diese Elemente einer gemeinschaftlichen Berufsausübung beinhalten. Ein solches Verbot hätte zum einen eine bedeutende Einschränkung der aus sozialrechtlicher Perspektive zulässigen Kooperationsmöglichkeiten zur Folge. Die berufsrechtliche Qualifikation ist zum anderen für die gesellschaftsrechtliche Binnenstruktur vernetzter Kooperationsmodelle sowie für die vertrags- und haftungsrechtlichen Beziehungen des Verbundes und der in ihm zusammengeschlossenen Leistungserbringer gegenüber den Patienten von erheblicher Bedeutung. Für ein berufsrechtliches Verbot der gemeinschaftlichen Berufsausübung spricht zunächst der Wortlaut von Kap. D II Nr. 11 Abs. 1 S. 1 MBO-Ä, demzufolge der Praxisverbund gerade keine Berufsausübungsgemeinschaft darstellt. Eine daraus folgende

---

247 Bereits im Ansatz verfehlt ist vor diesem Hintergrund die von *Erbsen*, Praxisnetze und das Berufsrecht der Ärzte, S. 63 getroffene Feststellung, es sei „rechtlich entscheidendes Merkmal einer Berufsausübungsgemeinschaft, dass der Behandlungsvertrag mit den Patienten auf seiten der Ärzte gemeinschaftlich geschlossen wird". Vielmehr ist die Begründung eines Vertragsschlusses mit der Gemeinschaft die Folge einer Auslegung der wechselseitigen Willenserklärungen des Patienten und des ihm gegenüber auftretenden Leistungserbringers, die bei Berufsausübungsgemeinschaften regelmäßig zu der Annahme eines übereinstimmenden Willens hinsichtlich eines Gesamtverhältnisses führt. Die vertragliche Struktur des Behandlungsverhältnisses ist demzufolge kein qualifizierendes Merkmal der Berufsausübungsgemeinschaft, sondern knüpft umgekehrt an die Klassifikation des Zusammenschlusses als Berufsausübungsgemeinschaft an.

248 So aber *Erbsen*, Praxisnetze und das Berufsrecht der Ärzte, S. 63.

249 Siehe etwa die Regelung über die Zulässigkeit überörtlicher Anwaltssozietäten, § 59 Abs. 2 BRAO.

250 So jedoch ausdrücklich *Erbsen*, Praxisnetze und das Berufsrecht der Ärzte, S. 67 f., deren Ausführungen freilich im Widerspruch zu den auf S. 63 und S. 67 getroffenen Aussagen steht, es liege „ein Zusammenschluß auf der Ebene der Organisation" vor und es handelte sich bei einer Vernetzung „streng genommen" um eine organisatorische Zusammenarbeit der beteiligten Ärzte.

zwingende Zuordnung vernetzter Kooperationen zu den Organisationsgemeinschaften setzte allerdings eine dualistische Einteilung ärztlicher Kooperationen dergestalt voraus, dass das ärztliche Berufsrecht neben der Berufsausübungsgemeinschaft und der Organisationsgemeinschaft keine weiteren Formen der Zusammenarbeit zuließe. Dem widerspricht die nachfolgend zitierte Regelung in § 22 MBO-Ä über die gemeinsame Berufsausübung: „Zur gemeinsamen Berufsausübung sind die in Kapitel D II Nrn. 7 bis 11 geregelten Berufsausübungsgemeinschaften von Ärzten (Gemeinschaftspraxis, Ärztepartnerschaft), Organisationsgemeinschaften unter Ärzten (z. B. Praxisgemeinschaften, Apparategemeinschaften) und die medizinischen Kooperationsgemeinschaften sowie der Praxisverbund zugelassen." In ähnlicher Weise werden in der Überschrift zu den Regelungen in Kap. D II Nr. 7 bis 11 MBO-Ä die Gemeinschaftspraxis, die Partnerschaft, die medizinische Kooperationsgemeinschaft und der Praxisverbund als Formen der Zusammenarbeit aufgelistet. Danach folgt aus der Abgrenzung des Praxisverbundes gegenüber den Berufsausübungsgemeinschaften gerade keine Qualifikation als Organisationsgemeinschaft, sondern lediglich eine Abgrenzung gegenüber der ärztlichen Gemeinschaftspraxis und der Ärztepartnerschaft im Sinne von Kap. D II Nr. 8 MBO-Ä. Für eine solche Auslegung spricht auch, dass die medizinische Kooperationsgemeinschaft gemäß Kap. D II Nr. 9 MBO-Ä gesondert aufgeführt wird, obwohl diese unstreitig eine gemeinschaftliche Berufsausübung der Kooperationspartner beinhaltet[251]. Der Praxisverbund wird vielmehr als eigenständige Form der Zusammenarbeit aufgezählt, die weder unter den berufsrechtlichen Begriff der Berufsausübungsgemeinschaft noch unter den der Organisationsgemeinschaft zu subsumieren ist. Es ist deshalb davon auszugehen, dass die Regelung in Kap. D II Nr. 11 Abs. 1 S. 1 MBO-Ä kein berufsrechtliches Verbot der gemeinschaftlichen Berufsausübung in vernetzten Kooperationsformen bezweckt, sondern lediglich der Unterscheidung des Praxisverbundes von der ärztlichen Berufsausübungsgemeinschaft im Sinne von Kap. D II Nr. 8 MBO-Ä dient.

Vor diesem Hintergrund findet das grundsätzliche Verbot der überörtlichen Berufsausübungsgemeinschaft von Ärzten keine Anwendung auf Praxisverbünde, deren Kooperationszweck eine gemeinsame Berufsausübung der Leistungserbringer umfasst. Ebenso wenig führt eine Zuordnung vernetzter Kooperationsformen zu den Berufsausübungsgemeinschaften zu einer unter praktischen Gesichtspunkten kaum vertretbaren Verpflichtung der teilnehmenden Kooperationspartner nach § 22a Abs. 1 MBO-Ä, die Namen, Arztbezeichnungen und Praxissitze sämtlicher Verbundärzte auf einem Praxisschild anzuzeigen und dieses bei jedem Mitgliederwechsel erneut anzupassen[252]. Davon

---

251 *Erbsen*, Praxisnetze und das Berufsrecht der Ärzte, S. 64; *Hildebrandt*, Entwicklungen und Rechtsprobleme freiberuflicher Zusammenschlüsse, S. 63; *Krieger*, MedR 1998, 57; *Lüke-Rosendahl*, Der Beruf des Arztes unter besonderer Berücksichtigung der ärztlichen Kooperationen, S. 133; *Ratzel/ Lippert*, Kommentar zur MBO, § 22, Rn. 14 und Kap. D II Nr. 9, Rn. 1; *Schirmer*, MedR 1995, 341, 348.

252 So jedoch *Erbsen*, Praxisnetze und das Berufsrecht der Ärzte, S. 63 f. in Bezug auf die Vorgängernorm in Kap. D I Nr. 2 Abs. 9 MBO-Ä in der Fassung der Beschlüsse des 100. Deutschen Ärzteta-

abgesehen, dass die Ankündigung vernetzter Kooperationsformen mittlerweile eine Spezialregelung erfahren hat[253], gilt die Anzeigepflicht nach § 22a Abs. 1 MBO-Ä von vornherein nur für ärztliche Gemeinschaftspraxen und Ärztepartnerschaften im Sinne von Kap. D II Nr. 8 MBO-Ä, nicht jedoch für sämtliche Gemeinschaften zur Berufsausübung unter ärztlicher Beteiligung. Dies ergibt sich auch aus der Vorschrift in § 22a Abs. 2 MBO-Ä, die eine eigene Ankündigungsregelung für medizinische Kooperationsgemeinschaften im Sinne von Kap. D II Nr. 9 MBO-Ä vorsieht, obwohl diese ebenfalls den Berufsausübungsgemeinschaften zuzuordnen sind.

Gegen eine Interpretation der Vorschrift in Kap. D II Nr. 11 Abs. 1 S. 1 MBO-Ä im Sinne eines berufsrechtlichen Verbotes der gemeinschaftlichen Berufsausübung sprechen ferner teleologische Erwägungen. Die Regelungen über den Praxisverbund sind als Reaktion auf die geplante Einführung der sozialrechtlichen Normen über vernetzte Praxen in die Musterberufsordnung eingefügt und im Anschluss an die Einführung der Vorschriften über die integrierte Versorgung angepasst worden. Das ärztliche Berufsrecht knüpft insoweit an die sozialrechtlichen Bestimmungen über vernetzte Kooperationsformen an und ist aus diesem Grund sozialrechtskonform auszulegen[254]. Eine Interpretation der berufsrechtlichen Regelung, wonach eine Teilnahme von Ärzten an Praxisverbünden verboten ist, soweit diese eine gemeinschaftliche Berufsausübung einschließen, schränkte die sozialversicherungsrechtlich gerade erwünschten Gestaltungsmöglichkeiten vernetzter Kooperationsformen erheblich ein und liefe damit den Versorgungsentscheidungen des Sozialgesetzgebers zuwider. Nach alledem ist festzuhalten, dass aus der Regelung in Kap. D II Nr. 11 Abs. 1 S. 1 MBO-Ä weder eine zwingende Zuordnung des Praxisverbundes zu den Organisationsgemeinschaften noch ein Verbot der gemeinschaftlichen Berufsausübung in vernetzten Kooperationsformen folgt.

### *III. Gebot der Chancengleichheit*

Kap. D II Nr. 11 Abs. 1 S. 2 MBO-Ä normiert den Grundsatz, dass die Möglichkeit zur Teilnahme am Praxisverbund allen dazu bereiten Ärzten eröffnet werden soll. Abweichungen hiervon sind nur zulässig, wenn die für die Teilnahmebeschränkung maßgeblichen Kriterien für den Versorgungsauftrag des Praxisverbundes notwendig und nicht diskriminierend sind. Das in dieser Regelung enthaltene Gebot der Chancengleichheit soll eine willkürliche Auswahl zum Nachteil der von der Teilnahmebeschränkung betroffenen Ärzte verhindern und erweist sich damit als eine Konkretisierung des verfassungsrechtlichen Gleichbehandlungsgebots[255]. Als einschränkende Kriterien, die typi-

---

ges 1997 in Eisenach, geändert durch die Beschlüsse des 103. Deutschen Ärztetages 2000 in Köln.

253 § 22a Abs. 4 MBO-Ä, eingefügt durch die Beschlüsse des 105. Deutschen Ärztetages 2002 in Rostock.

254 In dem Zusammenhang Schnapp/ Wigge-*Knieps*, Handbuch des Vertragsarztrechts, § 11, Rn. 10.

255 Eingehend zum Regelungsinhalt des berufsrechtlichen Gebots der Chancengleichheit im Lichte der Berufsfreiheit des Art. 12 Abs. 1 GG und der Vereinigungsfreiheit des Art. 9 Abs. 1 GG *Erbsen*,

scherweise bei der Durchführung vernetzter Kooperationsformen vereinbart werden, sind beispielhaft solche räumlicher und qualitativer Art aufgeführt. Insoweit ist davon auszugehen, dass regionale Teilnahmebeschränkungen regelmäßig sachlich gerechtfertigt sind, um die Kooperationsfähigkeit der Leistungserbringer im Versorgungsnetz sicherzustellen und grundsätzlich keine Diskriminierung solcher Leistungserbringer darstellen, deren Niederlassungsort sich außerhalb des Versorgungsgebietes des Praxisverbundes befindet[256]. Gleiches gilt für die Vereinbarung von Aufnahmekriterien, die der Gewährleistung von Qualität und Effizienz der Zusammenarbeit im Versorgungsverbund dienen, sofern diese für die Sicherstellung des Versorgungsauftrages erforderlich sind und die Beschränkungen auf sachlich nachvollziehbaren Merkmalen beruhen[257]. Die für eine Teilnahmebeschränkung maßgeblichen Kriterien müssen gegenüber der zuständigen Ärztekammer offengelegt werden. Dies schafft zum einen eine höhere Transparenz versorgungsnetzinterner Teilnahmebeschränkungen und verbessert zum anderen die Kontrollmöglichkeiten seitens der ärztlichen Standesorganisationen[258].

### *IV. Behinderungsverbot*

Zum Schutz des Patientenrechts auf freie Arztwahl wird in Kap. D II Nr. 11 Abs. 1 S. 3 MBO-Ä festgelegt, dass die kooperierenden Ärzte die medizinisch gebotene oder vom Patienten gewünschte Überweisung an nicht dem Verbund zugehörige Ärzte nicht behindern dürfen. Aus dieser Regelung folgt im Umkehrschluss, dass netzinterne Überweisungen im Rahmen des jeweiligen Versorgungsziels grundsätzlich zulässig sind, sofern nicht aus medizinischen Gründen eine Überweisung an einen netzexternen Arzt geboten ist und der Patient mit der Überweisung einverstanden ist[259].

### *V. Form- und Verfahrensvorschriften*

Kap. D II Nr. 11 Abs. 2 MBO-Ä bestimmt, dass die Bedingungen der Kooperation in einem schriftlichen Vertrag niedergelegt werden müssen, der der Ärztekammer vorzulegen ist.

---

Praxisnetze und das Berufsrecht der Ärzte, S. 83 ff.

256 *Dierks*, Erforderliche Weiterentwicklungen des Berufsrechts, 33, 41 f.; *Rieger*, MedR 1998, 75, 76; *Schirmer*, MedR 1997, 431, 439 f.; *ders.*, VSSR 1998, 279, 288.

257 Die Frage nach der Vereinbarkeit qualitäts- und effizienzsichernder Teilnahmebeschränkungen mit dem verfassungsrechtlichen Gleichbehandlungsgrundsatz bereitet im Einzelfall allerdings häufig Schwierigkeiten. So ist etwa problematisch, ob und unter welchen Voraussetzungen die Festlegung von Höchstzahlen für die Teilnahme von Leistungserbringern an Versorgungsnetzen zulässig ist, wenn eine gesetzliche Ermächtigungsgrundlage für eine solche Beschränkung fehlt; vgl. *Rieger*, MedR 1998, 75, 76; *Schirmer*, MedR 1997, 431, 439 f.; *ders.*, VSSR 1998, 279, 288. Eine solche gesetzliche Ermächtigungsgrundlage ist für Modellvorhaben in § 64 Abs. 2 S. 2 SGB V enthalten.

258 Vgl. *Schirmer*, VSSR 1998, 279, 295.

259 *Erbsen*, Praxisnetze und das Berufsrecht der Ärzte, S. 159; Lexikon des Arztrechts-*Rieger*, Kennzahl 4305, Rn. 55; *Schirmer*, VSSR 1998, 279, 295.

### *1. Schriftformerfordernis*

Aus dieser Regelung ergibt sich zunächst ein Schriftformerfordernis bezüglich des Kooperationsvertrages, in dem die Bedingungen der Zusammenarbeit im Praxisverbund geregelt sind. Das Formerfordernis erstreckt sich grundsätzlich auf das gesamte Rechtsgeschäft einschließlich aller Nebenabreden, die nach dem Willen der Kontrahenten Vertragsinhalt werden sollen[260]. Als Bedingungen der Kooperation sind daher sämtliche Vereinbarungen anzusehen, die die Zusammenarbeit der Leistungserbringer im Versorgungsverbund regeln. Hierzu zählen unter anderem die Aufnahmekriterien, unter denen Leistungserbringer an der vernetzten Kooperationsform teilnehmen dürfen, Finanzierungs- und Vergütungsregelungen, Absprachen über den Leistungsumfang des Versorgungsnetzes sowie die Modalitäten der Zusammenarbeit im Binnenverhältnis wie etwa die Implementierung von Managed Care-Ansätzen zur Steuerung der medizinischen Versorgungsabläufe oder die Beachtung besonderer Qualitätssicherungsmaßnahmen.

Die Bedingungen der Kooperation können sowohl in dem Vertrag mit den Krankenkassen oder Kassenverbänden nach dem SGB V als auch im Binnenverhältnis der kooperierenden Leistungserbringer geregelt werden. Je nach konkreter Vertragsgestaltung kann sich das Formerfordernis folglich auf einen dieser Verträge oder auf beide Verträge erstrecken[261]. Soweit die Modalitäten der Zusammenarbeit bereits in dem Vertrag nach dem SGB V schriftlich fixiert sind, bedarf es keiner gesonderten schriftlichen Vereinbarung im Binnenverhältnis der Verbundmitglieder. Treffen die Leistungserbringer dagegen untereinander Absprachen über die Grundlagen ihrer Zusammenarbeit, die über die im Vertrag nach dem SGB V geregelten Kooperationsbedingungen hinausgehen, bedarf (auch) der binnenrechtliche Vertrag der Netzteilnehmer der Schriftform. Keiner schriftlichen Vereinbarung bedürfen ausfüllende Absprachen der Leistungserbringer, die lediglich der Erfüllung der vorgegebenen Bedingungen ihrer Zusammenarbeit im konkreten Versorgungsfall dienen, soweit durch sie keine eigenständigen Kooperationsmodalitäten eingeführt werden.

Das ärztliche Berufsrecht enthält keine Regelungen darüber, was unter einer schriftlichen Niederlegung im Sinne von Kap. D II Nr. 11 Abs. 2 MBO-Ä zu verstehen ist. Es ist daher fraglich, welche Voraussetzungen erfüllt sein müssen, um der vorgegebenen Form Rechnung zu tragen. Die Anforderungen an die Einhaltung der Schriftform nach Kap. D II Nr. 11 Abs. 2 MBO-Ä könnten sich möglicherweise aus den zivilrechtlichen Bestimmungen des § 126 BGB ergeben. Diese Norm ist allerdings nur auf Vorschriften

260 Vgl. *BGH* NJW-RR 1990, 340 f.; NJW 1988, 2880; Münchener Kommentar-*Einsele*, § 125, Rn. 30; Palandt-*Heinrichs*, § 125, Rn. 7.

261 Adressaten des berufsrechtlichen Formerfordernisses sind allerdings stets nur die Ärzte, da allein diese durch die Berufsordnungen der Ärztekammern verpflichtet werden können, vgl. *BVerfGE* 10, 20, 49 f.; 33, 125, 156; *Laufs*, Arztrecht, Rn. 55, 61; *Maurer*, Allgemeines Verwaltungsrecht, § 4, Rn. 17.

des Privatrechts unmittelbar anwendbar, die die schriftliche Form eines Rechtsgeschäfts vorschreiben, während sie auf öffentlich-rechtliche Schriftformerfordernisse grundsätzlich keine Anwendung findet[262]. Lediglich in Bezug auf das Schriftformerfordernis bei öffentlich-rechtlichen Verträgen[263] wird eine entsprechende Anwendbarkeit des § 126 BGB gemäß § 62 S. 2 VwVfG oder § 61 S. 2 SGB X diskutiert[264].

Soweit die an die Wahrung der Schriftform zu stellenden Anforderungen nicht durch öffentlich-rechtliche Normen besonders geregelt sind, müssen diese durch Auslegung der das Formerfordernis aufstellenden Bestimmung ermittelt werden. Diese kann ergeben, dass die gestellten Anforderungen hinter denen des § 126 BGB zurückbleiben, sofern der Schutzzweck der Formvorschrift bereits mit geringeren Anforderungen erfüllt ist[265]. Es ist somit zunächst nach dem mit Kap. D II Nr. 11 Abs. 2 MBO-Ä verfolgten Regelungszweck zu fragen und sodann zu ermitteln, welche Voraussetzungen vorliegen müssen, um diesen Zweck zu erfüllen. Hinsichtlich der Zwecke von gesetzlichen Schriftformerfordernissen wird allgemein wie folgt unterschieden: Zum einen kann sich der Regelungszweck auf den Schutz des Erklärenden vor dem übereilten Eingehen einer rechtsgeschäftlichen Bindung mit besonderen Risiken beziehen (Warnfunktion). Formvorschriften können zum anderen den Zweck verfolgen, das Zustandekommen und den Inhalt eines Rechtsgeschäfts von großer Tragweite oder von umfangreichem und vielgestaltigem Inhalt für die am Rechtsgeschäft Beteiligten oder für Dritte erkennbar und beweisbar zu machen (Klarstellungs- und Beweisfunktion). Ferner können Formvorschriften auch dazu dienen, eine wirksame administrative Überwachung sicherzustellen (Kontrollfunktion)[266].

Angesichts der möglichen Komplexität des Regelungsinhaltes von Verträgen über vernetzte Kooperationsformen und deren potenzielle Auswirkungen auf die ärztliche Wettbewerbsordnung ist davon auszugehen, dass die Klarstellungs- und Beweisfunktion des Formzwanges gegenüber der Warnfunktion im Vordergrund steht. Durch die schriftliche Niederlegung des Vertragsinhaltes sollen den vertragschließenden Ärzten selbst sowie den für sie zuständigen Ärztekammern die Bedingungen der Kooperation zuverlässig sichtbar gemacht und der Beweis hierüber erleichtert werden. Darüber hinaus ermöglicht die Einhaltung der Schriftform eine Kontrolle durch die Ärztekammern über

---

262 *OLG Frankfurt* NJW 1976, 337; *OLG Saarbrücken* NJW 1973, 2041, 2042; Münchener Kommentar-*Einsele*, § 126, Rn. 3; Palandt-*Heinrichs*, § 126, Rn. 1.

263 Vgl. § 57 VwVfG, § 56 SGB X.

264 Vgl. *OVG Lüneburg* NJW 1992, 1404, 1405; *OVG Saarlouis* NJW 1993, 1612 f. mit weiteren Nachweisen.

265 Vgl. *GmS-OGB* NJW 2000, 2340, 2341; *BGHZ* 24, 297, 300 f.; *OLG Frankfurt* NJW 1976, 337; *OLG Saarbrücken* NJW 1973, 2041, 2042.

266 Münchener Kommentar-*Einsele*, § 125, Rn. 6 ff.; Palandt-*Heinrichs*, § 125, Rn. 2 ff. Die von diesen Formzwecken zu differenzierende Beratungs- und Belehrungsfunktion bezieht sich dagegen ausschließlich auf die notarielle Beurkundung, nicht jedoch auf die einfache Schriftform, vgl. Münchener Kommentar-*Einsele*, § 125, Rn. 6; Palandt-*Heinrichs*, § 125, Rn. 2b.

die Beachtung der berufsrechtlichen Vorgaben, die durch die ebenfalls in Kap. D II Nr. 11 Abs. 2 MBO-Ä geregelte Vorlagepflicht ergänzt wird.

Diesen Regelungszwecken entsprechend ist zunächst zu fordern, dass die Bedingungen der Kooperation schriftlich in einer Urkunde abzufassen sind[267]. Nach dem Grundsatz der Einheitlichkeit[268] müssen sämtliche formbedürftigen Vereinbarungen in einer Urkunde enthalten sein. Nur so ist sicherzustellen, dass die Bedingungen der Kooperation den vertragschließenden Ärzten selbst und den Ärztekammern zuverlässig sichtbar gemacht werden, der Beweis hierüber erleichtert wird und die Ärztekammern ihre Kontrollfunktion wirksam ausüben können. Weiterhin muss aus dem Dokument eindeutig hervorgehen, welche Personen an dem Vertragsschluss beteiligt sind und wer Aussteller der darüber ausgestellten Urkunde ist. Aus diesem Grund ist eine Unterzeichnung aller Vertragsparteien auf derselben Urkunde analog § 126 Abs. 2 S. 1 BGB zu fordern[269]. Demzufolge müssen sämtliche Vertragsparteien den gesamten formbedürftigen Vertragstext unterzeichnen; es reicht demgegenüber nicht aus, wenn der Vertragsschluss nur einseitig schriftlich bestätigt wird oder wenn jeder Vertragspartner nur seine Erklärung unterzeichnet[270]. Werden über den Kooperationsvertrag mehrere gleichlautende Urkunden aufgenommen, genügt es entsprechend § 126 Abs. 2 S. 2 BGB, wenn jede Partei die für die anderen Kooperationspartner bestimmte Urkunde unterzeichnet. Diese Ausnahme vom Prinzip der Urkundeneinheit ist unproblematisch, soweit es die Vertragsparteien selbst anbelangt, da Zweifel an der Identität des Ausstellers insoweit ausgeschlossen sind. Einer analogen Anwendung des § 126 Abs. 2 S. 2 BGB steht auch die Kontrollfunktion des Formerfordernisses nach Kap. D II Nr. 11 Abs. 2 MBO-Ä nicht entgegen, weil die Ärztekammern unter regelmäßigen Umständen gerade durch diejenigen vertragschließenden Ärzte in den Besitz der Vertragsurkunde kommen werden, deren Unterzeichnung auf der Urkunde fehlt, so dass eine Überprüfung der Ausstelleridentität auch insoweit problemlos möglich ist. Von der entsprechenden Anwendung des § 126 Abs. 2 S. 2 BGB unberührt ist allerdings das Erfordernis, dass sämtliche Vertragsparteien aus der Vertragsurkunde hervorgehen müssen, da diese zu den unter das Schriftformerfordernis fallenden Bedingungen der Kooperation zählen.

---

267 Vgl. zu den Anforderungen an die schriftliche Abfassung Münchener Kommentar-*Einsele*, § 126, Rn. 5; Palandt-*Heinrichs*, § 126, Rn. 2.

268 Dazu Münchener Kommentar-*Einsele*, § 126, Rn. 7 ff.; Palandt-*Heinrichs*, § 126, Rn. 4.

269 Ebenso *OVG Lüneburg* NJW 1992, 1404, 1405 für öffentlich-rechtliche Verträge. Da die Berufsordnungen der Ärztekammern nur die in ihnen zusammengeschlossenen Ärzte, nicht aber andere Leistungserbringer verpflichten können, kann sich das Erfordernis einer Unterzeichnung der Vertragsurkunde bei ermächtigungskonformer Auslegung allerdings nur auf die kooperierenden Ärzte, nicht jedoch auf die sonstigen Vertragspartner erstrecken.

270 *BGH* NJW-RR 1994, 280, 281; Münchener Kommentar-*Einsele*, § 126, Rn. 20; Palandt-*Heinrichs*, § 126, Rn. 12 mit weiteren Nachweisen.

Fraglich ist, ob darüber hinaus eine Unterzeichnung der Vertragsparteien im Sinne des § 126 Abs. 1 BGB erforderlich ist[271]. Danach muss die Vertragsurkunde von dem Aussteller eigenhändig durch Namensunterschrift oder mittels notariell beglaubigten Handzeichens unterzeichnet werden[272]. Im Rahmen der Klarstellungs- und Beweisfunktion erfüllt die eigenhändige Unterschrift den Zweck, dem Rechtsverkehr die Identität des Ausstellers erkennbar zu machen, die Echtheit der Urkunde zu bezeugen und dem Empfänger die Prüfung darüber zu ermöglichen, wer die Erklärung abgegeben hat[273]. Sie dient damit zugleich der Sicherung einer wirksamen Überwachung im Rahmen der Kontrollfunktion. Unter teleologischen Gesichtspunkten ist die entsprechende Anwendung des § 126 Abs. 1 BGB auf die Formvorschrift in Kap. D II Nr. 11 Abs. 2 MBO-Ä folglich angezeigt. Für das Erfordernis einer eigenhändigen Unterzeichnung spricht auch die systematische Auslegung der Norm im Vergleich zu dem in Kap. D II Nr. 9 Abs. 1 S. 2 MBO-Ä geregelten Schriftformerfordernis. Danach ist die Bildung einer medizinischen Kooperationsgemeinschaft nur in der Rechtsform einer Partnerschaftsgesellschaft oder auf Grund eines schriftlichen Vertrages in der Rechtsform einer Gesellschaft bürgerlichen Rechts gestattet. Mit dieser Vorschrift wird die gemäß §§ 705 ff. BGB prinzipiell formlos mögliche Gründung einer Gesellschaft bürgerlichen Rechts dem Schriftformzwang unterstellt, der für die Partnerschaftsgesellschaft bereits aufgrund der gesellschaftsrechtlichen Vorgabe nach § 3 Abs. 1 PartGG in Verbindung mit § 126 BGB gilt. In Anbetracht der damit bezweckten Gleichstellung der für die Gesellschaft bürgerlichen Rechts und die Partnerschaftsgesellschaft geltenden Formerfordernisse bei der Errichtung medizinischer Kooperationsgemeinschaften ist davon auszugehen, dass sich die Anforderungen an die Einhaltung der in Kap. D II Nr. 9 Abs. 1 S. 2 MBO-Ä angeordneten Schriftform nach den für die Gründung von Partnerschaftsgesellschaften aufgestellten Kriterien richtet, § 126 BGB mithin entsprechende Anwendung findet. Diese Auslegung des in Kap. D II Nr. 9 Abs. 1 S. 2 MBO-Ä verwendeten Begriffs des „schriftlichen Vertrages" liefert zugleich einen Anhaltspunkt für die Interpretation des insoweit gleich lautenden Formerfordernisses nach Kap. D II Nr. 11 Abs. 2 MBO-Ä.

Die entsprechende Anwendung des für privatrechtliche Schriftformerfordernisse geltenden § 126 Abs. 1 BGB erscheint schließlich auch deshalb sachgerecht, weil der in Kap. D II Nr. 11 Abs. 2 MBO-Ä angeordnete Formzwang im Wesentlichen für den Abschluss zivilrechtlicher Kooperationsverträge relevant ist. Der Abschluss sozialrechtlicher Verträge unterliegt bereits gemäß § 56 SGB X der Schriftform, so dass das berufsrechtliche Formerfordernis insoweit keine eigenständige Bedeutung einnimmt. Nach

---

271 Offengelassen für öffentlich-rechtliche Verträge in *OVG Lüneburg* NJW 1992, 1404, 1405.

272 Ergänzend bestimmt § 126 Abs. 3 BGB, dass die schriftliche Form durch die elektronische Signatur gemäß § 126a BGB ersetzt werden kann. Zu den Anforderungen an die eigenhändige Unterschrift Münchener Kommentar-*Einsele*, § 126, Rn. 9 ff.; Palandt-*Heinrichs*, § 126, Rn. 3 ff.

273 Münchener Kommentar-*Einsele*, § 126, Rn. 9; Palandt-*Heinrichs*, § 125, Rn. 2a und § 126, Rn. 3.

alledem ist die bestehende Regelungslücke hinsichtlich der an die Einhaltung der Schriftform nach Kap. D II Nr. 11 Abs. 2 MBO-Ä zu stellenden Anforderungen durch eine analoge Anwendung des § 126 BGB zu schließen[274].

### 2. *Vorlagepflicht*

In Abweichung zu der allgemeinen Vorlageobliegenheit des Arztes gemäß § 24 MBO-Ä[275] bestimmt Kap. D II Nr. 11 Abs. 2 MBO-Ä, dass der schriftliche Vertrag über die Bedingungen der Kooperation in einem Praxisverbund der Ärztekammer vorgelegt werden muss. Mit der Statuierung dieser Berufspflicht soll eine Überprüfung des Kooperationsvertrages auf seine berufsrechtliche Zulässigkeit durch die zuständige Ärztekammer sichergestellt werden. Eine Verletzung der Vorlagepflicht hat gleichwohl keine Auswirkungen auf die rechtliche Wirksamkeit der Kooperationsvereinbarung, da ein Genehmigungserfordernis – anders als etwa bei der medizinischen Kooperationsgemeinschaft nach Kap. D II Nr. 9 Abs. 5 MBO-Ä – gerade nicht vorgesehen ist[276].

## *VI. Interdisziplinäre und intersektorale Praxisverbünde*

Gemäß Kap. D II Nr. 11 Abs. 3 MBO-Ä dürfen nicht nur niedergelassene Ärzte, sondern auch andere Leistungserbringer Kooperationspartner eines Praxisverbundes werden. Damit erklärt das ärztliche Standesrecht nunmehr auch interdisziplinäre und intersektorale Praxisverbünde für zulässig. Demgegenüber sah die ursprüngliche Fassung[277] noch vor, dass Praxisverbünde auf die vertragsärztliche Versorgung beschränkt sein mussten. Diese einschränkende Regelung knüpfte an § 73a Abs. 1 SGB V an, der eine Zusammenarbeit in vernetzten Praxen auf die vertragsärztliche Versorgung innerhalb des ambulanten Leistungssektors begrenzt. Mit der Einführung der sozialrechtlichen Vorschriften über die integrierte Versorgung gemäß §§ 140a ff. SGB V, die eine sektoren- und disziplinenübergreifende Patientenversorgung gerade ermöglichen soll, war daher eine parallele Öffnung des ärztlichen Berufsrechts erforderlich, um die Durchsetzung der sozialrechtlichen Zielvorgaben nicht zu blockieren[278].

---

274 Siehe zu den zivilrechtlichen Folgen eines Verstoßes gegen das berufsrechtliche Formerfordernis S. 117 f.

275 Dazu *Ratzel/ Lippert*, Kommentar zur MBO, § 24, Rn. 1 ff.

276 Insbesondere führt ein Verstoß gegen die Vorlagepflicht nach deren Zweckrichtung nicht zur Unwirksamkeit des Kooperationsvertrages gemäß § 134 BGB; eingehend dazu *Erbsen*, Praxisnetze und das Berufsrecht der Ärzte, S. 78 ff. Allgemein zu der umstrittenen Frage nach der Qualifikation berufsständischer Satzungsnormen der Ärztekammern als Verbotsgesetze im Sinne von § 134 BGB *BGH* NJW 1986, 2360, 2361; *BayObLG* MedR 2001, 206, 209 f.; *OLG Hamm* NJW 1985, 679, 681; *Gollasch*, Die fachübergreifende Gemeinschaftspraxis, S. 81 ff.; *Ratzel*, MedR 2002, 492; *Taupitz*, Die Standesordnungen der freien Berufe, S. 1073 ff.; *ders.*, MedR 1992, 271, 272; *ders.*, JZ 1994, 221 ff.

277 Kap. D II Nr. 11 S. 1 MBO-Ä in der Fassung der Beschlüsse des 100. Deutschen Ärztetages 1997 in Eisenach.

278 Vgl. auch *Erbsen*, Praxisnetze und das Berufsrecht der Ärzte, S. 124; *Klinkhammer*, DÄBl. 2000, C-1036; *Ratzel/ Lippert*, Kommentar zur MBO, Kap. D II Nr. 11, Rn. 1 f.

Das Festhalten des ärztlichen Standesrechts am Begriff des Praxisverbundes bei gleichzeitiger Eröffnung der Möglichkeit, intersektorale sowie interprofessionelle Versorgungsnetze zu gründen, hat eine terminologische Unschärfe zur Folge. Während die ursprüngliche Regelung vorsah, dass sich ausschließlich Ärzte unter Beibehaltung ihrer Praxissitze zu einem Verbund zusammenschließen durften, können nach der Neufassung auch stationäre Einrichtungen sowie andere Personen und Institutionen, die nicht in einer niedergelassenen Praxis tätig sind, in den Verbund einbezogen werden. Der Terminus des Praxisverbundes, der an die Berufsausübung in niedergelassener Praxis anknüpft, ist infolge dieser Inhaltserweiterung zu eng, um als Oberbegriff für sämtliche zulässigen vernetzten Kooperationsformen unter ärztlicher Mitwirkung zu fungieren. Vielmehr wäre es sinnvoll gewesen, den ursprünglich für innerprofessionelle ärztliche Zusammenschlüsse vorgesehen Begriff des Praxisverbundes durch den weiteren Begriff des Versorgungsverbundes zu ersetzen, um die inhaltlichen Öffnung des Berufsrechts auch terminologisch zu dokumentieren.

### *1. Personelle Schranken*

Der Zusammenarbeit von Ärzten mit anderen Personen oder Institutionen sind allerdings insoweit personelle Schranken durch das Berufsrecht gesetzt, als nur Zusammenschlüsse mit solchen Kooperationspartnern für zulässig erklärt werden, die in Kap. D II Nr. 11 Abs. 3 MBO-Ä abschließend aufgezählt sind. Fachgebiets- und sektorenübergreifende Kooperationen können danach zunächst mit Krankenhäusern sowie Vorsorge- und Rehakliniken vereinbart werden. Darüber hinaus dürfen auch solche Angehörige anderer Heilberufe in einen interdisziplinären Praxisverbund einbezogen werden, die gemäß Kap. D II Nr. 9 Abs. 2 MBO-Ä Kooperationspartner einer medizinischen Kooperationsgemeinschaft werden können. Die Berufsgruppen, die berufsrechtlich als Mitglied einer interprofessionellen Kooperation in Betracht kommen, sind in Kap. D II Nr. 9 Abs. 2 S. 1 MBO-Ä namentlich aufgeführt:

a) Zahnärzte[279]
b) Psychologische Psychotherapeuten, Kinder- und Jugendlichenpsychotherapeuten, Diplompsychologen
c) Klinische Chemiker, Ernährungswissenschaftler und andere Naturwissenschaftler
d) Diplom-Sozialpädagogen, Diplom-Heilpädagogen
e) Hebammen

---

279 Die Interdisziplinärität einer Zusammenarbeit zwischen Ärzten und Zahnärzten resultiert aus der Trennung ihrer berufsständischen Kammern in die Ärztekammern und die Zahnärztekammern, die jeweils eigenständige Berufsordnungen für ihre Mitglieder erlassen (vgl. für das Land Bremen § 1 Abs. 1 Nr. 1 und 2 BremHBerG). Im Falle einer Teilnahme von Zahnärzten an einem Versorgungsverbund sind für diese folglich nicht die Regelungen der Berufsordnungen der Ärztekammern, sondern diejenigen der Berufsordnung der für sie jeweils zuständigen Zahnärztekammer verbindlich. Siehe dazu § 15 Abs. 2 der Musterberufsordnung für Zahnärzte und Zahnärztinnen der Bundeszahnärztekammer e. V. in der Fassung des Beschlusses des Vorstandes vom 29. Juni 2002 sowie die Kommentierung bei Kooperationsformen Freie Berufe-*Schneider*, C 2, Rn. 166 ff.

f) Logopäden und Angehörige gleichgestellter sprachtherapeutischer Berufe
g) Ergotherapeuten
h) Angehörige der Berufe in der Physiotherapie
i) Medizinisch-technische Assistenten
j) Angehörige staatlich anerkannter Pflegeberufe
k) Diätassistenten.

Unzulässig ist nach dieser Bestimmung die Zusammenarbeit von Ärzten mit Heilpraktikern in einem Praxisverbund[280]. Da letzteren bereits die Zulassung zur gesetzlichen Krankenversicherung verwehrt ist, steht der Mitwirkung von Heilpraktikern an vernetzten Kooperationsformen allerdings nicht erst das ärztliche Standesrecht, sondern bereits das Sozialversicherungsrecht entgegen. Nach der Aufzählung in Kap. D II Nr. 9 Abs. 2 S. 1 MBO-Ä sind ferner ärztliche Kooperationen mit Optikern und Apotheken ausgeschlossen[281]. Die Ausgrenzung dieser Berufsgruppen durch das ärztliche Berufsrecht steht indessen im Widerspruch zu den sozialrechtlichen Vorgaben über vernetzte Kooperationsformen, die eine Einbeziehung von zugelassenen Leistungserbringern der gesetzlichen Krankenversicherung in Modellvorhaben und integrierte Versorgungseinrichtungen vorsehen[282]. Die Zulässigkeit der Teilnahme von Apotheken an der integrierten Versorgung wird in § 129 Abs. 5b SGB V sogar ausdrücklich hervorgehoben[283]. Gemäß Art. 74 Abs. 1 Nr. 12 GG fällt die Regelung der Sozialversicherung in die konkurrierende Gesetzgebungszuständigkeit des Bundes. Diese Kompetenznorm erfasst auch die Zuständigkeit des Bundes zur Schaffung geeigneter Versorgungsstrukturen, selbst wenn diese Fragen der Berufsausübung betreffen[284]. Vor diesem Hintergrund haben die sozialrechtlichen Vorschriften über vernetzte Kooperationsformen Vorrang

---

280 Vgl. *Franke*, Die Ärzte-Partnerschaft, S. 51; Lexikon des Arztrechts-*Hespeler/ Rieger*, Kennzahl 2460, Rn. 25; *Lüke-Rosendahl*, Der Beruf des Arztes unter besonderer Berücksichtigung der ärztlichen Kooperationen, S. 134; *Narr/ Hess/ Schirmer*, Ärztliches Berufsrecht, Rn. 26. Zur Begründung dieses Kooperationsverbots *Taupitz*, MedR 1993, 219, 220, 223 f. sowie *Bösert/ Braun/ Jochem*, Leitfaden zur Partnerschaftsgesellschaft, S. 113.

281 Vgl. für die Optiker *Lüke-Rosendahl*, Der Beruf des Arztes unter besonderer Berücksichtigung der ärztlichen Kooperationen, S. 134; für die Apotheken *Dietze/ Brandenburg*, Recht in der Arztpraxis, S. 26. Mangels forschender Tätigkeit ist der Beruf des Apothekers auch nicht unter den Begriff des Naturwissenschaftlers nach Kap. D II Nr. 9 Abs. 2 S. 1d) MBO-Ä zu subsumieren; so jedoch *Erbsen*, Praxisnetze und das Berufsrecht der Ärzte, S. 126. Dieses berufsrechtliche Hindernis einer Zusammenarbeit zwischen Ärzten und Apothekern in Praxisverbünden übersehen *Wigge/ Kleinke*, MedR 2002, 391, 394 trotz ihres zutreffenden Hinweises, dass Apotheker in der Aufzählung der kooperationsfähigen Mitglieder einer medizinischen Kooperationsgemeinschaft nicht genannt sind.

282 Auf diesen „Klärungsbedarf im Verhältnis zwischen Sozialrecht und Berufsausübungsrecht" weist *Scholz*, GesR 2003, 369, 373 zutreffend hin.

283 Vgl. dazu *Orlowski/ Wasem*, Gesundheitsreform 2004, S. 93; zu den medizinischen Vorteilen einer Einbeziehung von Apotheken in vernetzte Kooperationsformen *Erbsen*, Praxisnetze und das Berufsrecht der Ärzte, S. 126 mit weiteren Nachweisen.

284 So hat das Bundessozialgericht die Gesetzgebungskompetenz des Bundes zur Regelung von Qualitätssicherungsmaßnahmen im Rahmen der vertragsärztlichen Versorgung bestätigt, obwohl diese die ärztliche Berufsausübung betreffen und deshalb prinzipiell in die landesrechtliche Regelungskompetenz fallen, vgl. *BSGE* 82, 55, 58 f.

gegenüber den standesrechtlichen Bestimmungen über den Praxisverbund in den Berufsordnungen der Ärztekammern[285]. Fraglich ist, ob sich dieser Normenkollision mit einer verfassungskonformen Auslegung des Berufsrechts begegnen lässt. Diese ist geboten, wenn der Wortlaut, die Entstehungsgeschichte, der Gesamtzusammenhang und der Sinn und Zweck der einschlägigen Regelung mehrere Deutungen zulässt, von denen jedenfalls eine zu einem verfassungsgemäßen Ergebnis führt[286]. Die Norminterpretation darf jedoch nicht mit dem Wortlaut und dem eindeutigen Willen des Gesetzgebers in Widerspruch treten[287]. Wegen ihres abschließenden Charakters lässt die Aufzählung in Kap. D II Nr. 9 Abs. 2 S. 1 MBO-Ä keinen Raum für eine Einbeziehung der Optiker und der Apotheken in den Wortlaut der Bestimmung. Die berufsrechtliche Vorschrift ist daher insoweit wegen Verstoßes gegen das höherrangige Sozialversicherungsrecht unwirksam, als sie die Teilnahme zugelassener Leistungserbringer an vernetzten Kooperationsformen innerhalb der gesetzlichen Krankenversicherung ausschließt.

*2. Sachliche Schranken*

In sachlicher Hinsicht ist die interdisziplinäre Kooperation von Leistungserbringern in Praxisverbünden gemäß Kap. D II Nr. 11 Abs. 3 MBO-Ä nur zulässig, wenn die Grundsätze nach Kap. D II Nr. 9 Abs. 1 MBO-Ä gewahrt sind. Mit der Verweisung auf die für medizinische Kooperationsgemeinschaften geltenden Prinzipien einer kooperativen Berufsausübung soll den besonderen Gefahren begegnet werden, die aus einer Zusammenarbeit von Ärzten mit Angehörigen anderer Berufsgruppen resultieren können. Wenngleich die professionsübergreifende Zusammenarbeit in Versorgungsnetzen ähnlich gelagerte Probleme im Hinblick auf die Sicherung der medizinischen Versorgungsqualität aufwirft, bedarf die Übertragung der für medizinische Kooperationsgemeinschaften geltenden Bestimmungen einer sinngemäßen Anpassung an die Besonderheiten vernetzter Kooperationsformen[288].

*a. Gleichgerichteter oder integrierender medizinischer Zweck*

Gemäß Kap. D II Nr. 9 Abs. 1 S. 3 MBO-Ä ist dem Arzt der Zusammenschluss nur mit solchen anderen Berufsangehörigen und in der Weise erlaubt, dass diese in ihrer Verbindung mit dem Arzt einen gleichgerichteten oder integrierenden diagnostischen oder therapeutischen Zweck bei der Heilbehandlung, auch auf dem Gebiet der Prävention und Rehabilitation, durch räumlich nahes und koordiniertes Zusammenwirken aller Be-

---

285 Ebenso *Erbsen*, Praxisnetze und das Berufsrecht der Ärzte, S. 127 im Zusammenhang mit der Zulässigkeit einer Teilnahme von Gemeinschaften der in Kap. D II Nr. 9 Abs. 2 MBO-Ä genannten Leistungserbringer an Einrichtungen der integrierten Versorgung.

286 *BVerfGE* 49, 148, 157; 69, 1, 55; 83, 201, 214 f.; 86, 288, 320 f.; 88, 145, 166; 95, 64, 93; *Jarass/ Pieroth*, Grundgesetz, Art. 20, Rn. 34.

287 *BVerfGE* 8, 28, 34; 8, 38, 41; 18, 97, 111; 67, 382, 390; 71, 81, 105; 86, 288, 320; 95, 64, 93; *Jarass/ Pieroth*, Grundgesetz, Art. 20, Rn. 34.

288 Ebenso *Erbsen*, Praxisnetze und das Berufsrecht der Ärzte, S. 128 f.

rufsangehörigen erfüllen können. Diese Regelung wird konkretisiert durch die ergänzende Bestimmung in Kap. D II Nr. 9 Abs. 2 S. 2 MBO-Ä, derzufolge das Gebot erfüllt ist, wenn die kooperierenden Berufsgruppen mit dem Arzt entsprechend seinem Fachgebiet einen gemeinschaftlichen erreichbaren medizinischen Zweck nach Art ihrer beruflichen Kompetenz zielbezogen erfüllen können. Mit dieser Einschränkung soll sichergestellt werden, dass sich die Kooperationsbeiträge der am Verbund teilnehmenden Leistungserbringer unter medizinischen Gesichtspunkten sinnvoll ergänzen[289].

*b. Gewährleistung der ärztlichen Unabhängigkeit*

Darüber hinaus muss der Kooperationsvertrag gewährleisten, dass bei der interprofessionellen Zusammenarbeit die in Kap. D II Nr. 9 Abs. 1 S. 4 MBO-Ä aufgeführten Grundsätze zur Sicherstellung der ärztlichen Unabhängigkeit beachtet werden[290]. Danach müssen zunächst die eigenverantwortliche und selbstständige Berufsausübung des Arztes gewahrt sein[291] und die Verantwortungsbereiche der Kooperationspartner gegenüber den Patienten getrennt bleiben[292]. Weiterhin muss die ausschließliche Herrschaft des Arztes über medizinische Entscheidungen, insbesondere über Diagnostik und Therapie, auch im Rahmen vernetzter Kooperationen erhalten bleiben, sofern nicht die Entscheidungen nach dem ärztlichen Berufsrecht den in der Gemeinschaft tätigen Berufsangehörigen eines anderen Fachberufs überlassen werden dürfen[293]. Ferner muss der Kooperationsvertrag gewährleisten, dass der Grundsatz der freien Arztwahl gemäß § 76 Abs. 1 SGB V gewahrt bleibt[294] und der behandelnde Arzt zur Unterstützung in seinen diagnostischen Maßnahmen oder Therapie auch andere als die in dem Praxisverbund kooperierenden Berufsangehörigen hinzuziehen kann[295]. Schließlich muss durch eine vertragliche Verpflichtung der durch das Standesrecht der Ärztekammern nicht gebundenen Kooperationspartner sichergestellt werden, dass die ärztlichen Berufspflichten innerhalb des Versorgungsnetzes eingehalten werden. Dies betrifft insbesondere das

---

289 Vgl. *Dietze/ Brandenburg*, Recht in der Arztpraxis, S. 25; *Eisenberg*, Ärztliche Kooperations- und Organisationsformen, S. 194; *Franke*, Die Ärzte-Partnerschaft, S. 52; *Ratzel/ Lippert*, Kommentar zur MBO, Kap. D II Nr. 9, Rn. 2; *Schirmer*, MedR 1995, 383, 384. Im Einzelnen zu den Anforderungen an die Erfüllung eines gleichgerichteten oder integrierenden medizinischen Zwecks bei vernetzten Kooperationsformen *Erbsen*, Praxisnetze und das Berufsrecht der Ärzte, S. 140 ff.

290 Ausführlich zur Anwendung der Grundsätze auf den Praxisverbund *Erbsen*, Praxisnetze und das Berufsrecht der Ärzte, S. 130 ff.; vgl. außerdem in Bezug auf die medizinische Kooperationsgemeinschaft *Eisenberg*, Ärztliche Kooperations- und Organisationsformen, S. 195 ff.

291 Kap. D II Nr. 9 Abs. 1 S. 4a) MBO-Ä.

292 Kap. D II Nr. 9 Abs. 1 S. 4b) MBO-Ä. Siehe in dem Zusammenhang auch die allgemeine Vorschrift über die Wahrung der ärztlichen Unabhängigkeit bei kooperativer Berufsausübung zwischen Ärzten und Angehörigen anderer Gesundheitsberufe in § 30 Abs. 3 MBO-Ä; dazu *Ratzel/ Lippert*, Kommentar zur MBO, § 30, Rn. 1 ff.

293 Kap. D II Nr. 9 Abs. 1 S. 4c) MBO-Ä.

294 Kap. D II Nr. 9 Abs. 1 S. 4d) MBO-Ä. Vgl. dazu bereits die allgemeine Berufspflicht zur Achtung des Rechts auf freie Arztwahl nach § 7 Abs. 2 S. 1 MBO-Ä.

295 Kap. D II Nr. 9 Abs. 1 S. 4e) MBO-Ä.

Verbot der Errichtung einer Zweigpraxis, die Pflicht zur Dokumentation, das Verbot der berufswidrigen Werbung und die Regeln zur Erstellung einer Honorarforderung[296].

Keine entsprechende Anwendung findet die Bestimmung, wonach sich die medizinische Kooperationsgemeinschaft im Kooperationsvertrag verpflichten muss, im Rechtsverkehr die Namen aller Partner und ihre Berufsbezeichnungen anzugeben und – sofern es sich um eine eingetragene Partnerschaftsgesellschaft handelt – den Zusatz „Partnerschaft" zu führen[297]. Soweit die Vorschrift die Führung des Zusatzes „Partnerschaft" anordnet, ergibt sich diese Vorgabe bereits aus § 2 Abs. 1 S. 1 PartGG und ist insoweit lediglich klarstellender Natur[298]. Hintergrund der Bestimmung ist im Übrigen die Zielsetzung, die gemeinschaftliche Berufsausübung der Leistungserbringer einer medizinischen Kooperationsgemeinschaft gegenüber dem Rechtsverkehr offenzulegen. Anders als bei der medizinischen Kooperationsgemeinschaft beinhaltet die Zusammenarbeit in Versorgungsverbünden aber nicht zwingend eine gemeinsame Berufsausübung, sondern kann sich auf die Schaffung organisatorischer Rahmenbedingungen beschränken. Insoweit entspricht der Normzweck der für die medizinische Kooperationsgemeinschaft geschaffenen Regelung nicht der Organisationsstruktur vernetzter Kooperationsformen. Überdies legt § 22a Abs. 4 MBO-Ä fest, dass die Zugehörigkeit zu einem Praxisverbund durch Hinzufügen des Namens des Verbundes angekündigt werden kann. Aus dieser Bestimmung ergibt sich im Umkehrschluss, dass die Offenlegung der Kooperation im Rechtsverkehr zwar erlaubt, aber nicht verpflichtend ist. Infolgedessen bedarf es einer teleologischen Reduktion der Verweisung in Kap. D II Nr. 11 Abs. 3 MBO-Ä insoweit, als die Vorgabe in Kap. D II Nr. 9 Abs. 1 S. 4g) MBO-Ä keine Anwendung auf die Zusammenarbeit von Leistungserbringern in Praxisverbünden findet[299].

### c. *Rechtsform*

Fraglich ist, ob sich die Verweisung in Kap. D II Nr. 11 Abs. 3 MBO-Ä auf die für die Zusammenarbeit in medizinischen Kooperationsgemeinschaften geltenden Grundsätze auch auf die Vorgaben hinsichtlich der gesellschaftsrechtlichen Organisationsformen[300] erstreckt. Nach dieser Regelung ist die Kooperation ausschließlich in der Rechtsform einer Partnerschaftsgesellschaft oder einer Gesellschaft bürgerlichen Rechts gestattet. Anders als die Bestimmungen über die Zusammenarbeit in ärztlichen Berufsausübungsgemeinschaften[301] und in medizinischen Kooperationsgemeinschaften[302] enthält die berufsrechtliche Regelung des Praxisverbundes keine eigenen Vorgaben über die gesell-

---

296 Kap. D II Nr. 9 Abs. 1 S. 4f) MBO-Ä.
297 Kap. D II Nr. 9 Abs. 1 S. 4g) MBO-Ä.
298 Zur Zulässigkeit der Errichtung vernetzter Kooperationsformen in der Rechtsform einer Partnerschaftsgesellschaft S. 138 ff.
299 Ähnlich *Erbsen*, Praxisnetze und das Berufsrecht der Ärzte, S. 130.
300 Kap. D II Nr. 9 Abs. 1 S. 2 MBO-Ä.
301 Kap. D II Nr. 8 Abs. 1 S. 1 und 2 MBO-Ä.
302 Kap. D II Nr. 9 Abs. 1 S. 2 MBO-Ä.

schaftsrechtliche Organisationsform. Es erscheint zweifelhaft, dass der Regelungszweck von Kap. D II Nr. 11 Abs. 3 MBO-Ä eine Übertragung der organisationsrechtlichen Vorgaben auf interprofessionelle Versorgungsnetze beinhalten soll, während eine entsprechende Regelung für monoprofessionelle Praxisverbünde fehlt. Die Verweisung auf die „Grundsätze nach Kap. D II Nr. 9 Abs. 1 MBO-Ä" zielt darauf ab, den besonderen Gefahren zu begegnen, die aus einer Kooperation von Ärzten mit Angehörigen anderer Berufsgruppen resultieren können. Dieser Zielsetzung wird durch die entsprechende Anwendung der in Kap. D II Nr. 9 Abs. 1 S. 3 und 4 MBO-Ä niedergelegten Prinzipien einer kooperativen Berufsausübung Rechnung getragen. Die Vorgabe einer bestimmten Rechtsform steht dagegen in keinem inneren Zusammenhang zu den spezifischen Gefahren einer interdisziplinären Zusammenarbeit. Wollten die Ärztekammern bestimmte Rechtsformen zur Wahrung der selbstständigen Berufsausübung des Arztes festlegen oder ausschließen, wäre eine solche Regelung einheitlich für sämtliche Versorgungsnetze und nicht lediglich für interdisziplinäre Praxisverbünde zu treffen. Die Verweisung auf die Grundsätze nach Kap. D II Nr. 9 Abs. 1 MBO-Ä ist folglich insoweit teleologisch zu reduzieren, als diese keine Festlegung hinsichtlich der gesellschaftsrechtlichen Organisationsform interprofessioneller Praxisverbünde beinhaltet[303].

### *B. Verbot der Patientenzuweisung ohne hinreichenden Grund*

Bei der Zusammenarbeit von Ärzten mit Angehörigen anderer Gesundheitsberufe in vernetzten Kooperationsformen ist neben den Spezialregelungen über den Praxisverbund das allgemeine Verbot der Patientenzuweisung ohne hinreichenden Grund gemäß § 34 Abs. 5 MBO-Ä zu berücksichtigen[304]. Danach ist es Ärzten nicht gestattet, Patienten ohne hinreichenden Grund an bestimmte Apotheken, Geschäfte oder Anbieter von gesundheitlichen Leistungen zu verweisen. Soweit eine interdisziplinäre Kooperation zwischen Ärzten und anderen Leistungserbringern zugelassen wird, ist daher fraglich, ob ein Verstoß gegen das Verbot der Patientenzuweisung vorliegt, wenn die Netzteilnehmer sich gegenseitig dazu verpflichten, die Patienten grundsätzlich an ihre Kooperationspartner innerhalb des Versorgungsverbundes zu überweisen.

Regelungszweck des § 34 Abs. 5 MBO-Ä ist die Gewährleistung einer an medizinischen Gesichtspunkten ausgerichteten Zuweisung von Patienten an andere Anbieter von Gesundheitsleistungen. Eine regelmäßige Überweisung von Patienten an bestimmte Anbieter verstößt daher nicht gegen das Zuweisungsverbot, wenn diese auf Erwägungen des Patientenwohls beruht. Gegenstand der Zusammenarbeit in vernetzten Kooperationsformen ist die systematische Kooperation der Verbundteilnehmer mit der Zielsetzung, eine Steigerung der Qualität und Wirtschaftlichkeit der medizinischen Versorgung

303 Ebenso im Ergebnis, wenn auch mit abweichender Begründung *Erbsen*, Praxisnetze und das Berufsrecht der Ärzte, S. 129 f.

304 Allgemein dazu *Ratzel/ Lippert*, Kommentar zur MBO, § 34, Rn. 11.

herbeizuführen. Die Verwirklichung dieser Ziele erfordert gerade eine binnenstrukturelle Zusammenarbeit, die über das sonst übliche Maß der Kooperation zwischen Ärzten und anderen Leistungserbringern hinausgeht. Soweit die netzinterne Zuweisung von Patienten in dem konkreten Versorgungsziel des Versorgungsverbundes begründet liegt, ist diese durch einen sachlichen Grund gerechtfertigt und verstößt folglich nicht gegen § 34 Abs. 5 MBO-Ä[305]. Sofern nicht im Einzelfall aus medizinischen Gründen oder aufgrund des Patientenwunsches eine Überweisung an netzexterne Leistungserbringer geboten ist, steht das Verbot der Patientenzuweisung ohne hinreichenden Grund einer verbundinternen Verweisung der Patienten somit nicht entgegen. Dieses Ergebnis wird auch durch die Bestimmung in Kap. D II Nr. 11 Abs. 1 S. 3 MBO-Ä gestützt, derzufolge die im Praxisverbund kooperierenden Ärzte die medizinisch gebotene oder vom Patienten gewünschte Überweisung an netzexterne Ärzte nicht behindern dürfen. Aus dieser Regelung folgt im Umkehrschluss, dass Ärzte eines Versorgungsverbundes im Rahmen des jeweiligen Versorgungsziels ihren Patienten prinzipiell die Überweisung an andere Netzärzte empfehlen dürfen. Dieser Grundsatz muss aus teleologischer Sicht und unter Gleichberechtigungsgesichtspunkten nicht nur für die netzinterne Zusammenarbeit zwischen Ärzten, sondern auch für die interprofessionelle Kooperation zwischen Ärzten und anderen Leistungserbringern im Versorgungsverbund gelten[306].

### *C. Verbot der entgeltlichen Patientenzuweisung*

Fraglich ist schließlich, ob die Vereinbarung einer binnenstrukturellen Überweisungspraxis gegen das Verbot der entgeltlichen Patientenzuweisung nach § 31 MBO-Ä verstößt. Danach ist es dem Arzt nicht gestattet, für die Zuweisung von Patienten oder Untersuchungsmaterial ein Entgelt oder andere Vorteile sich versprechen oder gewähren zu lassen oder selbst zu versprechen oder zu gewähren. Eine unzulässige Zuweisung von Patienten wird generell angenommen, wenn Ärzte ein System der wechselseitigen Patientenüberweisung vereinbaren, wonach ein Facharzt, der einen Patienten an einen bestimmten Kollegen überweist, seinerseits von diesem alle Patienten zugewiesen bekommt, die in dessen Fachgebiet fallen. Eine solche Absprache überschreitet prinzipiell den Umfang einer allgemeinen kollegialen Zusammenarbeit und schafft einen mittelbaren wirtschaftlichen Ausgleich, der eine geldwerte Gegenleistung nach § 31 MBO-Ä darstellt[307].

---

305 *Erbsen*, Praxisnetze und das Berufsrecht der Ärzte, S. 134; Lexikon des Arztrechts-*Rieger*, Kennzahl 4305, Rn. 56 f.

306 Aus vergleichbaren Erwägungen verstößt auch die am Patientenwohl ausgerichtete Teilnahme von Apotheken an vernetzten Kooperationsformen nicht gegen das Zuweisungsverbot gemäß § 11 Abs. 1 S. 1 ApothekenG, vgl. *Erbsen*, Praxisnetze und das Berufsrecht der Ärzte, S. 126 f., 135; *Wigge/ Kleinke*, MedR 2002, 391, 393; zur Auslegung von § 11 Abs. 1 S. 1 ApothekenG auch *OVG Nordrhein-Westfalen* NVwZ-RR 2000, 216 f. Eine generelle Ausnahme vom Zuweisungsverbot statuiert nunmehr § 11 Abs. 1 S. 2 ApothekenG für den Bereich der integrierten Versorgung.

307 Vgl. *Ahrens*, MedR 1992, 141, 146; *Erbsen*, Praxisnetze und das Berufsrecht der Ärzte, S. 132, 159; *Taupitz*, MedR 1993, 367, 373.

Es ist allerdings zweifelhaft, ob diese Grundsätze auf die Überweisung von Patienten in vernetzten Kooperationsformen Anwendung finden[308]. Der Regelungszweck des Verbots der entgeltlichen Patientenzuweisung liegt in der Sicherung der ärztlichen Unabhängigkeit bei der Leistungserbringung und der Wahrung des Grundsatzes der freien Arztwahl. Es soll im Interesse der Patienten verhindert werden, dass Vermittlungen an Anbieter von Gesundheitsleistungen stattfinden, deren Motivation nicht auf medizinischen, sondern auf rein wirtschaftlichen Erwägungen beruht[309]. Diese Schutzzwecke liegen auch den in Kap. D II Nr. 9 Abs. 1 S. 4 MBO-Ä normierten Spezialregelungen über die Zusammenarbeit in medizinischen Kooperationsgemeinschaften zugrunde, auf die in Kap. D II Nr. 11 Abs. 3 MBO-Ä verwiesen wird. Eines zusätzlichen Schutzes bedarf es insoweit nicht. Die Vereinbarung einer binnenstrukturellen Überweisungspraxis entspricht vielmehr gerade der mit der Einführung vernetzter Kooperationsmodelle angestrebten Qualitätsverbesserung und Effizienzsteigerung bei der medizinischen Versorgung, sofern nicht ausnahmsweise besondere Gesichtspunkte eine Überweisung an netzexterne Leistungserbringer gebieten. Zudem folgt im Umkehrschluss aus Kap. D II Nr. 11 Abs. 1 S. 3 MBO-Ä, dass Ärzte eines Versorgungsverbundes ihre Patienten prinzipiell an andere Netzärzte überweisen dürfen, sofern nicht medizinische Gründe oder der Wunsch des Patienten entgegenstehen. Solange sich die Patientenvermittlungen im Rahmen des jeweiligen Vernetzungsziels halten, ist das Verbot der entgeltlichen Patientenzuweisung auf die Vereinbarung einer binnenstrukturellen Überweisungspraxis in vernetzten Kooperationsformen folglich nicht anzuwenden[310].

---

308 Zur Geltung des Verbots der entgeltlichen Patientenzuweisung in fachübergreifenden Gemeinschaftspraxen *Gollasch*, Die fachübergreifende Gemeinschaftspraxis, S. 219 f.

309 Vgl. *Ahrens*, MedR 1992, 141, 145 f.; *Erbsen*, Praxisnetze und das Berufsrecht der Ärzte, S. 132, 159 f.; *Ratzel/ Lippert*, Kommentar zur MBO, § 31, Rn. 1; *Taupitz*, MedR 1993, 367, 373.

310 So auch *Erbsen*, Praxisnetze und das Berufsrecht der Ärzte, S. 132 f., 160; Lexikon des Arztrechts-*Rieger*, Kennzahl 4305, Rn. 58 f.

# Viertes Kapitel: Binnenrechtliche Beziehungen der Leistungserbringer vernetzter Kooperationsformen

In diesem Kapitel soll das binnenrechtliche Kooperationsverhältnis der Leistungserbringer vernetzter Kooperationsformen einer genaueren Betrachtung unterzogen werden. Als Bestandteil des Gesamtsystems der Patientenversorgung durch vernetzte Kooperationsmodelle sind die Kooperationsbeziehungen der Netzteilnehmer in ein komplexes Beziehungs- und Normgeflecht eingebettet. Die vielfältigen rechtlichen Verbindungen auf unterschiedlichen Ebenen führen vielfach zu einem Zusammentreffen mehrerer Teilrechtsgebiete, die wechselseitige Wirkungen ausüben und Interdependenzen aufweisen. Die dadurch entstehenden Normenkollisionen sollen an entsprechender Stelle aufgezeigt und die hieraus folgenden Rechtsprobleme einer Lösung zugeführt werden, die den tatsächlichen Bedürfnissen bei der Patientenversorgung in vernetzten Kooperationsmodellen Rechnung trägt. Es wird im Rahmen dieses Kapitels zunächst der Fragestellung nachgegangen, ob es bei der Zusammenarbeit der teilnehmenden Leistungserbringer in einem Versorgungsverbund stets zu eigenen binnenrechtlichen Kooperationsbeziehungen kommt und in welchem Verhältnis diese zu den im SGB V geregelten Verträgen über die Errichtung vernetzter Kooperationsformen zwischen Krankenkassen oder Kassenverbänden und Leistungserbringern oder Kassenärztlichen Vereinigungen stehen. Daran anschließend stellt sich die Frage nach der Rechtsnatur des Binnenverhältnisses der Leistungserbringer im Versorgungsnetz und deren Bedeutung für die Rechtswegzuweisung. Werden die binnenrechtlichen Beziehungen der Netzteilnehmer dem Zivilrecht zugeordnet, sind hinsichtlich der in Betracht kommenden Vertragstypen sowohl die Entstehung einer Gesellschaft als auch das Zustandekommen eines reinen Austauschvertrages in Erwägung zu ziehen. Sodann erfolgt eine eingehende Untersuchung der gesellschaftsrechtlichen Organisationsformen, die der Zusammenarbeit der Leistungserbringer in vernetzten Kooperationsformen zugrunde gelegt werden können. Der letzte Abschnitt befasst sich mit der Errichtung organisatorisch selbstständiger Netzbetreibergesellschaften, die dem Versorgungsverbund im Sinne einer mehrstufigen Organisationsstruktur vorangestellt werden können.

## *A. Regelungsdichte der Verträge nach dem SGB V und Entstehung binnenrechtlicher Kooperationsbeziehungen*

Zur Errichtung eines Versorgungsverbundes in der Form einer vernetzten Praxis, eines Modellvorhabens oder einer integrierten Versorgungseinrichtung bedarf es eines Vertragsschlusses zwischen den Krankenkassen beziehungsweise Kassenverbänden auf der einen Seite und den Leistungserbringern oder Kassenärztlichen Vereinigungen auf der anderen Seite. Vernetzte Kooperationsformen innerhalb des Systems der gesetzlichen Krankenversicherung sind insoweit von den freien sowie den privaten Versorgungsnetzen abzugrenzen, die ausschließlich auf privatautonomen Vereinbarungen von Leistungserbringern beruhen. Anders als in diesen rein zivilrechtlichen Zusammenschlüssen werden die Kooperationsbeziehungen der Netzteilnehmer in den sozialgesetzlich geregelten Versorgungsverbünden immer durch die vertraglichen Beziehungen der Leistungserbringer zu den Krankenkassen, Kassenverbänden oder Kassenärztlichen Vereinigungen überlagert. Die kooperierenden Leistungserbringer sind bei der Ausgestaltung ihrer Zusammenarbeit im Versorgungsnetz inhaltlich an die Vorgaben der Verträge nach dem SGB V gebunden und insoweit in ihrer Privatautonomie eingeschränkt. Absprachen im Binnenverhältnis können daher nur ergänzend und konkretisierend, nicht aber abweichend zu den im Vertrag zwischen den Krankenkassen oder Kassenverbänden und den Leistungserbringern oder Kassenärztlichen Vereinigungen geregelten Vorgaben getroffen werden[311].

Mit Blick auf diese rechtliche Überlagerung wird bezüglich des binnenrechtlichen Kooperationsverhältnisses der Leistungserbringer in vernetzten Kooperationsformen in der Literatur häufig zwischen einer sogenannten „öffentlich-rechtlichen Gestaltung" und einer sogenannten „privatautonomen Gestaltung" unterschieden. Während die Modalitäten der Zusammenarbeit der Netzteilnehmer im Falle der „öffentlich-rechtlichen Lösung" bereits in dem Vertrag zwischen den Krankenkassen oder Kassenverbänden und Leistungserbringern oder Kassenärztlichen Vereinigungen umfassend geregelt würden, werde den teilnehmenden Leistungserbringern im Falle der „privatrechtlichen Lösung" die Gestaltung ihrer Kooperation selbst überlassen. Es wird angenommen, dass es sich hierbei um zwei konträre Gestaltungsmöglichkeiten handelt, aus denen zugleich die Qualifikation des binnenrechtlichen Kooperationsverhältnisses der Leistungserbringer als öffentlich-rechtlich oder privatrechtlich folgt[312]. Die sich anschließenden Ausführungen sollen aufzeigen, dass die Differenzierung zwischen den Modellen einer „öffentlich-rechtlichen Gestaltung" und einer „privatautonomen Gestaltung" angesichts der sozialrechtlichen Konzeption vernetzter Kooperationsmodelle weder begrifflich noch inhaltlich zutreffend ist. Es handelt sich hierbei vielmehr um theoretische Extrempositionen, die tatsächlich jedoch niemals erreicht werden und aus denen keinerlei Rückschlüsse auf die rechtliche Qualifikation des binnenrechtlichen Verhältnis der Netzteilnehmer gezogen werden können.

### *I. „Öffentlich-rechtliche Gestaltung"*

Die sogenannte „öffentlich-rechtliche Gestaltung" ist durch eine hohe Regelungsdichte der im SGB V geregelten Verträge zu den Krankenkassen oder Kassenverbänden ge-

---

311 Vgl. *Schirmer*, MedR 1997, 431, 439; *ders.*, VSSR 1998, 279, 289.

312 *Dierks*, Rechtliche und praktische Probleme der Integration von Telemedizin, S. 48; *Eisenberg*, Ärztliche Kooperations- und Organisationsformen, S. 218 f.; *Graefe/ Gemke*, Die Gestaltung von Praxisnetzen und der Datenschutz, S. 3; *Graefe/ Zieglwalner*, Rechtliche Grundlagen und Strukturen bei Praxisnetzen, S. 4 f.; *Hildebrandt*, Entwicklungen und Rechtsprobleme freiberuflicher Zusammenschlüsse, S. 70; *Rieger*, MedR 1998, 75, 76; Lexikon des Arztrechts-*ders.*, Kennzahl 4305, Rn. 23; *Schirmer*, MedR 1997, 431, 439; *ders.*, VSSR 1998, 279, 289.

kennzeichnet. Bei dieser Fallkonstellation enthält der Vertrag über das normativ vorgegebene Mindestmaß an zu treffenden Vereinbarungen hinaus einen ausführlichen Regelungskatalog, der die Ausgestaltung und Durchführung des Versorgungsnetzes detailliert regelt. Eine uneingeschränkt öffentlich-rechtliche Gestaltung käme allerdings nur in Betracht, sofern eine derart umfassende Regelung des Kooperationsmodells in dem Vertrag zwischen Krankenkassen oder Kassenverbänden und Leistungserbringern oder Kassenärztlichen Vereinigungen denkbar wäre, so dass kein Raum mehr für ergänzende oder konkretisierende Regelungen der Leistungserbringer und damit für eigene Kooperationsbeziehungen der Netzteilnehmer bestünde. Tatsächlich wird jedoch auch bei Vorliegen eines detaillierten Regelungswerkes im Vertrag zu den Krankenkassen oder Kassenverbänden die Notwendigkeit bestehen, die Zusammenarbeit im Versorgungsverbund durch ergänzende Kooperationsvereinbarungen zwischen den Leistungserbringern zu regeln. Während der sozialgesetzlich geregelte Vertrag zwischen den Krankenkassen oder Kassenverbänden und Leistungserbringern oder Kassenärztlichen Vereinigungen nur abstrakte Regelungen zur Durchführung der Kooperationsform vorsehen kann, erfordert die Zusammenarbeit der Leistungserbringer im konkreten Versorgungsfall ausfüllende Absprachen und den Aufbau interner Organisationsstrukturen, die durch einen mit den Krankenkassen oder Kassenverbänden auf vorgelagerter Ebene vereinbarten umfassenden Regelungskatalog nicht vollständig ersetzt werden können. Die binnenrechtlichen Kooperationsvereinbarungen der Netzteilnehmer dienen einerseits der Erfüllung ihrer Leistungsverpflichtung, die sie im Falle eines Direktvertrages gegenüber den Krankenkassen oder Kassenverbänden, im Falle eines Beitritts über die vertragsschließenden Kassenärztlichen Vereinigungen diesen gegenüber übernommen haben. Sie führen andererseits zur Begründung gegenseitiger Rechte und Pflichten der Leistungserbringer im Binnenverhältnis. Somit entstehen auch im Falle einer hohen Regelungsdichte der Verträge nach dem SGB V eigene binnenrechtliche Verbindungen zwischen den Leistungserbringern[313]. Entgegen der in der Literatur zum Teil vertretenen Auffassung handelt es sich bei der „öffentlich-rechtlichen Gestaltung“ folglich nicht um einen in der Praxis tatsächlich anzufindenden Realtypus, sondern nur um ein theoretisches Gestaltungsmodell einer umfassenden vertraglichen Regelung.

### *II. „Privatautonome Gestaltung“*

Demgegenüber ist die sogenannte „privatautonome Gestaltung“ durch eine geringe Regelungsdichte der Verträge zwischen Krankenkassen oder Kassenverbänden und Leistungserbringern oder Kassenärztlichen Vereinigungen geprägt. Diese vereinbaren nach diesem Modell lediglich die sozialgesetzlich vorgeschriebenen Mindestvorgaben, während die nähere Ausgestaltung des Versorgungsverbundes den beteiligten Leistungserbringern vorbehalten bleibt. Der Vorteil einer geringen Regelungsdichte der Verträge nach dem SGB V liegt in der stärkeren Flexibilität der Netzteilnehmer, denen hierdurch

313 In diese Richtung tendiert auch *Schirmer*, MedR 1997, 431, 439; *ders.*, VSSR 1998, 279, 289 f.

ein größerer Gestaltungsspielraum zukommt. Darüber hinaus beinhaltet diese Fallkonstellation die Möglichkeit, die inhaltliche Ausgestaltung des Versorgungsverbundes nachgiebiger an medizinische und medizintechnische Entwicklungen anzupassen, ohne hierfür zugleich eine Änderung der Verträge zu den Krankenkassen oder Kassenverbänden erforderlich zu machen. Das Bestehen eigener Gestaltungsmöglichkeiten stellt ferner einen wesentlichen Faktor zugunsten einer stärkeren Motivation und Akzeptanz der Leistungserbringer hinsichtlich ihrer Mitwirkung an Versorgungsnetzen und der Beachtung der bestehenden rechtlichen Vorgaben dar[314]. In Anbetracht der angestrebten Zielsetzung einer Sicherung der Qualität und Wirtschaftlichkeit der Gesundheitsversorgung durch die Verbesserung der Kooperations- und Kommunikationsstrukturen zwischen den Leistungserbringern handelt es sich hierbei um einen nicht zu vernachlässigenden Gesichtspunkt. Die „privatrechtliche Gestaltung" wird vor diesem Hintergrund in der Literatur überwiegend favorisiert[315].

Doch auch bei dem Modell einer uneingeschränkt privatautonomen Gestaltung handelt es sich lediglich um einen theoretischen Idealtypus, der aufgrund der sozialrechtlichen Vorgaben zu vernetzten Kooperationsformen normativ nicht umsetzbar ist. Es wurde bereits ausgeführt, dass die Kooperationsbeziehungen der Leistungserbringer in Versorgungsnetzen innerhalb des Systems der gesetzlichen Krankenversicherung stets durch einen Vertrag der Krankenkassen oder Kassenverbände und Leistungserbringern oder Kassenärztlichen Vereinigungen überlagert werden. Dieser Vertrag muss als *essentialia negotii* jedenfalls das Versorgungsziel der Kooperation und die Hauptpflichten der teilnehmenden Leistungserbringer zur Erfüllung des Versorgungsauftrages festlegen. Soweit auf Bundesebene verbindliche Rahmenvereinbarungen bestehen, sind auch die darin bestimmten Inhalte in dem Vertrag zwischen den Krankenkassen oder Kassenverbänden und den Leistungserbringern oder Kassenärztlichen Vereinigungen zu regeln[316]. Darüber hinaus wird vielfach die Regelung weiterer Rahmenbedingungen der Zusammenarbeit zwischen den Leistungserbringern im Vertrag nach dem SGB V zweckmäßig sein, um die ordnungsgemäße Umsetzung des Kooperationsmodells zu gewährleisten[317]. Eine rein privatautonome Regelung der Zusammenarbeit im Versorgungsverbund ist damit nach der sozialrechtlichen Konzeption vernetzter Kooperationsformen ebenso wenig möglich wie eine umfassende öffentlich-rechtliche Gestaltung.

---

314 Vgl. in diesem Zusammenhang *Bausch/ Stock*, G+G 3/ 2000, 22, 24.

315 *Rieger*, MedR 1998, 75, 76 f.; Lexikon des Arztrechts-*ders.*, Kennzahl 4305, Rn. 23: „Es sollte die Devise gelten ‚So viel Freiraum für die Selbstgestaltung wie möglich, so viel Rechtsbindung wie nötig'". Vgl. auch *Dierks*, Rechtliche und praktische Probleme der Integration von Telemedizin, S. 48; *Eisenberg*, Ärztliche Kooperations- und Organisationsformen, S. 219; *Graefe/ Gemke*, Die Gestaltung von Praxisnetzen und der Datenschutz, S. 3; *Graefe/ Zieglwalner*, Rechtliche Grundlagen und Strukturen bei Praxisnetzen, S. 4.

316 Vgl. auch Lexikon des Arztrechts-*Rieger*, Kennzahl 4305, Rn. 23.

317 Lexikon des Arztrechts-*Rieger*, Kennzahl 4305, Rn. 23 ff.; *Schirmer*, MedR 1997, 431, 438; *ders.*, VSSR 1998, 279, 287.

*III. Zwischenergebnis*

Aus den vorstehenden Ausführungen ergibt sich, dass die im SGB V geregelten Verträge zur Errichtung eines Versorgungsverbundes innerhalb des Systems der gesetzlichen Krankenversicherung und die binnenrechtlichen Kooperationsbeziehungen der teilnehmenden Leistungserbringer unterschiedliche Abstufungen in ihrer Regelungsdichte aufweisen können. In jedem Fall bestehen sowohl vertragliche Beziehungen zwischen den Krankenkassen oder Kassenverbänden und den Leistungserbringern oder Kassenärztlichen Vereinigungen als auch ergänzende Kooperationsvereinbarungen zwischen den Netzteilnehmern nebeneinander. Damit sind weder eine rein privatrechtliche Regelung der Zusammenarbeit im Versorgungsnetz noch ein umfassendes öffentlich-rechtliches Regelungsmodell denkbar. Die begriffliche Unterscheidung zwischen „öffentlich-rechtlicher Gestaltung" und „privatautonomer Gestaltung" deckt sich folglich nicht mit den normativen Vorgaben durch das Recht der gesetzlichen Krankenversicherung. Statt zweier sich ausschließender Regelungsmodelle besteht vielmehr eine Vielzahl denkbarer Gestaltungsmöglichkeiten, die verschiedene Gewichtungen auf der einen oder der anderen Regelungsebene aufweisen können und in keinem Zusammenhang zur rechtlichen Qualifikation der binnenrechtlichen Beziehungen der Leistungserbringer stehen.

*B. Rechtliche Qualifikation der binnenrechtlichen Kooperationsbeziehungen*

Es schließt sich die Frage nach der Rechtsnatur des binnenrechtlichen Kooperationsverhältnisses der Leistungserbringer in vernetzten Kooperationsformen an. Es wurde zuvor ausgeführt, dass auch bei Vorliegen eines detaillierten Regelungswerkes im vertraglichen Verhältnis zwischen den Krankenkassen oder Kassenverbänden und den Leistungserbringern oder Kassenärztlichen Vereinigungen binnenrechtliche Beziehungen zwischen den Netzteilnehmern bestehen. Die rechtliche Einordnung dieser Kooperationsbeziehungen ist zunächst für die Beantwortung der Frage relevant, welche gegenseitigen Rechte und Pflichten die an einem Versorgungsverbund teilnehmenden Leistungserbringer aus der Kooperation erwerben. Der materiell-rechtlichen Qualifikation des Binnenverhältnisses folgt die prozessrechtliche Frage nach der gerichtlichen Zuständigkeit für Streitigkeiten zwischen den Netzteilnehmern[318]. Schließlich ergeben sich aus der rechtlichen Zuordnung der binnenrechtlichen Kooperationsbeziehungen zwischen den Leistungserbringern Rechtsfolgen im Außenverhältnis gegenüber den Patienten.

Weder die berufsrechtlichen Bestimmungen zum Praxisverbund noch die sozialrechtlichen Vorgaben im SGB V treffen eine Aussage über die Rechtsnatur der binnenrechtlichen Beziehungen zwischen den Leistungserbringern. Soweit die öffentlich-rechtlichen Rahmenordnungen Regelungen zur Kooperation der Leistungserbringer enthalten, be-

318 Vgl. auch *Kuhlmann*, KHuR 2000, 171, 172 f. und *Schirmer*, VSSR 1998, 279, 289 f.

betreffen diese Qualifikationskriterien und andere Voraussetzungen für die Teilnahme von Leistungserbringern und die Organisation der netzinternen Zusammenarbeit, nicht aber die rechtliche Qualifikation der Kooperation im Binnenverhältnis. In der Literatur zu vernetzten Kooperationsmodellen wird einerseits die Entstehung einer öffentlich-rechtlichen Kooperationsgemeinschaft, andererseits das Zustandekommen eines privatrechtlichen Verhältnisses der Netzteilnehmer in Erwägung gezogen[319].

### *I. Abgrenzungstheorien*

Zur Abgrenzung öffentlich-rechtlicher und zivilrechtlicher Verhältnisse werden nach heutigem Erkenntnisstand drei verschiedene Theorien herangezogen. Diese knüpfen inhaltlich an unterschiedliche Abgrenzungsmerkmale an, die sich nicht im Sinne eines Meinungsstreits gegenseitig ausschließen sollen. Sie berücksichtigen in ihren Kernaussagen vielmehr jeweils nur einen für die Unterscheidung wesentlichen Teilaspekt und sind daher im Sinne einer gegenseitigen Ergänzung kumulativ anzuwenden[320].

#### *1. Subordinationstheorie*

Nach der Subordinationstheorie bemisst sich die Qualifikation eines Rechtsverhältnisses nach der Beziehung, in der sich die Beteiligten gegenüber stehen. Danach handelt es sich um ein öffentlich-rechtliches Verhältnis, wenn sich die Parteien in einer hoheitlichen Beziehung der Über- und Unterordnung befinden. Vorherrschendes Gestaltungsmittel ist hier der einseitig erlassene Verwaltungsakt. Demgegenüber soll ein zivilrechtliches Verhältnis vorliegen, wenn sich die Beteiligten gleichrangig gegenüber stehen und sich zur Regelung ihrer Beziehungen vorwiegend des Vertrages als Gestaltungsmittel bedienen[321]. Die innerhalb eines Versorgungsnetzes kooperierenden Leistungserbringer befinden sich in einem Verhältnis der Gleichordnung zueinander. Ihre netzinternen Kooperationsabsprachen beruhen auf privatautonomen Willenseinigungen. Insoweit liegt das Bestehen einer privatrechtlichen Beziehung nahe.

#### *2. Interessentheorie*

Die Interessentheorie knüpft demgegenüber an die Interessenrichtung der Rechtsnormen an, die dem in Frage stehenden Verhältnis zugrunde liegen. Rechtsbeziehungen sind danach öffentlich-rechtlich, wenn die für sie maßgeblichen rechtlichen Bestimmungen überwiegend den Allgemeininteressen der Gemeinschaft dienen. Dienen sie hingegen überwiegend Individualinteressen, ist das Rechtsverhältnis dem Privatrecht zuzuord-

---

319 *Rieger*, MedR 1998, 75, 76; *Schirmer*, MedR 1997, 431, 439; *ders.*, VSSR 1998, 279, 289 f.
320 *Maurer*, Allgemeines Verwaltungsrecht, § 3, Rn. 19.
321 Vgl. *GmS-OGB* SGb 1986, 412, 413; *BGH* NJW 1992, 1561, 1562; WM 1993, 2078; *BSGE* 65, 133, 135 f.; *Maurer*, Allgemeines Verwaltungsrecht, § 3, Rn. 16; *Meyer-Ladewig*, Sozialgerichtsgesetz, § 51, Rn. 43 mit weiteren Nachweisen.

nen[322]. Den Rechtsbeziehungen der Leistungserbringer in einem Versorgungsnetz innerhalb des Systems der gesetzlichen Krankenversicherung liegen auf vorgelagerter Ebene die sozialrechtlichen Bestimmungen des SGB V zugrunde, die vorrangig dem Gemeinwohlinteresse an einer qualitativen und wirtschaftlichen Gesundheitsversorgung dienen. Regelungsgegenstand der §§ 73a, 63 ff. und §§ 140a ff. SGB V sind jedoch nicht die binnenrechtlichen Beziehungen der Netzteilnehmer, sondern die vertraglichen Beziehungen der Krankenkassen oder Kassenverbände zu den Leistungserbringern oder Kassenärztlichen Vereinigungen. Die Rechtsbeziehungen der Leistungserbringer finden ihre materielle Rechtsgrundlage folglich nicht in den Bestimmungen des SGB V und sind auch nicht anderweitig besonders geregelt. Hinsichtlich des sozialrechtlich ungeregelten Binnenverhältnisses der Leistungserbringer liefert die Interessentheorie somit kein geeignetes Abgrenzungskriterium. Denn insoweit ist nicht erst die Zugehörigkeit der dem Rechtsverhältnis zugrunde liegenden Rechtsnormen zu einem bestimmten Teilrechtsgebiet zweifelhaft, sondern bereits die Zuordnung der Rechtsbeziehungen zu den für sie maßgeblichen Rechtssätzen[323].

### *3. Sonderrechtstheorie*

Der Sonderrechtstheorie liegt als Abgrenzungsmerkmal schließlich die Frage zugrunde, ob die Rechtsnormen, denen der Sachverhalt unterworfen ist, für jedermann gelten, oder ob es sich hierbei um Sonderrecht des Staates handelt. Handelt ein Träger hoheitlicher Gewalt, kommt es demnach für die rechtliche Qualifikation darauf an, ob sich dieser besonderer, ihm zugeordneter Rechtssätze bedient oder ob er sich den für jedermann geltenden zivilrechtlichen Regelungen unterstellt[324]. Ebenso wie die zuvor dargestellte Interessentheorie knüpft die Sonderrechtstheorie damit nicht an das Rechtsverhältnis als solches, sondern an die der Rechtsbeziehung zugrunde liegenden Rechtssätze an. Da hinsichtlich des binnenrechtlichen Verhältnisses der Leistungserbringer in einem Versorgungsverbund jedoch bereits unklar ist, welchen rechtlichen Bestimmungen dieses zuzuordnen ist, führt auch dieses Abgrenzungskriterium zu keinem Ergebnis[325].

### *4. Zwischenergebnis*

Während die Subordinationstheorie auf das Bestehen eines privatrechtlichen Verhältnisses hindeutet, liefern weder die Interessentheorie noch die Sonderrechtstheorie eine Hilfestellung bei der Beantwortung der Frage nach der Rechtsnatur der binnenrechtlichen Beziehungen der Leistungserbringer innerhalb eines Versorgungsnetzes. Aus dem blo-

---

322 Vgl. *RGZ* 154, 201, 206; *BVerwGE* 5, 325, 327 f.; *BSGE* 36, 238, 239; 51, 108, 109; *Maurer*, Allgemeines Verwaltungsrecht, § 3, Rn. 15; *Meyer-Ladewig*, Sozialgerichtsgesetz, § 51, Rn. 47.

323 Dazu *Maurer*, Allgemeines Verwaltungsrecht, § 3, Rn. 20.

324 Vgl. *GmS-OGB* SGb 1986, 412, 413; *BGH* NJW 1992, 1561, 1562; WM 1993, 2078; *BSGE* 35, 188, 191; 51, 108, 109; 65, 133, 135 f.; *Maurer*, Allgemeines Verwaltungsrecht, § 3, Rn. 17 f.; *Meyer-Ladewig*, Sozialgerichtsgesetz, § 51, Rn. 48 mit weiteren Nachweisen.

325 Dazu *Maurer*, Allgemeines Verwaltungsrecht, § 3, Rn. 20.

ßen Vorliegen eines Gleichordnungsverhältnisses der Netzteilnehmer kann jedoch nicht abschließend auf das Vorliegen eines zivilrechtlichen Verhältnisses geschlossen werden. Wenngleich die Subordinationstheorie einen Großteil der bestehenden Rechtsverhältnisse zutreffend beschreibt, bestehen auch innerhalb des Privatrechts Subordinationsverhältnisse, während auch im öffentlichen Recht gleichgeordnete Rechtsbeziehungen existieren. Letzteres ergibt sich besonders aus der Existenz des öffentlichrechtlichen Vertrages, der im Sozialrecht durch die §§ 53 ff. SGB X geregelt wird[326].

### *II. Rechtsstatus der Leistungserbringer als Abgrenzungskriterium*

Nach herrschender Rechtsprechung scheidet die Zuordnung eines Rechtsverhältnisses zum öffentlichen Recht aus, wenn an diesem ausschließlich Privatrechtssubjekte beteiligt sind, von denen keines durch oder aufgrund eines Gesetzes mit hoheitlichen Handlungs- oder Entscheidungsbefugnissen ausgestattet ist. Dies gilt auch dann, wenn das Handeln eines der Beteiligten der Erfüllung öffentlicher Aufgaben dient[327].

#### *1. Anknüpfung an die öffentlich-rechtliche Zulassung*

Von maßgeblicher Bedeutung ist daher die Frage, welchen rechtlichen Status die einzelnen Netzteilnehmer einnehmen. Es handelt sich bei diesen überwiegend, wenn auch nicht ausschließlich[328], um Privatrechtssubjekte, die als zugelassene Leistungserbringer zugleich öffentliche Aufgaben wahrnehmen. Fraglich ist, ob die Leistungserbringer aufgrund ihrer Zulassung zur gesetzlichen Krankenversicherung mit hoheitlichen Handlungsbefugnissen gegenüber den gesetzlich krankenversicherten Patienten ausgestattet werden und infolgedessen den Status von sogenannten Beliehenen einnehmen. Beliehene sind natürliche oder juristische Personen des Privatrechts, die mit der selbstständigen hoheitlichen Wahrnehmung öffentlicher Aufgaben betraut und in dem Umfang ihres Kompetenzbereichs einer staatlichen Behörde gleichgestellt sind[329]. Exemplarisch für alle privaten Leistungserbringer, die einem sozialrechtlichen Zulassungssystem unterliegen, können insoweit die Rechtsfolgen einer Zulassung zum Vertragsarzt und ihre Auswirkungen auf dessen statusrechtliche Qualifikation herangezogen werden. Gemäß § 95 Abs. 3 S. 1 SGB V bewirkt der Verwaltungsakt der Zulassung, dass der Vertragsarzt einerseits (Zwangs-)Mitglied der für seinen Kassenarztsitz zuständigen Kassenärzt-

---

326 *GmS-OGB* BSGE 37, 292, 295 f.; *BSGE* 65, 133, 135 f.; SGb 1986, 28, 32; *Maurer*, Allgemeines Verwaltungsrecht, § 3, Rn. 16; *Meyer-Ladewig*, Sozialgerichtsgesetz, § 51, Rn. 46; Schulin-*Schmitt,* Handbuch des Sozialversicherungsrechts, § 30, Rn. 14; *ders.*, Leistungserbringung durch Dritte im Sozialrecht, S. 215.

327 *BVerwGE* 61, 222, 224; NVwZ 1990, 754; NVwZ 1991, 59; *BGH* NJW 2000, 1042; WM 1993, 2078, 2079; a. A. *OLG Hamm* in der Berufungsinstanz zu *BGH* NJW 2000, 1042.

328 Keine Privatrechtssubjekte sind insbesondere die stationären Versorgungseinrichtungen mit öffentlich-rechtlicher Trägerschaft.

329 *Maurer*, Allgemeines Verwaltungsrecht, § 23, Rn. 56 ff.; *Sodan*, Freie Berufe als Leistungserbringer im Recht der gesetzlichen Krankenversicherung, S. 104 ff.

lichen Vereinigung, andererseits zur Teilnahme an der vertragsärztlichen Versorgung berechtigt und verpflichtet wird. Der Vertragsarzt erlangt mit der Zulassung folglich eine öffentlich-rechtliche Position innerhalb des Systems der gesetzlichen Krankenversicherung, aus der eine Vielzahl öffentlich-rechtlicher Bindungen resultiert[330]. Durch die Begründung der Mitgliedschaft in der Kassenärztlichen Vereinigung wird dem Vertragsarzt jedoch noch keine Hoheitsgewalt übertragen. Die Zulassung alleine reicht somit nicht aus, um Leistungserbringer als Beliehene mit staatlichen Handlungsbefugnissen anzusehen[331].

### 2. *Anknüpfung an den Aufgaben- und Funktionsbezug*

Eine hoheitliche Stellung zugelassener Leistungserbringer und die daraus folgende Annahme einer öffentlich-rechtlichen Kooperationsgemeinschaft könnte sich weiterhin daraus ergeben, dass diese als Bestandteil der sozialgesetzlichen Gesundheitsversorgung zur Erfüllung einer öffentlichen Aufgabe tätig werden. Gegenstand des binnenrechtlichen Kooperationsverhältnisses der Netzteilnehmer ist die Umsetzung und Durchführung der in den Verträgen mit den Krankenkassen oder Kassenverbänden vereinbarten Versorgungsstrukturen. Die Leistungserbringer übernehmen die medizinische Versorgung der gesetzlich krankenversicherten Patienten innerhalb der vernetzten Kooperationsformen und treffen hierzu ergänzende und konkretisierende Regelungen im Binnenverhältnis. Die hierbei entstehenden Rechtsbeziehungen stehen daher im Zusammenhang mit der Erfüllung einer öffentlichen Aufgabe. Hieraus folgt jedoch nicht zugleich eine hoheitliche Stellung der Leistungserbringer. Anders als die im SGB V geregelten Verträge der Krankenkassen oder Kassenverbände zu Leistungserbringern oder Kassenärztlichen Vereinigungen[332] dienen die netzinternen Kooperationsvereinbarungen der

---

330 Dazu *Jörg*, Das neue Kassenarztrecht, Rn. 171 ff.; *Schneider*, Handbuch des Kassenarztrechts, Rn. 816 ff.; Schnapp/ Wigge-*Wigge*, Handbuch des Vertragsarztrechts, § 2, Rn. 2.

331 Ausführlich *Sodan*, Freie Berufe als Leistungserbringer im Recht der gesetzlichen Krankenversicherung, S. 102 ff., 135 f.

332 Auch die Rechtsnatur dieser im SGB V geregelten Rechtsbeziehungen ist problematisch. Während die Kollektivverträge zwischen Kassenärztlichen Vereinigungen und Kassenverbänden allgemein als öffentlich-rechtlich eingestuft werden (vgl. statt aller *BSGE* 70, 240, 243; *Schmitt*, Leistungserbringung durch Dritte im Sozialrecht, S. 141 f. mit weiteren Nachweisen), ist stark umstritten, wie die Versorgungsverträge zwischen Krankenkassen oder Kassenverbänden und privaten Leistungserbringern zu qualifizieren sind. Eine breite Strömung in der Rechtsprechung und Literatur vertritt, dass es sich hierbei um zivilrechtliche Beschaffungsverträge handelt: *GmS-OGB* SGb 1986, 412, 413; *BGHZ* 36, 91, 93 f.; 101, 72, 75; NJW 1992, 1561, 1562; *BSG* NZS 1997, 128; SGb 1997, 224, 225 mit zustimmender Anmerkung *Mrozynski*; *Breulmann*, Die Rechtsbeziehungen im Rahmen der Heil- und Hilfsmittelgewährung, S. 77 ff.; Schulin-*Heinze*, Handbuch des Sozialversicherungsrechts, § 40, Rn. 38 ff. und 77 ff.; *Kleinmann*, NJW 1985, 1367 ff.; *Wigge*, MedR 1996, 51, 55 f.; *ders.*, Rechtliche Rahmenbedingungen bei neuen Versorgungsformen, 67, 83; *ders.*, NZS 2001, 66. Einen öffentlich-rechtlichen Vertrag nimmt die Gegenauffassung an: *BSGE* 51, 126, 128; SGb 1986, 28 ff. mit zustimmender Anmerkung *Narr*; *BGH* NZS 1997, 341 f.; *Axer*, Normsetzung der Exekutive in der Sozialversicherung, S. 82 ff.; *Becker*, NZS 2001, 505, 510; *Behrends*, Grenzen des Privatrechts in der gesetzlichen Krankenversicherung, S. 143 ff.; Kasseler Kommentar-*Hess*, § 69 SGB V, Rn. 16; *Kuhlmann*, KHuR 2000, 171, 172; Lexikon des Arztrechts-*Rieger*, Kennzahl 4305, Rn. 30; Schulin-*Schmitt*, Handbuch des Sozialversicherungsrechts, § 30, Rn. 13 ff.; *ders.*,

Leistungserbringer nicht primär der Erfüllung einer sozialstaatlichen Leistungspflicht gegenüber den Versicherten, sondern der Bildung binnenrechtlicher Organisationsstrukturen auf der Grundlage privatautonomer Willensentscheidungen. Die zwischen den Netzteilnehmern getroffenen Absprachen entfalten primär im Innenverhältnis Rechtswirkungen und sind nicht Gegenstand staatlichen Handelns gegenüber den Versicherten aufgrund gesetzlicher Ermächtigung. Die an einem Versorgungsverbund teilnehmenden Leistungserbringer treffen ihre netzinternen Vereinbarungen folglich nicht in ihrer Eigenschaft als Träger hoheitlicher Gewalt, sondern ausschließlich als Privatrechtssubjekte ohne hoheitliche Handlungs- oder Entscheidungsbefugnisse. Eine öffentlich-rechtliche Zuordnung ihrer binnenrechtlichen Beziehungen ist somit ausgeschlossen.

### *III. Funktionsbezug des Privatrechts als Abgrenzungskriterium*

Zugunsten einer zivilrechtlichen Qualifikation der binnenrechtlichen Beziehungen der Leistungserbringer in vernetzten Kooperationsformen spricht ferner der Funktionszusammenhang des Privatrechts im Gesamtgefüge der Ordnungssysteme. Öffentliches Recht und Privatrecht sind zwei Ordnungssysteme innerhalb einer Gesamtrechtsordnung, die mit unterschiedlichen Steuerungsinstrumenten auf bestimmte gesellschaftliche Regelungsbedürfnisse reagieren[333]. Während das öffentliche Recht eine „Rahmenordnung der Sonderbindung staatlicher Akteure" darstellt, setzt das Zivilrecht rechtliche Rahmenbedingungen für die privatautonome Gestaltung der Rechtsverhältnisse von privaten Rechtssubjekten[334]. Es ist anerkannt, dass beide Teilrechtsordnungen nicht unabhängig voneinander existieren, sondern wechselseitige Wirkungen ausüben und sich gegenseitig ergänzen. Ordnungsbedürftige Sachverhalte, die im Rahmen eines Ordnungssystems nicht zufriedenstellend gelöst werden können, lassen sich vielfach durch den Rückgriff auf eine andere Teilrechtsordnung einer angemessenen Regelung zuführen. Die unterschiedlichen Ordnungssysteme sind insofern als „wechselseitige Auffangordnungen“ innerhalb einer ganzheitlichen Rechtsordnung zu verstehen[335].

Ist wie vorliegend unklar, welche Rechtsnormen einem regelungsbedürftigen Sachverhalt zugrunde zu legen sind, stellt sich in ordnungsfunktionsbezogener Hinsicht die Frage, welches Ordnungssystem die geeigneteren Steuerungsinstrumente zu dessen Regelung bereithält. Als Sonderrecht des Staates setzt das öffentliche Recht die normativen Rahmenbedingungen, welche die Privatrechtssubjekte bei ihrer Tätigkeit im Rahmen

---

Leistungserbringung durch Dritte im Sozialrecht, S. 188 ff., 214 ff.

333 Vgl. *Fuchs*, Zivilrecht und Sozialrecht, S. 5.

334 *Trute*, Verzahnungen von öffentlichem und privatem Recht, 167, 171 f.; vgl. ferner *Eichenhofer*, NZS 2004, 169; *Hoffmann-Riem*, Öffentliches Recht und Privatrecht als wechselseitige Auffangordnungen, 261, 268 ff.

335 *Hoffmann-Riem*, Öffentliches Recht und Privatrecht als wechselseitige Auffangordnungen, 261, 271, 272 ff.; *Schmidt-Aßmann*, Öffentliches Recht und Privatrecht, 7, 8 ff.; *Trute*, Verzahnungen von öffentlichem und privatem Recht, 167, 169 ff. mit weiteren Nachweisen; vgl. außerdem *Eichenhofer*, NZS 2004, 169 ff.

der Erfüllung einer öffentlichen Aufgabe zu beachten haben. Eine solche öffentlich-rechtliche Rahmenordnung wird für den Bereich der vernetzten Kooperationsformen im System der gesetzlichen Krankenversicherung durch die sozialrechtlichen Bestimmungen der §§ 73a, 63 ff., 140a ff. SGB V gesetzt. Diese stellen jedoch nicht die organisationsrechtlichen Steuerungsinstrumente zur Verfügung, die die am Versorgungsverbund teilnehmenden Leistungserbringer zur Regelung ihrer Binnenstrukturen benötigen. Hierfür ist typischerweise nicht das öffentliche Recht, sondern das Zivilrecht zuständig. Dieses hält die Regelungsinstrumente bereit, die zur Ausfüllung und Ergänzung der öffentlich-rechtlichen Rahmenvorgaben im Binnenverhältnis erforderlich sind. Insoweit sind insbesondere das private Vertragsrecht und das Recht der gesellschaftsrechtlichen Organisationsformen als maßgebliche Ordnungssysteme zur privatautonomen Gestaltung von Rechtsverhältnissen durch private Rechtssubjekte anzuführen[336]. Diese Auffang- und Ergänzungsfunktion des Privatrechts gegenüber dem öffentlich-rechtlichen Ordnungssystem legt es nahe, den binnenrechtlichen Kooperationsbeziehungen der Leistungserbringer in Versorgungsnetzen zivilrechtliche Bestimmungen zugrunde zu legen und ihr Rechtsverhältnis damit als zivilrechtlichen Vertrag einzustufen.

### *IV. Zwischenergebnis*

Nach diesen Ausführungen ist das Binnenverhältnis der Leistungserbringer in vernetzten Kooperationen nicht als öffentlich-rechtliches Kooperationsverhältnis, sondern stets als zivilrechtlicher Vertrag zu qualifizieren[337]. Dies gilt auch im Falle einer Beteiligung öffentlich-rechtlicher Leistungserbringer, namentlich stationärer Versorgungseinrichtungen mit öffentlich-rechtlicher Trägerschaft. Denn auch diese treten insoweit nicht in ihrer Eigenschaft als Hoheitsträger auf, sondern bedienen sich zur Regelung der binnenrechtlichen Verhältnisse im Versorgungsverbund der für jedermann geltenden zivilrechtlichen Normen. Soweit die Leistungserbringer durch die bestehenden sozialrechtlichen Regelungen berechtigt und verpflichtet sind, werden ihre zivilrechtlichen Beziehungen dabei durch die bestehenden öffentlich-rechtlichen Bindungen überlagert. Eine abweichende rechtliche Zuordnung des Kooperationsverhältnisses ergibt sich aus dieser öffentlich-rechtlichen Beeinflussung der privatrechtlichen Vertragsbeziehungen jedoch nicht (sogenanntes Verwaltungsprivatrecht)[338].

---

336 Dazu *Trute*, Verzahnungen von öffentlichem und privatem Recht, 167, 173 f.; vgl. ferner *Eichenhofer*, NZS 2004, 169, 172 f.: „Privatrechtsakzessorietät von Sozialrecht".

337 So im Ergebnis auch *Schirmer*, MedR 1997, 431, 439; *ders.*, VSSR 1998, 279, 290; *Windthorst*, Die integrierte Versorgung in der gesetzlichen Krankenversicherung, S. 34; ebenso *Becker*, NZS 2001, 505, 512; *Orlowski*, VSSR 1998, 265, 276; a. A. *Rieger*, MedR 1998, 75, 76.

338 *BVerwG* NVwZ 1990, 754; NVwZ 1991, 59; *BGH* NJW 2000, 1042 f.; *Maurer*, Allgemeines Verwaltungsrecht, § 3, Rn. 9.

### *C. Rechtswegzuweisung*

Fraglich ist, welche Bedeutung diese Qualifikation des binnenrechtlichen Kooperationsverhältnisses zwischen den Netzteilnehmern für die Rechtswegzuweisung besitzt. § 13 GVG weist der ordentlichen Gerichtsbarkeit alle bürgerlichen Rechtsstreitigkeiten zu, die nicht einem anderen Gericht zugewiesen sind. Eine abweichende Zuweisung könnte sich für Streitigkeiten zwischen Leistungserbringern eines auf der Grundlage der sozialrechtlichen Regelungen des SGB V errichteten Versorgungsverbundes aus § 51 SGG ergeben. § 51 Abs. 1 Nr. 2 SGG weist den Sozialgerichten zunächst die öffentlich-rechtlichen Streitigkeiten in Angelegenheiten der gesetzlichen Krankenversicherung zu. Darüber hinaus werden der Sozialgerichtsbarkeit gemäß § 51 Abs. 2 S. 1 SGG auch die privatrechtlichen Streitigkeiten in Angelegenheiten der gesetzlichen Krankenversicherung zugewiesen. Von dieser Regelung sind sowohl die Rechtsbeziehungen zwischen Krankenkassen und Leistungserbringern als auch die Rechtsbeziehungen zwischen den Leistungserbringern untereinander betroffen[339]. Die Rechtswegzuweisung nach § 51 Abs. 2 S. 1 SGG gilt jedoch nur insoweit, als die Streitigkeiten in Angelegenheiten der gesetzlichen Krankenversicherung entstehen. Dies ist der Fall, wenn die Streitigkeit ihre materiell-rechtliche Grundlage in sozialversicherungsrechtlichen Normen des SGB V hat[340]. Anders als die Verträge über die Schaffung vernetzter Kooperationsformen zwischen Krankenkassen oder Kassenverbänden auf der einen Seite und Leistungserbringern oder Kassenärztlichen Vereinigungen auf der anderen Seite finden die Kooperationsbeziehungen der Netzteilnehmer untereinander ihre materielle Rechtsgrundlage nicht in den Vorschriften der §§ 63 ff., 73a, 140a ff. SGB V, sondern im Zivilrecht. Sie stehen damit zwar in einem mittelbaren Zusammenhang mit einer Angelegenheit der gesetzlichen Krankenversicherung, entstehen aber nicht unmittelbar in einer solchen. Daraus folgt, dass eine abweichende Rechtswegzuweisung für die zivilrechtlichen Streitigkeiten zwischen Leistungserbringern eines Versorgungsverbundes nach § 51 SGG nicht besteht. Es findet daher die allgemeine Zuweisung zu den ordentlichen Gerichten gemäß § 13 GVG Anwendung, so dass für Streitigkeiten zwischen Netzteilnehmern die Zivilgerichtsbarkeit zuständig ist.

### *D. Einordnung der binnenrechtlichen Kooperationsbeziehungen in die zivilrechtliche Vertragstypik*

An die Begründung eines privatrechtlichen Binnenverhältnisses der Leistungserbringer in vernetzten Kooperationsformen schließt sich die Fragestellung an, welchem zivilrechtlichen Vertragstypus dieses zuzuordnen ist.

---

339 *Meyer-Ladewig*, Sozialgerichtsgesetz, § 51, Rn. 12.

340 Vgl. *BSGE* 43, 148, 149; *Meyer-Ladewig*, Sozialgerichtsgesetz, § 51, Rn. 7 f.

### *I. Gesellschaft oder reiner Austauschvertrag*

Insoweit liegt zunächst die Annahme eines Gesellschaftsvertrages nahe. Fraglich ist jedoch, ob die bestehenden vertraglichen Beziehungen der Netzteilnehmer stets gesellschaftsrechtlicher Natur sind oder ob auch die Entstehung eines reinen Austauschvertrages in Betracht kommt. Im Kontext der vernetzten Praxen geht *Schirmer* davon aus, dass in jedem Fall ein Gesellschaftsvertrag zwischen den teilnehmenden Vertragsärzten zustande kommt. Der Strukturvertrag gemäß § 73a Abs. 1 SGB V enthalte als Grundlage der Teilnahmeerklärung der Vertragsärzte zugleich die Aufforderung zur Gründung einer Gesellschaft. Der Arzt, der gegenüber der Kassenärztlichen Vereinigung seine Teilnahme am Praxisverbund erklärt, nehme zugleich das Angebot zum Abschluss eines Gesellschaftsvertrages an, für dessen Wirksamkeit die Abgabe der Erklärung gegenüber der Kassenärztlichen Vereinigung genüge[341]. Demgegenüber wird in der Literatur zur integrierten Versorgung teilweise angenommen, dass auch eine rein schuldrechtliche Zusammenarbeit der Leistungserbringer in Betracht kommt[342]. Zwar verfolgten die an der Versorgungseinrichtung teilnehmenden Leistungserbringer die Durchführung einer integrierten Versorgung als gemeinschaftlichen Zweck; dieser sei jedoch keine hinreichende Bedingung für den Abschluss eines Gesellschaftsvertrages. Es müsse den Netzteilnehmern offen stehen, die Gründung einer Gesellschaft trotz Vorliegens eines gemeinsamen Zwecks durch entsprechende Vereinbarungen auszuschließen. Ebenso wie die gemeinsame Anschaffung und Nutzung von Großgeräten auf der Grundlage eines Gesellschaftsvertrages oder eines sogenannten gemischten schuldrechtlichen Vertrages erfolgen könne, käme für die Zusammenarbeit der Leistungserbringer in integrierten Versorgungsformen sowohl die Gründung einer Gesellschaft als auch der Abschluss eines rein schuldrechtlichen Kooperationsvertrages in Betracht[343].

### *II. Voraussetzungen der Entstehung einer Gesellschaft*

Eine Gesellschaft ist ein privatrechtlicher, rechtsgeschäftlich begründeter Personenzusammenschluss zur Verfolgung eines gemeinsamen Zwecks[344]. Unabhängig von der sich erst anschließend stellenden Frage nach der Rechtsform ist danach der Abschluss eines Gesellschaftsvertrages erforderlich, in dem die Vertragschließenden einen gemeinsamen gesetzten Zweck vereinbaren. Es bedarf einer rechtsgeschäftlichen Einigung dahingehend, dass alle Gesellschafter einen gemeinsamen Zweck verfolgen und sich zu

---

341 *Schirmer*, MedR 1997, 431, 439; *ders.*, VSSR 1998, 279, 289 f. Vgl. auch *Gollasch*, Die fachübergreifende Gemeinschaftspraxis, S. 92, demzufolge die Kooperation in Praxisverbünden als „Zusammenarbeit schon in gesellschaftsrechtlichen Strukturen" zu qualifizieren ist.

342 So *Bihr/ Krauskopf*, ZögU 2001, 194, 202 f.; *Kuhlmann*, KHuR 2000, 171, 174 f.

343 *Kuhlmann*, KHuR 2000, 171, 174 f.

344 *Hopt*, Gesellschaftsrecht, Rn. 1; Münchener Kommentar-*Ulmer*, 4. Auflage, Vor § 705, Rn. 1 mit weiteren Nachweisen.

dessen Förderung verpflichten, vgl. § 705 BGB[345]. Insofern ist der Abschluss eines Gesellschaftsvertrages von dem Zustandekommen eines reinen Austauschvertrages abzugrenzen, der auf einen bloßen Leistungsaustausch ohne das Vorhandensein eines übergeordneten Verbandsinteresses gerichtet ist[346]. Ebenso wenig ausreichend ist die Verfolgung mehrerer gleichgerichteter Individualinteressen durch die Beteiligten ohne die Existenz eines gemeinsamen überindividuellen Verbandszwecks[347].

### *1. Gemeinsamer Zweck als konstituierendes Merkmal*

Maßgebliches Kriterium für das Zustandekommen einer Gesellschaft ist mithin das Vorliegen eines gemeinsamen Verbandszwecks, über dessen Förderung sich die Leistungserbringer eines Versorgungsverbundes rechtsgeschäftlich einigen. Soweit die Netzteilnehmer eine solche Einigung explizit erzielen, ist unproblematisch von dem Abschluss eines Gesellschaftsvertrages auszugehen. Fraglich ist jedoch, was gilt, wenn eine solche ausdrückliche Absprache fehlt. Dies wird besonders dann häufig der Fall sein, wenn die Teilnahme der Leistungserbringer am Versorgungsverbund nicht auf einem gemeinsamen Vertrag mit den Krankenkassen, Kassenverbänden oder Kassenärztlichen Vereinigungen, sondern auf individuell-zweiseitigen Rechtsbeziehungen der einzelnen Netzteilnehmer zu den vorgenannten Vertragspartnern beruht. Es wurde bereits ausgeführt, dass die Durchführung vernetzter Kooperationen den Aufbau interner Organisationsstrukturen und die Schaffung binnenrechtlicher Kooperationsbeziehungen der Leistungserbringer als notwendige Bedingung voraussetzt. Es ist allerdings fraglich, ob hierdurch zwingend ein gemeinsamer Verbandszweck begründet und damit stets ein Gesellschaftsvertrag zwischen den Kooperationspartnern geschlossen wird. An dieser Stelle ist namentlich eine Abgrenzung zu der bloß „zufälligen" Gemeinschaft geboten, bei der die Beteiligten gleichgerichtete Individualinteressen, nicht aber einen gemeinsamen überindividuellen Verbandszweck verfolgen.

---

345 *Ballerstedt*, JuS 1963, 253, 254; *Eisenhardt*, Gesellschaftsrecht, Rn. 28; *Fikentscher*, Festschrift für Westermann, 87, 88; *Flume*, Die Personengesellschaft, § 3 I; Münchener Handbuch des Gesellschaftsrechts-*Happ/ Brunkhorst*, § 5, Rn. 1; *Hopt*, Gesellschaftsrecht, Rn. 34; *Michalski*, Das Gesellschafts- und Kartellrecht der berufsrechtlich gebundenen freien Berufe, S. 107; *Schmidt*, Gesellschaftsrecht, § 4 I 1; Münchener Kommentar-*Ulmer*, 4. Auflage, Vor § 705, Rn. 1; *Weber*, JuS 2000, 313, 314; Westermann-*Westermann*, Handbuch der Personengesellschaften, Teil I, Rn. 35.

346 Vgl. Münchener Handbuch des Gesellschaftsrechts-*Happ/ Brunkhorst*, § 5, Rn. 3; *Hopt*, Gesellschaftsrecht, Rn. 35; *Schmidt*, Gesellschaftsrecht, § 5 I 2 a).

347 *BGH* EWiR § 705 BGB 4/ 85, 665 mit Anmerkung *Bunte*; *Ballerstedt*, JuS 1963, 253, 254 f.; *Fikentscher*, Festschrift für Westermann, 87, 96; *Flume*, Die Personengesellschaft, § 3 I; *Schmidt*, Gesellschaftsrecht, § 5 I 2 b), II 1; Münchener Kommentar-*Ulmer*, 4. Auflage, § 705, Rn. 148; Münchener Handbuch des Gesellschaftsrechts-*Weipert*, § 6, Rn. 2 f.; Westermann-*Westermann*, Handbuch der Personengesellschaften, Teil I, Rn. 35.

*2. Analogie zur Entstehung einer Gesellschaft in Vertriebsnetzen*

Die im Einzelfall problematische Abgrenzung zwischen dem Vorliegen eines gemeinschaftlichen Zwecks als konstituierendes Merkmal der Gesellschaft und einem bloß tatsächlichen, für die Annahme eines Gesellschaftsvertrages nicht ausreichenden Miteinander der Kooperationspartner ist in der Literatur besonders für den Bereich der Vertriebsnetze wie etwa der Handelsvertreter-, Vertragshändler- oder Franchise-Systeme ausführlicher diskutiert worden[348]. Deren Binnenstruktur ist durch eine Vielzahl von vertikalen Einzelverträgen zwischen der Vertriebszentrale als Organisationsspitze und den einzelnen rechtlich selbstständigen Vertriebsunternehmen gekennzeichnet[349]. Sie weist damit eine ähnliche Struktur auf, wie sie in vernetzten Kooperationsformen bei Bestehen einer Vielzahl individuell-zweiseitiger Rechtsbeziehungen der Leistungserbringer zu den vertragschließenden Krankenkassen, Kassenverbänden oder Kassenärztlichen Vereinigungen besteht.

Charakteristisch für Vertriebsnetze ist, dass die einzelnen Vertriebsstellen zwar Bestandteile des Netzwerkes sind, dabei aber nicht zwangsläufig in gegenseitige vertragliche Beziehungen treten müssen. Problematisch und in den Einzelheiten umstritten ist daher, wann eine vielgliedrige Gesellschaft entsteht und in welchen Fällen lediglich ein Bündel schuldrechtlicher Einzelbeziehungen zwischen der Vertriebszentrale und den einzelnen Vertriebsstellen zustande kommt. Ob ein gemeinsamer Zweck der Beteiligten vorliegt, ist nach den jeweiligen Umständen des Einzelfalles durch eine Gesamtbewertung der getroffenen Abreden festzustellen[350]. Soweit sich die Rechtsbeziehungen auf die individuellen Verträge zwischen der Organisationsspitze und den einzelnen Vertriebsunternehmen beschränken, wird das Zustandekommen einer vielgliedrigen Gesellschaft von der herrschenden Meinung prinzipiell abgelehnt[351]. Kommen jedoch rechtsgeschäftliche Bindungen der Vertriebsunternehmen auf horizontaler Ebene hinzu[352], wird angenommen, dass diese über die bloße Anhäufung gleichgerichteter Einzelinteressen hinaus die Förderung eines gemeinsamen Verbandszwecks vereinbaren und da-

---

348 Vgl. etwa *Martinek/ Semler*, Handbuch des Vertriebsrechts, § 1, Rn. 26 f., § 4, Rn. 33 ff.; *Schmidt*, Gesellschaftsrecht, § 59 I 2 b); *Teubner*, ZHR 154 (1990), 295, 300 ff.; siehe ferner *Pasderski*, Die Außenhaftung des Franchisegebers, S. 21 ff., dessen Ausführungen sich auf die Qualifikation der Rechtsbeziehungen zwischen Organisationsspitze und Vertriebsunternehmen konzentrieren.

349 *Pasderski*, Die Außenhaftung des Franchisegebers, S. 10 ff.; *Teubner*, ZHR 154 (1990), 295, 296.

350 *BGH* EWiR § 705 BGB 4/ 85, 665 mit Anmerkung *Bunte*; *OLG Hamm* EWiR § 705 BGB 1/ 85, 281 mit Anmerkung *Crezelius*.

351 Vgl. *BGH* EWiR § 705 BGB 4/ 85, 665 mit zustimmender Anmerkung *Bunte*; *Pasderski*, Die Außenhaftung des Franchisegebers, S. 21 ff.; Münchener Kommentar-*Ulmer*, 4. Auflage, Vor § 705, Rn. 123. Anders das *OLG Hamm* EWiR § 705 BGB 1/ 85, 281 mit zustimmender Anmerkung *Crezelius* in der Vorinstanz zu der angeführten Entscheidung des Bundesgerichtshofs. Die frühere Rechtsprechung des Reichsgerichts tendierte noch zu der Annahme einer gesellschaftsvertraglichen oder gesellschaftsähnlichen Organisationsstruktur, vgl. *RGZ* 65, 37, 38; 78, 421 f.; 95, 166, 168.

352 Siehe zu den horizontalen Verbindungen in Vertriebsnetzen *Bauder*, Der Franchise-Vertrag, S. 214 ff.; *Martinek/ Semler*, Handbuch des Vertriebsrechts, § 1, Rn. 27; *Teubner*, ZHR 154 (1990), 295, 297, 300 ff.

mit ein gesellschaftsrechtlicher Zusammenschluss im Verhältnis aller Systembeteiligten zustande kommt[353]. Je höher der Grad der Ausprägung der horizontalen Bindungen der Vertriebsstellen untereinander ist, desto eher liegt die Entstehung einer Gesellschaft nahe. Allgemein gilt, dass die Entstehung gesellschaftsvertraglicher Beziehungen jedenfalls dann anzunehmen ist, wenn nach dem Willen der Beteiligten gegenseitige Vertragspflichten zur Förderung des von ihnen verfolgten Zwecks entstehen sollen[354].

### *3. Konkludenter Abschluss eines Gesellschaftsvertrages*

Für den Abschluss eines Gesellschaftsvertrages ist nicht erforderlich, dass die Gesellschafter den gemeinsamen Zweck ausdrücklich vereinbaren. Vielmehr ist nach allgemeinen Grundsätzen des Vertragsrechts eine konkludente und formlose Einigung der Leistungserbringer prinzipiell ausreichend[355]. Allerdings bestimmt das ärztliche Berufsrecht für den Fall einer Beteiligung ärztlicher Leistungserbringer an einem Versorgungsverbund, dass der Kooperationsvertrag der Schriftform bedarf, soweit durch ihn die Bedingungen der Kooperation geregelt werden, Kap. D II Nr. 11 Abs. 2 MBO-Ä. Die Vorschriften der Berufsordnungen der Landesärztekammern sind als generell-abstrakte Regelungen mit Außenwirkung Gesetze im Sinne des Art. 2 EGBGB[356]. Der Verstoß gegen eine satzungsrechtliche Formvorschrift führt daher gemäß § 125 S. 1 BGB zur Nichtigkeit des Vertrages zwischen den kooperierenden Leistungserbringern[357]. Wurde eine Gesellschaft, die unter Missachtung eines Formerfordernisses zustande gekommen ist, bereits in Vollzug gesetzt, wird diese nach den Grundsätzen über die fehlerhafte Gesellschaft indessen nicht als von Anfang an nichtig, sondern bis zur Geltendmachung der Fehlerhaftigkeit als wirksam behandelt und ist damit nur mit Wirkung für die Zukunft im Wege der Auflösungsklage beziehungsweise durch Kündigung vernichtbar[358].

---

353 Ausführlich *Martinek/ Semler*, Handbuch des Vertriebsrechts, § 1, Rn. 26 f., § 4, Rn. 33 ff. Vgl. auch das Urteil des *BGH* EWiR 1985, 665 mit Anmerkung *Bunte*, das in seinen (nicht veröffentlichten) Entscheidungsgründen anführt: „Allein dadurch, dass die Interessen parallel auf denselben Zweck gerichtet sind, wird dieser nicht zu einem gemeinsamen; *es müßte eine vertragliche Bindung der Vertriebsfirmen untereinander hinzukommen...*“ (Hervorhebungen d. Verf.). Kritisch gegenüber dieser dichotomischen Sichtweise *Teubner*, ZHR 154 (1990), 195, 303 ff.

354 Vgl. *BGH* EWiR § 705 BGB 4/ 85, 665 mit Anmerkung *Bunte*; Münchener Handbuch des Gesellschaftsrechts-*Happ/ Brunkhorst*, § 5, Rn. 4; *Schmidt*, Gesellschaftsrecht, § 59 I 2 b).

355 Münchener Handbuch des Gesellschaftsrechts-*Happ/ Brunkhorst*, § 5, Rn. 2; *Kübler*, Gesellschaftsrecht, § 6 I 1 b); *Schmidt*, Gesellschaftsrecht, § 59 I 2 a); Münchener Kommentar-*Ulmer*, 4. Auflage, § 705, Rn. 1, 25 ff.; *Weber*, JuS 2000, 313, 314; Westermann-*Westermann*, Handbuch der Personengesellschaften, Teil I, Rn. 121 f.

356 *BayObLG* MedR 2001, 206, 209; *OLG Hamm* NJW 1985, 679, 681; Palandt-*Heldrich*, § 2 EGBGB, Rn. 1.

357 Gegen eine Qualifikation des berufsrechtlichen Formerfordernisses als gesetzliche Formvorschrift im Sinne von § 125 S. 1 BGB *Erbsen*, Praxisnetze und das Berufsrecht der Ärzte, S. 81 f.

358 Ausführlich dazu *BGHZ* 55, 5, 7 ff.; *Schmidt*, Gesellschaftsrecht, § 6; Münchener Kommentar-*Ulmer*, 4. Auflage, § 705, Rn. 323 ff.; Westermann-*Westermann*, Handbuch der Personengesellschaften, Teil I, Rn. 172 ff.

### *III. Entstehung einer Gesellschaft im Binnenverhältnis der Leistungserbringer vernetzter Kooperationsformen*

Die Patientenversorgung in vernetzten Kooperationsformen bedarf stets einer Zusammenarbeit der Leistungserbringer und des Aufbaus interner Organisationsstrukturen im Binnenverhältnis, durch welche die abstrakten Vorgaben aus den Verträgen zwischen den Krankenkassen oder Kassenverbänden und Leistungserbringern oder Kassenärztlichen Vereinigungen im konkreten Versorgungsfall ausgefüllt und ergänzt werden. Diese Feststellung gilt gleichermaßen für vernetzte Praxen nach § 73a SGB V, für Modellvorhaben nach §§ 63 ff. SGB V sowie für integrierte Versorgungseinrichtungen gemäß §§ 140a ff. SGB V. Die Erfüllung des in den Verträgen nach dem SGB V vorgegebenen Versorgungsauftrages setzt voraus, dass über die vertikalen Einzelbeziehungen der Leistungserbringer zu den Krankenkassen, Kassenverbänden oder Kassenärztlichen Vereinigungen hinaus gegenseitige Verbindungen auf horizontaler Ebene entstehen. Die Netzteilnehmer verpflichten sich im Rahmen ihrer Kooperation zu einer gemeinsamen Patientenversorgung unter Berücksichtigung der im Vertrag nach dem SGB V festgelegten Verfahrensgrundsätze, die sie durch netzinterne Kooperationsabsprachen ausführen. Hierzu vereinbaren sie im Binnenverhältnis jedenfalls konkludent die Befolgung systematischer Regeln der Zusammenarbeit wie etwa die Einhaltung bestimmter Versorgungsabläufe oder besonderer Maßnahmen zur Qualitätssicherung zur Gewährleistung einer qualitativen und wirtschaftlichen Versorgung ihrer Patienten.

Es ist davon auszugehen, dass es sich nach dem Willen der Leistungserbringer hierbei nicht um unverbindliche Absprachen handelt, sondern gegenseitige Vertragspflichten zur Beachtung der vereinbarten Kooperationsregeln entstehen sollen. Sämtliche Netzteilnehmer legen ihrer Zusammenarbeit wenigstens konkludent die Einhaltung bestimmter Versorgungsstrukturen zur Realisierung ihres Versorgungszieles als übergeordneten Verbandszweck zugrunde, zu dessen Förderung sie auch im Innenverhältnis vertraglich verpflichtet sind. Durch die Kooperation im Versorgungsverbund entsteht mithin nicht lediglich eine zufällige Anhäufung gleichgerichteter Individualinteressen; vielmehr wird die systematische Zusammenarbeit anhand festgelegter Kriterien zur Erfüllung des Versorgungsauftrages als gemeinschaftlicher Zweck der Netzteilnehmer rechtsgeschäftlich vereinbart[359]. Der gemeinsame Verbandszweck kann im Einzelfall unterschiedliche Schwergewichte enthalten und ist anhand der im Binnenverhältnis getroffenen Kooperationsvereinbarungen unter Berücksichtigung des konkreten Versorgungsauftrages zu bestimmen. So bezieht sich der Gesellschaftszweck bei umfassenden Versorgungsnet-

359 Vgl. zum gemeinsamen Zweck auch *Broglie*, Qualitäts-Management 1999, 48, 52; *Eisenberg*, Ärztliche Kooperations- und Organisationsformen, S. 219 f.; *Graefe/ Gemke*, Praxisnetze – Realitäten und Möglichkeiten, S. 2; *Ratzel/ Lippert*, Kommentar zur MBO, § 22, Rn. 15; *Rieger*, MedR 1998, 75, 77; Lexikon des Arztrechts-*ders.*, Kennzahl 4305, Rn. 34; *Schirmer*, MedR 1997, 431, 439; *ders.*, VSSR 1998, 279, 289; *Weimar*, MDR 2000, 866, 867; *Wigge*, NZS 2001, 66; *ders.*, Rechtliche Rahmenbedingungen bei neuen Versorgungsformen, 67, 85.

zen auf die Sicherung der Qualität und Effizienz einer ganzheitlichen medizinischen Versorgung von Versichertengruppen, während sich der gemeinsame Zweck der Leistungserbringer in indikationsspezifischen Versorgungsnetzen auf die qualitativ und wirtschaftlich optimale Versorgung von Patienten mit einer bestimmten Erkrankung konzentriert. Je nach Inhalt der für die Zusammenarbeit der Netzteilnehmer festgelegten Kooperationskriterien kann der gemeinschaftlich verfolgte Zweck des Weiteren seinen Schwerpunkt auf bestimmte Behandlungsmethoden, Verfahrensabläufe oder besondere Maßnahmen zur Qualitätssicherung setzen. Darüber hinaus verfolgen die Leistungserbringer mit ihrer Teilnahme an vernetzten Kooperationsmodellen neben dem überindividuellen Verbandszweck häufig auch individuelle, inhaltlich nicht übereinstimmende Interessen wie beispielsweise eine Verbesserung der eigenen Arbeitsbedingungen, eine Verringerung der Arbeitsbelastung oder die Erzielung eines höheren Einkommens[360]. Diese persönlichen Motive der Gesellschafter, die teilweise auch als Endzwecke bezeichnet werden[361], werden nicht Inhalt des Gesellschaftsvertrages und sind für die Vereinbarung des gemeinsamen Gesellschaftszwecks unschädlich[362].

Nach diesen Ausführungen kommt es in jedem Fall zum Abschluss eines Gesellschaftsvertrages im Binnenverhältnis der Leistungserbringer, unabhängig davon, ob deren Teilnahme am Versorgungsnetz auf einem gemeinsamen Vertrag oder auf einer Vielzahl individuell-zweiseitiger Verträge zu den Krankenkassen, Kassenverbänden oder Kassenärztlichen Vereinigungen beruht. Die Vereinbarung eines gemeinsamen Verbandszwecks zwischen den Leistungserbringern auch bei Vorliegen einer Vielzahl vertikaler Einzelbeziehungen wird auch von Seiten derjenigen Literaturmeinung anerkannt, die das Zustandekommen eines rein schuldrechtlichen Kooperationsvertrages für möglich hält[363]. Es verwundert daher, dass gleichwohl angenommen wird, die Netzteilnehmer könnten die Entstehung einer Gesellschaft durch entsprechende Vereinbarungen ausschließen. Entscheidendes Abgrenzungsmerkmal zwischen reinen Austauschverträgen und Gesellschaftsverträgen ist das Vorliegen eines überindividuellen Verbandszwecks. Wird ein solcher von den Beteiligten gemeinschaftlich verfolgt, kommt stets ein Gesellschaftsvertrag zwischen ihnen zustande; eine Ausnahme von dieser zwingenden Rechtsfolge gilt allein, wenn die vereinbarten Pflichten zur Förderung des gemeinsamen Zwecks derart von austauschvertraglichen Elementen überlagert werden, dass die gesellschaftsvertraglichen Komponenten nur untergeordneten Charakter besitzen[364]. Für

360 Siehe zu den unterschiedlichen Motiven der Leistungserbringer für die Teilnahme an Versorgungsnetzen *Westebbe*, Ärzte im Netz, S. 75 ff. sowie *Methner*, Die Leistungen 2000, 321, 325.

361 *BGH* NJW 1951, 308; BB 1960, 15; *Fikentscher*, Festschrift für Westermann, 87, 94 f. mit weiteren Nachweisen.

362 *BGH* NJW 1951, 308; BB 1960, 15; *Ballerstedt*, JuS 1963, 253, 254 f.; *Fikentscher*, Festschrift für Westermann, 87, 94 f.; Münchener Kommentar-*Ulmer*, 4. Auflage, § 705, Rn. 147; Münchener Handbuch des Gesellschaftsrechts-*Weipert*, § 6, Rn. 2; Westermann-*Westermann*, Handbuch der Personengesellschaften, Teil I, Rn. 37.

363 Vgl. *Kuhlmann*, KHuR 2000, 171, 174 f.

364 Vgl. Münchener Kommentar-*Ulmer*, 4. Auflage, Vor § 705, Rn. 104.

den Abschluss eines Gesellschaftsvertrages ist mithin allein die Willenserklärung der Gesellschafter, einen gemeinsamen Zweck fördern zu wollen, entscheidend. Nicht erforderlich ist hingegen das Bewusstsein der Beteiligten, durch die Vereinbarung des gemeinsamen Zwecks eine Gesellschaft im rechtlichen Sinne zu gründen[365]. Ohne Bedeutung ist ebenfalls, wie die Vertragschließenden ihr Rechtsverhältnis selbst bezeichnen. Den Beteiligten steht aufgrund ihrer Privatautonomie zwar die Entscheidungsfreiheit in Bezug auf den Inhalt ihrer rechtlichen Beziehungen zu; so besitzen sie bei Vorliegen einer Gesellschaft etwa die grundsätzliche Wahlfreiheit hinsichtlich der vom Gesellschaftsrecht zur Verfügung gestellten Organisationsformen. Von der Privatautonomie nicht erfasst sind jedoch die rechtlichen Voraussetzungen, unter denen eine Gesellschaft als gesetzlich fixierter Vertragstypus zustande kommt[366]. Entgegen der in der Literatur vertretenen Auffassung ist der rechtsgeschäftliche Zusammenschluss der Leistungserbringer zur Förderung eines gemeinsamen Zwecks folglich durchaus hinreichende Bedingung für das Zustandekommen einer Gesellschaft, deren Entstehung nicht durch entgegenstehende Vereinbarungen ausgeschlossen werden kann.

Schließlich ist auch der Auffassung *Schirmers* zu widersprechen, wonach eine Gesellschaft zwischen den Vertragsärzten vernetzter Praxen durch deren Teilnahmeerklärungen gegenüber der Kassenärztlichen Vereinigung als Vertragspartnerin des Strukturvertrages mit den Kassenverbänden entsteht. Für den Abschluss eines Gesellschaftsvertrages im Binnenverhältnis eines Versorgungsnetzes bedarf es der Abgabe übereinstimmender Willenserklärungen über die Verfolgung eines gemeinschaftlichen Zwecks zwischen den teilnehmenden Leistungserbringern selbst. Die Abgabe einer entsprechenden Erklärung durch einen Leistungserbringer gegenüber den Vertragsparteien der Verträge nach dem SGB V ist nur insoweit wirksam, als diese als Empfangsvertreter gemäß § 164 Abs. 3 BGB zur Entgegennahme von Willenserklärungen für die anderen Netzteilnehmer befugt sind. Eine Vertretungsbefugnis der Kassenärztlichen Vereinigungen zur Annahme von Willenserklärungen, die auf den Abschluss eines Gesellschaftsvertrages mit anderen Leistungserbringern gerichtet sind, ergibt sich jedoch weder aus den Verträgen über die Errichtung vernetzter Kooperationsformen nach dem SGB V noch aus dem öffentlich-rechtlichen Zulassungsverhältnis. Die Entstehung einer Gesellschaft zwischen den Netzteilnehmern folgt somit nicht bereits aus einer entsprechenden Vorgabe im Strukturvertrag gemäß § 73a Abs. 1 SGB V und den darauf gerichteten Teilnahmeerklärungen der Vertragsärzte, sondern erst aus der (ausdrücklichen oder konkludenten) rechtsgeschäftlichen Vereinbarung der Leistungserbringer untereinander, einen überindividuellen Zweck gemeinschaftlich verfolgen und fördern zu wollen.

---

365 Münchener Handbuch des Gesellschaftsrechts-*Happ/ Brunkhorst*, § 5, Rn. 2; *Hueck*, Gesellschaftsrecht, § 5 I 2; *Martinek/ Semler*, Handbuch des Vertriebsrechts, § 4, Rn. 70.

366 Münchener Kommentar-*Ulmer*, 4. Auflage, Vor § 705, Rn. 104; siehe in dem Zusammenhang auch *BGH* NJW 1951, 308.

*E. Rechtsformen*

Kommt zwischen den Leistungserbringern vernetzter Kooperationsmodelle stets eine privatrechtliche Gesellschaft zustande, stellt sich folgerichtig die Frage nach den gesellschaftsrechtlichen Organisationsformen, die der Zusammenarbeit zugrunde gelegt werden können. Eine eigenständige Rechtsform wird weder durch die berufsrechtlichen Regelungen zum Praxisverbund noch durch die sozialrechtlichen Bestimmungen über Versorgungsnetze geschaffen. Diese legen ausschließlich die öffentlich-rechtlichen Rahmenbedingungen fest, die bei der Errichtung und Durchführung vernetzter Kooperationen zu beachten sind. Die gesellschaftsrechtliche Einordnung sowie die sich daraus ergebenden vertrags- und haftungsrechtlichen Konsequenzen richten sich hingegen nach den allgemeinen Bestimmungen des Zivilrechts, welche die öffentlich-rechtliche Rahmenordnung insoweit ausfüllen und ergänzen[367]. Nachfolgend soll daher der Fragestellung nachgegangen werden, welche Rechtsformen für die Kooperation in Versorgungsverbünden in Betracht kommen. Hinsichtlich der rechtlichen Kriterien der Formenwahl ist zwischen Zulässigkeitsvoraussetzungen einerseits und Anforderungen an die Gründung und Ausgestaltung der Organisationsform andererseits zu unterscheiden. Sind für die Errichtung einer vernetzten Kooperation mehrere Rechtsformen zugelassen, hängt die Auswahl der geeigneten Organisationsform von der Gestaltung des Versorgungsnetzes sowie den Vorstellungen und Bedürfnissen der Netzteilnehmer im konkreten Einzelfall ab. Insoweit spielen zunächst betriebswirtschaftliche Gesichtspunkte wie die finanzielle Ausstattung des Verbundes und die wirtschaftliche Situation der Gesellschafter eine ausschlaggebende Rolle. Die Entscheidung richtet sich des Weiteren nach der konkreten Ausgestaltung der organisatorischen Binnenverhältnisse wie etwa der Anzahl der Gesellschafter, der erwarteten Häufigkeit eines Mitgliederwechsels und der Geschäftsführung. Von zentraler Bedeutung sind ferner die Auswirkungen der Formenwahl auf die persönliche Haftung der Gesellschafter für Verbindlichkeiten des Versorgungsverbundes sowie auf die Möglichkeit einer Haftungsbeschränkung auf das Gesellschaftsvermögen[368].

*I. Grundsatz der Wahlfreiheit*

Prinzipiell gilt, dass die Leistungserbringer aufgrund ihrer Privatautonomie frei entscheiden können, welche gesellschaftsrechtliche Organisationsform sie dem Versorgungsverbund geben wollen[369]. So wird auch in der amtlichen Begründung zum Gesetz

---

367 Vgl. *Dietze/ Brandenburg*, Recht in der Arztpraxis, S. 27; *Eisenberg*, Ärztliche Kooperations- und Organisationsformen, S. 214, 219; *Graefe/ Zieglwalner*, Rechtliche Grundlagen und Strukturen bei Praxisnetzen, S. 4; *Kuhlmann*, KHuR 2000, 171, 173; *Preißler*, MedR 1998, 90, 91.

368 Vgl. *Kuhlmann*, KHuR 2000, 171, 173; *Preißler*, MedR 1998, 90, 91; Kooperationsformen Freie Berufe-*Schlößer*, D 1, Rn. 20; *Schmidt*, Gesellschaftsrecht, § 5 II 2 b); *Weimar*, MDR 2000, 866 f.

369 *Eisenhardt*, Gesellschaftsrecht, Rn. 29; vgl. auch Lexikon des Arztrechts-*Rieger*, Kennzahl 4305, Rn. 23, Fn. 12a).

zur Modernisierung der gesetzlichen Krankenversicherung vom 19. November 2003[370] ausgeführt, dass den Beteiligten der integrierten Versorgung sämtliche Rechts- und Gesellschaftsformen zur Verfügung stehen, insbesondere also die Personengesellschaften und die juristischen Personen des Privatrechts einschließlich der Kapitalgesellschaften und der Vereine[371]. Diese grundsätzliche Wahlfreiheit der Netzteilnehmer kann jedoch in verschiedener Hinsicht begrenzt sein. Schranken setzt insoweit zunächst das Gesellschaftsrecht selbst. Darüber hinaus können sich Einschränkungen der Privatautonomie auch aus öffentlich-rechtlichen Bestimmungen, namentlich aus dem Recht der gesetzlichen Krankenversicherung sowie aus berufsrechtlichen Normen ergeben.

### *1. Gesellschaftsrechtliche Schranken*

In sachlicher Hinsicht wird der Grundsatz der Wahlfreiheit zunächst durch den numerus clausus der Rechtsformen eingeschränkt. Danach muss jede Gesellschaft einer der gesellschaftsrechtlich geregelten Organisationsformen zugehörig sein. Nicht möglich ist hingegen die Gründung einer Gesellschaftsform außerhalb des gesellschaftsrechtlich vorgegebenen Typenkatalogs. Die Gesellschafter eines Personenverbandes können daher zwischen den vom Gesellschaftsrecht zur Verfügung gestellten Rechtsformen auswählen, nicht aber darüber hinausgehende Organisationsformen erschaffen[372]. Diese Beschränkung der Wahlfreiheit hat zur Folge, dass jeder bestehende Personenverband zwingend einer organisationsrechtlich zulässigen Rechtsform zugeordnet wird, und zwar auch dann, wenn die Gesellschafter dies nicht wollen oder hierüber keine Vereinbarung getroffen haben[373]. Doch auch innerhalb der gesetzlich normierten Gesellschaftsformen bestehen Einschränkungen der Gestaltungsfreiheit insoweit, als das Gesellschaftsrecht nicht sämtliche Rechtsformen für alle Zwecke zur Verfügung stellt. Vielmehr sind einige gesellschaftsrechtliche Organisationsformen bestimmten Gesellschaftszwecken vorbehalten (sogenannte Zweckbeschränkung)[374]. So können etwa Personenhandelsgesellschaften gemäß §§ 105 Abs. 1, 161 Abs. 1 HGB nur zum Betrieb eines Handelsgewerbes gegründet werden[375]. Weiterhin lässt § 21 BGB die Gründung ideeller Vereine ausschließlich für nicht wirtschaftliche Zwecke zu, während eingetragene Genossenschaften gemäß § 1 Abs. 1 GenG nur zur Förderung des Erwerbs oder der Wirtschaft ihrer Mitglieder mittels eines gemeinschaftlichen Geschäftsbetriebes errichtet werden können. Daneben wird der Grundsatz der Wahlfreiheit auch in perso-

370 BGBl. I 2003, S. 2190.

371 Amtliche Begründung zum Gesetzentwurf, BT-Drs. 15/ 1525, S. 129 f.

372 *Eisenhardt*, Gesellschaftsrecht, Rn. 29 f.; *Schmidt*, Gesellschaftsrecht, § 5 II 1.

373 Ausführlich dazu *Schmidt*, Gesellschaftsrecht, § 5 II 3 mit weiteren Nachweisen, der diesen Reaktionsmechanismus als „Rechtsformzwang" bezeichnet.

374 *Hopt*, Gesellschaftsrecht, Rn. 39 f.; *Kübler*, Gesellschaftsrecht, § 5 I 2; *Schmidt*, Gesellschaftsrecht, § 5 II 2 a).

375 Eine Ausnahme gilt gemäß § 105 Abs. 2 S. 1 HGB für Gesellschaften, deren Gewerbetrieb nicht schon nach § 1 Abs. 2 HGB Handelsgewerbe ist oder die nur eigenes Vermögen verwalten, wenn die Firma des Unternehmens in das Handelsregister eingetragen ist.

neller Hinsicht beschränkt. Während einige Personengruppen von der Beteiligung an bestimmten Rechtsformen ausgeschlossen sind, werden manche Organisationsformen auf bestimmte Berufsgruppen begrenzt. So beinhaltet etwa die sachliche Zweckbeschränkung der Personenhandelsgesellschaften auf gewerbliche Tätigkeiten zugleich eine Ausgrenzung der Angehörigen freier Berufe aus dem persönlichen Anwendungsbereich. Demgegenüber ist die Partnerschaftsgesellschaft gemäß § 1 Abs. 1 S. 1 PartGG auf die in § 1 Abs. 2 S. 2 PartGG aufgeführten Angehörigen freier Berufe und gemäß § 1 Abs. 1 S. 3 PartGG auf natürliche Personen begrenzt.

### *2. Öffentlich-rechtliche Schranken*

Über die zuvor beschriebenen, dem Gesellschaftsrecht immanenten Schranken hinaus können Einschränkungen der rechtsformbezogenen Wahlfreiheit auch aus Vorgaben des öffentlichen Rechts resultieren[376]. Im Kontext vernetzter Kooperationsformen sind insoweit vor allem das Recht der gesetzlichen Krankenversicherung und das ärztliche Berufsrecht relevant. Eine mittelbare Beschränkung folgt etwa aus § 95 Abs. 1 S. 1 SGB V, wonach an der vertragsärztlichen Versorgung zugelassene Ärzte und zugelassene medizinische Versorgungszentren sowie ermächtigte Ärzte und ermächtigte ärztlich geleitete Einrichtungen teilnehmen. Nach dieser Bestimmung ist die Erbringung und Abrechnung vertragsärztlicher Leistungen durch andere als die aufgeführten Personen und Einrichtungen mangels Teilnahme an der vertragsärztlichen Versorgung grundsätzlich ausgeschlossen. Keine Vorgaben hinsichtlich der gesellschaftsrechtlichen Organisationsformen vernetzter Kooperationen enthalten die berufsrechtlichen Spezialregelungen über den Praxisverbund in den Berufsordnungen der Ärztekammern, vgl. Kap. D II Nr. 11 MBO-Ä. Beschränkungen der Freiheit der Formenwahl können sich aber aus den Heilberufs- und Kammergesetzen der Bundesländer sowie aus den allgemeinen Bestimmungen der Berufsordnungen der Ärztekammern ergeben. Problematisch und äußerst umstritten ist insofern, ob und inwieweit sich Ärzte und Angehörige anderer Heilberufe zur Erbringung ambulanter heilkundlicher Leistungen in der Rechtsform einer juristischen Person des Privatrechts zusammenschließen dürfen.

## *II. Personengesellschaften*

Die Organisationsformen des Gesellschaftsrechts werden in die Personengesellschaften einerseits und die körperschaftlich organisierten Gesellschaften andererseits unterteilt. Während Körperschaften durch die überindividuelle Verselbstständigung des Verbandes gekennzeichnet sind, ist die Abhängigkeit von der Individualität der Gesellschafter das charakteristische Merkmal der Personengesellschaften[377]. Die dualistische Einteilung wird freilich durch die Annäherung der Rechtsverfassung der Personengesellschaften an

376 Allgemein dazu *Schmidt*, Gesellschaftsrecht, § 5 II 2 a).
377 Zur Unterscheidung *Hopt*, Gesellschaftsrecht, Rn. 56; *Schmidt*, Gesellschaftsrecht, § 3 I 2 und § 22.

die der juristischen Personen zunehmend in Frage gestellt[378]. Wegen der nach wie vor bestehenden strukturellen Unterschiede und dem gesetzgeberischen Bestreben, begrifflich zwischen juristischen Personen und Gesamthandsgemeinschaften zu differenzieren, wird sie gleichwohl der nachfolgenden Darstellung der möglichen Rechtsformen vernetzter Kooperationen zugrunde gelegt[379].

### *1. Gesellschaft bürgerlichen Rechts*

Für den Zusammenschluss von Leistungserbringern in vernetzten Kooperationsformen kommt zunächst die Gesellschaft bürgerlichen Rechts im Sinne der §§ 705 ff. BGB als Organisationsform in Betracht. Zu ihrer Errichtung, die prinzipiell zu jedem erlaubten Zweck möglich ist[380], bedarf es gemäß § 705 BGB eines Gesellschaftsvertrages zwischen den Netzteilnehmern, durch welchen sich diese gegenseitig zur Förderung des gemeinsamen Zwecks verpflichten. Der Vertragsschluss kann aus gesellschaftsrechtlicher Perspektive grundsätzlich formlos und durch schlüssiges Verhalten erfolgen[381]. Es wurde bereits ausgeführt, dass die Leistungserbringer vernetzter Kooperationen die systematische Zusammenarbeit anhand bestimmter Kriterien zur Erfüllung des Versorgungsauftrages jedenfalls konkludent als gemeinsamen Verbandszweck im Binnenverhältnis vereinbaren und somit auch dann ein Gesellschaftsvertrag zwischen ihnen zustande kommt, wenn hierüber keine expliziten Vereinbarungen getroffen wurden. Sofern die Verbundmitglieder keine ausdrücklichen Absprachen über ihre binnenrechtliche Organisationsstruktur und die ihr zugrunde liegende Rechtsform treffen, kommt daher regelmäßig ein konkludenter Vertrag über die Errichtung einer Gesellschaft bürgerlichen Rechts zwischen ihnen zustande[382]. Etwas anderes gilt unterdessen, wenn der gemeinschaftlich verfolgte Zweck der Leistungserbringer ausnahmsweise den Betrieb eines Handelsgewerbes zum Gegenstand hat. In diesem Fall kommt bei dem Abschluss eines Vertrages durch schlüssiges Handeln von Gesetzes wegen – mithin unabhängig vom Willen der Gesellschafter – keine Gesellschaft bürgerlichen Rechts, sondern eine offene Handelsgesellschaft gemäß § 105 Abs. 1 HGB zustande[383]. Da das Vorliegen

---

378 Für eine Gleichstellung der rechtsfähigen Personengesellschaften und der juristischen Personen insbesondere *Raiser*, AcP 194 (1994), 495, 511; *ders.*, AcP 199 (1999), 104, 107 f.; *Timm*, NJW 1995, 3209, 3210 ff.; siehe zum Verhältnis von Körperschaft, juristischer Person und rechtsfähigen Gesamthandsgemeinschaften außerdem *Derleder*, BB 2001, 2485, 2487; *Schmidt*, Gesellschaftsrecht, § 8 I; *ders.*, NJW 2001, 993, 996, 1103.

379 Zu den verbleibenden Unterschieden zwischen rechtsfähigen Personengesellschaften und juristischen Personen Münchener Kommentar-*Ulmer*, 4. Auflage, § 705, Rn. 307 ff.

380 *Ballerstedt*, JuS 1963, 253, 254; *Schmidt*, Gesellschaftsrecht, § 59 I 3 a); Münchener Kommentar-*Ulmer*, 4. Auflage, § 705, Rn. 144; *Weber*, JuS 2000, 313, 314; *Westermann*, Handbuch der Personengesellschaften, Teil I, Rn. 35.

381 Münchener Handbuch des Gesellschaftsrechts-*Happ/ Brunkhorst*, § 5, Rn. 2; *Schmidt*, Gesellschaftsrecht, § 59 I 2 a); Münchener Kommentar-*Ulmer*, 4. Auflage, § 705, Rn. 1, 25 ff.; *Weber*, JuS 2000, 313, 314; Westermann-*Westermann*, Handbuch der Personengesellschaften, Teil I, Rn. 121 f.

382 So auch *Dierks*, Erforderliche Weiterentwicklungen des Berufsrechts, 33, 39.

383 Vgl. *BGHZ* 146, 341, 346; *Hopt*, Gesellschaftsrecht, Rn. 40; Münchener Kommentar-*Ulmer*,

eines handelsgewerblichen Betriebes jedoch voraussetzt, dass sämtliche Verbundteilnehmer den Gewerbetreibenden zuzuordnen sind, wird dies in der rechtlichen Praxis lediglich vereinzelt der Fall sein.

*a. Kooperationsgemeinschaft sui generis*

Es ist im Rahmen der typologischen Darstellung vernetzter Kooperationsmodelle aufgezeigt worden, dass diese angesichts der Vielfalt möglicher Erscheinungsformen eine Sonderstellung im herkömmlichen System freiberuflicher Zusammenschlüsse einnehmen. Demgemäß grenzt auch das ärztliche Berufsrecht den Praxisverbund von den ärztlichen Berufsausübungsgemeinschaften nach § 22 in Verbindung mit Kap. D II Nr. 8 MBO-Ä, den medizinischen Kooperationsgemeinschaften nach § 22 in Verbindung mit Kap. D II Nr. 9 MBO-Ä und den schlichten Organisationsgemeinschaften nach § 22 in Verbindung mit Kap. D II Nr. 8 Abs. 4 S. 1 MBO-Ä ab. Bei vernetzten Kooperationsformen in der Rechtsform einer Gesellschaft bürgerlichen Rechts handelt es sich daher weder um traditionelle Gemeinschaftspraxen noch um einfache Praxisgemeinschaften, sondern um Kooperationsgemeinschaften eigener Art[384].

*b. Innengesellschaften und Außengesellschaften*

Gesellschaften bürgerlichen Rechts können als Innengesellschaften oder als Außengesellschaften ausgestaltet sein. Diese Differenzierung ist nicht allein deskriptiver Natur, sondern auch rechtlich insofern von grundlegender Bedeutung, als an sie unterschiedliche Rechtsfolgen hinsichtlich der Rechtsfähigkeit der Gesellschaft bürgerlichen Rechts und damit verbunden verschiedene vertrags- und haftungsrechtliche Konsequenzen geknüpft werden. Während Außengesellschaften nach herrschender Meinung dadurch gekennzeichnet sind, dass der Zusammenschluss nach außen in Erscheinung tritt und somit am Rechtsverkehr teilnimmt, sind Innengesellschaften auf das Innenverhältnis ihrer Gesellschafter beschränkt und nehmen folglich am rechtlichen Verkehr nicht teil[385]. Charakteristisches, wenn auch keineswegs begriffsnotwendiges Merkmal der

---

4. Auflage, § 705, Rn. 3, 146; *Weber*, JuS 2000, 313, 315.

384 Vgl. auch *Broglie*, Qualitäts-Management 1999, 48, 52; *Eisenberg*, Ärztliche Kooperations- und Organisationsformen, S. 219; *Erbsen*, Praxisnetze und das Berufsrecht der Ärzte, S. 67 f.; *Hildebrandt*, Entwicklungen und Rechtsprobleme freiberuflicher Zusammenschlüsse, S. 70; *Rieger*, MedR 1998, 75, 77; Lexikon des Arztrechts-*ders.*, Kennzahl 4305, Rn. 31 f.; *Schirmer*, MedR 1997, 431, 439; *ders.*, VSSR 1998, 279, 289; *Wigge*, NZS 2001, 66; *ders.*, Rechtliche Rahmenbedingungen bei neuen Versorgungsformen, 67, 85. Den vorstehenden Autoren ist allerdings insoweit zu widersprechen, als diese die Kooperationsgemeinschaft sui generis berufsrechtlich den Organisationsgemeinschaften zuordnen und eine gemeinschaftliche Berufsausübung der Verbundmitglieder demzufolge ausschließen wollen, vgl. S. 83 ff.

385 *RGZ* 166, 160, 163; *BGHZ* 12, 308, 314; NJW 1960, 1851; *Beck*, Die Haftung der Gesellschafter bei der BGB-Erwerbsgesellschaft, S. 56; *Breuninger*, Die BGB-Gesellschaft als Rechtssubjekt im Wirtschaftsverkehr, S. 129 ff.; *Eisenhardt*, Gesellschaftsrecht, Rn. 103; *Hueck*, Gesellschaftsrecht, § 2 III; *Kübler*, Gesellschaftsrecht, § 3 IV; *Michalski*, Das Gesellschafts- und Kartellrecht der berufsrechtlich gebundenen freien Berufe, S. 115; Münchener Kommentar-*Ulmer*, 4. Auflage, § 705,

Außengesellschaft ist die Bildung von Gesamthandsvermögen[386]. Demgegenüber weisen Innengesellschaften typischerweise kein eigenes Gesellschaftsvermögen auf; das Fehlen von Gesamthandsvermögen ist allerdings nach der mittlerweile überwiegenden Auffassung kein zwingendes Kriterium für das Vorliegen einer Innengesellschaft[387].

In der Literatur zu vernetzten Kooperationsformen wird teilweise angenommen, dass Versorgungsnetze im Verhältnis zu den Patienten nicht in Erscheinung treten und daher insoweit als Innengesellschaften zu qualifizieren sind[388]. Es ist jedoch bereits ausgeführt worden, dass vernetzte Kooperationen in verschiedener Hinsicht Außenwirkung entfalten können. Sofern ein Versorgungsverbund gegenüber netzexternen Personen Rechtswirkungen entfaltet, ist er unabhängig von seiner Qualifikation als Gemeinschaft zur Berufsausübung oder zur Schaffung der organisatorischen Rahmenbedingungen stets als Außengesellschaft einzustufen. Hierbei ist ohne Belang, ob sich die Außenwirkung der Kooperationsgemeinschaft auf die Patienten oder auf andere Adressatenkreise erstreckt, denn eine Gesellschaft kann immer nur einheitlich eine Innengesellschaft oder eine Außengesellschaft, nicht aber beides zugleich sein[389]. Lediglich für den praktisch selten auftretenden Fall, dass der Versorgungsverbund im Rechtsverkehr überhaupt nicht in Erscheinung tritt, ist dieser folglich als Innengesellschaft zu charakterisieren[390].

### *c. Rechtsnatur der Gesellschaft bürgerlichen Rechts*

Keine Einigkeit konnte bis heute über die Frage erzielt werden, welche Schlussfolgerungen aus dem in §§ 718, 719 BGB niedergelegten Gesamthandsprinzip hinsichtlich

---

Rn. 254, 275 ff.; *Weber*, JuS 2000, 313, 317; a. A. *Flume*, Die Personengesellschaft, § 1 III sowie *Schmidt*, Gesellschaftsrecht, § 43 II 3 a), § 58 II 2 a), die nicht an die Offenlegung des Gesellschaftsverhältnisses, sondern an die Rechtsträgerschaft der Gesellschaft anknüpfen. Die Berechtigung der Unterscheidung zwischen Innen- und Außengesellschaft bestreitet *Steckhan*, Die Innengesellschaft, S. 54 ff., 129 f. Eingehend zum Meinungsstand *Breuninger*, Die BGB-Gesellschaft als Rechtssubjekt im Wirtschaftsverkehr, S. 127 ff.

386 Herrschende Meinung, vgl. *RGZ* 80, 268, 271; 92, 341, 342; 142, 13, 20 f.; *Beck*, Die Haftung der Gesellschafter bei der BGB-Erwerbsgesellschaft, S. 55 f.; *Breuninger*, Die BGB-Gesellschaft als Rechtssubjekt im Wirtschaftsverkehr, S. 132; Münchener Kommentar-*Ulmer*, 4. Auflage, § 705, Rn. 254; a. A. *Schmidt*, Gesellschaftsrecht, § 43 II 3 b), § 58 II 2 b) mit weiteren Nachweisen, demzufolge Außengesellschaften zwingend über ein Gesamthandsvermögen verfügen müssen.

387 So *Breuninger*, Die BGB-Gesellschaft als Rechtssubjekt im Wirtschaftsverkehr, S. 132 f.; *Steckhan*, Die Innengesellschaft, S. 74 ff., Münchener Kommentar-*Ulmer*, 4. Auflage, § 705, Rn. 280 mit weiteren Nachweisen; a. A. *Eisenhardt*, Gesellschaftsrecht, Rn. 103; *Hueck*, Gesellschaftsrecht, § 2 III; *Schmidt*, Gesellschaftsrecht, § 43 II 3 b), § 58 II 2 b) mit weiteren Nachweisen.

388 So *Broglie*, Qualitäts-Management 1999, 48, 52; *Rieger*, MedR 1998, 75, 77; Lexikon des Arztrechts-*ders.*, Kennzahl 4305, Rn. 34; *Wigge*, NZS 2001, 66. Diese Einschätzung beruht wesentlich auf der bereits zuvor zurückgewiesenen Annahme, es handele sich bei vernetzten Kooperationsformen stets um reine Organisationsgemeinschaften.

389 Vgl. *Michalski*, Das Gesellschafts- und Kartellrecht der berufsrechtlich gebundenen freien Berufe, S. 115 f. Jedenfalls missverständlich insoweit *Kübler*, Gesellschaftsrecht, § 3 IV und Westermann-*Westermann*, Teil I, Rn. 57, die nicht hinreichend deutlich zwischen der Innen- und Außen*wirkung* einer Gesellschaft und deren Qualifikation als Innen- und Außen*gesellschaft* differenzieren.

390 Wie hier auch *Erbsen*, Praxisnetze und das Berufsrecht der Ärzte, S. 71 f.

der Rechtsnatur der Gesellschaft bürgerlichen Rechts, insbesondere ihrer Rechtsträgerschaft und ihrer Haftungsverfassung, zu ziehen sind.

*aa. Innengesellschaften bürgerlichen Rechts*

Unproblematisch ist allerdings, dass die Gesellschaft bürgerlichen Rechts keine Rechtssubjektivität einnehmen kann, sofern es sich um eine Innengesellschaft handelt. Mangels Außenwirkung treten Innengesellschaften im Rechtsverkehr nicht in Erscheinung und können folgerichtig kein Zuordnungssubjekt von Rechten und Pflichten sein[391]. Sofern die Gesellschafter der Innengesellschaft Gesamthandsvermögen bilden, ist die Gesellschaft zwar in vermögensrechtlicher Hinsicht verselbstständigt, ohne jedoch selbst Rechtssubjekt zu sein. Träger von Rechten und Pflichten können vielmehr nur die Gesellschafter sein, denen das Gesellschaftsvermögen als dinglich gebundenes, von ihrem Privatvermögen zu unterscheidendes Sondervermögen in ihrer gesamthänderischen Verbundenheit zusteht.

*bb. Außengesellschaften bürgerlichen Rechts*

Nach wie vor nicht abschließend geklärt ist dagegen die Problematik der Rechtsnatur der Außengesellschaft bürgerlichen Rechts, die seit jeher zu einer der umstrittensten Fragestellungen im Gesellschaftsrecht zählt und an deren Beantwortung zahlreiche Folgeprobleme hinsichtlich des Vertragsschlusses sowie der vertraglichen und deliktischen Haftung geknüpft sind.

*(1) Individualistische Gesamthandslehre*

Die ehemals vorherrschende und heute noch von einer Minderheitsauffassung vertretene individualistische Gesamthandslehre nimmt an, dass – ebenso wie bei der Innengesellschaft bürgerlichen Rechts – ausschließlich die Gesellschafter als Einzelpersonen oder in ihrer gesamthänderischen Verbundenheit Zuordnungssubjekte von Rechten und Pflichten sein können, nicht hingegen die Gesellschaft als solche[392]. Danach ist auch die Außengesellschaft bürgerlichen Rechts lediglich in vermögensrechtlicher, nicht jedoch in personenrechtlicher Hinsicht verselbstständigt und somit kein eigenständiges Rechtssubjekt. Das Gesellschaftsvermögen ist nach diesem individualistischen Ansatz dinglich gebundenes Sondervermögen aller Gesellschafter, das diesen in ihrer gesamthänderi-

---

391 *Beck*, Die Haftung der Gesellschafter bei der BGB-Erwerbsgesellschaft, S. 56; *Hueck*, Festschrift für Zöllner, 275, 290; Münchener Kommentar-*Ulmer*, 4. Auflage, § 714, Rn. 8; *ders.*, ZIP 2003, 1113, 1114; *Weber*, JuS 2000, 313, 317.

392 *BGHZ* 17, 340, 342; 23, 307, 313; 80, 222, 227; *Berndt/ Boin*, NJW 1998, 2854, 2861; *Beuthien*, DB 1975, 725, 727; *Cordes*, JZ 1998, 545, 551; *Hueck*, Gesellschaftsrecht, § 5 I 5; *ders.*, Festschrift für Zöllner, 275 ff.; *Kübler*, Gesellschaftsrecht, § 6 III 3 c); *Nicknig*, Die Haftung der Mitglieder einer BGB-Gesellschaft für Gesellschaftsschulden, S. 6; *Zöllner*, Festschrift für Gernhuber, 563 ff. mit weiteren Nachweisen.

schen Verbundenheit zusteht und von ihrem Privatvermögen zu unterscheiden ist. Demgegenüber kann die Gesellschaft bürgerlichen Rechts mangels Rechtspersönlichkeit nicht selbst Trägerin von eigenen Rechten und Pflichten sein.

*(2) Lehre von der Rechtsfähigkeit*

Der traditionellen Auffassung steht die herrschende Lehre von der Rechtsfähigkeit, häufig auch als Gruppenlehre bezeichnet, gegenüber. Diese erkennt jedenfalls eine partielle Rechtsfähigkeit der Außengesellschaft bürgerlichen Rechts an und spricht der Gesamthand damit die grundsätzliche Fähigkeit zu, als selbstständige Organisationsform am Rechtsverkehr teilzunehmen[393]. Als eigenständiges Rechtssubjekt ist die Außengesellschaft bürgerlichen Rechts Zuordnungssubjekt von Rechten und Pflichten und somit auch in personenrechtlicher Hinsicht verselbstständigt. Das Gesellschaftsvermögen steht folglich nicht den Gesellschaftern in ihrer gesamthänderischen Verbundenheit, sondern der Gesamthand als eigener Rechtsträgerin zu. Trotz Anerkennung dieser weitgehenden Verselbstständigung der Gesamthand wird allerdings weiterhin überwiegend angenommen, dass es sich bei der Außengesellschaft bürgerlichen Rechts nicht um eine juristische Person, sondern um einen gesamthänderisch strukturierten Personenverband mit Teilrechtsfähigkeit handelt[394].

---

393 Grundlegend *BGHZ* 146, 341: „Die (Außen-)Gesellschaft bürgerlichen Rechts besitzt Rechtsfähigkeit, soweit sie durch Teilnahme am Rechtsverkehr eigene Rechte und Pflichten begründet." Auf den tautologischen Charakter dieser Aussage weist *Derleder*, BB 2001, 2485, 2487 zutreffend hin. Vgl. weiter *BGH* NJW 1998, 376; NJW 2002, 368 f.; NJW 2002, 1207; ZIP 2003, 664, 666. Bereits vor seinem Diktum in *BGHZ* 146, 341 hatte der Bundesgerichtshof der Sache nach eine partielle Rechtsfähigkeit der Außengesellschaft bürgerlichen Rechts anerkannt, vgl. *BGHZ* 116, 86, 88; 136, 254, 257; 142, 315, 318. Aus der Literatur *Beck*, Die Haftung der Gesellschafter bei der BGB-Erwerbsgesellschaft, S. 37 ff.; *Eisenhardt*, Gesellschaftsrecht, Rn. 70 ff.; *Flume*, Die Personengesellschaft, § 5, § 16 IV; *Habersack*, BB 2001, 447 f.; *Mülbert*, AcP 199 (1999), 38, 62 ff.; *Reiff*, ZIP 1999, 517, 518 f.; *Schmidt*, Gesellschaftsrecht, § 60 II 1; *ders.*, NJW 2000, 2927, 2929; *ders.*, NJW 2001, 993 ff.; *ders.*, NJW 2003, 1897; *Timm*, NJW 1995, 3209, 3210 ff.; Münchener Kommentar-*Ulmer*, 4. Auflage, § 705, Rn. 303; *ders.*, ZIP 1999, 554; *ders.*, ZIP 2001, 585, 586 ff.; *Wiedemann*, WM 1994, Sonderbeilage Nr. 4, S. 7. Konsequenterweise erkennt die Rechtsprechung seit *BGHZ* 146, 341, 348 ff. nunmehr auch die Parteifähigkeit der Außengesellschaft bürgerlichen Rechts nach § 50 Abs. 1 ZPO an, die sie bis zuletzt noch verneint hatte, vgl. *BGHZ* 80, 222, 227; NJW 2000, 291, 292; kritisch zu diesem Rechtsprechungswandel *Jauernig*, NJW 2001, 2231, 2322, der erhebliche Mängel in verfahrensrechtlicher Hinsicht geltend macht. Ebenfalls bestätigt wurde die Fähigkeit der Außengesellschaft bürgerlichen Rechts, Kommanditistin einer Kommanditgesellschaft zu sein, *BGH* NJW 2001, 3121 ff. Demgegenüber hat das Bayerische Oberste Landesgericht jüngst deren Grundbuchfähigkeit verneint, *BayObLG* NJW 2003, 70 ff.

394 Vgl. *BGHZ* 146, 341, 343; NJW 2002, 368; *Beck*, Die Haftung der Gesellschafter bei der BGB-Erwerbsgesellschaft, S. 27, 37; *Habersack*, BB 2001, 447, 448; Münchener Kommentar-*Ulmer*, 4. Auflage, § 705, Rn. 308 f.; *ders.*, ZIP 2001, 585, 588; *Wiedemann*, JZ 2001, 661, 663; a. A. *Raiser*, AcP 194 (1994), 495, 511; *ders.*, AcP 199 (1999), 104, 107 f.; *Timm*, NJW 1995, 3209, 3210 ff. *Schmidt*, NJW 2001, 993, 996 weist darauf hin, dass diese Systemfrage „als weiterhin diskussionsbedürftig, das Verhältnis zwischen ‚Rechtspersönlichkeit' und ‚Rechtsfähigkeit' also nicht als gerichtlich geklärt angesehen" werden sollten.

*(3) Stellungnahme*

Zugunsten der individualistischen Gesamthandslehre wird zunächst der Wortlaut verschiedener Gesetzesvorschriften aus dem Recht der Gesellschaft bürgerlichen Rechts angeführt. So ist in § 706 Abs. 2 S. 1 BGB vom gemeinschaftlichen Eigentum der *Gesellschafter* die Rede. Gemäß § 714 BGB erstreckt sich die Vertretungsmacht des geschäftsführungsbefugten Gesellschafters auf *die anderen Gesellschafter* und nicht auf die Gesellschaft als solche. Ebenso werden nach § 718 Abs. 1 BGB die Beiträge der Gesellschafter und die durch die Geschäftsführung erworbenen Gegenstände gemeinschaftliches Vermögen der *Gesellschafter*. Des Weiteren fehlt es in den §§ 705 ff. BGB an einer gesetzlichen Anordnung der Teilrechtsfähigkeit, wie sie in §§ 124 Abs. 1, 161 Abs. 2 HGB für die Personenhandelsgesellschaften vorgesehen ist. Ferner ist zur Zwangsvollstreckung in das Gesellschaftsvermögen einer Gesellschaft bürgerlichen Rechts gemäß § 736 ZPO ein gegen alle Gesellschafter ergangenes Urteil erforderlich. Im Gegensatz dazu bestimmen die §§ 124 Abs. 2, 129 Abs. 4 HGB, dass zur Zwangsvollstreckung in das Gesellschaftsvermögen einer offenen Handelsgesellschaft ein gegen die Gesellschaft gerichteter vollstreckbarer Schuldtitel erforderlich ist und aus einem gegen die offene Handelsgesellschaft gerichteten vollstreckbaren Schuldtitel die Zwangsvollstreckung gegen die Gesellschafter nicht stattfindet. § 105 Abs. 3 HGB bestimmt, dass es sich bei diesen handelsrechtlichen Bestimmungen um Sonderrecht gegenüber den allgemeinen bürgerlich-rechtlichen Vorschriften über die Gesellschaft handelt. Nach Auffassung der Vertreter der individualistischen Gesamthandslehre sprechen die vorstehenden Gesetzesnormen daher jedenfalls ihrem Wortlaut nach gegen eine rechtliche Verselbstständigung der Gesamthand bei der Gesellschaft bürgerlichen Rechts[395].

Dagegen ist jedoch einzuwenden, dass der historische Gesetzgeber in den §§ 705 ff. BGB keine Entscheidung über die Rechtsnatur der Gesellschaft bürgerlichen Rechts hat treffen wollen. Zwar lag noch dem ersten Entwurf des Bürgerlichen Gesetzbuchs das römisch-rechtliche Modell eines schuldrechtlichen Vertragsverhältnisses zwischen den Gesellschaftern zugrunde, das eine eigene Rechtspersönlichkeit der Gesellschaft unzweifelhaft nicht anerkennt[396]. Allerdings hat sich der Gesetzgeber im zweiten Entwurf der deutsch-rechtlichen Gesamthandslehre angeschlossen, die in den §§ 718, 719 BGB ihren gesetzlichen Niederschlag findet[397]. Eine Aussage über das Wesen der Gesamthand und die Auswirkungen des Gesamthandsprinzips auf die Rechtsnatur der Gesellschaft bürgerlichen Rechts sollte damit bewusst nicht getroffen werden; diese Frage sollte vielmehr der rechtswissenschaftlichen Diskussion und der Entscheidung

---

395 Vgl. *Berndt/ Boin*, NJW 1998, 2854, 2855 f.; *Cordes*, JZ 1998, 545, 546; *Kübler*, Gesellschaftsrecht, § 6 III 3 c) bb).

396 Vgl. Motive, *Mugdan* II, S. 335.

397 Vgl. Protokolle, *Mugdan* II, S. 989 ff.

durch die Rechtsprechung überlassen werden. Der historische Gesetzgeber hat daher bei der Formulierung der §§ 705 ff. BGB an eine Verselbstständigung der Gesellschaft bürgerlichen Rechts nicht gedacht. Infolgedessen wurde § 714 BGB, wonach sich die Vertretungsmacht des geschäftsführungsbefugten Gesellschafters auf die anderen Gesellschafter erstreckt, unverändert aus § 640 Abs. 1 des ersten Entwurfs des Bürgerlichen Gesetzbuchs übernommen, der das Gesamthandsprinzip noch nicht kannte. Angesichts dieser Regelungslücke im Recht der Gesellschaft bürgerlichen Rechts steht auch § 105 Abs. 3 HGB, der die Anordnung der Teilrechtsfähigkeit der offenen Handelsgesellschaft nach § 124 Abs. 1 HGB als Sonderrecht gegenüber den allgemeinen bürgerlichrechtlichen Vorschriften über die Gesellschaft kennzeichnet, der Anerkennung einer Rechtssubjektivität der Gesellschaft bürgerlichen Rechts nicht entgegen[398].

Für eine rechtliche Verselbstständigung der Gesamthand spricht die konzeptionelle Überlegenheit dieses Ansatzes gegenüber der individualistischen Gesamthandslehre, die sich insbesondere bei der Begründung von Gesamthandsverbindlichkeiten offenbart. Nach Auffassung der traditionellen Lehre ist das Gesamthandsprinzip bloßes Vermögenszuordnungsprinzip zur Begründung eines Sondervermögens, das den Gläubigern neben dem Privatvermögen der Gesellschafter als Haftungsmasse zur Verfügung steht. Verpflichten sich die Gesellschafter in ihrer gesamthänderischen Verbundenheit zu einer Leistung, haften sie demzufolge nach allgemeinen Grundsätzen gemäß §§ 427, 421 BGB als Gesamtschuldner sowohl mit dem Gesamthandsvermögen als auch mit ihrem Privatvermögen[399]. Einem solchen Verständnis steht jedoch die Bestimmung in § 719 Abs. 1 BGB entgegen, wonach ein Gesellschafter nicht über seinen Anteil am Gesellschaftsvermögen verfügen kann. § 421 BGB, der eine alleinige Verfügungskompetenz der Gesamtschuldner voraussetzt, ist für die Begründung von Gesamthandsverbindlichkeiten daher gerade nicht geeignet. Die individualistische Gesamthandslehre leidet unter der dogmatischen Schwäche, zwei unterschiedliche Haftungsobjekte einem identischen Haftungssubjekt zuordnen zu wollen. Nach zutreffender Ansicht ist eine dogmatisch saubere Begründung von Gesellschaftsverbindlichkeiten demnach nur möglich, wenn man mit der herrschenden Auffassung eine rechtliche Verselbstständigung der Gesamthand anerkennt[400].

Des Weiteren ist nur die Lehre von der Rechtsfähigkeit dazu imstande, eine überzeugende Erklärung für identitätswahrende Umwandlungen von einer Gesellschaft bürgerlichen Rechts in andere Rechtsformen beziehungsweise von anderen Rechtsformen in eine Gesellschaft bürgerlichen Rechts zu liefern. Eine Gesellschaft bürgerlichen Rechts wird gemäß § 105 Abs. 1 HGB ohne jeden Publizitätsakt kraft Gesetzes zu einer perso-

---

398 *BGHZ* 142, 315, 319 f.; 146, 341, 346 f.; *Beck*, Die Haftung der Gesellschafter bei der BGB-Erwerbsgesellschaft, S. 38 f., 42 f.; *Römermann*, DB 2001, 428; *Timme/ Hülk*, JuS 2001, 536, 537.

399 Vgl. *Cordes*, JZ 1998, 545, 548.

400 *BGHZ* 146, 341, 344 f. mit weiteren Nachweisen.

nen- und strukturgleichen offenen Handelsgesellschaft, sobald sie gewerblich tätig wird. Wegen der in § 124 Abs. 1 HGB normierten Teilrechtsfähigkeit würden sich bei strikter Anwendung der individualistischen Gesamthandslehre mit dem Übergang zur offenen Handelsgesellschaft indes die Eigentumsverhältnisse an den zum Gesellschaftsvermögen gehörenden Gegenständen ändern. Da sich der Wechsel zwischen der Gesellschaft bürgerlichen Rechts und der offenen Handelsgesellschaft in der Rechtswirklichkeit oft gleitend vollzieht und die Erforderlichkeit kaufmännischer Einrichtungen im Sinne des § 1 HGB nur durch eine wertende Beurteilung festzustellen ist, ein genauer Zeitpunkt für den Übergang von einer Gesellschaft bürgerlichen Rechts zu einer offenen Handelsgesellschaft mithin häufig kaum ausgemacht werden kann, wäre diese Konsequenz auch unter praktischen Gesichtspunkten kaum erstrebenswert. Der identitätswahrende Rechtsformwechsel zwischen Gesellschaft bürgerlichen Rechts und offener Handelsgesellschaft untermauert vielmehr die strukturelle Nähe, in der sich beide Personengesellschaften befinden[401]. In ähnlicher Weise liefert die Anerkennung einer Rechtssubjektivität die dogmatische Grundlage für den identitätswahrenden Formwechsel von Kapitalgesellschaften in Gesellschaften bürgerlichen Rechts nach §§ 191 Abs. 2 Nr. 1, 202 Abs. 1 Nr. 1 UmwG, die die Gesellschaft bürgerlichen Rechts ausdrücklich als Rechtsträgerin anerkennen[402].

Die Lehre von der Rechtsfähigkeit wird durch weitere aktuelle Gesetzesänderungen unterstützt. § 11 Abs. 2 Nr. 1 InsO charakterisiert die Gesellschaft bürgerlichen Rechts zwar als eine „Gesellschaft ohne Rechtspersönlichkeit“, spricht ihr gleichwohl die Fähigkeit zu, Schuldnerin im Insolvenzverfahren und insoweit Zuordnungssubjekt von eigenen Rechten und Pflichten zu sein[403]. Zudem werden auch die offene Handelsgesellschaft, die Kommanditgesellschaft und die Partnerschaftsgesellschaft als Gesellschaften ohne Rechtspersönlichkeit bezeichnet, obwohl diese bereits kraft gesetzlicher Regelung partielle Rechtsfähigkeit besitzen[404]. Ferner erkennt § 14 Abs. 2 BGB die Existenz von rechtsfähigen Personengesellschaften an, die nicht den juristischen Personen zuzuordnen sind, jedoch mit der Fähigkeit ausgestattet sind, Rechte zu erwerben und Verbindlichkeiten einzugehen[405].

---

401 *Reiff*, ZIP 1999, 517, 518 f.

402 Ausführlich *Mülbert*, AcP 199 (1999), 38, 62 ff.; *Timm*, NJW 1995, 3209, 3210 ff.; a. A. *Berndt/ Boin*, NJW 1998, 2854, 2857, die eine Gleichsetzung des in den §§ 191 Abs. 2 Nr. 1, 202 Abs. 1 Nr. 1 UmwG verwendeten Begriffs des Rechtsträgers mit dem Terminus des Rechtssubjekts verneinen.

403 *BGHZ* 146, 341, 346; *Schmidt*, NJW 2000, 2927, 2929; *ders.*, NJW 2001, 993, 996, 1001; *ders.*, NJW 2003, 1897.

404 Vgl. § 124 Abs. 1 HGB für die offene Handelsgesellschaft, § 161 Abs. 2 in Verbindung mit § 124 Abs. 1 HGB für die Kommanditgesellschaft sowie § 7 Abs. 2 PartGG in Verbindung mit 124 Abs. 1 HGB für die Partnerschaftsgesellschaft.

405 Vgl. *BGHZ* 146, 341, 347; *Schmidt*, NJW 2000, 2927, 2929; *ders.*, NJW 2001, 993, 996; *ders.*, NJW 2003, 1897.

Schließlich schafft die Gruppenlehre im Gegensatz zur traditionellen Auffassung die Voraussetzungen für eine hinreichende Handlungsfähigkeit der Gesellschaft bürgerlichen Rechts im rechtlichen Verkehr. Bei strikter Anwendung der individualistischen Gesamthandslehre müssten Dauerschuldverhältnisse mit der Gesellschaft bei jedem Gesellschafterwechsel neu geschlossen werden. Es liegt auf der Hand, dass eine solche Rechtslage dem Kontinuitätsinteresse des Rechtsverkehrs erheblich entgegen liefe. Demgegenüber bewirkt die Anerkennung einer Rechtssubjektivität der Gesamthand, dass ein Wechsel im Mitgliederbestand der Gesellschafter keinen Einfluss auf den Fortbestand der Rechtsverhältnisse hat, die Dritte mit der Gesellschaft eingegangen sind[406].

*(4) Zwischenergebnis*

Nach alledem ist mit der herrschenden Auffassung eine Rechtsfähigkeit der Außengesellschaft bürgerlichen Rechts anzuerkennen. Diese hat die Fähigkeit, als eigenständiges Rechtssubjekt am Rechtsverkehr teilzunehmen und als solche Zuordnungssubjekt von Rechten und Pflichten zu sein.

*d. Potenzielle Gesellschafter*

Gesellschafterin einer Gesellschaft bürgerlichen Rechts kann zunächst jede natürliche Person sein[407]. Es ist einhellig anerkannt, dass auch juristische Personen des Privatrechts sowie des öffentlichen Rechts vom persönlichen Anwendungsbereich der Gesellschaft bürgerlichen Rechts erfasst sind[408]. Letzteres ist im Kontext vernetzter Kooperationsformen besonders für Krankenhäuser und andere stationäre Versorgungseinrichtungen von Bedeutung, die häufig in der Rechtsform einer Gesellschaft mit beschränkter Haftung, einer Aktiengesellschaft oder als öffentlich-rechtliche Körperschaft betrieben werden[409]. Weiterhin herrscht mittlerweile Einigkeit darüber, dass Personenhandelsgesellschaften angesichts ihrer weitgehenden rechtlichen Verselbstständigung[410] die Fähigkeit besitzen, Gesellschafterin einer Gesellschaft bürgerlichen Rechts zu werden[411]. Daher können stationäre Versorgungseinrichtungen, die mit Blick auf ihre

---

406 *BGHZ* 146, 341, 345 f.; vgl. dazu auch *BGHZ* 79, 374, 378 f.

407 Münchener Handbuch des Gesellschaftsrechts-*Happ/ Brunkhorst*, § 5, Rn. 14; *Schmidt*, Gesellschaftsrecht, § 59 I 1 b); Münchener Kommentar-*Ulmer*, 4. Auflage, § 705, Rn. 68.

408 *RGZ* 105, 101, 102 ff.; *BAG* NJW 1989, 3034, 3035; Münchener Handbuch des Gesellschaftsrechts-*Happ/ Brunkhorst*, § 5, Rn. 16 f.; *Schmidt*, Gesellschaftsrecht, § 59 I 1 b); Münchener Kommentar-*Ulmer*, 4. Auflage, § 705, Rn. 76 mit weiteren Nachweisen.

409 Handelt es sich bei der Versorgungseinrichtung um eine eingetragene Genossenschaft im Sinne des § 1 Abs. 1 GenG, die ebenfalls eine juristische Person des Privatrechts ist (vgl. § 17 Abs. 1 GenG), ist eine Beteiligung gemäß § 1 Abs. 2 GenG nur zulässig, wenn diese der Förderung des Erwerbes oder der Wirtschaft der Mitglieder oder nebenher verfolgten gemeinnützigen Bestrebungen der Genossenschaft zu dienen bestimmt ist.

410 Vgl. § 124 Abs. 1 HGB für die offene Handelsgesellschaft sowie § 161 Abs. 2 in Verbindung mit § 124 Abs. 1 HGB für die Kommanditgesellschaft.

411 *RGZ* 142, 13, 21; *BGH* WM 1959, 288; *Crezelius*, EWiR § 705 BGB 1/ 85, 281, 282; Münchener Handbuch des Gesellschaftsrechts-*Happ/ Brunkhorst*, § 5, Rn. 20; *Schmidt*, Gesellschaftsrecht,

Erbringung sowohl freiberuflicher Gesundheitsleistungen als auch gewerblicher Unterkunfts- und Verpflegungsleistungen die Organisationsform einer offenen Handelsgesellschaft oder einer Kommanditgesellschaft einnehmen, als Gesellschafterin an einem Versorgungsverbund in der Rechtsform einer Gesellschaft bürgerlichen Rechts teilnehmen. Dies gilt gleichermaßen für Zusammenschlüsse von gewerblichen Leistungserbringern wie etwa Masseuren, Physiotherapeuten oder Optikern, die sich in einer Personenhandelsgesellschaft verbunden haben, sowie für gemeinschaftlich betriebene Apotheken in der Rechtsform einer offenen Handelsgesellschaft. Auf der Grundlage der Anerkennung der Rechtsfähigkeit der Außengesellschaft bürgerlichen Rechts ist schließlich auch deren Fähigkeit anzuerkennen, Gesellschafterin einer anderen Gesellschaft bürgerlichen Rechts zu werden[412]. Demnach können insbesondere ärztliche Gemeinschaftspraxen[413], medizinische Kooperationsgemeinschaften zwischen Ärzten und Angehörigen anderer Gesundheitsberufe[414] und sonstige Berufsausübungsgemeinschaften von Leistungserbringern, die in der Rechtsform einer Außengesellschaft bürgerlichen Rechts organisiert sind, Gesellschafterin eines Versorgungsverbundes in der Rechtsform einer Gesellschaft bürgerlichen Rechts werden.

#### e. *Gestaltung des Gesellschaftsvertrages*

Wesentlicher Inhalt des Gesellschaftsvertrages ist die Vereinbarung des gemeinschaftlich verfolgten Zwecks der im Versorgungsnetz kooperierenden Leistungserbringer. Aus dem Gesellschaftsvertrag resultieren die Verpflichtung aller Netzmitglieder zur Förderung des Gesellschaftszwecks sowie die gegenseitige Treuepflicht der Gesellschafter. Letztere schließt insbesondere die Pflicht zur Rücksichtnahme auf die Belange der Kooperationspartner bei der Verfolgung der eigenen Interessen ein, die sich auch auf die Beachtung der berufsrechtlich geregelten Pflichten über die Berufsausübung erstreckt[415]. Im Interesse eines reibungslosen Kooperationsgeschehens ist es insbesondere bei großen Versorgungsverbünden häufig sinnvoll, über die Vereinbarung des Gesellschaftszwecks hinaus von den dispositiven Vorschriften der §§ 705 ff. BGB abweichende Regelungen zu treffen[416]. So kann etwa der in § 709 Abs. 1 BGB angelegte Grundsatz der Einstimmigkeit bei Gesellschafterbeschlüssen die Zusammenarbeit der Leistungserbringer erschweren und ist daher vor allem bei größeren Versorgungsnetzen

---

§ 59 I 1 b); Münchener Kommentar-*Ulmer*, 4. Auflage, § 705, Rn. 78 mit weiteren Nachweisen.

412 *BGH* NJW 1998, 376; NJW 2001, 3121, 3122; *Eisenhardt*, Gesellschaftsrecht, Rn. 76; *Schmidt*, Gesellschaftsrecht, § 59 I 1 b), 60 II 1 a); Münchener Kommentar-*Ulmer*, 4. Auflage, § 705, Rn. 79 mit weiteren Nachweisen; a. A. noch *BGHZ* 46, 291, 296.

413 Vgl. dazu § 22 in Verbindung mit Kap. D II Nr. 8 MBO-Ä.

414 Vgl. dazu § 22 in Verbindung mit Kap. D II Nr. 9 MBO-Ä.

415 Dazu Lexikon des Arztrechts-*Rieger*, Kennzahl 4305, Rn. 35; vgl. ferner *Eisenberg*, Ärztliche Kooperations- und Organisationsformen, S. 220.

416 Siehe zur anwaltlichen Gestaltung von Gesellschaftsverträgen über die Gründung ärztlicher Praxisnetze *Weimar*, MDR 2000, 866 ff. Allgemein zu den Mindestanforderungen an die Gesellschafterstellung und zur Vertragsgestaltung bei der Gesellschaft bürgerlichen Rechts *Goette*, MedR 2002, 1 ff.; *Saenger*, NZS 2001, 234, 236 ff.

mit einer hohen Anzahl von Kooperationspartnern unzweckmäßig. Aus diesem Grund ist den Gesellschaftern regelmäßig anzuraten, eine Regelung in den Gesellschaftsvertrag aufzunehmen, wonach Beschlussfassungen nach dem Mehrheitsprinzip getroffen werden, soweit nicht der Kernbereich der Mitgliedschaft betroffen ist[417]. Ähnliches gilt für das Prinzip der Gesamtgeschäftsführung nach § 709 Abs. 1 BGB, wonach die Geschäftsführungsbefugnis den Gesellschaftern gemeinschaftlich zusteht, soweit im Gesellschaftsvertrag keine abweichenden Vereinbarungen zur Geschäftsführung getroffen wurden. Jedenfalls ab einer bestimmten Größe des Versorgungsnetzes ist unter Praktikabilitätsgesichtspunkten eine Übertragung der Geschäftsführung auf einen oder mehrere Geschäftsführer im Sinne des § 710 BGB sinnvoll[418]. Vielfach ist des Weiteren die Übertragung der Vertretungsbefugnis im Außenverhältnis auf einen oder mehrere Geschäftsführer ratsam[419]. In der Praxis verbreitet und insbesondere unter ökonomischen Aspekten häufig zweckmäßig ist die Übertragung von Geschäftsführungsaufgaben und Vertretungsbefugnissen auf professionelle Netzmanager oder organisatorisch selbstständige Netzbetreibergesellschaften[420]. Im Interesse der Kontinuität der vernetzten Kooperation ist schließlich eine gesellschaftsvertragliche Abweichung von der nach der gesetzlichen Regelung vorgesehenen Auflösung der Gesellschaft bei Kündigung eines Gesellschafters, Tod eines Gesellschafters, Eröffnung des Insolvenzverfahrens über das Vermögen eines Gesellschafters oder bei Vorliegen eines sonstigen gesetzlichen Auflösungsgrundes mit der Maßgabe erforderlich, dass die Gesellschaft in diesen Fällen unter den verbleibenden Gesellschaftern fortgesetzt wird, vgl. §§ 736, 727 BGB[421].

### 2. *Personenhandelsgesellschaften*

Die Gründung einer offenen Handelsgesellschaft ist gemäß § 105 Abs. 1 HGB nur zum Betrieb eines Handelsgewerbes möglich. Dasselbe gilt gemäß § 161 Abs. 1 HGB für die Errichtung einer Kommanditgesellschaft. Ein Handelsgewerbe ist gemäß § 1 Abs. 2 HGB jeder Gewerbebetrieb, es sei denn, dass das Unternehmen nach Art und Umfang einen in kaufmännischer Weise eingerichteten Geschäftsbetrieb nicht erfordert. Der Zusammenschluss von Leistungserbringern eines Versorgungsverbundes zur Personen-

---

417 Vgl. *Eisenberg*, Ärztliche Kooperations- und Organisationsformen, S. 220; *Graefe/ Gemke*, Die Gestaltung von Praxisnetzen und der Datenschutz, S. 3; Lexikon des Arztrechts-*Rieger*, Kennzahl 4305, Rn. 40. Allgemein zu den Anforderungen und Grenzen von vertraglichen Mehrheitsklauseln bei der Gesellschaft bürgerlichen Rechts Münchener Kommentar-*Ulmer*, 4. Auflage, § 709, Rn. 82 ff.

418 Lexikon des Arztrechts-*Rieger*, Kennzahl 4305, Rn. 41; *Weimar*, MDR 2000, 866, 867; vgl. dazu auch *Weber*, JuS 2000, 313, 315.

419 Vgl. Lexikon des Arztrechts-*Rieger*, Kennzahl 4305, Rn. 42; *Weimar*, MDR 2000, 866, 867.

420 Vgl. Lexikon des Arztrechts-*Rieger*, Kennzahl 4305, Rn. 43. Zur Vereinbarkeit der Übertragung von Geschäftsführungsaufgaben auf gesellschaftsexterne Dritte mit dem Grundsatz der Selbstorganschaft Münchener Kommentar-*Ulmer*, 4. Auflage, § 709, Rn. 5 f.; *Weber*, JuS 2000, 313, 316 mit weiteren Nachweisen.

421 Vgl. *Eisenberg*, Ärztliche Kooperations- und Organisationsformen, S. 220; *Graefe/ Gemke*, Die Gestaltung von Praxisnetzen und der Datenschutz, S. 3; Lexikon des Arztrechts-*Rieger*, Kennzahl 4305, Rn. 44; *Weimar*, MDR 2000, 866, 868.

handelsgesellschaft ist somit nur möglich, sofern der mit der Kooperation verfolgte gemeinsame Verbandszweck gewerblicher Art ist.

### a. *Ausübung eines Gewerbes*

Ein Gewerbe im handelsrechtlichen Sinne erfordert jedenfalls eine nach außen erkennbare entgeltliche Tätigkeit, die berufsmäßig und selbstständig, jedoch nicht freiberuflich ausgeübt wird und auf eine gewisse Dauer angelegt ist[422]. Vom Gewerbebegriff ausgenommen ist damit traditionell die Tätigkeit freier Berufe[423]. Aus diesem Grund ist ein Zusammenschluss von Angehörigen freier Berufe zur Personenhandelsgesellschaft generell ausgeschlossen[424]. Für die Charakterisierung des freien Berufs ist die höchstpersönliche Leistungserbringung nach dem typischen Berufsbild maßgebliches Kriterium. Ist die Zuordnung einer beruflichen Tätigkeit zu den freien Berufen zweifelhaft, ist danach zu fragen, ob die persönliche Erbringung von Dienstleistungen auf der Grundlage individueller Fähigkeiten nach der Verkehrsanschauung typischerweise im Vordergrund steht[425]. So hat der *Bundesverband der Freien Berufe* die Tätigkeit freier Berufe zuletzt wie folgt beschrieben: „Angehörige Freier Berufe erbringen aufgrund besonderer beruf-

---

422 *BGHZ* 33, 321, 325; 49, 258, 260; 74, 273, 276; 83, 382, 386; *Baumbach/ Hopt*, Handelsgesetzbuch, § 1, Rn. 12; *Brox*, Handelsrecht und Wertpapierrecht, Rn. 20; *Canaris*, Handelsrecht, § 2, Rn. 16; *Hopt/ Mössle*, Handelsrecht, Rn. 17; Röhricht/ Graf von Westphalen-*Röhricht*, § 1, Rn. 24; Heidelberger Kommentar zum Handelsgesetzbuch-*Ruß*, § 1, Rn. 28; Münchener Kommentar zum Handelsgesetzbuch-*Schmidt*, § 1, Rn. 18; Westermann-*Westermann*, Handbuch der Personengesellschaften, Teil I, Rn. 81. Umstritten ist, ob eine gewerbliche Tätigkeit darüber hinaus auf Gewinnerzielung ausgerichtet sowie rechtlich erlaubt sein muss.

423 *Baumbach/ Hopt*, Handelsgesetzbuch, § 1, Rn. 19; *Brox*, Handelsrecht und Wertpapierrecht, Rn. 22; *Canaris*, Handelsrecht, § 2, Rn. 8; *Hopt/ Mössle*, Handelsrecht, Rn. 21; *Lach*, Formen freiberuflicher Zusammenarbeit, S. 20 ff.; Röhricht/ Graf von Westphalen-*Röhricht*, § 1, Rn. 58; Heidelberger Kommentar zum Handelsgesetzbuch-*Ruß*, § 1, Rn. 39; Münchener Kommentar zum Handelsgesetzbuch-*Schmidt*, § 1, Rn. 24; *Schmidt*, Gesellschaftsrecht, § 58 III 5 b); Westermann-*Westermann*, Handbuch der Personengesellschaften, Teil I, Rn. 81b. Freilich ist die Ausgrenzung der freien Berufe aus dem Gewerbebegriff rechtspolitisch umstritten und wird mit der sich in jüngster Zeit vollziehenden Angleichung der Rechtsverfassung der Gesellschaft bürgerlichen Rechts an die der offenen Handelsgesellschaft zunehmend in Frage gestellt; vgl. dazu *Damm*, Festschrift für Brandner, 31, 34 ff., 42 ff.; *Michalski*, Das Gesellschafts- und Kartellrecht der berufsrechtlich gebundenen freien Berufe, S. 117 f.; *Raisch*, Festschrift für Rittner, 471 ff. mit weiteren Nachweisen.

424 Vgl. *Baumbach/ Hopt*, Handelsgesetzbuch, § 1, Rn. 19; *Canaris*, Handelsrecht, § 2, Rn. 8; *Ehmann*, MedR 1994, 141; *Franke*, Die Ärzte-Partnerschaft, S. 10; *Hopt/ Mössle*, Handelsrecht, Rn. 22; *Lach*, Formen freiberuflicher Zusammenarbeit, S. 21; Röhricht/ Graf von Westphalen-*Röhricht*, § 1, Rn. 66; Kooperationsformen Freie Berufe-*Schlößer*, D 3, Rn. 288, 294; Kooperationsformen Freie Berufe-*Schneider*, C 2, Rn. 123; Westermann-*Westermann*, Handbuch der Personengesellschaften, Teil I, Rn. 81b; a. A. *Michalski*, Das Gesellschafts- und Kartellrecht der berufsrechtlich gebundenen freien Berufe, S. 118.

425 *Brox*, Handelsrecht und Wertpapierrecht, Rn. 22; *Canaris*, Handelsrecht, § 2, Rn. 10; *Hopt/ Mössle*, Handelsrecht, Rn. 21; Röhricht/ Graf von Westphalen-*Röhricht*, § 1, Rn. 60; Heidelberger Kommentar zum Handelsgesetzbuch-*Ruß*, § 1, Rn. 39; Münchener Kommentar zum Handelsgesetzbuch-*Schmidt*, § 1, Rn. 25. Ausführlich zum Begriff und Typus des freien Berufes *Francke*, Ärztliche Berufsfreiheit und Patientenrechte, S. 26 ff.; *Ganster*, Freier Beruf und Kapitalgesellschaft, S. 532 ff.; *Pitschas*, Recht der Freien Berufe, 1, 20 ff.; *Quaas*, MedR 2001, 34 ff.; *Sodan*, Freie Berufe als Leistungserbringer im Recht der gesetzlichen Krankenversicherung, S. 36 ff., 63 ff.; *Tettinger*, MedR 2001, 287, 288 ff.

licher Qualifikation persönlich, eigenverantwortlich und fachlich unabhängig geistig-ideelle Leistungen im Interesse ihrer Auftraggeber und der Allgemeinheit. Ihre Berufsausbildung unterliegt in der Regel spezifischen berufsrechtlichen Bindungen nach Maßgabe der staatlichen Gesetzgebung und des von der jeweiligen Berufsvertretung autonom gesetzten Rechts, welches die Professionalität, Qualität und das zum Auftraggeber bestehende Vertrauensverhältnis gewährleistet und fortentwickelt."[426] Keine Bindungswirkung für den handelsrechtlichen Gewerbebegriff besitzt die Enumeration der freien Berufe nach § 18 Abs. 1 Nr. 1 S. 2 EStG, da dieser Rechtsnorm ein abweichender steuerrechtlicher Gewerbebegriff zugrunde liegt[427]. Dies gilt nach ganz herrschender Auffassung auch für die Aufzählung der freien Berufe in § 1 Abs. 2 S. 2 PartGG, die stark an § 18 Abs. 1 Nr. 1 S. 2 EStG angelehnt ist[428]. Daher können auch solche Berufsgruppen als Gewerbetreibende im Sinne des HGB eingestuft werden, die zugleich im Katalog des § 1 Abs. 2 S. 2 PartGG aufgeführt sind. Soweit es dadurch zu Überschneidungen kommt, können die Angehörigen dieser Berufsgruppen sowohl Gesellschafter einer Personenhandelsgesellschaft als auch einer Partnerschaftsgesellschaft werden.

*aa. Freiberufliche Tätigkeiten*

Zu den freiberuflichen Tätigkeiten im handelsrechtlichen Sinne zählt anerkanntermaßen die ärztliche und zahnärztliche Heilkundetätigkeit[429] sowie die Tätigkeit der Diplom-Psychologen[430]. Ebenso ist die Erbringung medizinischer, namentlich ärztlicher Versorgungsleistungen durch Krankenhäuser und andere stationäre Versorgungseinrichtungen freiberuflicher Natur[431]. Zwar können stationäre Einrichtungen infolge ihrer Erbringung sowohl freiberuflicher Gesundheitsdienstleistungen als auch typisch gewerblicher Unterkunfts- und Verpflegungsleistungen gegenüber den Patienten im Einzelfall die

---

426 *Bundesverband der Freien Berufe*, Positionsbestimmung vom 12. Juli 1995, BRAK-Mitteilung 1995, 157. Vgl. in dem Zusammenhang auch die Begriffsbestimmung in § 1 Abs. 2 S. 1 PartGG.

427 Röhricht/ Graf von Westphalen-*Röhricht*, § 1, Rn. 67; Heidelberger Kommentar zum Handelsgesetzbuch-*Ruß*, § 1, Rn. 39; Münchener Kommentar zum Handelsgesetzbuch-*Schmidt*, § 1, Rn. 27.

428 *Baumbach/ Hopt*, Handelsgesetzbuch, § 1, Rn. 19; *Canaris*, Handelsrecht, § 2, Rn. 10; Münchener Kommentar zum Handelsgesetzbuch-*Schmidt*, § 1, Rn. 27; *ders.*, Gesellschaftsrecht, § 64 I 2 b); Münchener Kommentar-*Ulmer*, 4. Auflage, § 1 PartGG, Rn. 16 f.; a. A. Heidelberger Kommentar zum Handelsgesetzbuch-*Ruß*, § 1, Rn. 39. Ausführlich zum Meinungsstand Röhricht/ Graf von Westphalen-*Röhricht*, § 1, Rn. 68 ff. mit weiteren Nachweisen.

429 *BVerfGE* 5, 25, 30; *BGHZ* 33, 321, 325; 86, 313, 320; *BayVerfGH* NJW 2000, 3418, 3419; *Baumbach/ Hopt*, Handelsgesetzbuch, § 1, Rn. 19; *Canaris*, Handelsrecht, § 2, Rn. 8; *Ehmann*, MedR 1994, 141; *Hopt/ Mössle*, Handelsrecht, Rn. 21; *Quaas*, MedR 2001, 34, 35; Röhricht/ Graf von Westphalen-*Röhricht*, § 1, Rn. 59; Münchener Kommentar zum Handelsgesetzbuch-*Schmidt*, § 1, Rn. 26; *Schmidt*, Gesellschaftsrecht, § 58 III 5 b); Kooperationsformen Freie Berufe-*Schneider*, C 2, Rn. 10, 123. Vgl. auch § 1 Abs. 2 BÄO sowie den gleichlautenden § 1 Abs. 1 S. 2 und 3 MBO-Ä: „Der ärztliche Beruf ist kein Gewerbe. Er ist seiner Natur nach ein freier Beruf." In Bezug auf die zahnärztliche Heilkundetätigkeit bestimmt § 1 Abs. 4 ZahnheilkundeG: „Die Ausübung der Zahnheilkunde ist kein Gewerbe."

430 Röhricht/ Graf von Westphalen-*Röhricht*, § 1, Rn. 61.

431 Vgl. *Canaris*, Handelsrecht, § 2, Rn. 11; Münchener Kommentar zum Handelsgesetzbuch-*Schmidt*, § 1, Rn. 26.

Rechtsform einer offenen Handelsgesellschaft oder einer Kommanditgesellschaft einnehmen[432]. Da im Falle einer Beteiligung stationärer Einrichtungen an einem Versorgungsverbund jedoch die Zusammenarbeit der Leistungserbringer anhand festgelegter Kriterien mit dem Ziel einer qualitativen und effizienten Patientenversorgung und damit die Erbringung medizinischer Leistungen im Vordergrund der Kooperation steht, steht insoweit nicht eine gewerbliche, sondern eine freiberufliche Tätigkeit in Frage.

*bb. Gewerbliche Tätigkeiten*

Kein freier Beruf im handelsrechtlichen Sinne ist die Tätigkeit der Masseure und Krankengymnasten[433] ebenso wie die der Optiker[434]. Ungeachtet einer berufsrechtlichen Anerkennung ihrer freiberuflichen Tätigkeit werden auch die Apotheker allgemein als Gewerbetreibende angesehen[435]. Vorbehaltlich einer Erfüllung der übrigen Begriffsmerkmale des Handelsgewerbes[436] stehen diesen Berufsgruppen daher die Rechtsformen der offenen Handelsgesellschaft und der Kommanditgesellschaft zur Verfügung.

*b. Praktische Relevanz*

Da die Errichtung einer Personenhandelsgesellschaft nur möglich ist, wenn sämtliche Kooperationspartner als Gewerbetreibende einzustufen sind, kommt die Gründung einer vernetzten Kooperationsform in der Rechtsform einer offenen Handelsgesellschaft oder einer Kommanditgesellschaft nur in Betracht, sofern eine Beteiligung von Ärzten und anderen freiberuflichen Leistungserbringern an dem Versorgungsverbund nicht stattfindet. Praktisch wird dies allenfalls in seltenen Ausnahmen der Fall sein, so dass den Per-

---

432 Die Voraussetzungen, unter denen der Betrieb einer stationären Versorgungseinrichtung als Gewerbe einzustufen ist, sind im Einzelnen umstritten, vgl. *Canaris*, Handelsrecht, § 2, Rn. 11 f.; Röhricht/ Graf von Westphalen-*Röhricht*, § 1, Rn. 63 f.; Münchener Kommentar zum Handelsgesetzbuch-*Schmidt*, § 1, Rn. 26 mit weiteren Nachweisen.

433 *Baumbach/ Hopt*, Handelsgesetzbuch, § 1, Rn. 19; *Canaris*, Handelsrecht, § 2, Rn. 10; Röhricht/ Graf von Westphalen-*Röhricht*, § 1, Rn. 62. Die Berufsgruppen der Heilmasseure und Krankengymnasten sind allerdings in der Aufzählung des § 1 Abs. 2 S. 2 PartGG aufgeführt und fallen damit unter den partnerschaftsrechtlichen Begriff des Freiberuflers.

434 Kooperationsformen Freie Berufe-*Schneider*, C 2, Rn. 3.

435 *BVerfGE* 5, 25, 29 f.; *BGH* NJW 1983, 2085, 2086; *Baumbach/ Hopt*, Handelsgesetzbuch, § 1, Rn. 19; *Canaris*, Handelsrecht, § 2, Rn. 10; Röhricht/ Graf von Westphalen-*Röhricht*, § 1, Rn. 62; *Schmidt*, Gesellschaftsrecht, § 58 III 5 a); Kooperationsformen Freie Berufe-*Schneider*, C 2, Rn. 3; Westermann-*Westermann*, Handbuch der Personengesellschaften, Teil I, Rn. 81b; *Wigge/ Kleinke*, MedR 2002, 391. Vgl. in dem Zusammenhang § 8 S. 1 ApothekenG, wonach das gemeinschaftliche Betreiben von Apotheken nur in der Rechtsform einer Gesellschaft bürgerlichen Rechts oder einer offenen Handelsgesellschaft zulässig ist.

436 Handelt es sich bei dem Versorgungsverbund um eine sogenannte Non-Profit-Organisation, ist insbesondere das Merkmal der Gewinnerzielungsabsicht zu problematisieren, dessen Eignung zur Bestimmung des Gewerbebegriffs umstritten ist; siehe zum Meinungsstand *Baumbach/ Hopt*, Handelsgesetzbuch, § 1, Rn. 15 f.; *Canaris*, Handelsrecht, § 2, Rn. 14; *Hopt/ Mössle*, Handelsrecht, Rn. 24 f.; Röhricht/ Graf von Westphalen-*Röhricht*, § 1, Rn. 48 ff.; Heidelberger Kommentar zum Handelsgesetzbuch-*Ruß*, § 1, Rn. 33; Münchener Kommentar zum Handelsgesetzbuch-*Schmidt*, § 1, Rn. 23.

sonenhandelsgesellschaften bei der Errichtung von Versorgungsnetzen eine untergeordnete Bedeutung zukommt. Von einer Einbeziehung der offenen Handelsgesellschaft und der Kommanditgesellschaft in den Untersuchungsgegenstand wird daher im weiteren Verlauf der Bearbeitung abgesehen.

### *3. Partnerschaftsgesellschaft*

Gemäß § 1 Abs. 1 S. 1 PartGG ist die Partnerschaftsgesellschaft eine Gesellschaft, in der sich Angehörige freier Berufe zur Ausübung ihrer Berufe zusammenschließen. Das Gesellschaftsrecht stellt damit den freiberuflich tätigen Berufsgruppen, denen mangels Ausübung eines Handelsgewerbes der Zugang zu den Personenhandelsgesellschaften verwehrt ist, eine eigene Rechtsform zur Verfügung.

#### *a. Gemeinschaft zur Berufsausübung*

Sachlich ist der Anwendungsbereich der Partnerschaftsgesellschaft gemäß § 1 Abs. 1 S. 1 PartGG auf Zusammenschlüsse zur Berufsausübung begrenzt. Fraglich ist, welche Beschränkungen sich hieraus für die rechtsformbezogene Wahlfreiheit der Leistungserbringer vernetzter Kooperationsformen ergeben. Die ganz herrschende Meinung geht davon aus, dass die Partnerschaftsgesellschaft zwingend einen Zusammenschluss zur gemeinsamen Berufsausübung erfordert und die Gründung einer Organisationsgemeinschaft in dieser Rechtsform folglich ausgeschlossen ist[437]. Demgegenüber wird innerhalb der Literatur vertreten, dass die Partnerschaftsgesellschaft sowohl für freiberufliche Zusammenschlüsse zur gemeinschaftlichen Berufsausübung als auch für Kooperationen zur Schaffung der organisatorischen Rahmenbedingungen für die Berufsausübung zur Verfügung steht[438]. Jedenfalls ein Indiz zugunsten einer Beschränkung des sachlichen Anwendungsbereichs auf Gemeinschaften zur Berufsausübung ergibt sich aus der Formulierung des § 1 Abs. 1 S. 1 PartGG, der die Ausübung der freien Berufe als Gesellschaftszweck der Partnerschaftsgesellschaft festlegt[439]. Gewichtiger als der Wortlaut

---

437 *Eisenberg*, Ärztliche Kooperations- und Organisationsformen, S. 146; *Franke*, Die Ärzte-Partnerschaft, S. 4; *Henssler*, Partnerschaftsgesellschaftsgesetz, § 1, Rn. 12, 125; *Hildebrandt*, Entwicklungen und Rechtsprobleme freiberuflicher Zusammenschlüsse, S. 47 f., 70; Kooperationsformen Freie Berufe-*Lenz*, D 3, Rn. 103; *Michalski/ Römermann*, PartGG, § 1, Rn. 4; *Schirmer*, MedR 1995, 341, 342; vgl. auch *Deutsch/ Spickhoff*, Medizinrecht, Rn. 107; *Schmidt*, Gesellschaftsrecht, § 58 III 5 e), § 64 II 2 b).

438 So *Dierks*, Rechtliche und praktische Probleme der Integration von Telemedizin, S. 50; *ders.*, Erforderliche Weiterentwicklungen des Berufsrechts, 33, 40; *Dietze/ Brandenburg*, Recht in der Arztpraxis, S. 22.

439 A. A. *Dierks*, Rechtliche und praktische Probleme der Integration von Telemedizin, S. 50, der aus dem Wortlaut des § 1 Abs. 1 S. 1 PartGG lediglich eine Beschränkung des Anwendungsbereichs auf eine aktive Mitarbeit der Gesellschafter ableitet, um insbesondere Kapitalbeteiligungen an Partnerschaftsgesellschaften auszuschließen. Zum Erfordernis einer aktiven Berufsausübung der Partner *Bösert/ Braun/ Jochem*, Leitfaden zur Partnerschaftsgesellschaft, S. 77 ff.; *Henssler*, Partnerschaftsgesellschaftsgesetz, § 1, Rn. 13; *Michalski/ Römermann*, PartGG, § 1, Rn. 5 ff. mit weiteren Nachweisen.

dieser Norm erscheint indes der Umstand, dass die Partnerschaftsgesellschaft ihrer normativen Gesamtkonzeption nach als eine Gesellschaft zur gemeinschaftlichen Berufsausübung ausgestaltet ist. Dies manifestiert sich insbesondere in den vertrags- und haftungsrechtlichen Regelungen des PartGG, die von dem Grundsatz einer einheitlichen Leistungserbringung der Gesellschaft gegenüber ihren Auftraggebern ausgehen. So kommt im Falle der Inanspruchnahme eines Partners durch einen Auftraggeber grundsätzlich kein Vertrag mit dem einzelnen Gesellschafter, sondern einheitlich mit der gesamten Partnerschaftsgesellschaft zustande. Haftungsrechtlich spiegelt sich diese Vertragskonstellation in dem Grundsatz der gesamtschuldnerischen Haftung der Partner für die Verbindlichkeiten der Gesellschaft gemäß § 8 Abs. 1 S. 1 PartGG wider, der erst durch die Ausnahmeregelung des § 8 Abs. 2 PartGG eine Begrenzung der persönlichen Gesellschafterhaftung für berufliche Fehler auf diejenigen Partner erfährt, die mit der Bearbeitung eines Auftrages befasst waren. Dieser organisationsrechtliche Zuschnitt der Partnerschaftsgesellschaft steht im Gegensatz zur vertrags- und haftungsrechtlichen Konstellation in Gemeinschaften zur Schaffung der organisatorischen Rahmenbedingungen der Berufsausübung, bei denen typischerweise nur der einzelne Gesellschafter Vertragspartner und Haftungsgegner des Auftraggebers wird. Der herrschenden Meinung ist folglich darin zuzustimmen, dass die Partnerschaftsgesellschaft als Rechtsform für Organisationsgemeinschaften untauglich und daher eine sachliche Beschränkung auf Gemeinschaften zur gemeinsamen Berufsausübung vorzunehmen ist. Diese restriktive Normauslegung des § 1 Abs. 1 S. 1 PartGG wird schließlich durch einen ausdrücklichen Hinweis in der Begründung zum Regierungsentwurf des PartGG gestützt, wonach Organisationsgemeinschaften vom Anwendungsbereich der Partnerschaftsgesellschaft ausgeschlossen sein sollen[440].

### b. *Öffnung des Anwendungsbereichs für vernetzte Kooperationsformen*

Mit Rücksicht auf diese Restriktion des sachlichen Anwendungsbereichs der Partnerschaftsgesellschaft ist zweifelhaft, ob vernetzte Kooperationsformen in dieser Rechtsform errichtet werden können. Diese Fragestellung wird in der Literatur überwiegend mit dem Hinweis auf die berufsrechtliche Regelung verneint, derzufolge es sich bei dem Praxisverbund um eine Kooperation handelt, die keine Berufsausübungsgemeinschaft ist[441]. Im Rahmen der typologischen Untersuchung vernetzter Kooperationsmodelle ist indessen aufgezeigt worden, dass diese angesichts der Vielfalt möglicher Erscheinungsformen nicht problemlos in die traditionelle Zweiteilung freiberuflicher Zusammenschlüsse einzuordnen sind und insbesondere auch typische Elemente einer gemeinschaftlichen Berufsausübung enthalten können. Auch aus der berufsrechtlichen Rege-

440 Amtliche Begründung zum Gesetzentwurf, BT-Drs. 12/ 6152, S. 7: „Zusammenschlüsse, die sich auf bloße Bürogemeinschaften beschränken, sollen nicht von dem Entwurf erfasst sein."

441 So *Eisenberg*, Ärztliche Kooperations- und Organisationsformen, S. 219; *Hildebrandt*, Entwicklungen und Rechtsprobleme freiberuflicher Zusammenschlüsse, S. 70; *Rieger*, MedR 1998, 75, 77; Lexikon des Arztrechts-*ders.*, Kennzahl 4305, Rn. 31.

lung folgt weder eine Zuordnung des Praxisverbundes zu den Organisationsgemeinschaften noch ein Verbot der gemeinschaftlichen Berufsausübung. Vielmehr dient der in der MBO-Ä verwendete Terminus der Berufsausübungsgemeinschaft lediglich der Abgrenzung des Praxisverbundes gegenüber der ärztlichen Gemeinschaftspraxis und der Ärztepartnerschaft im Sinne von Kap. D II Nr. 8 MBO-Ä. Die in § 1 Abs. 1 S. 1 PartGG vorausgesetzte gemeinschaftliche Berufsausübung der Partner erfasst folglich den Begriff der Berufsausübungsgemeinschaft im Sinne von Kap. D II Nr. 11 Abs. 1 S. 1 MBO-Ä, erschöpft sich jedoch keinesfalls darin. Eine Subsumtion vernetzter Kooperationsformen unter die partnerschaftsrechtliche Regelung des § 1 Abs. 1 S. 1 PartGG ist demnach möglich, sofern die Kooperation eine gemeinschaftliche Berufsausübung der Verbundteilnehmer beinhaltet. Der in § 1 Abs. 3 PartGG normierte Vorbehalt des Berufsrechts, demzufolge die Berufsausübung in der Partnerschaftsgesellschaft in berufsrechtlichen Vorschriften ausgeschlossen oder von weiteren Voraussetzungen abhängig gemacht werden kann[442], steht dem nicht entgegen, da das ärztliche Berufsrecht gerade kein Verbot der gemeinschaftlichen Berufsausübung in Praxisverbünden enthält. Demgegenüber können Versorgungsnetze, deren Kooperationszweck sich auf die Schaffung der organisatorischen Rahmenbedingungen der Berufsausübung beschränkt, mangels gemeinsamer Berufsausübung der Leistungserbringer nicht in der Rechtsform einer Partnerschaftsgesellschaft geführt werden[443].

### *c. Berufsrechtliches Verbot der überörtlichen Berufsausübungsgemeinschaft*

Gegen die Errichtung vernetzter Kooperationsformen in der Rechtsform einer Partnerschaftsgesellschaft wird des Weiteren angeführt, dass dieser die berufsrechtliche Regelung in Kap. D II Nr. 8 Abs. 2 S. 1 MBO-Ä entgegen stehe, wonach die Ärztepartnerschaft nur an einem gemeinsamen Praxissitz zulässig ist. Angesichts der für die Kooperation in Versorgungsnetzen charakteristischen räumlichen Trennung der Praxissitze der teilnehmenden Leistungserbringer scheitere die Gründung eines Versorgungsverbundes als Partnerschaftsgesellschaft an dem berufsrechtlichen Verbot der überörtlichen Berufsausübungsgemeinschaft[444]. Aus diesem Grund wird von einigen Autoren eine Auflockerung des ärztlichen Berufsrechts dahingehend gefordert, dass zukünftig die Bil-

---

442 Dazu *Henssler*, Partnerschaftsgesellschaftsgesetz, § 1, Rn. 114 ff.; Münchener Kommentar-*Ulmer*, 4. Auflage, § 1 PartGG, Rn. 77 ff.; vgl. in dem Zusammenhang auch die Klarstellung in Kap. D II Nr. 7 MBO-Ä.

443 Für die Möglichkeit der Errichtung eines Versorgungsnetzes in der Rechtsform einer Partnerschaftsgesellschaft auch im Falle eines rein organisatorischen Zusammenschlusses spricht sich *Dierks*, Rechtliche und praktische Probleme der Integration von Telemedizin, S. 50; *ders.*, Erforderliche Weiterentwicklungen des Berufsrechts, 33, 39 f. aus, der jedoch entgegen der hier vertretenen Auffassung davon ausgeht, dass die Partnerschaftsgesellschaft ein gemeinschaftliches Auftreten der kooperierenden Leistungserbringer im Verhältnis zum Patienten nicht zwingend voraussetzt; ebenso wohl *Kuhlmann*, KHuR 2000, 171, 173.

444 *Broglie*, Qualitäts-Management 1999, 48, 52; *Eisenberg*, Ärztliche Kooperations- und Organisationsformen, S. 219; *Graefe/ Zieglwalner*, Rechtliche Grundlagen und Strukturen bei Praxisnetzen, S. 5; *Rieger*, MedR 1998, 75, 77; Lexikon des Arztrechts-*ders.*, Kennzahl 4305, Rn. 31.

dung von Ärztepartnerschaften auch für multilokale Praxisnetze zugelassen werden soll[445]. Auch insoweit ist jedoch einzuwenden, dass der in Kap. D II Nr. 8 MBO-Ä verwendete Begriff der Berufsausübungsgemeinschaft definitionsgemäß allein die ärztliche Gemeinschaftspraxis und die Ärztepartnerschaft, nicht aber den Praxisverbund im Sinne von Kap. D II Nr. 11 MBO-Ä erfasst. Folgerichtig erstreckt sich die Untersagung der überörtlichen Berufsausübungsgemeinschaft lediglich auf die ärztliche Gemeinschaftspraxis und die Ärztepartnerschaft, nicht jedoch auf den Praxisverbund, der auch nach seiner berufsrechtlichen Konzeption typischerweise eine räumliche Trennung der Praxissitze der Netzteilnehmer aufweist. Das berufsrechtliche Verbot der überörtlichen Berufsausübungsgemeinschaft steht der Gründung vernetzter Kooperationsformen in der Rechtsform der Partnerschaftsgesellschaft damit nicht entgegen; einer Öffnung des ärztlichen Berufsrechts bedarf es demzufolge insoweit nicht[446].

*d. Rechtsnatur der Partnerschaftsgesellschaft*

Anders als bei der Gesellschaft bürgerlichen Rechts ist die Rechtsfähigkeit der Partnerschaftsgesellschaft ausdrücklich im Gesetz verankert. Gemäß § 7 Abs. 2 PartGG in Verbindung mit § 124 Abs. 1 HGB kann die Partnerschaftsgesellschaft unter ihrem Namen Rechte erwerben und Verbindlichkeiten eingehen, Eigentum und andere dingliche Rechte an Grundstücken erwerben sowie vor Gericht klagen und verklagt werden. Sie besitzt damit die Fähigkeit, als selbstständiges Rechtssubjekt am Rechtsverkehr teilzunehmen und als solches Zuordnungssubjekt von Rechten und Pflichten zu sein. Das Gesellschaftsvermögen steht nicht den einzelnen Partnern in ihrer gesamthänderischen Verbundenheit, sondern der Gesellschaft als eigenständiger Rechtsträgerin zu[447]. Nach der Intention des Gesetzgebers ist die Partnerschaftsgesellschaft als „Schwesterfigur" der offenen Handelsgesellschaft ausgestaltet[448]. Aus dieser strukturellen Verwandtschaft beider Rechtsformen resultiert die umfängliche Verweisung des PartGG auf die handelsrechtlichen Bestimmungen über die offene Handelsgesellschaft. Soweit das PartGG keine speziellen Regelungen bereit hält, finden im Übrigen gemäß § 1 Abs. 4 PartGG die bürgerlich-rechtlichen Vorschriften über die Gesellschaft bürgerlichen Rechts entsprechende Anwendung. Die Partnerschaftsgesellschaft ist demnach eine personalistische Organisationsform zwischen der Gesellschaft bürgerlichen Rechts und den Kapitalgesellschaften, die mit eigener Rechtsfähigkeit ausgestattet ist, ohne dabei den Rechtsstatus einer juristischen Person zu erlangen[449].

---

445 So *Schirmer*, VSSR 1998, 279, 289; ebenso *Graefe/ Zieglwalner*, Rechtliche Grundlagen und Strukturen bei Praxisnetzen, S. 5; Lexikon des Arztrechts-*Rieger*, Kennzahl 4305, Rn. 31, Fn. 19.

446 Vgl. auch *Dierks*, Rechtliche und praktische Probleme der Integration von Telemedizin, S. 50.

447 *Bösert/ Braun/ Jochem*, Leitfaden zur Partnerschaftsgesellschaft, S. 12; *Henssler*, Partnerschaftsgesellschaftsgesetz, § 7, Rn. 20; *Michalski/ Römermann*, PartGG, § 7, Rn. 13; *Schirmer*, MedR 1995, 341, 343.

448 Vgl. die amtliche Begründung zum Gesetzentwurf, BT-Drs. 12/ 6152, S. 7 ff.

449 *Henssler*, Partnerschaftsgesellschaftsgesetz, § 7, Rn. 20; *Krieger*, MedR 1995, 95; *Michalski/ Römermann*, PartGG, § 7, Rn. 12 f.; *Schirmer*, MedR 1995, 341, 343.

*e. Potenzielle Gesellschafter*

Der Kreis der potenziellen Gesellschafter einer Partnerschaftsgesellschaft wird in § 1 PartGG auf natürliche Personen beschränkt, die einen freien Beruf ausüben.

*aa. Freiberufliche Tätigkeit*

Gemäß § 1 Abs. 1 S. 1 PartGG können sich Angehörige freier Berufe in der Rechtsform einer Partnerschaftsgesellschaft zusammenschließen. Danach sind Gewerbetreibende vom persönlichen Anwendungsbereich dieser Organisationsform ausgeschlossen. Folgerichtig bestimmt § 1 Abs. 1 S. 2 PartGG, dass die Partnerschaftsgesellschaft kein Handelsgewerbe ausübt. Eine terminologische Umschreibung der freien Berufe enthält die Regelung in § 1 Abs. 2 S. 1 PartGG, derzufolge die freien Berufe im Allgemeinen auf der Grundlage besonderer beruflicher Qualifikation oder schöpferischer Begabung die persönliche, eigenverantwortliche und fachlich unabhängige Erbringung von Dienstleistungen höherer Art im Interesse der Auftraggeber und der Allgemeinheit zum Inhalt haben. Eine Konkretisierung des Begriffs freiberuflicher Tätigkeit enthält der Katalog des § 1 Abs. 2 S. 2 PartGG, in dem die entsprechenden Berufsgruppen namentlich aufgezählt werden. Die dem PartGG zugrunde liegende Abgrenzung freiberuflicher und gewerblicher Tätigkeiten stimmt weitgehend mit der handelsrechtlichen Klassifikation überein, ist mit dieser jedoch nicht deckungsgleich. Soweit die in dem Katalog des § 1 Abs. 2 S. 2 PartGG aufgeführten Berufsgruppen zugleich handelsrechtlich als Gewerbetreibende einzustufen sind, können diese zwischen der Gründung einer Partnerschaftsgesellschaft und einer Personenhandelsgesellschaft wählen.

Aus der Aufzählung in § 1 Abs. 2 S. 2 PartGG sind im Kontext vernetzter Kooperationsformen die freien Berufe der Ärzte und Zahnärzte, der Krankengymnasten[450] und Heilmasseure sowie der Hebammen und Diplom-Psychologen von Bedeutung. Aufgeführt ist darüber hinaus der Beruf des Heilpraktikers, dessen Teilnahme an Versorgungsnetzen in der gesetzlichen Krankenversicherung jedoch sozialrechtlich sowie nach dem ärztlichen Berufsrecht ausgeschlossen ist. Als potenzielle Gesellschafter einer Partnerschaftsgesellschaft werden im Katalog der partnerschaftsfähigen Berufe des Weiteren die Angehörigen ähnlicher Berufe aufgeführt. Eine hinreichende Ähnlichkeit liegt vor, wenn der in Frage stehende Beruf in wesentlichen Punkten mit einem oder mehreren der Katalogberufe verglichen werden kann. Hierzu ist erforderlich, dass der Beruf in seiner tatsächlichen Ausübung die charakteristischen Merkmale eines der namentlich aufgezählten Berufe aufweist, die nach ihrem Gesamtbild dem typischen

450 Der Beruf des Krankengymnasten korrespondiert mit den Berufen in der Physiotherapie im Sinne von Kap. D II Nr. 11 Abs. 3 in Verbindung mit Kap. D II Nr. 9 Abs. 2 S. 1h) MBO-Ä, vgl. *Bösert/ Braun/ Jochem*, Leitfaden zur Partnerschaftsgesellschaft, S. 86; *Henssler*, Partnerschaftsgesellschaftsgesetz, § 1, Rn. 58; *Michalski/ Römermann*, PartGG, § 1, Rn. 47.

Erscheinungsbild dieses Berufs entsprechen[451]. Um einen ähnlichen Beruf im Sinne des § 1 Abs. 2 S. 2 PartGG handelt es sich bei der Tätigkeit der psychologischen Psychotherapeuten sowie der Kinder- und Jugendlichenpsychotherapeuten, soweit diese nicht bereits unmittelbar von dem Begriff des Diplom-Psychologen erfasst werden[452]. Ebenso sind die zugelassenen Logopäden[453], die selbstständigen Ergotherapeuten[454], die medizinisch-diagnostischen Assistenten[455] und die Diätassistenten[456] den ähnlichen Berufen zuzuordnen. Vom persönlichen Anwendungsbereich der Partnerschaftsgesellschaft sind ferner die Angehörigen staatlich anerkannter Pflegeberufe wie etwa die selbstständigen Krankenschwestern und Krankenpfleger erfasst[457]; streitig ist, ob diese Bewertung auch für den Beruf der selbstständigen medizinischen Fußpfleger gilt[458]. Kein ähnlicher Beruf im Sinne des § 1 Abs. 2 S. 2 PartGG ist hingegen die Tätigkeit der Heilpädagogen[459]. Von der Kooperation in einer Partnerschaftsgesellschaft sind schließlich die Apotheker ausgeschlossen, obwohl diese berufsrechtlich den freien Berufen zugeordnet werden[460]. Die vom Gesellschaftsrecht gezogenen Grenzen einer interprofessionellen

---

451 Vgl. *Henssler*, Partnerschaftsgesellschaftsgesetz, § 1, Rn. 42 f.; *Michalski/ Römermann*, PartGG, § 1, Rn. 78 ff.; Münchener Kommentar-*Ulmer*, 4. Auflage, § 1 PartGG, Rn. 66 ff. mit weiteren Nachweisen, die insoweit auf die finanzgerichtliche Rechtsprechung zu § 18 Abs. 1 Nr. 1 S. 2 EStG verweisen.

452 *Henssler*, Partnerschaftsgesellschaftsgesetz, § 1, Rn. 61.

453 *Henssler*, Partnerschaftsgesellschaftsgesetz, § 1, Rn. 62; *Michalski/ Römermann*, PartGG, § 1, Rn. 83; Münchener Kommentar-*Ulmer*, 4. Auflage, § 1 PartGG, Rn. 69; vgl. auch *BVerfG* DStZ 1998, 478, 479 sowie *BFH*/ NV 1989, 201, wonach Logopäden eine freiberufliche Tätigkeit im Sinne von § 18 Abs. 1 Nr. 1 S. 2 EStG ausüben.

454 *Henssler*, Partnerschaftsgesellschaftsgesetz, § 1, Rn. 62; *Michalski/ Römermann*, PartGG, § 1, Rn. 83; Münchener Kommentar-*Ulmer*, 4. Auflage, § 1 PartGG, Rn. 69.

455 *Michalski/ Römermann*, PartGG, § 1, Rn. 83; Münchener Kommentar-*Ulmer*, 4. Auflage, § 1 PartGG, Rn. 69; vgl. auch *BFH* BB 1953, 938, demzufolge medizinisch-diagnostische Assistenten eine freiberufliche Tätigkeit im Sinne von § 18 Abs. 1 Nr. 1 S. 2 EStG ausüben.

456 Siehe dazu *BMF* DB 2000, 354, demzufolge Diätassistenten eine freiberufliche Tätigkeit im Sinne von § 18 Abs. 1 Nr. 1 S. 2 EStG ausüben; vgl. auch *BMF* DB 1999, 2086 zur Befreiung der Diätassistenten von der Umsatzsteuer nach § 4 Nr. 14 S. 1 UStG.

457 *Henssler*, Partnerschaftsgesellschaftsgesetz, § 1, Rn. 62; *Michalski/ Römermann*, PartGG, § 1, Rn. 83; Münchener Kommentar-*Ulmer*, 4. Auflage, § 1 PartGG, Rn. 69.

458 Für eine Subsumtion der medizinischen Fußpfleger unter den Begriff der ähnlichen Berufe *Henssler*, Partnerschaftsgesellschaftsgesetz, § 1, Rn. 62; *Michalski/ Römermann*, PartGG, § 1, Rn. 83; dagegen Münchener Kommentar-*Ulmer*, 4. Auflage, § 1 PartGG, Rn. 70. Seit Inkrafttreten des Gesetzes über den Beruf der Podologin und des Podologen vom 04. Dezember 2001 (BGBl. I 2001, S. 3320) ist jedenfalls eine freiberufliche Tätigkeit dieser Berufsgruppe anzuerkennen, vgl. *BMF* DB 2002, 2190 zur freiberuflichen Tätigkeit im Sinne von § 18 Abs. 1 Nr. 1 S. 2 EStG. Demgegenüber wird die Tätigkeit der Fußreflexzonenmasseure von der finanzgerichtlichen Rechtsprechung als gewerblich eingestuft, vgl. *BFH* BStBl. II 2003, S. 21.

459 *Michalski/ Römermann*, PartGG, § 1, Rn. 83; vgl. auch *BVerfG* DStZ 1998, 478, 479 zur Abgrenzung der gewerblichen Tätigkeit der Sprachheilpädagogen von der freiberuflichen Tätigkeit der Logopäden im Sinne des § 18 Abs. 1 Nr. 1 S. 2 EStG.

460 Dazu *Bösert/ Braun/ Jochem*, Leitfaden zur Partnerschaftsgesellschaft, S. 51, 87; *Henssler*, Partnerschaftsgesellschaftsgesetz, § 1, Rn. 40; *Michalski/ Römermann*, PartGG, § 1, Rn. 36. Eine Kooperation von Apothekern in der Rechtsform einer Partnerschaftsgesellschaft ist bereits durch § 8 S. 1 ApothekenG ausgeschlossen, wonach das gemeinschaftliche Betreiben von Apotheken nur in der Rechtsform einer Gesellschaft bürgerlichen Rechts oder einer offenen Handelsgesellschaft zulässig ist.

Kooperation in Partnerschaftsgesellschaften entsprechen demnach in weiten Teilen den berufsrechtlichen Beschränkungen einer interdisziplinären Zusammenarbeit in vernetzten Kooperationsformen nach Kap. D II Nr. 11 Abs. 3 in Verbindung mit Kap. D II Nr. 9 Abs. 2 S. 1 MBO-Ä, weisen jedoch zugleich einige bedeutende Abweichungen hinsichtlich der kooperationsfähigen Berufsgruppen auf.

Soweit die Ausübung eines freien Berufs eine besondere Zulassung erfordert, ist diese Voraussetzung für die Gesellschafterstellung in einer Partnerschaftsgesellschaft. Folgerichtig bestimmt § 9 Abs. 3 PartGG, dass ein Partner aus der Partnerschaftsgesellschaft ausscheidet, wenn er eine erforderliche Zulassung zu dem freien Beruf, den er in der Gesellschaft ausübt, verliert. So führt etwa der Entzug der ärztlichen Approbation kraft Gesetzes zum Ausscheiden des betreffenden Arztes aus der Partnerschaftsgesellschaft, ohne dass es hierzu eines zusätzlichen Rechtsaktes bedarf[461]. Dieser besondere Ausschließungsgrund resultiert aus dem in § 1 Abs. 1 S. 1 PartGG normierten Gesellschaftszweck der Partnerschaftsgesellschaft, der gerade in der gemeinschaftlichen Ausübung eines freien Berufs besteht. Vom Tatbestand des § 9 Abs. 3 PartGG nicht erfasst ist die Entziehung der Zulassung eines Leistungserbringers zur gesetzlichen Krankenversicherung, sofern die rechtlichen Voraussetzungen für die Berufsausübung im Übrigen bestehen bleiben. Eine Behandlung von privat versicherten sowie selbstzahlenden Patienten ist in dem Fall weiterhin möglich, so dass der Verlust der Zulassung zur gesetzlichen Krankenversicherung der gemeinsamen Ausübung des freien Berufs in der Partnerschaftsgesellschaft nicht entgegensteht. Allerdings können die Gesellschafter einer Partnerschaftsgesellschaft ein berechtigtes Interesse an dem Ausscheiden eines sozialrechtlich nicht mehr zugelassenen Partners haben, wenn der Gesellschaftsgegenstand auf die Behandlung von gesetzlich krankenversicherten Patienten beschränkt ist. So liegt der Gesellschaftszweck einer vernetzten Kooperationsform auf der Grundlage eines Vertrages nach dem SGB V gerade in der Gesundheitsversorgung von Patienten innerhalb der gesetzlichen Krankenversicherung. Mit dem Verlust der sozialrechtlichen Zulassung ist die Erfüllung des Gesellschaftszwecks des Versorgungsnetzes durch den betreffenden Kooperationspartner ausgeschlossen, so dass eine weitere Gesellschafterstellung mit dem Interesse der übrigen Verbundteilnehmer unvereinbar ist. Gleichwohl führt die Entziehung der Zulassung zur gesetzlichen Krankenversicherung nicht zu einem Ausscheiden kraft Gesetzes nach § 9 Abs. 3 PartGG, sondern lässt lediglich eine gesellschaftsvertragliche Verpflichtung des betreffenden Leistungserbringers zum Ausscheiden aus der Gesellschaft und ein damit korrespondierendes Kündigungsrecht der übrigen Partner entstehen.

---

461 Vgl. *Eisenberg*, Ärztliche Kooperations- und Organisationsformen, S. 183; *Michalski/ Römermann*, PartGG, § 9, Rn. 23; *Schirmer*, MedR 1995, 341, 343.

*bb. Natürliche Personen*

Gesellschafter einer Partnerschaftsgesellschaft können gemäß § 1 Abs. 1 S. 3 PartGG ausschließlich natürliche Personen sein. Somit können weder juristische Personen noch Gesamthandsgemeinschaften von dieser Organisationsform Gebrauch machen[462]. Von dieser personellen Einschränkung sind im Kontext vernetzter Kooperationsformen insbesondere Krankenhäuser und andere stationäre Versorgungseinrichtungen betroffen, die überwiegend als juristische Personen des privaten oder des öffentlichen Rechts organisiert sind[463]. Ebenso wenig können ärztliche Gemeinschaftspraxen[464], medizinische Kooperationsgemeinschaften zwischen Ärzten und Angehörigen anderer Gesundheitsberufe[465] und sonstige Berufsausübungsgemeinschaften von Leistungserbringern, die sich in der Organisationsform einer Gesellschaft bürgerlichen Rechts oder einer Partnerschaftsgesellschaft zusammengeschlossen haben, Kooperationspartner eines Versorgungsnetzes in der Rechtsform einer Partnerschaftsgesellschaft werden.

*f. Entstehungsvoraussetzungen*

Zur Gründung eines Versorgungsverbundes in der Rechtsform einer Partnerschaftsgesellschaft bedarf es gemäß § 3 Abs. 1 PartGG des Abschlusses eines schriftlichen Partnerschaftsvertrages. Die Anforderungen an die Einhaltung der Schriftform richten sich nach den in § 126 BGB aufgestellten Kriterien[466]. Als Mindestinhalte muss der Gesellschaftsvertrag nach § 3 Abs. 2 PartGG den Namen und den Sitz der Partnerschaftsgesellschaft, den Namen und den Vornamen sowie den in der Partnerschaftsgesellschaft ausgeübten Beruf und den Wohnort jedes Partners sowie den Gegenstand der Partnerschaftsgesellschaft enthalten[467]. Gegenstand einer vernetzten Kooperationsform ist die Gesundheitsversorgung bestimmter Patientengruppen innerhalb der gesetzlichen Krankenversicherung anhand festgelegter Kooperationsregeln durch die zusammengeschlossenen Leistungserbringer. Je nach konkreter Ausgestaltung des Versorgungsnetzes ist der Gegenstand der Gesellschaft auf einen bestimmten Leistungsumfang beschränkt und legt seinen Schwerpunkt auf bestimmte Behandlungsmethoden, Verfahrensabläufe oder besondere Maßnahmen zur Qualitätssicherung.

Hinsichtlich des Namens der Partnerschaftsgesellschaft legt § 2 Abs. 1 S. 1 PartGG fest, dass dieser den Nachnamen mindestens eines Partners, den Zusatz „und Partner“ oder

---

462 *Bösert/ Braun/ Jochem*, Leitfaden zur Partnerschaftsgesellschaft, S. 80; *Henssler*, Partnerschaftsgesellschaftsgesetz, § 1, Rn. 25; Münchener Kommentar-*Ulmer*, 4. Auflage, § 1 PartGG, Rn. 23.

463 Vgl. *Kuhlmann*, KHuR 2000, 171, 173.

464 Vgl. dazu § 22 in Verbindung mit Kap. D II Nr. 8 MBO-Ä.

465 Vgl. dazu § 22 in Verbindung mit Kap. D II Nr. 9 MBO-Ä.

466 Vgl. *Bösert/ Braun/ Jochem*, Leitfaden zur Partnerschaftsgesellschaft, S. 130; *Franke*, Die Ärzte-Partnerschaft, S. 78 f.

467 Dazu *Bösert/ Braun/ Jochem*, Leitfaden zur Partnerschaftsgesellschaft, S. 130 f.; *Franke*, Die Ärzte-Partnerschaft, S. 70 ff. mit weiteren Nachweisen.

„Partnerschaft" sowie die Berufsbezeichnungen aller in der Partnerschaftsgesellschaft vertretenen Berufe enthalten muss. Die Namen anderer Personen als der Partner dürfen gemäß § 2 Abs. 1 S. 3 PartGG nicht in den Namen der Partnerschaftsgesellschaft aufgenommen werden. Ferner darf der Name nach § 2 Abs. 2 PartGG in Verbindung mit § 18 Abs. 2 HGB keine Angaben enthalten, die geeignet sind, über die für die angesprochenen Verkehrskreise, namentlich für die Patienten wesentlichen geschäftlichen Verhältnisse irrezuführen. Im Übrigen finden die für die Firma der offenen Handelsgesellschaft geltenden Vorschriften der §§ 21, 22 Abs. 1, 23, 24, 30, 31 Abs. 2, 32, 37 HGB entsprechende Anwendung. Fraglich ist, ob das ärztliche Berufsrecht über diese Bestimmungen hinausgehende Anforderungen an den Namen der Partnerschaftsgesellschaft stellt, die nach dem in § 1 Abs. 3 PartGG normierten Vorbehalt des Berufsrechts einzuhalten sind. Insoweit legt zunächst § 22a Abs. 4 MBO-Ä fest, dass die Zugehörigkeit zu einem Praxisverbund durch Hinzufügen des Namens des Verbundes angekündigt werden kann. Diese fakultative Bestimmung erschöpft sich hinsichtlich ihres Regelungsgehaltes für die Partnerschaftsgesellschaft in der weitergehenden Vorschrift des § 2 Abs. 1 S. 1 PartGG, derzufolge jedenfalls der Nachname eines Partners und die Berufsbezeichnungen sämtlicher Gesellschafter im Namen der Partnerschaftsgesellschaft enthalten sein müssen. Des Weiteren bestimmt § 22a Abs. 1 S. 1 MBO-Ä, dass bei Berufsausübungsgemeinschaften von Ärzten die Namen und Arztbezeichnungen aller in der Gemeinschaft zusammengeschlossenen Ärzte anzuzeigen sind. Gemäß § 22a Abs. 1 S. 3 MBO-Ä ist die Fortführung des Namens eines nicht mehr berufstätigen, eines ausgeschiedenen oder eines verstorbenen Partners unzulässig[468]. Ferner legt § 22a Abs. 1 S. 4 MBO-Ä fest, dass für jeden Partner zusätzlich der Praxissitz anzugeben ist, wenn eine Berufsausübungsgemeinschaft gemäß Kap. D II Nr. 8 MBO-Ä mehrere Praxissitze hat. Es könnte zu erwägen sein, diese Bestimmungen auf Versorgungsnetze anzuwenden, die eine gemeinschaftliche Berufsausübung der Leistungserbringer beinhalten. Die in § 22a Abs. 1 MBO-Ä aufgestellten Anforderungen richten sich ihrem Wortlaut nach jedoch ausschließlich auf die ärztliche Gemeinschaftspraxis und die Ärztepartnerschaft nach Kap. D II Nr. 8 MBO-Ä, nicht hingegen auf den Versorgungsverbund nach Kap. D II Nr. 11 MBO-Ä. Zudem wäre die Verpflichtung zur Anzeige der Namen und der Praxissitze sämtlicher Kooperationspartner insbesondere bei größeren Versorgungsverbünden mit bis zu Hunderten von Mitgliedern kaum praktikabel, so dass eine entsprechende Anwendung der für die Ärztepartnerschaft geltenden Vorschriften auch unter teleologischen Gesichtspunkten abzulehnen ist. Demzufolge richten sich die berufsrechtlichen Anforderungen an den Namen vernetzter Kooperationsformen ausschließlich nach der Spezialnorm des § 22a Abs. 4 MBO-Ä, die keine über die gesellschaftsrechtliche Vorschrift in § 2 Abs. 1 S. 1 PartGG hinausgehenden Voraussetzungen enthält.

---

468 Eingehend dazu *Eisenberg*, Ärztliche Kooperations- und Organisationsformen, S. 150 ff.; *Schirmer*, MedR 1995, 341, 344, 349.

Nach außen wird die Partnerschaftsgesellschaft, die kraft Gesetzes als Außengesellschaft ausgestaltet ist, nicht bereits mit dem Abschluss des Partnerschaftsvertrages, sondern gemäß § 7 Abs. 1 PartGG erst mit ihrer Eintragung in das Partnerschaftsregister wirksam. Im Verhältnis zu Dritten hat die Eintragung somit konstitutive Wirkung[469]. Die Anmeldung und Eintragung der Partnerschaftsgesellschaft in das Partnerschaftsregister richten sich nach den in §§ 4 f. PartGG gestellten Anforderungen.

*g. Praktische Eignung der Partnerschaftsgesellschaft*

Insbesondere bei größeren Versorgungsverbünden liegt ein Vorteil der Partnerschaftsgesellschaft in ihrer strukturellen Organisation, die gegenüber der Gesellschaft bürgerlichen Rechts bereits von Gesetzes wegen einen höheren Grad der Verfestigung aufweist[470]. Bei der Gründung einer vernetzten Kooperation in der Rechtsform einer Partnerschaftsgesellschaft sind daher gesellschaftsvertragliche Abweichungen vom gesetzlich vorgesehenen Organisationsgefüge nur in geringem Maße erforderlich. So normiert § 6 Abs. 3 PartGG in Verbindung mit § 115 Abs. 1 HGB den Grundsatz der Einzelgeschäftsführung im Gegensatz zum Prinzip der Gesamtgeschäftsführung nach § 709 Abs. 1 BGB. Parallel dazu legt § 7 Abs. 3 PartGG in Verbindung mit § 125 Abs. 1 HGB den Grundsatz der Einzelvertretungsbefugnis der Partner fest, während bei der Gesellschaft bürgerlichen Rechts grundsätzlich das Prinzip der Gesamtvertretungsbefugnis der Gesellschafter gilt. Des Weiteren sehen die gesetzlichen Regelungen zur Partnerschaftsgesellschaft vor, dass solche Gründe, die ausschließlich in der Person eines einzelnen Gesellschafters begründet sind, nicht zur Auflösung der Gesellschaft, sondern lediglich zum Ausscheiden des betreffenden Partners führen. Daher bleibt der Fortbestand der Partnerschaftsgesellschaft anders als bei der Gesellschaft bürgerlichen Rechts bereits von Gesetzes wegen von dem Tod eines Gesellschafters, der Eröffnung des Insolvenzverfahrens über das Vermögen eines Gesellschafters, der Kündigung eines Gesellschafters oder der Kündigung durch den Privatgläubiger eines Gesellschafters nach § 9 Abs. 1 PartGG in Verbindung mit § 131 Abs. 3 HGB unberührt. Das gleiche gilt bei Eingreifen des besonderen Ausschließungstatbestandes nach § 9 Abs. 3 PartGG, demzufolge ein Partner aus der Partnerschaftsgesellschaft ausscheidet, wenn er eine erforderliche Zulassung zu dem freien Beruf, den er in der Gesellschaft ausübt, verliert. Demgegenüber kann auch bei der Partnerschaftsgesellschaft eine gesellschaftsvertragliche Abweichung von dem Grundsatz der Einstimmigkeit bei Gesellschafterbeschlüssen nach § 6 Abs. 3 PartGG in Verbindung mit § 119 Abs. 1 HGB ratsam sein, um insbesondere bei größeren Versorgungsverbünden mit einer hohen Anzahl von Kooperationspartnern eine Blockade erforderlicher Gesellschafterbeschlüsse zu verhindern.

---

469 Hierzu *Bösert/ Braun/ Jochem*, Leitfaden zur Partnerschaftsgesellschaft, S. 153 f.; *Franke*, Die Ärzte-Partnerschaft, S. 93 f.; *Henssler*, Partnerschaftsgesellschaftsgesetz, § 7, Rn. 2 ff.; *Krieger*, MedR 1995, 95, 96; *Michalski/ Römermann*, PartGG, § 7, Rn. 1 ff.

470 Vgl. auch *Ganster*, Freier Beruf und Kapitalgesellschaft, S. 414; *Michalski/ Römermann*, PartGG, § 9, Rn. 5.

Nachteilig wirkt sich die Beschränkung des persönlichen Anwendungsbereichs der Partnerschaftsgesellschaft auf natürliche Personen aus, die insbesondere stationäre Versorgungseinrichtungen in der Rechtsform einer juristischen Person von der Mitwirkung ausschließt. Angesichts der besonderen Bedeutung interdisziplinärer und intersektoraler Zusammenarbeit unter Einbeziehung des stationären Leistungssektors führt diese Begrenzung in der Rechtspraxis zu einer erheblichen Einschränkung der Tauglichkeit der Partnerschaftsgesellschaft bei der Errichtung vernetzter Kooperationsformen.

### *III. Körperschaften*

Im Gegensatz zu den Personengesellschaften sind die körperschaftlich verfassten Rechtsformen durch eine gegenüber den einzelnen Gesellschaftern verselbstständigte Verbandsstruktur geprägt[471]. Es handelt sich dabei regelmäßig, wenn auch nicht durchgängig um juristische Personen des Privatrechts[472]; eine Ausnahme bildet insofern der nicht rechtsfähige Verein im Sinne des § 54 BGB, der unabhängig von seiner fehlenden juristischen Verselbstständigung den Körperschaften zuzuordnen ist[473]. Im Vorfeld der Untersuchung der einzelnen für die Errichtung vernetzter Kooperationsformen in Betracht kommenden Körperschaften sind daher zunächst die grundsätzlichen Fragen nach der Zulassung juristischer Personen zur vertragsärztlichen Versorgung und der berufsrechtlichen Zulässigkeit medizinischer Kooperationen in der Rechtsform einer juristischen Person aufzuwerfen.

#### *1. Zulassung juristischer Personen zur vertragsärztlichen Versorgung*

Juristische Personen des privaten und des öffentlichen Rechts werden seit jeher zur stationären Versorgung in der gesetzlichen Krankenversicherung zugelassen[474]. Anders stellt sich die Rechtslage im vertragsärztlichen Bereich dar. Ohne weiteres zulässig ist nach § 98 Abs. 2 Nr. 13 SGB V in Verbindung mit § 33 Abs. 1 S. 1 Ärzte-ZV die gemeinsame Nutzung von Praxisräumen und Praxiseinrichtungen sowie die gemeinsame Beschäftigung von Hilfspersonal durch mehrere Ärzte in der Rechtsform einer juristischen Person. Danach bedürfen ärztliche Organisationsgemeinschaften unabhängig von der zugrunde liegenden Rechtsform keiner Zulassung zur gesetzlichen Krankenversicherung, da eine Zusammenarbeit der Vertragsärzte bei der eigentlichen Leistungserbringung nicht stattfindet. Vom ärztlichen Zulassungsrecht unberührt ist folglich die Errichtung vernetzter Kooperationsformen zur Schaffung der organisatorischen Rah-

---

471 Zur Abgrenzung zwischen Personengesellschaften und Körperschaften bereits S. 123 f.

472 Vgl. §§ 21, 22 BGB zum rechtsfähigen Verein, § 13 Abs. 1 GmbHG zur Gesellschaft mit beschränkter Haftung, § 1 Abs. 1 S. 1 AktG zur Aktiengesellschaft, § 278 Abs. 1 AktG zur Kommanditgesellschaft auf Aktien sowie § 17 Abs. 1 GenG zur eingetragenen Genossenschaft.

473 Zum Verhältnis von Körperschaft und juristischer Person *Schmidt*, Gesellschaftsrecht, § 22 I 2.

474 Vgl. § 108 in Verbindung mit § 107 Abs. 1 SGB V für die Zulassung von Krankenhäusern und § 111 in Verbindung mit § 107 Abs. 2 SGB V für die Zulassung stationärer Vorsorge- und Rehabilitationseinrichtungen.

menbedingungen der Berufsausübung in der Rechtsform einer juristischen Person[475]. Problematisch ist dagegen die Zulassung von Gemeinschaften zur Berufsausübung in der Rechtsform einer juristischen Person zur vertragsärztlichen Versorgung.

### a. *Rechtslage bis zum Inkrafttreten des Gesetzes zur Modernisierung der gesetzlichen Krankenversicherung*

Die Möglichkeit der Teilnahme an der vertragsärztlichen Versorgung war gemäß § 95 Abs. 1 S. 1 SGB V in der Fassung vor Inkrafttreten des Gesetzes zur Modernisierung der gesetzlichen Krankenversicherung vom 19. November 2003[476] auf zugelassene und ermächtigte Ärzte sowie ermächtigte ärztlich geleitete Einrichtungen beschränkt. Danach war die Zulassung einer medizinischen Versorgungseinrichtung in der Rechtsform einer juristischen Person nicht vorgesehen[477]. Für eine Zulassung der Ärzte selbst verlangt § 98 Abs. 2 Nr. 13 SGB V in Verbindung mit § 32 Abs. 1 S. 1 Ärzte-ZV eine persönliche Erbringung der vertragsärztlichen Leistungen in freier Praxis. Diese setzt nach herrschender Auffassung die Unterhaltung einer eigenen Arztpraxis durch den Vertragsarzt voraus[478]. Fraglich ist, ob diese Zulassungsvoraussetzung im Falle eines ärztlichen Zusammenschlusses in der Rechtsform einer juristischen Person erfüllt ist. Insofern ist zwischen zwei unterschiedlichen Gestaltungsformen ärztlicher Kooperation zu differenzieren. Zum einen kommt die Gründung einer Ärztegesellschaft in Betracht, bei der es sich um eine unternehmerische Kooperation von Ärzten handelt, die sich zur Berufsausübung in der Rechtsform einer juristischen Person zusammengeschlossen haben. Zum anderen können nichtärztliche Unternehmer eine Heilkundegesellschaft betreiben, die Ärzte im Anstellungsverhältnis zur Erbringung der heilkundlichen Dienstleistungen beschäftigt und die tatsächlichen Rahmenbedingungen für deren berufliche Betätigung

---

475 Unzutreffend ist daher die Annahme von *Dierks*, Rechtliche und praktische Probleme der Integration von Telemedizin, S. 48 sowie *Graefe/ Zieglwalner*, Rechtliche Grundlagen und Strukturen bei Praxisnetzen, S. 7, die Gründung eines Praxisverbundes in der Rechtsform einer Kapitalgesellschaft komme wegen der fehlenden Möglichkeit einer Zulassung zur vertragsärztlichen Versorgung generell nicht in Betracht.

476 BGBl. I 2003, S. 2190.

477 Eine Ausnahme galt gemäß § 311 Abs. 2 SGB V für die am 01. Oktober 1992 bestehenden Gesundheitseinrichtungen und Fachambulanzen im Beitrittsgebiet, vgl. Schnapp/ Wigge-*Schnath*, Handbuch des Vertragsarztrechts, § 5, Rn. 20. Demgegenüber hat das Bundessozialgericht entschieden, dass juristische Personen eine Zulassung als Heilmittelerbringer gemäß § 124 SGB V erhalten können, vgl. *BSG* SozR 3-2500, Nr. 2 zu § 124 SGB V, 12 ff.; NJW 1996, 3228, 3229; dazu *Ganster*, Freier Beruf und Kapitalgesellschaft, S. 155 f.

478 *Bösert/ Braun/ Jochem*, Leitfaden zur Partnerschaftsgesellschaft, S. 41; *Ganster*, Freier Beruf und Kapitalgesellschaft, S. 607; *Henssler*, ZIP 1994, 844, 847; *Katzenmeier*, MedR 1998, 113, 118; *Laufs*, MedR 1995, 11, 16; *Taupitz*, NJW 1992, 2317, 2318; *ders.*, VersR 1992, 1064 f.; vgl. auch *Eisenberg*, Ärztliche Kooperations- und Organisationsformen, S. 292 f., 311 ff. sowie *Weber/ Vogt-Weber*, ArztR 1997, 179, 184 f., die allerdings für eine Neuorientierung dahingehend plädieren, dass das Merkmal der „freien Praxis“ bereits dann als erfüllt anzusehen ist, wenn die Satzung der juristischen Person die weisungsunabhängige und eigenverantwortliche Tätigkeit der für sie tätigen Ärzte im Bereich der eigentlichen Heilbehandlung gewährleistet.

schafft[479]. Zweifellos unterhalten die bei einer Heilkundegesellschaft angestellten Ärzte keine eigene Arztpraxis. Doch auch im Falle einer unternehmerischen Beteiligung der Ärzte ist die juristische Person Praxisinhaberin, während die für sie tätigen Ärzte lediglich deren Gesellschafter sind. Eine Zulassung der für die juristische Person tätigen Ärzte zur vertragsärztlichen Versorgung kommt danach weder bei der Ärztegesellschaft noch bei der Heilkundegesellschaft in Betracht[480]. Des Weiteren ist die Ermächtigung einer ärztlich geleiteten Einrichtung gemäß § 98 Abs. 2 Nr. 11 SGB V in Verbindung mit § 31 Abs. 1 Ärzte-ZV nur zur Abwendung einer bestehenden oder unmittelbar drohenden Unterversorgung oder zur Versorgung eines begrenzten Personenkreises möglich. Die Ermächtigung einer juristischen Person kommt daher nur in Ausnahmefällen in Betracht, wenn die vertragsärztliche Versorgung nicht durch zugelassene Leistungserbringer sicherzustellen ist[481]. Mangels Teilnahmemöglichkeit juristischer Personen an der vertragsärztlichen Versorgung war eine Abrechnung ärztlicher Leistungen gegenüber der gesetzlichen Krankenversicherung somit grundsätzlich nicht möglich[482]. Bis zum Inkrafttreten des Gesetzes zur Modernisierung der gesetzlichen Krankenversicherung war deshalb die Errichtung vernetzter Kooperationsformen, deren Gesellschaftszweck eine gemeinsame Berufsausübung der Leistungserbringer innerhalb der vertragsärztlichen Versorgung einschließt, in der Rechtsform einer juristischen Person regelmäßig ausgeschlossen[483].

---

479 Vgl. *Hart*, JURA 2000, 14, 16 f.; *Katzenmeier*, MedR 1998, 113, 114; *Laufs*, MedR 1995, 11, 12; *Taupitz*, NJW 1996, 3033, 3034.

480 *Bösert/ Braun/ Jochem*, Leitfaden zur Partnerschaftsgesellschaft, S. 41; *Ganster*, Freier Beruf und Kapitalgesellschaft, S. 607; *Henssler*, ZIP 1994, 844, 847; *Katzenmeier*, MedR 1998, 113, 118; *Laufs*, MedR 1995, 11, 16; *Taupitz*, NJW 1992, 2317, 2318; *ders.*, VersR 1992, 1064 f.; a. A. *Hildebrandt*, Entwicklungen und Rechtsprobleme freiberuflicher Zusammenschlüsse, S. 165 und *Lange*, ZMGR 2003, 18, 21 f., denen zufolge die Zulassungsvoraussetzung „in freier Praxis“ erfüllt ist, sofern die für die juristische Person tätigen Ärzte zugleich deren Gesellschafter sind.

481 *Bösert/ Braun/ Jochem*, Leitfaden zur Partnerschaftsgesellschaft, S. 41; *Eisenberg*, Ärztliche Kooperations- und Organisationsformen, S. 291 f.; *Ganster*, Freier Beruf und Kapitalgesellschaft, S. 607; *Henssler*, ZIP 1994, 844, 847; *Hildebrandt*, Entwicklungen und Rechtsprobleme freiberuflicher Zusammenschlüsse, S. 164; *Katzenmeier*, MedR 1998, 113, 118; *Lange*, ZMGR 2003, 18, 21; *Laufs*, MedR 1995, 11, 16; *Taupitz*, NJW 1992, 2317, 2318 f.; *ders.*, VersR 1992, 1064, 1065; *Weber/ Vogt-Weber*, ArztR 1997, 179, 185.

482 Lediglich am Rande soll hier darauf hingewiesen werden, dass wegen der Beschränkung der Kostenerstattung auf Leistungen niedergelassener approbierter Ärzte und Zahnärzte gemäß § 4 Abs. 2 S. 1 MBKK auch die Abrechnung gegenüber privaten Krankenversicherungen problematisch ist; vgl. hierzu *BGHZ* 70, 158, 160 ff.; *OLG Hamm* NJW 1993, 801 f.; *OLG Düsseldorf* VersR 1994, 207 f.; *Bösert/ Braun/ Jochem*, Leitfaden zur Partnerschaftsgesellschaft, S. 41; *Dreher*, VersR 1995, 245 ff.; *Eisenberg*, Ärztliche Kooperations- und Organisationsformen, S. 293 f., 316 ff.; *Ganster*, Freier Beruf und Kapitalgesellschaft, S. 608 f.; *Hildebrandt*, Entwicklungen und Rechtsprobleme freiberuflicher Zusammenschlüsse, S. 160 ff.; *Katzenmeier*, MedR 1998, 113, 118; Kooperationsformen Freie Berufe-*Schneider*, C 2, Rn. 128; *Taupitz*, VersR 1992, 1064, 1066 f.; Laufs/ Uhlenbruck-*Uhlenbruck/ Schlund*, Handbuch des Arztrechts, § 18, Rn. 14; *Weber/ Vogt-Weber*, ArztR 1997, 179, 183 f. mit weiteren Nachweisen.

483 Vgl. auch *Becker*, NZS 2001, 505, 512; *Pranschke-Schade*, Arzt & Wirtschaft 2001, 62.

*b. Einführung medizinischer Versorgungszentren durch das Gesetz zur Modernisierung der gesetzlichen Krankenversicherung*

Seit der Neufassung des § 95 Abs. 1 SGB V durch das Gesetz zur Modernisierung der gesetzlichen Krankenversicherung können nunmehr auch medizinische Versorgungszentren zur vertragsärztlichen Versorgung zugelassen werden, die die erbrachten ärztlichen Leistungen eigenständig gegenüber der gesetzlichen Krankenversicherung abrechnen können. Es handelt sich gemäß § 95 Abs. 1 S. 2 SGB V um fachübergreifende ärztlich geleitete Einrichtungen, in denen Ärzte, die in das Arztregister nach § 95 Abs. 2 S. 3 Nr. 1 SGB V eingetragen sind, als Angestellte oder Vertragsärzte tätig sind[484].

*aa. Trägerschaft*

Medizinische Versorgungszentren können gemäß § 95 Abs. 1 S. 3, 2. Hs. SGB V von den Leistungserbringern, die auf Grund von Zulassung, Ermächtigung oder Vertrag an der medizinischen Versorgung der Versicherten teilnehmen, gegründet werden. Danach dürfen nicht nur Vertragsärzte, sondern sämtliche im System der gesetzlichen Krankenversicherung tätigen Leistungserbringer wie etwa zugelassene Krankenhäuser, Heil- und Hilfsmittelerbringer oder Apotheken ein medizinisches Versorgungszentrum betreiben[485]. Anders als im stationären Leistungssektor ist eine Gründung durch andere Personen oder Einrichtungen dagegen nicht möglich. Unzulässig ist insbesondere der Betrieb eines medizinischen Versorgungszentrums durch externe Managementgesellschaften. Unproblematisch ist demgegenüber die Gründung einer Trägergesellschaft, die dem medizinischen Versorgungszentrum die erforderlichen Betriebsmittel auf der Grundlage von Verträgen über eine Nutzungsüberlassung oder Vermietung zur Verfügung stellt, ohne dabei Einfluss auf die medizinischen Versorgungsabläufe im Versorgungszentrum und dessen wirtschaftliche Betätigung zu nehmen[486]. Regelungszweck dieser personellen Beschränkung ist die Sicherstellung einer primär an medizinischen Gesichtspunkten orientierten Leitung der Versorgungszentren. Aus diesem Grund ordnet § 95 Abs. 6 S. 2 SGB V die Entziehung der Zulassung an, wenn nach der Gründung eines medizinischen

484 Vorläufer der neu eingeführten medizinischen Versorgungszentren sind die früheren Polikliniken aus den neuen Bundesländern. Die Verwandtschaft beider Versorgungseinrichtungen spiegelt sich auch in § 311 Abs. 2 S. 2 SGB V wider, wonach auf die im Beitrittsgebiet bestehenden ärztlich geleiteten kommunalen, staatlichen und freigemeinnützigen Gesundheitseinrichtungen einschließlich der Einrichtungen des Betriebsgesundheitswesens (Polikliniken, Ambulatorien, Arztpraxen) sowie auf diabetologische, nephrologische, onkologische und rheumatologische Fachambulanzen die für medizinische Versorgungszentren geltenden Vorschriften entsprechende Anwendung finden.

485 *Degener-Hencke*, NZS 2003, 629, 630; *Orlowski/ Wasem*, Gesundheitsreform 2004, S. 84; *Scholz*, GesR 2003, 369, 372; *Wigge*, MedR 2004, 123, 130 ff. Zur Vereinbarkeit des Betriebs eines medizinischen Versorgungszentrums durch Apotheker mit dem Zuweisungsverbot nach § 11 Abs. 1 S. 1 ApothekenG *Wigge*, MedR 2004, 123, 132 f.

486 Vgl. *Wigge*, MedR 2004, 123, 129 f., 133.

Versorgungszentrums andere Personen oder Institutionen als die im System der gesetzlichen Krankenversicherung tätigen Leistungserbringer als Gesellschafter hinzutreten[487].

*bb. Ärztegesellschaften und Heilkundegesellschaften*

Nach der gesetzlichen Konzeption medizinischer Versorgungszentren können diese zum einen als Ärztegesellschaften ausgestaltet sein, bei denen Vertragsärzte als Gesellschafter beteiligt sind und zugleich bei der Patientenversorgung für das Versorgungszentrum tätig werden[488]. Zum anderen können medizinische Versorgungszentren als Heilkundegesellschaften errichtet werden, die von nichtärztlichen Leistungserbringern betrieben werden und ihre vertragsärztlichen Leistungen durch angestellte Ärzte erbringen. Gemäß § 32b Abs. 1 S. 2 Ärzte-ZV findet die für niedergelassene Vertragsärzte geltende Beschränkung der Beschäftigung angestellter Ärzte auf einen ganztags beschäftigten Arzt oder zwei halbtags beschäftigte Ärzte desselben Fachgebietes nach § 32b Abs. 1 S. 1 Ärzte-ZV insofern keine Anwendung. Möglich ist ferner eine Kombination beider Gestaltungsformen, bei der die Versorgungsleistungen gegenüber den Patienten sowohl von vertragsärztlichen Gesellschaftern des Versorgungszentrums als auch von angestellten Ärzten erbracht werden. Unabhängig von der gewählten Konstellation bedarf es stets einer ärztlichen Leitung der Einrichtung, so dass die für das medizinische Versorgungszentrum tätigen Ärzte auch im Falle einer Heilkundegesellschaft keinen fachlichen Weisungen der nichtärztlichen Betreiber unterliegen[489].

*cc. Fachübergreifende Versorgung*

Gemäß § 95 Abs. 1 S. 2 SGB V müssen medizinische Versorgungszentren fachübergreifend tätig sein. Die für die Einrichtung tätigen Ärzte müssen daher mindestens zwei unterschiedlichen Fachrichtungen im Sinne der Weiterbildungsordnungen der Ärztekammern angehören[490]. Nach der amtlichen Begründung zum Gesetzentwurf können

487 Eingehend dazu *Wigge*, MedR 2004, 123, 130 ff.; vgl. auch die amtliche Begründung zum Gesetzentwurf, BT-Drs. 15/ 1525, S. 108. Verfassungsrechtliche Zweifel an dieser Begrenzung äußert *Scholz*, GesR 2003, 369, 372.

488 In dieser Konstellation, die in § 95 Abs. 1 S. 2 SGB V ausdrücklich angesprochen wird, stellt sich allerdings die bislang ungelöste Problematik, dass der für das medizinische Versorgungszentrum tätige Vertragsarzt insoweit nicht die Zulassungvoraussetzung der Berufsausübung in freier Praxis gemäß § 32 Abs. 1 S. 1 SGB V erfüllt. Verlöre der Vertragsarzt jedoch aufgrund seiner Teilnahme am medizinischen Versorgungszentrum seine vertragsärztliche Zulassung, wäre gemäß § 95 Abs. 6 S. 2 SGB V auch dem Versorgungszentrum die Zulassung zu entziehen. Bei konsequenter Normanwendung hätte diese zirkelschlüssige Regelungsstruktur daher die vom Gesetzgeber nicht beabsichtigte Ausschließung der Vertragsärzte von einer Gesellschafterstellung in medizinischen Versorgungszentren zur Folge. Siehe zur mangelnden Vereinbarkeit der Tätigkeit von Vertragsärzten in medizinischen Versorgungszentren mit den zulassungsrechtlichen Rahmenbedingungen auch *Wigge*, MedR 2004, 123, 126 f., demzufolge es sich bei dieser Gestaltungsmöglichkeit letztlich um einen „Etikettenschwindel" handelt.

489 Zum Begriff der ärztlich geleiteten Einrichtung *Wigge*, MedR 2004, 123, 126.

490 Dazu *Wigge*, MedR 2004, 123, 125 f.

sich darüber hinaus auch nichtärztliche Leistungserbringer aus der gesetzlichen Krankenversicherung den Versorgungszentren anschließen und in enger Abstimmung mit den dort tätigen Ärzten Versorgungsleistungen erbringen[491]. Mit Blick auf die Beschränkung der Zulassung medizinischer Versorgungszentren auf die vertragsärztliche Versorgung ist allerdings davon auszugehen, dass sich diese Möglichkeit einer interdisziplinären Gestaltung auf die Gründung organisatorischer Zusammenschlüsse unterhalb der Schwelle zur gemeinschaftlichen Leistungserbringung beschränkt[492].

*dd. Bindung der Zulassung an den Vertragsarztsitz*

Die Zulassung eines medizinischen Versorgungszentrums erfolgt nach § 95 Abs. 1 S. 4 SGB V durch den Zulassungsausschuss für den Ort der Niederlassung, den sogenannten Vertragsarztsitz[493]. Dieser richtet sich allein nach dem Ort der Betriebsstätte und ist daher von dem Sitz der Niederlassung der Gründer unabhängig[494]. Die Niederlassung ist postalisch auf eine konkrete Praxisanschrift bezogen[495], so dass eine Zulassung überörtlicher medizinischer Versorgungszentren auch innerhalb eines Planungsbereichs nicht möglich ist. Die Erbringung vertragsärztlicher Leistungen an einem anderen Ort als dem der Niederlassung kommt nur durch die Errichtung von Zweigpraxen in Betracht, zu deren Zulässigkeit es jedoch einer Genehmigung durch die zuständige Kassenärztliche Vereinigung bedarf[496]. Daher ist auch die gemeinsame Berufsausübung von Leistungserbringern eines Versorgungsverbundes in einem von ihnen gegründeten medizinischen Versorgungszentrum unter Beibehaltung ihrer bisherigen Praxissitze nur ausnahmsweise möglich, wenn die Genehmigung einer Zweigpraxis zur Sicherung einer ausreichenden vertragsärztlichen Versorgung der Versicherten notwendig ist. Angesichts der für die Kooperation in vernetzten Kooperationsformen typischen räumlichen Trennung der

---

491 Amtliche Begründung zum Gesetzentwurf, BT-Drs. 15/ 1525, S. 108; dazu *Degener-Hencke*, NZS 2003, 629, 630; *Orlowski/ Wasem*, Gesundheitsreform 2004, S. 83.

492 Vgl. *Scholz*, GesR 2003, 369, 371; a. A. wohl *Wigge*, MedR 2004, 123, 126, der freilich auf diese Begrenzung des Zulassungsbereichs medizinischer Versorgungszentren hinweist.

493 Vgl. auch § 24 Abs. 1 Ärzte-ZV, der allerdings nicht an die Neufassung des § 95 Abs. 1 SGB V durch das Gesetz zur Modernisierung der gesetzlichen Krankenversicherung angepasst worden ist.

494 Vgl. die amtliche Begründung zum Gesetzentwurf, BT-Drs. 15/ 1525, S. 108.

495 *BSGE* 77, 188, 189; Kasseler Kommentar-*Hess*, § 95 SGB V, Rn. 53; *Ratzel*, MedR 2002, 492, 495; *ders./ Lippert*, Kommentar zur MBO, § 17, Rn. 2; *Schiller*, NZS 1997, 103, 105; *Wigge*, MedR 2004, 123, 128; a. A. *Rigizahn*, NZS 1999, 427, 428: „„regional sachgerechte Abgrenzung' des Vertragsarztsitzes als des planerisch erfassten örtlichen Wirkungskreises des Vertragsarztes (etwa: Stadtteil; Neubaugebiet; bestimmte Straßenzüge u.ä.)"; noch weiter gehend *Schneider*, Handbuch des Kassenarztrechts, Rn. 847: „'Ort' im Sinne der vorgenannten Regelungen ist die Ortschaft und damit die kleinste Verwaltungseinheit".

496 *BSGE* 77, 188 ff.; *Schiller*, NZS 1997, 103, 105 ff.; *Wigge*, MedR 2004, 123, 128; vgl. auch die amtliche Begründung zum Gesetzentwurf, BT-Drs. 15/ 1525, S. 108. Ein entsprechendes Verbot mit Erlaubnisvorbehalt normiert das ärztliche Berufsrecht, demzufolge die Führung einer Zweigpraxis eine Genehmigung durch die zuständige Ärztekammer erfordert, vgl. § 18 Abs. 1 MBO-Ä. Dazu *Ratzel*, MedR 2002, 492, 495 f.; *ders./ Lippert*, Kommentar zur MBO, § 18, Rn. 1 ff.; *Schiller*, NZS 1997, 103, 106; Laufs/ Uhlenbruck-*Uhlenbruck/ Schlund*, Handbuch des Arztrechts, § 18, Rn. 15 ff.

Praxissitze der teilnehmenden Leistungserbringer führt die Bindung der Zulassung an den Vertragsarztsitz somit zu einer eingeschränkten Nutzbarkeit medizinischer Versorgungszentren für die Verbundteilnehmer.

#### *ee. Gesellschaftsrechtliche Organisationsformen*

Die medizinischen Versorgungszentren können sich gemäß § 95 Abs. 1 S. 3, 1. Hs. SGB V aller zulässigen Organisationsformen bedienen. In der amtlichen Begründung wird hierzu ausgeführt, dass als Rechtsformen sowohl die juristischen Personen als auch die Gesamthandsgemeinschaften in Betracht kommen[497]. Bei dieser im Ansatz zutreffenden Feststellung findet allerdings keine Erwähnung, dass die rechtsformbezogene Wahlfreiheit den durch das ärztliche Berufsrecht und das Gesellschaftsrecht gezogenen Grenzen unterliegt[498]. Gemäß § 33 Abs. 2 S. 4 Ärzte-ZV ist die Genehmigung gemeinsamer Ausübung vertragsärztlicher Tätigkeit zu untersagen, wenn eine Beeinträchtigung der Versorgung der Versicherten zu befürchten ist oder landesrechtliche Vorschriften über die ärztliche Berufsausübung entgegenstehen. Insofern normiert das Sozialrecht einen berufsrechtlichen Vorbehalt, der auch aus der Formulierung „aller *zulässigen* Organisationsformen" in § 95 Abs. 1 S. 3, 1. Hs. SGB V hervorgeht[499]. Die Vereinbarkeit medizinischer Kooperationen in der Rechtsform einer juristischen Person mit den landesrechtlichen Bestimmungen über die ärztliche Berufsausübung ist jedoch Gegenstand heftiger Kontroversen innerhalb der Rechtsprechung und Literatur und daher keineswegs unproblematisch. Für die abschließende Beantwortung der Frage, welche Organisationsformen einem medizinischen Versorgungszentrum zugrunde gelegt werden dürfen, ist daher eine Auseinandersetzung mit den einschlägigen berufsrechtlichen Vorschriften erforderlich. Darüber hinaus sind die dem Gesellschaftsrecht immanenten Grenzen zu beachten, die die Freiheit der Rechtsformenwahl bei der Errichtung medizinischer Versorgungszentren ebenfalls beschränken.

### *2. Berufsrechtliche Zulässigkeit medizinischer Kooperationen in der Rechtsform einer juristischen Person*

Ungeachtet der Fülle einschlägiger Gerichtsentscheidungen und Publikationen der letzten Jahrzehnte ist nach wie vor heftig umstritten, ob und inwieweit sich Ärzte und Angehörige anderer Heilberufe zur Erbringung heilkundlicher Leistungen in der Rechtsform einer juristischen Person des Privatrechts zusammenschließen dürfen. Unproblematisch zulässig ist nach einhelliger Auffassung der in der Praxis häufig anzutreffende

---

497 Amtliche Begründung zum Gesetzentwurf, BT-Drs. 15/ 1525, S. 107.

498 Ebenso *Scholz*, GesR 2003, 369, 372 f.

499 Anders jedoch *Wigge*, MedR 2004, 123, 124 f., der von einem Verstoß der sozialgesetzlichen Regelung gegen die landesrechtlichen Vorgaben im ärztlichen Berufsrecht ausgeht, ohne die Frage nach der bundesgesetzlichen Regelungskompetenz zur Einführung medizinischer Versorgungszentren in der Rechtsform einer juristischen Person letztlich zu entscheiden.

Betrieb von Krankenhäusern und anderen stationären Versorgungseinrichtungen in dieser Organisationsform[500]. Im Gegensatz dazu begegnet nach überkommener Auffassung der Zusammenschluss von medizinischen Leistungserbringern in der Rechtsform einer juristischen Person im ambulanten Leistungssektor erheblichen standesrechtlichen Bedenken. Die Erbringung ärztlicher Leistungen durch eine juristische Person widerspreche der in § 1 Abs. 2 BÄO gesetzlich verankerten Freiberuflichkeit des Arztes[501] und der damit verbundenen Vorstellung von der Ausübung des ärztlichen Berufs in freier Praxis. Durch die Wahl der Rechtsform einer juristischen Person gerate die ärztliche Berufsausübung in die Nähe einer gewerblichen Tätigkeit, die mit dem Berufsbild des Arztes nicht vereinbar sei und eine Gefährdung der ärztlichen Unabhängigkeit mit sich bringe. Soweit die Ausübung ärztlicher Heilkunde in der Rechtsform einer juristischen Person nicht explizit durch Gesetz – vergleichbar den berufsrechtlichen Vorschriften über die Berufsausübung anderer Freiberufler, namentlich der Steuerberater, Wirtschaftsprüfer und der Rechtsanwälte in Kapitalgesellschaften[502] – gestattet werde, sei diese folglich als grundsätzlich unzulässig anzusehen[503].

### *a. Zulässigkeit des Zusammenschlusses bei fehlender Verbotsnorm*

Dagegen hat der *Bundesgerichtshof* in einem Urteil vom 25. November 1993 entschieden, dass die Ausübung zahnärztlicher Tätigkeit in einer Gesellschaft mit beschränkter Haftung nicht bereits deshalb unzulässig ist, weil eine ausdrückliche Regelung ihrer Zulässigkeit fehlt[504]. Unter Geltung des Grundrechts auf freie Berufswahl gemäß

---

500 *Ehmann*, MedR 1994, 141, 142; *Eisenberg*, Ärztliche Kooperations- und Organisationsformen, S. 47 f.; *Hart*, JURA 2000, 14, 17; *Hildebrandt*, Entwicklungen und Rechtsprobleme freiberuflicher Zusammenschlüsse, S. 101; *Lüke-Rosendahl*, Der Beruf des Arztes unter besonderer Berücksichtigung der ärztlichen Kooperationen, S. 159; *Taupitz*, NJW 1992, 2317, 2318; *ders.*, NJW 1996, 3303, 3035 f.; *Werner*, Gemeinschaftliche ärztliche Berufsausübung, S. 287 f.

501 Vgl. auch § 1 Abs. 1 S. 3 MBO-Ä.

502 Vgl. § 49 Abs. 1 StBerG, § 27 Abs. 1 WPO, § 59c Abs. 1 BRAO. Für den Bereich der ambulanten Heilkundetätigkeit durch Ärzte und Zahnärzte, die sich in einer juristischen Person zusammengeschlossen haben oder bei einer solchen angestellt sind, existiert eine ausdrückliche gesetzliche Erlaubnis bislang lediglich für das Bundesland Sachsen-Anhalt, vgl. Fn. 514.

503 Siehe aus der älteren Rechtsprechung und Literatur *AG Saarbrücken* GmbHR 1989, 297 f.; *AG Hannover* GmbHR 1994, 120 f.; *Bayer/ Imberger*, DZWiR 1993, 309, 317; *Kremer*, GmbHR 1983, 259 ff.; Rowedder/ Fuhrmann u. a.-*Rittner*, § 1, Rn. 12; *Stehle*, DStR 1983, 100 ff.; Hachenburg-*Ulmer*, § 1, Rn. 20. *Spitzl*, Die ärztliche Gemeinschaftspraxis, S. 72 hält den Zusammenschluss von Ärzten zu einer juristischen Person für schlechterdings nicht diskutabel; ebenso *Kremer*, GmbHR 1983, 259, 265; ähnlich *Stehle*, DStR 1983, 100, 101, demzufolge die GmbH für Ärzte nach ihren standesrechtlichen Bestimmungen von vornherein ausscheidet.

504 *BGHZ* 124, 224 ff. mit Anmerkung *Taupitz*, MedR 1994, 154 f. unter Bestätigung der vorinstanzlichen Entscheidungen *OLG Düsseldorf* MedR 1992, 46 ff. und *LG Düsseldorf* MedR 1991, 149 ff. Dieses Urteil, das mitunter als „Paukenschlag“ wahrgenommen worden ist (so *Henssler*, ZIP 1994, 844, 845), hatte sich durch die in früheren Entscheidungen zutage getretene Rechtsprechungslinie bereits abgezeichnet, vgl. *BGHZ* 70, 158, 166 ff. (Erbringung ambulanter Heilbehandlung durch eine Aktiengesellschaft); MedR 1992, 328 ff. (Erbringung heilpraktischer Leistungen durch eine Gesellschaft mit beschränkter Haftung); *OLG Celle* MedR 1988, 257 ff. (Erbringung zahnärztlicher Heilkundeleistungen durch eine Gesellschaft mit beschränkter Haftung); *LG Köln* GmbHR 1988, 269 (Erbringung ambulanter Heilbehandlung durch eine Gesellschaft mit beschränkter Haftung). In

Art. 12 Abs. 1 GG, auf das sich die Gesellschaft als nach deutschem Recht gebildete und in Deutschland ansässige juristische Person nach Art. 19 Abs. 3 GG berufen könne, komme es für die Beurteilung ihrer Geschäftstätigkeit nicht maßgeblich darauf an, ob gesetzliche Bestimmungen diese Tätigkeit zulassen; vielmehr sei umgekehrt zu prüfen, ob es rechtliche Regelungen gibt, die eine entsprechende Berufsausübung verbieten und zugleich dem Regelungsvorbehalt des Art. 12 Abs. 1 S. 2 GG genügen[505]. Als mögliche Verbotsnorm in diesem Sinne prüft das Gericht sodann das Approbationserfordernis nach § 1 ZHG, das einen Vorbehalt der Ausübung der Zahnheilkunde durch approbierte Zahnärzte festlegt. Es führt aus, dass diese Vorschrift dem von der Gesellschaft mit beschränkter Haftung gewählten Beruf eines erwerbswirtschaftlichen Unternehmens, das dem Publikum als eigene, vertragsgemäß zu erbringende Leistung ambulante zahnärztliche Behandlungen anbietet, jedenfalls solange nicht entgegen stehe, als sich die Gesellschaft direkter Weisungen oder anderer Einflussnahmen spezifisch fachlicher, behandlungsbezogener Art enthalte. Danach ist der Zahnarztvorbehalt bereits dann beachtet, wenn die unmittelbare Behandlung der Patienten selbst durch angestellte approbierte Zahnärzte vorgenommen wird. Demgegenüber falle die Schaffung der rechtlichen und tatsächlichen Voraussetzungen für die Betätigung der angestellten Zahnärzte selbst nicht unter den Begriff der Ausübung der Zahnheilkunde gemäß § 1 ZHG, so dass es insoweit einer Approbation, die die Gesellschaft als juristische Person auch nicht erhalten könne (vgl. § 2 ZHG), nicht bedürfe[506].

Des Weiteren setzt sich der *Bundesgerichtshof* mit die Frage auseinander, ob es einem gesetzlich oder gewohnheitsrechtlich fixierten Berufsbild widerspricht, wenn zahnärztliche Behandlungen in der gewählten Berufsform angeboten werden. Die Befugnis des Gesetzgebers, die „Berufsbilder" typischer Berufe gesetzlich zu fixieren, könne nämlich dazu führen, dass der Einzelne auf die freie Wahl des so geprägten Berufs beschränkt werde, während ihm die Möglichkeit zu untypischer Betätigung in diesem Bereich verschlossen sei. Im Ergebnis nimmt das Gericht an, dass der Beruf des niedergelassenen Arztes oder Zahnarztes zwar ein durch Rechtstradition und allgemeine gesellschaftliche Anschauung geprägter, typischer Beruf ist, anders als etwa beim Beruf des Apothekers jedoch keine abschließende gesetzliche oder vorkonstitutionelle gewohnheitsrechtliche Festlegung des Berufsbildes zahnheilkundlicher Betätigung existiert. Ohne gesetzliche oder vorkonstitutionelle gewohnheitsrechtliche Normen aber seien die ordentlichen Gerichte nicht befugt, das Recht der freien Berufswahl durch Entwicklung eigener Rechtssätze einzuschränken, auch wenn diese die einschränkenden Regelungen im Interesse der Allgemeinheit für wünschenswert oder gar für notwendig hielten[507].

---

*BGH* MedR 1992, 269, 270 mit Anmerkung *Taupitz* hatte das Gericht demgegenüber offengelassen, ob die Ausübung der ärztlichen Heilkunde ein gesetzlich zulässiger Zweck im Sinne der § 1 GmbHG, § 134 BGB sein könne.

505 *BGHZ* 124, 224, 225.

506 *BGHZ* 124, 224, 225 f.

507 *BGHZ* 124, 224, 226 ff.

Es ist anerkannt, dass diese Rechtsprechung zur Ausübung zahnärztlicher Heilkunde auf die insoweit gleichartige Problematik ärztlicher Berufsausübung gemäß § 2 BÄO übertragbar ist[508]. Soweit nicht die Ausübung ärztlicher Heilkundetätigkeit in der Rechtsform einer juristischen Person explizit durch oder aufgrund eines Gesetzes untersagt wird, ist diese nach den vorstehenden Ausführungen prinzipiell erlaubt.

### *b. Verbote in den Heilberufs- und Kammergesetzen der Bundesländer*

Im Anschluss an die Veröffentlichung der zuvor genannten Entscheidung des *Bundesgerichtshofs* haben zahlreiche Bundesländer Verbotsregelungen in ihre Heilberufs- und Kammergesetze aufgenommen, um die Ausübung heilkundlicher Tätigkeit in der Rechtsform einer juristischen Person des Privatrechts zu untersagen[509]. Ein uneingeschränktes Verbot der Führung einer ärztlichen oder zahnärztlichen[510] Praxis in der Rechtsform einer juristischen Person wurde in Bayern, Sachsen und Schleswig-Holstein durch formelles Landesgesetz erlassen[511]. Demgegenüber binden die Heilberufs- und Kammergesetze der Bundesländer Berlin, Brandenburg, Niedersachsen, Nordrhein-Westfalen, Rheinland-Pfalz und Schleswig-Holstein die Ausübung ambulanter ärztlicher Tätigkeit an die Niederlassung in eigener Praxis[512]. Teilweise ist vorgesehen, dass die berufsständigen Kammern in besonderen Einzelfällen Ausnahmen vom Erfordernis

---

508 *Eisenberg*, Ärztliche Kooperations- und Organisationsformen, S. 236; *Franke*, Die Ärzte-Partnerschaft, S. 27 f.; *Henssler*, ZIP 1994, 844, 847 f.; *Hildebrandt*, Entwicklungen und Rechtsprobleme freiberuflicher Zusammenschlüsse, S. 104; *Rieger*, MedR 1995, 87; vgl. bereits *BGHZ* 70, 158, 166 ff. Mit Hinweis auf die Rechtsprechung zur Erbringung zahnheilkundlicher Leistungen durch eine Gesellschaft mit beschränkter Haftung hat sich unlängst das Bayerische Oberste Landesgericht für die Zulässigkeit des Zusammenschlusses von Rechtsanwälten in einer Aktiengesellschaft ausgesprochen, *BayObLG* NJW 2000, 1647 f. mit Besprechungsaufsatz *Kempter/ Kopp*, NJW 2000, 3449 ff. Siehe auch die Entscheidungen zur Zulässigkeit des Zusammenschlusses von Rechtsanwälten in einer Gesellschaft mit beschränkter Haftung vor der Einführung der §§ 59c ff. BRAO, *BayObLG* NJW 1995, 199 ff.; ZIP 1996, 1706 ff.

509 In der zum Zeitpunkt der Entscheidung in *BGHZ* 124, 224 ff. geltenden Fassung des einschlägigen nordrhein-westfälischen Heilberufsgesetzes war eine solche Bestimmung noch nicht enthalten, so dass sich das Gericht mit einem entsprechenden landesgesetzlichen Verbot seinerzeit nicht zu befassen hatte.

510 Die jeweiligen Verbotsnormen gelten regelmäßig entsprechend für Psychologische Psychotherapeuten sowie für Kinder- und Jugendlichenpsychotherapeuten.

511 Vgl. Art. 18 Abs. 1 S. 2 des Bayerischen Heilberufe-Kammergesetzes: "Die Führung einer ärztlichen Praxis in der Rechtsform einer juristischen Person des privaten Rechts ist nicht statthaft." Vergleichbare Verbotsvorschriften finden sich in § 16 Abs. 4 des Sächsischen Heilberufe-Kammergesetzes sowie § 29 Abs. 2 S. 4 des Schleswig-holsteinischen Heilberufegesetzes.

512 § 4a Abs. 4 S. 1 des Berliner Kammergesetzes: „Die Ausübung ambulanter ärztlicher, zahnärztlicher oder tierärztlicher Tätigkeit oder psychotherapeutischer Tätigkeit von Psychologischen Psychotherapeuten oder Kinder- und Jugendpsychotherapeuten außerhalb des Krankenhauses einschließlich konzessionierter Privatkrankenanstalten oder der Tierkliniken ist an die Niederlassung in eigener Praxis gebunden, soweit nicht gesetzliche Bestimmungen etwas anderes zulassen." Vergleichbare Gebotsvorschriften finden sich in § 31 Abs. 2 S. 1 des Brandenburgischen Heilberufsgesetzes, § 32 Abs. 1 des Niedersächsischen Kammergesetzes, § 29 Abs. 2 S. 1 des Nordrhein-westfälischen Heilberufsgesetzes, § 20 Abs. 2 S. 1 des Rheinland-pfälzischen Heilberufsgesetzes sowie § 29 Abs. 2 S. 1 des Schleswig-holsteinischen Heilberufegesetzes.

der Niederlassung in eigener Praxis zulassen können, wenn sichergestellt ist, dass berufsrechtliche Belange nicht beeinträchtigt werden[513]. Eine explizite Erlaubnis der Erbringung ambulanter heilkundlicher Leistungen durch Ärzte und Zahnärzte, die sich in einer juristischen Person zusammengeschlossen haben oder bei einer solchen angestellt sind, existiert ausschließlich in Sachsen-Anhalt[514]. In die Heilberufs- und Kammergesetze der übrigen Bundesländer sind bislang keine Bestimmungen über die Zulässigkeit oder Unzulässigkeit der Ausübung heilkundlicher Tätigkeit in der Rechtsform einer juristischen Person aufgenommen worden.

*aa. Reichweite der landesgesetzlichen Verbote*

Angesichts der differierenden Wortlaute der landesgesetzlichen Verbotsregelungen ist fraglich, welche Konstellationen ärztlicher Kooperation von der rechtsformbezogenen Einschränkung erfasst werden.

*(1) Ärztegesellschaften und Heilkundegesellschaften*

Insoweit ist zunächst zwischen dem unternehmerischen Zusammenschluss von Ärzten in einer Ärztegesellschaft und der Anstellung von Ärzten bei einer von nichtärztlichen Unternehmern betriebenen Heilkundegesellschaft zu unterscheiden. Beide Konstellationen sind unstreitig erfasst von den Verbotsnormen in den Heilberufs- und Kammergesetzen, die die Ausübung ambulanter ärztlicher Tätigkeit an die Niederlassung in eigener Praxis binden. Diese Vorschriften wenden sich ihrem Wortlaut nach zunächst nur an die Ärzte selbst, denen die heilkundliche Tätigkeit im Rahmen einer Anstellung bei einer fremden Praxis untersagt wird. Zugleich hindern sie jedoch faktisch die juristische Person, die ambulante Heilkunde durch angestellte Ärzte ausüben zu lassen. Ungeachtet einer Gesellschafterstellung der Ärzte ist stets die juristische Person Inhaberin der Praxis, während die für sie tätigen Ärzte auch im Falle einer Ärztegesellschaft nicht in eigener Praxis niedergelassen sind. Die Bindung der ärztlichen Berufsausübung an die Niederlassung in eigener Praxis untersagt daher sowohl die Eingehung eines Angestelltenverhältnisses mit einer Heilkundegesellschaft als auch den unternehmerischen Zu-

513 So in Brandenburg (§ 31 Abs. 2 S. 5 des Heilberufsgesetzes), Niedersachsen (§ 32 Abs. 2 des Kammergesetzes), Nordrhein-Westfalen (§ 29 Abs. 2 S. 5 des Heilberufsgesetzes), Rheinland-Pfalz (§ 20 Abs. 2 S. 5 des Heilberufsgesetzes) und Schleswig-Holstein (§ 29 Abs. 2 S. 7 des Heilberufegesetzes).

514 Vgl. § 19 Abs. 3 S. 1 und 2 des Gesetzes über die Kammern für Heilberufe Sachsen-Anhalt: „Eine ambulante ärztliche und zahnärztliche Tätigkeit ist in einer Praxis oder poliklinischen Einrichtung, im Rahmen der vor- und nachstationären Behandlung im Krankenhaus sowie mit Ermächtigung im Krankenhaus zulässig. Zugelassen sind auch Tätigkeiten bei Rechtsträgern, die im Rahmen der gesetzlichen Bestimmungen ärztliche oder zahnärztliche Leistungen anbieten oder erbringen." Vgl. auch § 20 Abs. 1 Nr. 4 des Gesetzes über die Kammern für Heilberufe Sachsen-Anhalt: „Die Berufsordnung soll im Rahmen des § 19 weitere Vorschriften über Berufspflichten enthalten, insbesondere hinsichtlich der gemeinsamen Berufsausübung und der Berufsausübung in der Rechtsform einer juristischen Person."

sammenschluss von Ärzten in der Rechtsform einer juristischen Person[515]. Problematisch ist demgegenüber die Reichweite des Verbots, eine ärztliche Praxis in der Rechtsform einer juristischen Person des Privatrechts zu führen. Mit Hinweis auf den Wortlaut der einschlägigen Bestimmungen weisen einige Stimmen aus der Literatur darauf hin, dass diese lediglich die unternehmerische Führung einer Arztpraxis in der Rechtsform einer juristischen Person untersagten, da sich der niedergelassene Arzt nicht hinter die juristische Person zurückziehen dürfe; den ambulanten Dienst im Rahmen einer Heilkundegesellschaft, die ein anderer betreibt, verböten die Vorschriften hingegen nicht[516]. Dagegen ist einzuwenden, dass unter der Formulierung „Führen einer ärztlichen Praxis“ nicht lediglich die selbstständige Tätigkeit eines niedergelassenen Arztes zu verstehen ist, sondern jeder Betrieb einer mit den notwendigen räumlichen, sachlichen und personellen Mitteln ausgestatteten Einrichtung, in der Patienten im Wege der ambulanten Versorgung durch Ärzte behandelt werden[517]. Einer einschränkenden Norminterpretation steht auch die Entstehungsgeschichte der Verbotsregelungen entgegen. Rechtspolitischer Hintergrund des Verbots, eine ärztliche Praxis in der Rechtsform einer juristischen Person des Privatrechts zu führen, war das bereits angeführte Urteil des *Bundesgerichtshofs*, in dem das Gericht die Ausübung zahnärztlicher Tätigkeit in einer Gesellschaft mit beschränkter Haftung mangels Existenz einschlägiger Verbotsnormen für zulässig erklärt hat[518]. Bei der in Frage stehenden Gesellschaft handelte es sich nicht um eine Kooperation unternehmerisch tätiger Zahnärzte, sondern um eine ambulante Heilkundegesellschaft, die die angebotenen Dienstleistungen durch angestellte Zahnärzte erbringen ließ. Eine restriktive Auslegung der Verbotsbestimmungen hätte daher zur Folge, dass gerade diejenigen Sachverhaltskonstellationen nicht erfasst würden, die nach dem Willen des Gesetzgebers einer Regelung zugeführt werden sollten[519]. Diese

---

515 *Eisenberg*, Ärztliche Kooperations- und Organisationsformen, S. 240, 246 f.; *Katzenmeier*, MedR 1998, 113, 114; *Laufs*, MedR 1995, 11, 12; *Rieger*, MedR 1995, 87, 88; Kooperationsformen Freie Berufe-*Schneider*, C 2, Rn. 126; *Taupitz*, NJW 1992, 2317, 2321; *Weber/ Vogt-Weber*, ArztR 1997, 179, 180. Siehe insofern auch die vergleichbare Argumentation zur Leistungserbringung in freier Praxis als Voraussetzung einer Zulassung zur vertragsärztlichen Versorgung nach § 98 Abs. 2 Nr. 13 SGB V in Verbindung mit § 32 Abs. 1 S. 1 Ärzte-ZV auf S. 149 f.

516 So *Elbing*, MedR 1996, 519 f.; *Laufs*, MedR 1995, 11, 12; *Werner*, Gemeinschaftliche ärztliche Berufsausübung, S. 289 f.; ebenso *Hart*, JURA 2000, 14, 17, Fn. 24.

517 Eingehend *Taupitz*, NJW 1996, 3033 ff. Dementsprechend hat der Bayerische Verfassungsgerichtshof unter Hinzuziehung der in § 17 Abs. 1 der Berufsordnung für die Ärzte Bayerns niedergelegten Bindung der ärztlichen Berufsausübung in eigener Praxis an die Niederlassung sowie der in § 19 der Berufsordnung für die Ärzte Bayerns normierten Gebote der persönlichen Praxisausübung und der Leitung der Praxis durch den niedergelassenen Arzt ausgeführt, die ambulante Versorgung in Form der Praxis solle nach dem Willen des Gesetzgebers von einer juristischen Person nicht verantwortlich geleitet werden können, *BayVerfGH* NJW 2000, 3418. In diesem Sinne hat ferner das Landgericht München I in einem Beschwerdeverfahren gegen den zurückweisenden amtsgerichtlichen Beschluss über einen Antrag der zuständigen Zahnärztekammer auf Löschung der Eintragung einer Zahnheilkundegesellschaft mit beschränkter Haftung in das Handelsregister entschieden, *LG München I* MedR 1996, 518 f. mit ablehnender Anmerkung *Elbing*.

518 *BGHZ* 124, 224 ff.

519 *Taupitz*, NJW 1996, 3033, 3034 f.

Auffassung wird auch durch die amtlichen Begründungen untermauert[520]. Zwar wird dort zunächst die Aussage getroffen, die Verbotsnormen regelten die Ausübung des ärztlichen Berufs „in freier Niederlassung"[521]. Den weiteren Ausführungen, die gleichermaßen die Ärztegesellschaft und die Heilkundegesellschaft betreffen, ist aber zu entnehmen, dass beide Gestaltungsformen von den landesgesetzlichen Regelungen erfasst sein sollen[522]. Demzufolge untersagt auch das Verbot der Führung einer ärztlichen Praxis in der Rechtsform einer juristischen Person des Privatrechts sowohl den unternehmerischen Zusammenschluss von Ärzten in dieser Organisationsform als auch die Ausübung ärztlicher Heilkunde durch Ärzte als Angestellte einer juristischen Person.

*(2) Berufsausübungsgemeinschaften und Organisationsgemeinschaften*

Fraglich ist des Weiteren, ob sich die landesgesetzlichen Verbote der Ausübung heilkundlicher Tätigkeit in der Rechtsform einer juristischen Person allein auf Ärztegesellschaften zur gemeinschaftlichen Berufsausübung oder auch auf ärztliche Zusammenschlüsse rein organisatorischer Art erstrecken[523]. Insofern wird teilweise angenommen, die Gründung einer Organisationsgemeinschaft als juristische Person sei berufsrechtlich ohne weiteres zulässig, solange die ärztliche Unabhängigkeit und Weisungsfreiheit gewahrt bleibe und keine entgeltlichen Patientenzuweisungen nach § 31 MBO-Ä stattfänden[524]. Soweit die Heilberufs- und Kammergesetze die Ausübung ambulanter ärztlicher Tätigkeit an die Niederlassung in eigener Praxis binden, ist eine solche Interpretation allerdings zweifelhaft. Denn auch im Falle einer Organisationsgemeinschaft sind die räumliche, sachliche und personelle Ausstattung als wesentliche Bestandteile einer Arztpraxis der juristischen Person zuzuordnen mit der Konsequenz, dass nicht die kooperierenden Ärzte, sondern die juristische Person als Praxisinhaberin anzusehen ist. Doch auch hinsichtlich der Verbote, eine ärztliche Praxis in der Rechtsform einer juristischen Person des Privatrechts zu führen, führt die Auslegung zu einer extensiven Normanwendung unter Einbeziehung organisatorischer Zusammenschlüsse. So spricht

---

520 Vgl. die amtliche Begründung des Bayerischen Landtages zu Art. 18 Abs. 1 S. 2 des Bayerischen Heilberufe-Kammergesetzes, LT-Drs. 12/ 10455, S. 5, 14 f. sowie die amtliche Begründung des Sächsischen Landtages zu § 16 Abs. 4 des Sächsischen Heilberufe-Kammergesetzes, LT-Drs. 1/ 4352, S. 17 f. Die amtlichen Begründungen sind auszugsweise abgedruckt bei *Laufs*, MedR 1995, 11, 12 f. und *Taupitz*, NJW 1996, 3033.

521 *Taupitz*, NJW 1996, 3033, 3034 erkennt hierin ein mögliches Argument zugunsten der Zulässigkeit der Heilkundegesellschaft.

522 Dies räumt auch *Laufs*, MedR 1995, 11, 12 f. ein; vgl. ferner *Eisenberg*, Ärztliche Kooperations- und Organisationsformen, S. 239; *Katzenmeier*, MedR 1998, 113, 114; *Rieger*, MedR 1995, 87.

523 Da die Heilkundegesellschaft bereits per definitionem eine Gesellschaft zur Berufsausübung darstellt, betrifft diese Fragestellung allein die Ärztegesellschaft.

524 So etwa *Hildebrandt*, Entwicklungen und Rechtsprobleme freiberuflicher Zusammenschlüsse, S. 46 f., 97 f.; vgl. auch *Dietze/ Brandenburg*, Recht in der Arztpraxis, S. 22. Auf der Grundlage dieser einschränkenden Norminterpretation und der zuvor angenommenen Nähe des Praxisverbundes zu den Organisationsgemeinschaften geht *Erbsen*, Praxisnetze und das Berufsrecht der Ärzte, S. 75 ff. davon aus, dass die Gründung vernetzter Kooperationen in der Form einer juristischen Person von den berufsrechtlichen Verbotsbestimmungen unberührt bleibt.

bereits der Regelungswortlaut dafür, dass die Rechtsform der juristischen Person für sämtliche Praxisformen ausgeschlossen werden soll[525]. Überdies nehmen die amtlichen Begründungen auf das Betreiben einer Praxisgemeinschaft in der Rechtsform einer juristischen Person ausdrücklich Bezug[526]. Neben den Berufsausübungsgemeinschaften sollen daher nach dem eindeutigen Willen des Gesetzgebers auch organisatorische Zusammenschlüsse von den Verbotsnormen erfasst sein[527]. Anders als bei der sozialversicherungsrechtlichen Frage nach der Zulassung juristischer Personen zur vertragsärztlichen Versorgung sind von den berufsrechtlichen Verboten in den Heilberufs- und Kammergesetzen der Bundesländer folglich nicht nur Gemeinschaften zur Berufsausübung, sondern auch Organisationsgemeinschaften in der Rechtsform einer juristischen Person betroffen.

*bb. Verfassungsmäßigkeit der landesgesetzlichen Verbote*

Ist die Reichweite der Verbote ärztlicher Heilkundetätigkeit in der Rechtsform einer juristischen Person in den Heilberufs- und Kammergesetzen der Bundesländer danach bestimmt, stellt sich anschließend die Frage nach ihrer Vereinbarkeit mit dem Verfassungsrecht.

*(1) Formelle Verfassungsmäßigkeit*

Im Hinblick auf die formelle Verfassungsmäßigkeit ist zunächst die Zuständigkeit zum Erlass entsprechender Verbotsnormen problematisch. Gemäß Art. 74 Abs. 1 Nr. 19 GG fällt das Recht der Zulassung zu ärztlichen und anderen Heilberufen in den Bereich der konkurrierenden Gesetzgebungskompetenz des Bundes. Das Recht der Zulassung umfasst im Wesentlichen die Vorschriften, die sich auf Erteilung, Zurücknahme und Verlust der Approbation oder auf die Befugnis zur Ausübung des ärztlichen Berufs beziehen[528]. Demgegenüber fallen sämtliche Fragen der ärztlichen Berufsausübung nach der Approbation nicht in die Bundeskompetenz nach Art. 74 Abs. 1 Nr. 19 GG, sondern in die ausschließliche Zuständigkeit der Länder gemäß Art. 70 Abs. 1 GG[529].

---

525 *Taupitz*, NJW 1996, 3033, 3040. Demgegenüber hat der Bayerische Verfassungsgerichtshof zu Art. 18 Abs. 1 S. 2 des Bayerischen Heilberufe-Kammergesetzes ausgeführt, schon aus dem Begriff der „ärztlichen Praxis" sei zu entnehmen, dass die angegriffene Norm nur für solche Praxen gelte, die an der unmittelbaren gesundheitlichen Versorgung der Patienten teilnehmen, vgl. *BayVerfGH* NJW 2000, 3418, 3420.

526 Vgl. die amtliche Begründung des Bayerischen Landtages zu Art. 18 Abs. 1 S. 2 des Bayerischen Heilberufe-Kammergesetzes, LT-Drs. 12/ 10455, S. 5, 14 f. sowie die amtliche Begründung des Sächsischen Landtages zu § 16 Abs. 4 des Sächsischen Heilberufe-Kammergesetzes, LT-Drs. 1/ 4352, S. 17 f. Die amtlichen Begründungen sind insoweit abgedruckt bei *Taupitz*, NJW 1996, 3033.

527 *Eisenberg*, Ärztliche Kooperations- und Organisationsformen, S. 274; *Taupitz*, NJW 1996, 3033, 3034.

528 *BVerfGE* 4, 74, 83 ff.; 7, 18, 25; 17, 287, 292; 33, 125, 154 f.

529 Vgl. *Laufs*, Arztrecht, Rn. 54; *Schnapp/ Kaltenborn*, SGb 2001, 101, 103; *Sodan*, NZS 2001, 169, 170 f.; *Werner*, Gemeinschaftliche ärztliche Berufsausübung, S. 290 f.

Hinsichtlich der Frage, welchen Regelungsbereich die Verbote ärztlicher Heilkundetätigkeit in der Rechtsform einer juristischen Person betreffen, ist zwischen den kooperierenden Ärzten einerseits und der juristischen Person andererseits als Normadressaten zu unterscheiden. Soweit den Ärzten selbst die Tätigkeit innerhalb einer juristischen Person untersagt wird, handelt es sich lediglich um eine Regelung ihrer Berufsausübung, da es ihnen unbenommen ist, ihren Beruf anderweitig auszuüben. So ist es den Ärzten etwa nicht verwehrt, innerhalb einer Einzelpraxis tätig zu werden, ihrer Kooperation eine personengesellschaftsrechtliche Organisationsform zugrunde zu legen oder ihren Beruf als Angestellte eines niedergelassenen Arztes oder eines Krankenhauses auszuüben[530]. Insofern kommt den Ländern unstreitig die ausschließliche Gesetzgebungskompetenz gemäß Art. 70 Abs. 1 GG zu.

Im Gegensatz dazu werden die Vorschriften in den Heilberufs- und Kammergesetzen der Bundesländer überwiegend als Zulassungsregelungen eingestuft, soweit diese den juristischen Personen die Ausübung ambulanter Heilkunde untersagen[531]. Dieser Qualifikation folgend handele es sich um eine Regelungsmaterie, die dem Bereich der konkurrierenden Gesetzgebungskompetenz des Bundes gemäß Art. 74 Abs. 1 Nr. 19 GG zuzuordnen sei. Die Befugnis zur Gesetzgebung stehe den Ländern gemäß Art. 72 Abs. 1 GG in diesem Bereich folglich nur zu, solange und soweit der Bund nicht von seiner Gesetzgebungszuständigkeit Gebrauch mache. Entschließe sich der Bundesgesetzgeber jedoch unter Beachtung des Erforderlichkeitsvorbehalts nach Art. 72 Abs. 2 GG zu einer einheitlichen Regelung der Berufsausübung in der Rechtsform einer juristischen Person, wie dies im anwaltlichen Bereich mit der Einführung der §§ 59c ff. BRAO bereits geschehen sei, führte diese zur formellen Verfassungswidrigkeit und damit zur Unwirksamkeit der landesgesetzlichen Verbotsnormen[532].

---

530 *BayVerfGH* NJW 2000, 3418; *Eisenberg*, Ärztliche Kooperations- und Organisationsformen, S. 247; *Ganster*, Freier Beruf und Kapitalgesellschaft, S. 590 ff.; *Henssler*, ZIP 1994, 844, 846; *Laufs*, MedR 1995, 11, 13; *Schnapp/ Kaltenborn*, SGb 2001, 101, 106; *Taupitz*, NJW 1996, 3033, 3039; *Weber/ Vogt-Weber*, ArztR 1997, 179, 181; *Werner*, Gemeinschaftliche ärztliche Berufsausübung, S. 290 ff.

531 *BGHZ* 124, 224, 225; *Eisenberg*, Ärztliche Kooperations- und Organisationsformen, S. 247 ff.; *Elbing*, MedR 1996, 519, 521; *Henssler*, ZIP 1994, 844, 846; *Hildebrandt*, Entwicklungen und Rechtsprobleme freiberuflicher Zusammenschlüsse, S. 105; *Katzenmeier*, MedR 1998, 113, 114; *Rieger*, MedR 1995, 87, 88; *Rupprecht*, Zivilrechtliche Haftung des niedergelassenen Arztes, S. 152; Kooperationsformen Freie Berufe-*Schneider*, C 2, Rn. 132.2; *Taupitz*, JZ 1994, 1100, 1103; *ders.*, NJW 1996, 3033, 3039; *Weber/ Vogt-Weber*, ArztR 1997, 179, 181; ebenso *Werner*, Gemeinschaftliche ärztliche Berufsausübung, S. 292 ff., der allerdings die Konsequenzen dieser Qualifikation für die Gesetzgebungskompetenz übersieht und erst auf der Ebene der materiellen Verfassungsmäßigkeit eine Unterscheidung zwischen der Eingriffsintensität aus der Sicht der Ärzte einerseits und der Sicht der juristischen Person andererseits trifft.

532 So *Eisenberg*, Ärztliche Kooperations- und Organisationsformen, S. 250; vgl. auch *Rieger*, MedR 1995, 87, 88; *Weber/ Vogt-Weber*, ArztR 1997, 179, 182. Von einem Entfallen der Gesetzgebungskompetenz der Länder durch den Erlass der Bundesärzteordnung und der Approbationsordnung auf Bundesebene geht *Rupprecht*, Zivilrechtliche Haftung des niedergelassenen Arztes, S. 152 aus; indessen ist keinem der beiden Gesetze eine Aussage über die ärztliche Berufsausübung in der Rechtsform einer juristischen Person zu entnehmen, so dass dieses Resultat nur schwerlich vertret-

Eine solche Bewertung der Vorschriften über die Ausübung ärztlicher Heilkundetätigkeit in der Rechtsform einer juristischen Person als dem Bereich der konkurrierenden Gesetzgebungskompetenz des Bundes nach Art. 74 Abs. 1 Nr. 19 GG zugehöriger Regelungsmaterie erscheint indessen zweifelhaft. Zwar muss die Berufsfreiheit der juristischen Personen mit Blick auf Art. 19 Abs. 3 GG auch im Rahmen der Beurteilung der Gesetzgebungskompetenz Berücksichtigung finden, so dass für die Bestimmung der Eingriffsintensität nicht allein auf die Ärzte als natürliche Personen, sondern auch auf die juristischen Personen als Normadressaten abgestellt werden muss. Jedoch werden die juristischen Personen nicht von sämtlichen Betätigungsfeldern ärztlicher Berufsausübung, sondern allein von der Erbringung heilkundlicher Leistungen im ambulanten Leistungssektor ausgeschlossen. Insbesondere verbleibt den juristischen Personen die Möglichkeit, sich nach ihrer Wahl des ärztlichen Berufs innerhalb des stationären Sektors, etwa im Bereich der Krankenhausführung, zu betätigen. Auf der Grundlage eines einheitlichen Berufsbildes des Arztes[533] stellen sich die fraglichen Verbotsnormen daher auch aus dem Blickwinkel der juristischen Personen lediglich als Berufsausübungsregelungen dar[534]. Hierin unterscheiden sich die Vorschriften in den Heilberufs- und Kammergesetzen von einem potenziellen Verbot der Ausübung anwaltlicher Tätigkeit in der Rechtsform einer juristischen Person, da dieses das gesamte Betätigungsfeld anwaltlicher Berufsausübung und nicht lediglich einen Ausschnitt hieraus beträfe[535]. Demzufolge handelt es sich bei den Verboten ärztlicher Heilkundetätigkeit in der Rechtsform einer juristischen Person auch hinsichtlich der juristischen Personen als Normadressaten um eine Regelungsmaterie, die nicht der konkurrierenden Gesetzgebungskompetenz des Bundes nach Art. 74 Abs. 1 Nr. 19 GG, sondern der ausschließlichen Gesetzgebungskompetenz der Länder gemäß Art. 70 Abs. 1 GG unterliegt.

*(2) Materielle Verfassungsmäßigkeit*

Des Weiteren ist fraglich, ob die Verbote ärztlicher Heilkundetätigkeit in der Rechtsform einer juristischen Person des Privatrechts auch den materiellen Anforderungen der Verfassung genügen. Bedenken bestehen insofern unter den Gesichtspunkten der Berufsfreiheit gemäß Art. 12 Abs. 1 GG und des allgemeinen Gleichbehandlungsgebots gemäß Art. 3 Abs. 1 GG.

---

bar ist.

533 Siehe dazu *BVerfGE* 33, 125, 154.

534 Vgl. auch *BayVerfGH* NJW 2000, 3418, 3419 zu Art. 18 Abs. 1 S. 2 des Bayerischen Heilberufe-Kammergesetzes; *Schnapp/ Kaltenborn*, SGb 2001, 101, 106.

535 Demgegenüber hat die Rechtsprechung den früheren Ausschluss juristischer Personen von der Rechtsbesorgung und Rechtsberatung als bloße Berufsausübungsregelung angesehen, *BVerwG* NJW 1959, 1986 f.; *OVG Koblenz* NJW 1980, 1866, 1867. Unabhängig von dieser Qualifikation steht dem Bundesgesetzgeber die Befugnis zum Erlass der §§ 59c ff. BRAO unproblematisch zu, da sich die konkurrierende Gesetzgebungskompetenz nach Art. 74 Abs. 1 Nr. 1 GG auf die gesamte Rechtsanwaltschaft und Rechtsberatung und nicht lediglich auf die Zulassung zum Rechtsanwaltsberuf erstreckt.

*(a) Berufsfreiheit gemäß Art. 12 Abs. 1 GG*

*(aa) Prüfungsmaßstab*

Die Verbotsnormen in den Heilberufs- und Kammergesetzen der Bundesländer enthalten einen Eingriff in die durch Art. 12 Abs. 1 S. 1 GG garantierte Berufsfreiheit. Diese darf gemäß Art. 12 Abs. 1 S. 2 GG nur durch Gesetz oder aufgrund eines Gesetzes eingeschränkt werden, das dem Grundsatz der Verhältnismäßigkeit entsprechen muss. Als besondere Ausprägung des Verhältnismäßigkeitsprinzips hat das *Bundesverfassungsgericht* die sogenannte Stufenlehre entwickelt, die objektive Zulassungsbeschränkungen, subjektive Zulassungsbeschränkungen und Regelungen der Berufsausübung als drei Stufen möglicher Eingriffe in das Grundrecht der Berufsfreiheit anhand ihrer Eingriffsintensität unterscheidet. Je intensiver ein Gesetz in die Berufsfreiheit eingreift, desto strengeren Anforderungen unterliegt es hinsichtlich seiner verfassungsrechtlichen Rechtfertigung. Danach sind objektive Zulassungsbeschränkungen nur verhältnismäßig, wenn sie zur Abwehr nachweisbarer oder höchstwahrscheinlicher schwerer Gefahren für ein überragend wichtiges Gemeinschaftsgut erforderlich sind. Subjektive Zulassungsbeschränkungen sind gerechtfertigt, wenn die Ausübung des Berufs ohne die Erfüllung der im Eingriffsgesetz aufgestellten Voraussetzungen unmöglich oder unsachgemäß wäre oder Gefahren oder Schäden für die Allgemeinheit mit sich brächte. Regelungen der Berufsausübung sind bereits dann verhältnismäßig, wenn sie durch vernünftige Gründe des Allgemeinwohls gerechtfertigt und die gewählten Mittel zur Erreichung des verfolgten Zwecks geeignet, erforderlich und angemessen sind[536].

Es wurde bereits ausgeführt, dass die Verbote in den Heilberufs- und Kammergesetzen der Bundesländer als einfache Berufsausübungsregelungen einzustufen sind, soweit sie sich an die Ärzte selbst als Normadressaten richten. Dagegen geht die herrschende Auffassung von einer objektiven Zulassungsbeschränkung aus, soweit die Vorschriften den juristischen Personen die Ausübung ambulanter Heilkunde untersagen, da diesen die heilkundliche Tätigkeit unabhängig von subjektiven Gegebenheiten verboten werde[537]. Umstritten ist allerdings, ob sich juristische Personen im Bereich ärztlicher Tätigkeit überhaupt auf eine eigene Berufsfreiheit berufen können. Gemäß Art. 19 Abs. 3 GG gelten die Grundrechte auch für inländische juristische Personen, soweit sie ihrem We-

536 Grundlegend *BVerfGE* 7, 377, 405 ff.; vgl. außerdem *BVerfGE* 9, 338, 344 ff.; 11, 30, 42 f.; 13, 97, 104 f.; 16, 286, 297; 39, 210, 225; 46, 246, 256 f.; 59, 336, 355; 65, 116, 125 f.; 70, 1, 28; 76, 196, 207; 78, 155, 161 f.; 85, 248, 259; 95, 173, 183.

537 *BGHZ* 124, 224, 225; *Eisenberg*, Ärztliche Kooperations- und Organisationsformen, S. 247 ff.; *Elbing*, MedR 1996, 519, 521; *Hildebrandt*, Entwicklungen und Rechtsprobleme freiberuflicher Zusammenschlüsse, S. 105; *Katzenmeier*, MedR 1998, 113, 114; *Rieger*, MedR 1995, 87, 88; Kooperationsformen Freie Berufe-*Schneider*, C 2, Rn. 132.2; *Taupitz*, JZ 1994, 1100, 1103; *ders.*, NJW 1996, 3033, 3039; *Weber/ Vogt-Weber*, ArztR 1997, 179, 181; *Werner*, Gemeinschaftliche ärztliche Berufsausübung, S. 292 ff. Lediglich eine subjektive Zulassungsbeschränkung nimmt *Henssler*, ZIP 1994, 844, 846 an.

sen nach auf diese anwendbar sind. Für das Grundrecht der Berufsfreiheit gemäß Art. 12 Abs. 1 GG ist die prinzipielle Anwendung auf juristische Personen mittlerweile anerkannt[538]. Gleichwohl lehnen einige Autoren einen Schutz der Berufsfreiheit juristischer Personen im Bereich ärztlicher Betätigung ab, da diesen die für freiberufliche Tätigkeiten erforderliche Fähigkeit zur Hervorbringung höchstpersönlicher, eigenschöpferischer Leistungen fehle. Insbesondere könne die ärztliche Erwerbstätigkeit wegen der für sie konstitutiven und gleichsam prägenden Vertrauensbeziehung zwischen dem Arzt und den Patienten ihrem Wesen und ihrer Art nach von der juristischen Person nicht wahrgenommen werden. Vom persönlichen Schutzbereich der Berufsfreiheit werde daher allein die Berufsausübung der Ärzte als natürliche Personen erfasst[539]. Die ärztliche Erwerbstätigkeit umfasst jedoch neben der eigentlichen Behandlung von Patienten, zu deren Wesensmerkmalen in der Tat die Herstellung einer Vertrauensbeziehung zwischen dem Arzt und seinen Patienten zählt, vielfältige Tätigkeiten, die ihrem Gegenstand nach auch von einer juristischen Person wahrgenommen werden können. Dies gilt insbesondere für die Schaffung der rechtlichen und tatsächlichen Voraussetzungen der Patientenversorgung, namentlich die Praxisführung und Praxisorganisation. Insoweit ist das Grundrecht der Berufsfreiheit seinem Wesen nach nicht allein auf natürliche Personen, welche die Fähigkeit zur Hervorbringung höchstpersönlicher, eigenschöpferischer Leistungen besitzen, sondern ebenso auf juristische Personen anwendbar. Folglich können sich gemäß Art. 19 Abs. 3 GG auch inländische juristische Personen auf eine eigene Berufsfreiheit im Bereich ärztlicher Tätigkeit berufen[540].

Soweit eine Einbeziehung der juristischen Person in den persönlichen Schutzbereich der Berufsfreiheit anerkannt wird, wird unter Hinweis auf deren starken personalen Charakter teilweise angenommen, der juristischen Person könne kein höherer Grundrechtsschutz zugebilligt werden als den für sie handelnden Personen. Denn die juristische Person sei zur Behandlung von Patienten nur durch die bei ihr angestellten Ärzte in der Lage und könne den Beruf des Arztes faktisch gar nicht selbst ausüben. Folgerichtig handele es sich bei dem Verbot ärztlicher Heilkundetätigkeit in der Rechtsform einer

---

538 *BVerfGE* 21, 261, 266; 30, 292, 312; 50, 290, 363; 53, 1, 13; 65, 196, 209 f.; *BVerwGE* 75, 109, 114; von Mangoldt/ Klein/ Starck-*Huber*, Art. 19 Abs. 3, Rn. 339 mit weiteren Nachweisen.

539 So *Ganster*, Freier Beruf und Kapitalgesellschaft, S. 581 ff.; *ders.*, AusR 2000, 154, 155 ff.; vgl. auch *Schnapp/ Kaltenborn*, SGb 2001, 101, 106; kritisch auch *Tettinger*, MedR 2001, 287, 292 mit dem Hinweis, Art. 19 Abs. 3 GG hätte schon hinsichtlich der Prämisse noch zu sorgfältigeren Überlegungen herausfordern müssen.

540 Einen eigenständigen Grundrechtsschutz der juristischen Person haben demnach angenommen *BGHZ* 124, 224, 228 ff.; 70, 158, 168; MedR 1992, 328; *BayVerfGH* NJW 2000, 3418, 3419; *Eisenberg*, Ärztliche Kooperations- und Organisationsformen, S. 244; *Henssler*, ZIP 1994, 844, 846; *Katzenmeier*, MedR 1998, 113, 114, 116; *Rieger*, MedR 1995, 87, 88; *Rupprecht*, Zivilrechtliche Haftung des niedergelassenen Arztes, S. 152; Kooperationsformen Freie Berufe-*Schneider*, C 2, Rn. 131; *Taupitz*, NJW 1992, 2317, 2319; *ders.*, JZ 1994, 1100, 1103; *ders.*, NJW 1996, 3033, 3038; *Weber/ Vogt-Weber*, ArztR 1997, 179, 180; *Werner*, Gemeinschaftliche ärztliche Berufsausübung, S. 293 f. Ebenso *BayObLG* NJW 1995, 199, 200; NJW 2000, 1647 für den Bereich anwaltlicher Betätigung.

juristischen Person nicht um eine Zulassungsbeschränkung, sondern ebenso wie in Bezug auf die Ärzte selbst als Normadressaten um eine einfache Berufsausübungsregelung[541]. Ein solcher Durchgriff auf die hinter der juristischen Person stehenden Individuen steht jedoch nicht im Einklang mit dem Normzweck des Art. 19 Abs. 3 GG, demzufolge der persönliche Geltungsbereich der Grundrechte gerade auf andere als natürliche Personen erstreckt werden soll. Vielmehr soll den inländischen juristischen Personen ein eigener, von den hinter ihr stehenden natürlichen Personen unabhängiger Grundrechtsschutz zugebilligt werden. Bei der Beurteilung der Intensität eines Grundrechtseingriffs darf daher nicht allein auf die Interessen der hinter der juristischen Person stehenden Individuen abgestellt werden, sondern es muss eine eigenständige Bewertung der Eingriffsintensität für die juristische Person als autonome Grundrechtsträgerin vollzogen werden[542].

Indessen stellt sich das Verbot ärztlicher Heilkundetätigkeit in der Rechtsform einer juristischen Person aus einer anderen Erwägung heraus auch hinsichtlich der juristischen Person als Normadressatin als eine Regelung der Berufsausübung und nicht als eine Beschränkung der Berufswahl dar. Die fraglichen Verbotsnormen untersagen der juristischen Person nicht jede Form ärztlicher Berufsausübung, sondern lediglich die Erbringung heilkundlicher Leistungen im ambulanten Bereich. Die rechtliche Möglichkeit einer Betätigung innerhalb des stationären Leistungssektors bleibt dagegen erhalten. Somit handelt es sich bei den Vorschriften in den Heilberufs- und Kammergesetzen der Bundesländer durchweg um einfache Berufsausübungsregelungen, die nach der Stufenlehre des *Bundesverfassungsgerichts* bereits dann verhältnismäßig sind, wenn sie durch vernünftige Gründe des Allgemeinwohls gerechtfertigt und die gewählten Mittel zur Erreichung des verfolgten Zwecks geeignet, erforderlich und angemessen sind.

Eine neuere Literaturauffassung spricht sich demgegenüber für eine Abwägung der widerstreitenden Interessen anhand des allgemeinen Verhältnismäßigkeitsgrundsatzes anstelle einer Anwendung der als zu inflexibel empfundenen Stufenlehre aus[543]. Gerade die Qualifikation der Regelungsebene der Verbote heilkundlicher Tätigkeit in der Rechtsform einer juristischen Person offenbare die Schwächen einer schematischen Klassifizierung möglicher Grundrechtsbeeinträchtigungen in drei voneinander abgrenzbare Eingriffsstufen. So führe der materiell gleiche Sachverhalt, der je nach Betrachtungsweise entweder als Beschränkung der Berufswahl oder als Regelung der Be-

541 So *BayVerfGH* NJW 2000, 3418, 3419 zu Art. 18 Abs. 1 S. 2 des Bayerischen Heilberufe-Kammergesetzes. In diesem Sinne hat die Rechtsprechung auch den früheren Ausschluss juristischer Personen von der Rechtsbesorgung und Rechtsberatung als bloße Berufsausübungsregelung angesehen, *BVerwG* NJW 1959, 1986 f.; *OVG Koblenz* NJW 1980, 1866, 1867.

542 *Eisenberg*, Ärztliche Kooperations- und Organisationsformen, S. 248 ff.; *Henssler*, ZIP 1994, 844, 846; *Taupitz*, JZ 1994, 1100, 1103; *ders.*, NJW 1996, 3033, 3039; *Weber/ Vogt-Weber*, ArztR 1997, 179, 181. Eingehend zum Meinungsstand über den Umfang des Grundrechtsschutzes juristischer Personen von Mangoldt/ Klein/ Starck-*Huber*, Art. 19 Abs. 3, Rn. 223 ff. mit Nachweisen.

543 Vgl. aus der verfassungsrechtlichen Literatur etwa *Gusy*, JA 1992, 257, 260 ff.

rufsausübung einzuordnen sei, zu divergierenden Eingriffsvoraussetzungen[544]. Indessen geht auch das *Bundesverfassungsgericht* nicht von einer starren Anwendung der Stufenlehre, sondern von fließenden Übergängen zwischen den einzelnen Eingriffsstufen und den damit verbundenen Rechtfertigungsanforderungen aus[545]. Auch im Rahmen der Stufenlehre, die lediglich das Resultat einer konsequenten Anwendung des Verhältnismäßigkeitsgrundsatzes ist, findet eine Abwägung zwischen den Folgen des Eingriffs für die betroffenen Grundrechtsträger und den Gemeinschaftsinteressen statt[546]. Nach beiden Lösungsansätzen ist daher im Rahmen der Verhältnismäßigkeitsprüfung zu erörtern, ob die Verbote in den Heilberufs- und Kammergesetzen der Bundesländer zum Schutz eines höherrangigen Rechtsgutes geeignet, erforderlich und angemessen sind. Je nachhaltiger die Vorschriften in die Berufsfreiheit der juristischen Personen und der kooperierenden Ärzte eingreifen, desto gewichtiger muss das zu schützende Gemeinschaftsinteresse an dem gesetzlichen Verbot sein.

*(bb) Argumente zugunsten der landesgesetzlichen Verbote*

Als Rechtfertigung für die in den Heilberufs- und Kammergesetzen der Bundesländer geregelten Verbote wird in den amtlichen Begründungen angeführt, die Praxisführung in der Rechtsform einer juristischen Person vertrage sich nicht mit dem persönlich-freiberuflichen Charakter der von niedergelassenen Ärzten eigenverantwortlich zu erbringenden heilkundlichen Dienstleistungen. Damit könnten nicht nur – zum Nachteil des Patienten – die Bindungen an die staatliche Gebührenordnung für die Heilberufe und deren unbegrenzte haftungsrechtliche Verantwortlichkeit, sondern auch wesentliche berufsrechtliche Verpflichtungen, vor allem das berufstypische Werbeverbot, umgangen werden[547].

Darauf Bezug nehmend hat sich der *Bayerische Verfassungsgerichtshof* in einer Entscheidung über zwei Popularklagen für die Vereinbarkeit des in Art. 18 Abs. 1 S. 2 des Bayerischen Heilberufe-Kammergesetzes geregelten Verbots, eine ärztliche Praxis in der Rechtsform einer juristischen Person des privaten Rechts zu führen, mit dem Grundrecht der Berufsfreiheit ausgesprochen[548]. Durch die angegriffene Norm regele und fi-

---

544 *Eisenberg*, Ärztliche Kooperations- und Organisationsformen, S. 252 f.; *Henssler*, ZIP 1994, 844, 846 f.; *Katzenmeier*, MedR 1998, 113, 115; *Laufs*, MedR 1995, 11, 13.

545 Vgl. etwa *BVerfGE* 11, 30, 42 f.; 16, 286, 297; 77, 84, 106.

546 Auf das Kriterium der Zumutbarkeit des Grundrechtseingriffs für den betroffenen Grundrechtsträger wird ausdrücklich abgestellt in *BVerfGE* 37, 1, 18 f.; 51, 193, 208.

547 So etwa die amtliche Begründung des Bayerischen Landtages zu Art. 18 Abs. 1 S. 2 des Bayerischen Heilberufe-Kammergesetzes, LT-Drs. 12/ 10455, S. 5, 14 f.; ebenso die amtliche Begründung des Sächsischen Landtages zu § 16 Abs. 4 des Sächsischen Heilberufe-Kammergesetzes, LT-Drs. 1/ 4352, S. 17 f. Die amtlichen Begründungen sind auszugsweise abgedruckt bei *Laufs*, MedR 1995, 11, 12 f. und *Taupitz*, NJW 1996, 3033.

548 *BayVerfGH* NJW 2000, 3418 ff. mit Anmerkung *Siebel*, DStR 2000, 1275 f. und Besprechung *Bachmann*, NJW 2001, 3385 f. Grundlage der Entscheidung ist die Berufsfreiheit als Teil des Grundrechts der Handlungsfreiheit nach Art. 101 der Bayerischen Landesverfassung.

xiere der bayerische Gesetzgeber das Berufsbild des selbstständigen, in freier Praxis niedergelassenen Arztes. Der ärztliche Beruf sei seiner Natur nach kein Gewerbe, sondern ein freier Beruf, zu dessen Wesen vor allem die Unabhängigkeit in der gesamten Berufsgestaltung gehöre. Der Angehörige eines freien Berufs habe die freie Verfügung über die eigene Arbeitskraft, könne insbesondere seine Arbeitszeit frei einteilen, trage aber auch das volle wirtschaftliche Berufsrisiko. Neben dieser Unabhängigkeit gehört nach Auffassung des Gerichts ein hohes Maß an Verantwortungsbewußtsein gegenüber den freiwilligen Vertragspartnern aus der Bevölkerung zu den wichtigsten Wesensmerkmalen des freien Berufs. Die Einhaltung der jeweiligen Berufspflichten werde bei freien Berufen grundsätzlich durch entsprechende Standesrichtlinien, eine Berufsaufsicht und eine Berufsgerichtsbarkeit überwacht. Diese Gedanken seien das Fundament der angegriffenen Regelung[549].

Vor diesem Hintergrund hält der *Bayerische Verfassungsgerichtshof* die Förderung und Aufrechterhaltung des Berufsstandes selbstständig tätiger Ärzte für ein legitimes Anliegen des Gesetzgebers. Wenn die Praxisführung durch juristische Personen des privaten Rechts zugelassen würde, sei nicht von der Hand zu weisen, dass die Zahl der als Freiberufler tätigen Ärzte zurückgehen und die Schicht der angestellten Ärzte wachsen würden[550]. Einen weiteren legitimierenden Grund erkennt das Gericht darin, dass ein freiberuflich tätiger Arzt keinen Weisungen unterliegt. Sobald ein Arzt dagegen im Rahmen einer praxisführenden juristischen Person tätig würde, könne er sich (mittelbar) wirtschaftlich orientierten Weisungen von Seiten der juristischen Person ausgesetzt sehen, die tendenziell zu einer Verschlechterung der von ihm erbrachten Leistungen und damit zu einer Gefährdung der Gesundheit der Bevölkerung führen könnten[551].

Eine ähnliche Argumentation vertritt das *OVG Nordrhein-Westfalen*, das die Bindung der Ausübung ambulanter ärztlicher Tätigkeit an die Niederlassung in eigener Praxis nach § 29 Abs. 2 S. 1 des Nordrhein-westfälischen Heilberufsgesetzes für verfassungsmäßig gehalten hat. Danach ist es ein legitimes Anliegen des Gesetzgebers, den Patienten vor Geschäften mit der Gesundheit zu schützen, indem Vorsorge für eine ordnungsgemäße medizinische Diagnostik, Beratung und Behandlung durch niedergelassene Ärzte getroffen und der dafür Verantwortliche für den Patienten erkennbar ausgewiesen wird. Obwohl das Gericht in dem von ihm zu beurteilenden Fall den Vorwurf mangelnder Weisungsfreiheit seitens der antragstellenden Ärztin für eher theoretisch und des-

---

549 *BayVerfGH* NJW 2000, 3418, 3419.

550 *BayVerfGH* NJW 2000, 3418, 3419 f.; ausführlich hierzu *Ganster*, Freier Beruf und Kapitalgesellschaft, S. 594 ff.; *ders.*, AusR 2000, 154, 159 f.

551 *BayVerfGH* NJW 2000, 3418, 3420; vgl. auch *Ganster*, Freier Beruf und Kapitalgesellschaft, S. 552 ff., demzufolge das rechtliche Leitbild des freien Berufs durch den höchstpersönlich und selbstständig Berufstätigen als natürliche Person gekennzeichnet ist und dem im Falle einer gemeinsamen Berufsausübung mithin ausschließlich die auf eine prinzipielle Gleichordnung unter den Berufstätigen angelegte personengesellschaftsrechtliche Rechtsform entspricht.

halb unverhältnismäßig gehalten hat und auch keinen Verstoß gegen das berufsrechtliche Werbeverbot feststellen konnte, hat es die Versagung einer Ausnahmegenehmigung nach § 29 Abs. 2 S. 5 des Nordrhein-westfälischen Heilberufsgesetzes mit der Begründung bestätigt, die berufsrechtlichen Belange seien beeinträchtigt, da die Vergewerblichung und Kommerzialisierung des Gesundheitsbereichs durch Kapitalgesellschaften dem Berufsbild des Arztes in eigener Praxis als eines freien Berufs widersprächen[552].

Als rechtfertigendes Argument wird ferner der Schutz der Patienten vor einer Verschlechterung ihrer haftungsrechtlichen Position angeführt. Begibt sich ein Patient zu einer Berufsausübungsgemeinschaft in der Rechtsform einer juristischen Person in Behandlung, kommt der Behandlungsvertrag regelmäßig nicht mit dem behandelnden Arzt, sondern ausschließlich mit der juristischen Person zustande. Allein diese haftet dem Patienten vertraglich, wobei die Haftung grundsätzlich auf das Gesellschaftsvermögen beschränkt ist, während der behandelnde Arzt nur deliktisch verantwortlich ist. Dieses Auseinanderfallen von behandelnder und für die ordnungsgemäße Durchführung der Behandlung vertraglich haftender Person, verbunden mit der gesetzlichen Haftungsbeschränkung auf das Gesellschaftsvermögen, führt nach Auffassung des *Bayerischen Verfassungsgerichtshofs* zu einer haftungsrechtlichen Benachteiligung des Patienten. Dieser könne seine sich aus dem Behandlungsvertrag ergebenden Erfüllungsansprüche nicht gegenüber der ihn behandelnden Person geltend machen, sondern nur gegenüber der nicht in die Behandlung einbezogenen juristischen Person, die ihrerseits dem behandelnden Arzt nach den ärztlichen Standesrichtlinien keine behandlungsbezogenen Weisungen erteilen dürfe. Vor dem Hintergrund des zum Zeitpunkt der Entscheidung geltenden Schuldrechts[553] und der Exkulpationsmöglichkeit der juristischen Person im deliktischen Bereich geht das Gericht davon aus, dass der Patient gegen Forderungen der juristischen Person aus dem Behandlungsvertrag unter Umständen nicht mit Gegenforderungen aufrechnen könne, die er beispielsweise aus § 847 BGB a. F. auf Zahlung von Schmerzensgeld habe, weil es wegen der Personenverschiedenheit auf ärztlicher Seite an der Gegenseitigkeit der Forderungen fehlen könne. Zwar würden in der Praxis fast ausschließlich deliktische Ansprüche gegen die Ärzte geltend gemacht, da nur bei einer deliktischen Haftung gemäß § 847 BGB a. F. ein Anspruch auf Schmerzensgeld durchzusetzen sei. Doch verjährten im Gegensatz zur vertraglichen Haftung, bei der eine 30-jährige Verjährungsfrist gelte, die deliktischen Ansprüche gemäß § 852 BGB a. F. bereits nach drei Jahren. Nach Ablauf dieser Frist sei eine Inanspruchnahme des behandelnden Arztes weder deliktisch noch vertraglich möglich. Dagegen könnten

552 *OVG Nordrhein-Westfalen* MedR 2001, 150 ff.; kritisch dazu *Bonvie*, MedR 2002, 338, 341.

553 In der Fassung vor Inkrafttreten des Gesetzes zur Modernisierung des Schuldrechts vom 26. November 2001 (BGBl. I 2001, S. 3138) sowie des zweites Gesetzes zur Änderung schadensersatzrechtlicher Vorschriften vom 19. Juli 2002 (BGBl. I 2002, S. 2674).

vertragliche Ansprüche gegenüber einem freiberuflich tätigen Arzt bis zum Ablauf der 30-jährigen Verjährungsfrist weiterverfolgt werden[554].

Zugunsten der landesgesetzlichen Verbote wird weiter vorgetragen, dass diese der Sicherung der Vertrauensbeziehung des behandelnden Arztes zu seinen Patienten dienten, indem sie die Erbringung ärztlicher Dienstleistungen ohne ein persönliches Verhältnis zwischen dem Patienten und seinem Vertragspartner verhinderten[555]. Schließlich sollen die fraglichen Verbotsnormen einer Gefährdung des Rechts auf freie Arztwahl entgegenwirken. Kommt der Behandlungsvertrag ausschließlich mit der juristischen Person zustande, ist allein diese Anspruchsgegnerin hinsichtlich der Erfüllungsansprüche des Patienten. Aus diesem Grund wird befürchtet, dass es im freien Belieben der juristischen Person stehe, durch welchen der für sie tätigen Leistungserbringer sie die geschuldete Heilbehandlung tatsächlich erbringen wolle. Die Möglichkeit des Patienten, sich unmittelbar an den Arzt seines Vertrauens zu wenden, werde hierdurch in kaum mehr hinnehmbarer Weise beschnitten[556].

*(cc) Abwägung der widerstreitenden Interessen*

Diese Erwägungen vermögen den Eingriff in die Berufsausübungsfreiheit der Ärzte und der juristischen Personen zu rechtfertigen, wenn die in den Heilberufs- und Kammergesetzen der Bundesländer enthaltenen Verbotsbestimmungen zum Schutz eines höherrangigen Rechtsgutes geeignet, erforderlich und angemessen sind. Anerkanntermaßen umfasst das Grundrecht der Berufsfreiheit nach Art. 12 Abs. 1 GG nicht nur Tätigkeiten im Rahmen traditionell festgelegter Berufsbilder, sondern auch die Freiheit zur Herausbildung neuer Betätigungsformen[557]. Das überkommene Berufsbild des selbstständigen, in freier Praxis niedergelassenen Arztes ist daher noch kein schutzwürdiger Wert an sich[558]. Eine Rechtfertigung könnte sich aber aus dem Gemeinschaftsinteresse an der Gesundheit der Bevölkerung ergeben. Diese stellt eines der wichtigsten Gemeinschaftsgüter dar, zu deren Schutz dem Gesetzgeber ein weiter Entscheidungsspielraum beim Erlass von Regelungen zusteht. Der gesetzgeberische Entscheidungsspielraum ist jedoch überschritten, wenn die Erbringung heilkundlicher Leistungen durch juristische Personen verboten wird, obwohl von ihr keine gewichtigen Gefahren für die Gesundheit der Bevölkerung ausgehen oder sich drohende Beeinträchtigungen durch mildere Mittel verhindern lassen[559].

---

554 *BayVerfGH* NJW 2000, 3418, 3420.

555 *Ganster*, Freier Beruf und Kapitalgesellschaft, S. 594; *ders.*, AusR 2000, 154, 158 f.

556 *Ganster*, AusR 2000, 154, 159; vgl. bezüglich der Argumente zugunsten der Verbote ärztlicher Heilkundetätigkeit in der Rechtsform einer juristischen Person auch die Zusammenstellung bei *Taupitz*, NJW 1992, 2317, 2322 f.; *ders.*, NJW 1996, 3033, 3036.

557 Grundlegend dazu *BVerfGE* 7, 377, 397; vgl. ferner *Jarass/ Pieroth*, Grundgesetz, Art. 12, Rn. 4 mit weiteren Nachweisen.

558 *Taupitz*, NJW 1992, 2317, 2319; *ders.*, NJW 1996, 3033, 3036.

559 *Eisenberg*, Ärztliche Kooperations- und Organisationsformen, S. 253 f.; *Katzenmeier*, MedR 1998,

Fraglich ist, ob sich ein legitimierender Grund aus der Sicherung der ärztlichen Unabhängigkeit als Wesensmerkmal der gesetzlich verankerten Freiberuflichkeit des Arztes ergibt. Nach zutreffender Ansicht ist zwischen der fachlichen Unabhängigkeit bei der eigentlichen Berufsausübung und der wirtschaftlichen Eigenständigkeit zu differenzieren. Während die Weisungsfreiheit des Arztes bei der unmittelbaren Behandlung von Patienten unverzichtbare Voraussetzung zu deren Schutz vor Gesundheitsbeeinträchtigungen ist, gilt dies nicht für die Unabhängigkeit in der übrigen Berufsgestaltung[560]. Anders als die fachliche Unabhängigkeit ist die wirtschaftliche Selbstständigkeit der Freiberuflichkeit des Arztes auch nicht immanent. Dies wird anschaulich an der Anzahl der im Angestelltenverhältnis tätigen Krankenhausärzte, die die Anzahl der in eigener Praxis niedergelassenen Ärzte seit mehreren Jahren deutlich übersteigt[561]. Auch der Sozialgesetzgeber lässt die Betätigung angestellter Ärzte im vertragsärztlichen Bereich in wachsendem Umfang zu und trägt damit zu einem Wandel des traditionellen ärztlichen Berufsbildes bei. Bereits seit längerem kann ein Vertragsarzt gemäß §§ 95 Abs. 9, 98 Abs. 2 Nr. 13 SGB V in Verbindung mit § 32b Abs. 1 S. 1 Ärzte-ZV einen ganztags beschäftigten Arzt oder zwei halbtags beschäftigte Ärzte desselben Fachgebietes in seiner Praxis anstellen[562]. Mit der Einführung der medizinischen Versorgungszentren gemäß § 95 Abs. 1 SGB V wird nunmehr die zahlenmäßig unbeschränkte Vervielfältigung ärztlicher Arbeitskraft innerhalb der gesetzlichen Krankenversicherung gestattet. Ferner belegt ein Vergleich mit anderen Freiberuflern, dass die Betätigung in der Rechtsform einer juristischen Person nicht im Widerspruch zu dem Grundsatz der Unabhängigkeit bei der Leistungserbringung steht[563]. So ist etwa die Möglichkeit kooperativer Berufsausübung in der Rechtsform einer Kapitalgesellschaft für die Berufsgruppen der Steuerberater, Wirtschaftsprüfer und Rechtsanwälte gesetzlich anerkannt[564].

---

113, 115; *Laufs*, MedR 1995, 11, 13 f.; *Taupitz*, NJW 1996, 3033, 3036, 3038.

560 *Eisenberg*, Ärztliche Kooperations- und Organisationsformen, S. 48, 257; *Katzenmeier*, MedR 1998, 113, 115; *Rieger*, MedR 1995, 87, 88; Kooperationsformen Freie Berufe-*Schneider*, C 2, Rn. 132; *Taupitz*, NJW 1992, 2317, 2323; *ders.*, NJW 1996, 3033, 3036; *Werner*, Gemeinschaftliche ärztliche Berufsausübung, S. 295 ff.

561 *Bachmann*, NJW 2001, 3385; *Ehmann*, MedR 1994, 141, 142; *Eisenberg*, Ärztliche Kooperations- und Organisationsformen, S. 48, 255; *Erbsen*, Praxisnetze und das Berufsrecht der Ärzte, S. 51; *Laufs*, MedR 1995, 11, 14 f.; *Rupprecht*, Zivilrechtliche Haftung des niedergelassenen Arztes, S. 154; *Taupitz*, NJW 1992, 2317, 2323; *ders.*, NJW 1996, 3033, 3036; *Werner*, Gemeinschaftliche ärztliche Berufsausübung, S. 296; vgl. bereits *Lach*, Formen freiberuflicher Zusammenarbeit, S. 7 f., 10. Während im Jahr 2002 nur rund 41 % aller berufstätigen Ärzte in Deutschland in freier Praxis niedergelassen waren, haben zu diesem Zeitpunkt rund 48 % ihre Tätigkeit als Angestellte im Krankenhaus ausgeübt; siehe dazu die Ärztestatistik der *Bundesärztekammer* zum 31.12.2002.

562 Vgl. *Taupitz*, NJW 1996, 3033, 3036 f.; dazu auch *Laufs*, MedR 1995, 11, 15.

563 *Eisenberg*, Ärztliche Kooperations- und Organisationsformen, S. 255; *Katzenmeier*, MedR 1998, 113, 115.

564 Vgl. § 49 Abs. 1 StBerG, § 27 Abs. 1 WPO, § 59c Abs. 1 BRAO. Siehe auch *BayObLG* NJW 2000, 1647 f. zur Zulässigkeit des gesetzlich bislang ungeregelten Zusammenschlusses von Rechtsanwälten in einer Aktiengesellschaft.

Aus der Führung einer ärztlichen Praxis in der Rechtsform einer juristischen Person resultieren danach keine Gefahren für die ärztliche Unabhängigkeit, sofern die Weisungsfreiheit des Arztes bei der unmittelbaren Patientenversorgung durch eine entsprechende Gestaltung des Gesellschaftsvertrages gewährleistet wird. Dem Einwand, der Arzt könnte sich jedenfalls mittelbar wirtschaftlich orientierten Weisungen seitens der juristischen Person ausgesetzt sehen, ist entgegenzusetzen, dass auch die Praxisführung eines niedergelassenen Arztes finanziellen Einflüssen unterliegt und von betriebswirtschaftlichen Erwägungen geleitet wird. Ebenso wenig wie im stationären Bereich, in dem der Betrieb von Krankenhäusern in der Rechtsform einer juristischen Person seit langem anerkannt ist, ist ohne weiteres davon auszugehen, dass juristische Personen bei der Erbringung ärztlicher Leistungen kommerzielle Interessen derart in den Vordergrund stellen, dass daraus schwerwiegende Gefahren für die Gesundheitsversorgung der Bevölkerung hervorgingen[565]. Vielmehr kann die finanzielle Absicherung durch ein regelmäßiges Einkommen eine Konzentration der bei der juristischen Person angestellten Ärzte auf die eigentliche Patientenversorgung unabhängig von ökonomischen Erwägungen bewirken. Zudem unterliegt auch der angestellte Arzt der standesrechtlichen Berufspflicht, die ihm eine Entgegennahme von Weisungen von Nichtärzten hinsichtlich seiner ärztlichen Entscheidungen verbietet[566]. Die dem Gesetzgeber zustehende Einschätzungsprärogative hinsichtlich der Erforderlichkeit einer gesetzgeberischen Maßnahme findet ihre Grenze dort, wo eine Grundrechtsbeschränkung ausschließlich auf allgemeine Misstrauenserwägungen ohne eine nachvollziehbare Grundlage gestützt wird[567]. Eine Beschränkung der Berufsausübungsfreiheit lässt sich demzufolge mit dem Erfordernis einer Sicherung der ärztlichen Unabhängigkeit nicht rechtfertigen.

Die Gesundheitsversorgung der Bevölkerung wäre aber gefährdet, wenn die ärztliche Betätigung in der Rechtsform einer juristischen Person die Umgehung wesentlicher Berufspflichten wie etwa der ärztlichen Schweigepflicht oder des Verbots der berufswidrigen Werbung ermöglichen würde. Ebenso wie die niedergelassenen Ärzte unterliegen die in der juristischen Person zusammengeschlossenen oder angestellten Ärzte den in den Berufsordnungen der Ärztekammern geregelten Berufspflichten, die unter anderem die Schweigepflicht regeln[568] und die berufswidrige Werbung untersagen[569]. Demgegenüber ist die juristische Person kein Mitglied der Ärztekammer und deshalb nicht unmittelbar an deren satzungsrechtliche Bestimmungen gebunden. Sie ist jedoch Störerin gemäß § 1 UWG und verhält sich damit wettbewerbswidrig, wenn sie die für sie

565 *Eisenberg*, Ärztliche Kooperations- und Organisationsformen, S. 259; *Rieger*, MedR 1995, 87, 88; *Rupprecht*, Zivilrechtliche Haftung des niedergelassenen Arztes, S. 153; *Siebel*, DStR 2000, 1275, 1276; *Taupitz*, NJW 1992, 2317, 2323; *ders.*, NJW 1996, 3033, 3037; *Werner*, Gemeinschaftliche ärztliche Berufsausübung, S. 300 f.

566 Vgl. § 2 Abs. 4 MBO-Ä.

567 *Rupprecht*, Zivilrechtliche Haftung des niedergelassenen Arztes, S. 153.

568 Vgl. dazu § 9 MBO-Ä. Zusätzlich ist die ärztliche Schweigepflicht strafrechtlich durch § 203 Abs. 1 Nr. 1 StGB geschützt.

569 Vgl. dazu § 27 Abs. 3 MBO-Ä.

tätigen Ärzte an der Erfüllung ihrer Berufspflichten hindert oder ihnen Anweisungen erteilt, die im Widerspruch zu diesen stehen. Insofern unterliegt die juristische Person zumindest mittelbar den ärztlichen Berufspflichten, mit deren Umgehung zum Nachteil der Gesundheit der Bevölkerung somit nicht zu rechnen ist[570].

Weiterhin ist fraglich, ob sich eine Benachteiligung des Patienten aus dem Auseinanderfallen von behandelnder und vertraglich haftender Person und der Beschränkung der Haftung der juristischen Person auf das Gesellschaftsvermögen ergibt. Arzthaftungsfälle betreffen regelmäßig den Ausgleich von Schäden, die durch eine Verletzung des Körpers und/ oder der Gesundheit verursacht wurden. Für diese haftet der behandelnde Arzt unabhängig von einer vertraglichen Beziehung zu dem Patienten im Falle einer Verletzung seiner Behandlungs- oder Aufklärungspflichten kraft Deliktsrechts auf materiellen und immateriellen Schadensersatz. Daneben ist die juristische Person vertraglich und deliktisch für zurechenbare Pflichtverletzungen des behandelnden Arztes schadensersatzpflichtig. Mit der juristischen Person erhält der Patient einen zusätzlichen Schuldner und kann damit im Haftungsfall auf zwei verschiedene Haftungsmassen zugreifen. Das Auseinanderfallen von behandelnder und vertraglich haftender Person führt damit zu keiner Verschlechterung seiner haftungsrechtlichen Position, sondern wirkt sich im Gegenteil positiv auf die Verwirklichung seiner Forderungen aus[571]. Eine Entlastung der juristischen Person hinsichtlich ihrer deliktischen Haftung nach § 831 Abs. 1 BGB kommt nur in Betracht, wenn der für sie tätige Arzt im Rahmen einer hierarchischen Unternehmensstruktur ausnahmsweise nicht als verfassungsmäßig berufener Vertreter im Sinne von § 31 BGB anzusehen ist, für dessen Fehlverhalten die juristische Person ohne Exkulpationsmöglichkeit nach § 823 Abs. 1 BGB und § 823 Abs. 2 BGB in Verbindung mit § 229 StGB haftet. Zudem kann der Geschädigte seit der Einführung des § 253 Abs. 2 BGB[572] nicht nur kraft Deliktsrechts, sondern auch auf der Grundlage ei-

570 *BGH* MedR 1995, 113, 114 mit Anmerkung *Rieger*; NJW 1999, 3414, 3415; NJW 2000, 1789, 1791; NJW-RR 2003, 1288, 1289; *OLG Hamburg* MedR 1992, 280, 282 mit Anmerkung *Schulte*; MedR 1995, 115, 116 mit Anmerkung *Rieger*; *OLG München* MedR 1993, 24, 25; *Deutsch/ Spickhoff*, Medizinrecht, Rn. 108; *Eisenberg*, Ärztliche Kooperations- und Organisationsformen, S. 259 ff.; *Hildebrandt*, Entwicklungen und Rechtsprobleme freiberuflicher Zusammenschlüsse, S. 100 f., 166; *Schnapp/ Kaltenborn*, SGb 2001, 101, 106; *Taupitz*, Festschrift für Geiß, 503 ff.; *ders.*, NJW 1992, 2317, 2324; *ders.*, NJW 1996, 3033, 3038; Laufs/ Uhlenbruck-*Uhlenbruck/ Schlund*, Handbuch des Arztrechts, § 18, Rn. 14; *Weber/ Vogt-Weber*, ArztR 1997, 179, 183.

571 *Bachmann*, NJW 2001, 3385, 3386; *Eisenberg*, Ärztliche Kooperations- und Organisationsformen, S. 268 ff.; *Hildebrandt*, Entwicklungen und Rechtsprobleme freiberuflicher Zusammenschlüsse, S. 158 f.; *Katzenmeier*, MedR 1998, 113, 116; *Laufs*, MedR 1995, 11, 14; *Lüke-Rosendahl*, Der Beruf des Arztes unter besonderer Berücksichtigung der ärztlichen Kooperationen, S. 158 f.; *Rieger*, MedR 1995, 87, 88 f.; *Rupprecht*, Zivilrechtliche Haftung des niedergelassenen Arztes, S. 157 ff.; *Schnapp/ Kaltenborn*, SGb 2001, 101, 106; Kooperationsformen Freie Berufe-*Schneider*, C 2, Rn. 127, 132; *Taupitz*, Festschrift für Geiß, 503; *ders.*, NJW 1992, 2317, 2324; *ders.*, NJW 1996, 3033, 3037; Laufs/ Uhlenbruck-*Uhlenbruck/ Schlund*, Handbuch des Arztrechts, § 18, Rn. 14; *Weber/ Vogt-Weber*, ArztR 1997, 179, 182; *Werner*, Gemeinschaftliche ärztliche Berufsausübung, S. 303 f.; *Wigge*, MedR 2004, 123, 130.

572 Durch das zweite Gesetz zur Änderung schadensersatzrechtlicher Vorschriften vom 19. Juli 2002 (BGBl. I 2002, S. 2674).

ner vertraglichen Haftung immateriellen Schadensersatz verlangen, so dass bereits aus diesem Grund eine Aufrechnung der Forderungen der juristischen Person aus dem Behandlungsvertrag mit Gegenforderungen auf Zahlung von Schmerzensgeld möglich ist. Ferner unterliegen nach dem neuen Schuldrecht sowohl vertragliche als auch deliktische Ansprüche einheitlich der regelmäßigen Verjährungsfrist gemäß §§ 195, 199 BGB. Die vertragliche Haftung für ärztliche Pflichtverletzungen deckt sich damit in wesentlichen Teilen mit der deliktischen Arzthaftung[573]. Eine Benachteiligung des Patienten hinsichtlich der Verjährung seiner Haftungsansprüche gegen den behandelnden Arzt liegt danach jedenfalls seit der Einführung des neuen Schuldrechts nicht vor[574].

Im Hinblick auf eine mögliche Gefährdung der Durchsetzbarkeit von Haftungsansprüchen gegen die juristische Person wegen der gesetzlichen Haftungsbeschränkung auf das Gesellschaftsvermögen ist darauf hinzuweisen, dass auch Schadensersatzansprüche gegenüber einem vertraglich haftenden niedergelassenen Arzt an dessen Zahlungsunfähigkeit scheitern können. Besser als durch ein Verbot ärztlicher Heilkundetätigkeit in der Rechtsform einer juristischen Person können die Patienteninteressen daher durch eine Verpflichtung zum Abschluss einer ärztlichen Haftpflichtversicherung mit einer ausreichenden Mindestversicherungssumme geschützt werden. Diese stellt zugleich das mildere Eingriffsmittel dar und ist einem generellen Ausschluss der juristischen Person folglich vorzuziehen[575].

Von wesentlicher Bedeutung für die Entstehung einer Vertrauensbeziehung zwischen dem Arzt und seinen Patienten ist die Sicherung der Versorgungsqualität. Allerdings ist die Entwicklung eines Vertrauensverhältnisses keineswegs von dem Zustandekommen einer vertraglichen Beziehung, sondern maßgeblich von der fachlichen Qualifikation des Arztes, seiner Persönlichkeit und seinem Auftreten gegenüber den Patienten abhängig[576]. Auch im stationären Bereich existiert regelmäßig keine vertragliche Bindung zwischen dem Patienten und dem behandelnden Krankenhausarzt, ohne dass die Qualität der Versorgung dadurch in Frage gestellt würde. Bei einer ärztlichen Gemeinschafts-

---

573 Vgl. *Katzenmeier*, JZ 2002, 1029 ff.; *Rauscher*, JURA 2002, 577 ff.; *Spickhoff*, NJW 2002, 2530 ff.; *Wagner*, NJW 2002, 2049, 2053 ff.

574 *Lange*, ZMGR 2003, 18, 21.

575 *Bachmann*, NJW 2001, 3385, 3386; *Eisenberg*, Ärztliche Kooperations- und Organisationsformen, S. 268; *Hart*, JURA 2000, 14, 17; *Katzenmeier*, MedR 1998, 113, 116; *Laufs*, MedR 1995, 11, 14; *Rupprecht*, Zivilrechtliche Haftung des niedergelassenen Arztes, S. 159. Eine entsprechende Verpflichtung enthält § 59d Nr. 3 BRAO für den Bereich kooperativer Berufsausübung von Rechtsanwälten in der Rechtsform einer Gesellschaft mit beschränkter Haftung. Danach wird die Zulassung als Rechtsanwaltsgesellschaft nur erteilt, wenn der Abschluss einer Berufshaftpflichtversicherung nach § 59j BRAO nachgewiesen ist oder eine vorläufige Deckungszusage vorliegt. Siehe zu einer möglichen bundesgesetzlichen Regelung des Zulassungsverfahrens und der Zulassungsvoraussetzungen einer Ärztegesellschaft mit beschränkter Haftung de lege ferenda *Eisenberg*, Ärztliche Kooperations- und Organisationsformen, S. 282 ff.

576 Zu den maßgeblichen Faktoren des Vertrauensverhältnisses zwischen Freiberuflern und deren Patienten oder Klienten bereits *Lach*, Formen freiberuflicher Zusammenarbeit, S. 10 ff.

praxis in der Rechtsform einer Gesellschaft bürgerlichen Rechts kommt der Behandlungsvertrag nach der mittlerweile wohl herrschenden Auffassung mit der Gesellschaft als solcher zustande, ohne dass die einzelnen Gesellschafter selbst Vertragspartei werden[577]. Für die Ärztepartnerschaft wird diese vertragliche Struktur gesetzlich in § 7 Abs. 2 PartGG in Verbindung mit § 124 Abs. 1 HGB angeordnet. Ebenso wird der Behandlungsvertrag mit der rechtlich selbstständigen Gesellschaft und nicht mit den einzelnen Gesellschaftern abgeschlossen, wenn ein medizinisches Versorgungszentrum in der Rechtsform einer Personengesellschaft geführt wird. Wird die Vertrauensbeziehung zwischen dem behandelnden Arzt und seinen Patienten in diesen Konstellationen als gesichert angesehen, muss dies ebenfalls für die Errichtung einer ärztlichen Berufsausübungsgemeinschaft in der Rechtsform einer juristischen Person gelten[578]. Ein Verbot der Erbringung heilkundlicher Leistungen durch juristische Personen lässt sich unter Hinweis auf das ärztliche Vertrauensverhältnis folglich nicht rechtfertigen.

Das Sozialrecht gewährleistet in § 76 Abs. 1 SGB V das Recht der gesetzlich krankenversicherten Patienten auf freie Arztwahl. Dieses erstreckt sich seinem Wortlaut nach auf die zur vertragsärztlichen Versorgung zugelassenen Ärzte, medizinischen Versorgungszentren und die anderen dort aufgeführten Personen und Einrichtungen. Dagegen sind die für das Versorgungszentrum tätigen Ärzte, die nicht zugleich den Vertragsarztstatus besitzen, von dem Wahlrecht nicht erfasst. Bei einer zunehmenden Verbreitung medizinischer Versorgungszentren und einer damit einher gehenden Verringerung der Anzahl niedergelassener Ärzte erscheint eine faktische Gefährdung der Realisierung des Rechts auf freie Arztwahl deshalb jedenfalls nicht ausgeschlossen. Diese Problematik besteht allerdings unabhängig von der vertraglichen Gestaltung des Behandlungsverhältnisses und betrifft medizinische Versorgungszentren jedweder Rechtsform, da auch im Falle einer Personengesellschaft das Versorgungszentrum als solches die Zulassung zur vertragsärztlichen Versorgung erhält. Insofern handelt es sich um eine allgemeine Fragestellung im Kontext medizinischer Versorgungszentren und nicht um ein Spezialproblem der Erbringung ärztlicher Leistungen in der Rechtsform einer juristischen Person. Der Sozialgesetzgeber selbst hat sich für die Einführung der medizinischen Versorgungszentren in die gesetzliche Krankenversicherung und die Beschränkung des Rechts auf freie Arztwahl auf die in § 76 Abs. 1 SGB V genannten Personen und Einrichtungen entschieden. Sofern eine Ausweitung des Wahlrechts auf die bei einem medizinischen Versorgungszentrum angestellten Ärzte, die keine eigene Zulassung zur vertragsärztlichen Versorgung besitzen, dennoch angestrebt wird, ist eine entsprechende Anwendung des § 76 Abs. 1 SGB V in Erwägung zu ziehen. Jedenfalls ist ein berufs-

577 Eingehend dazu S. 193 ff.

578 *Eisenberg*, Ärztliche Kooperations- und Organisationsformen, S. 257 f.; *Katzenmeier*, MedR 1998, 113, 115 f.; *Rieger*, MedR 1995, 87, 88; *Rupprecht*, Zivilrechtliche Haftung des niedergelassenen Arztes, S. 154 f.; *Taupitz*, NJW 1992, 2317, 2323 f.; *ders.*, JZ 1994, 1100, 1103; *ders.*, NJW 1996, 3033, 3037; *Werner*, Gemeinschaftliche ärztliche Berufsausübung, S. 301 ff.

rechtliches Verbot ärztlicher Heilkundetätigkeit in der Rechtsform einer juristischen Person kein geeignetes Mittel, um das Recht auf freie Arztwahl auch innerhalb medizinischer Versorgungszentren sicherzustellen.

Schließlich richtet sich die Abrechnung der von medizinischen Versorgungszentren erbrachten ärztlichen Leistungen ebenso wie die Abrechnung der von niedergelassenen Vertragsärzten erbrachten Leistungen nach dem einheitlichen Bewertungsmaßstab gemäß § 87 SGB V. Eine Umgehung der Bindung an die staatliche Gebührenordnung ist danach nicht zu befürchten[579].

Nach den vorstehenden Ausführungen resultieren somit keine Gefahren für die Gesundheit der Bevölkerung aus der Erbringung heilkundlicher Leistungen durch eine juristische Person, solange die Weisungsfreiheit der für sie tätigen Ärzte bei der eigentlichen Patientenversorgung durch eine entsprechende Gestaltung des Gesellschaftsvertrages sichergestellt wird. Fraglich ist, ob das Gemeinschaftsinteresse an der Förderung und Aufrechterhaltung des Berufsstandes selbstständig tätiger Ärzte eine Beschränkung der Berufsausübungsfreiheit der Ärzte und der juristischen Personen legitimiert. Insofern ist jedoch bereits in Zweifel zu ziehen, dass die Gestattung ärztlicher Heilkundetätigkeit durch juristische Personen die Erhaltung des Berufsstandes niedergelassener Ärzte in einem solchen Maße gefährden würde, dass es zu dessen Schutz eines generellen Ausschlusses der juristischen Person bedürfte[580]. Jedenfalls ergibt eine Abwägung der widerstreitenden Interessen, dass das Gemeinschaftsinteresse an der Förderung und Aufrechterhaltung des Berufsstandes selbstständig tätiger Ärzte eine derart tiefgreifende Beschränkung der Berufsfreiheit nicht zu rechtfertigen vermag. Die Einschätzungsprärogative des Gesetzgebers zugunsten der Erforderlichkeit eines generellen Verbots der juristischen Personen findet ihre Schranke insofern in dem Kriterium der Verhältnismäßigkeit im engeren Sinne.

*(dd) Zwischenergebnis*

Eine Abwägung zwischen den Folgen der Verbote für die juristischen Personen und die für sie tätigen Ärzte einerseits und den Gemeinschaftsinteressen andererseits ergibt, dass die Untersagung ärztlicher Heilkundetätigkeit in der Rechtsform einer juristischen Person einen unverhältnismäßigen Eingriff in die Freiheit der Berufsausübung nach Art. 12 Abs. 1 GG darstellt. Die Verbotsbestimmungen in den Heilberufs- und Kammergesetzen der Bundesländer stellen danach keine ausreichende Rechtsgrundlage zur Einschränkung der Berufsfreiheit dar und sind somit materiell verfassungswidrig.

---

579 Siehe zur jedenfalls mittelbaren Bindung der juristischen Personen an die Gebührenordnung für Ärzte im privatärztlichen Bereich *Eisenberg*, Ärztliche Kooperations- und Organisationsformen, S. 261 f.; *Laufs*, MedR 1995, 11, 14.

580 Vgl. *Siebel*, DStR 2000, 1275, 1276; dazu auch *Bachmann*, NJW 2001, 3385, 3386.

### *(b) Gleichbehandlungsgebot gemäß Art. 3 Abs. 1 GG*

Zweifel an der Verfassungsmäßigkeit der Verbotsregelungen in den Heilberufs- und Kammergesetzen der Bundesländer bestehen außerdem hinsichtlich der Vereinbarkeit mit dem Gleichbehandlungsgebot nach Art. 3 Abs. 1 GG. Der allgemeine Gleichheitssatz verbietet es dem Gesetzgeber, vergleichbare Sachverhalte willkürlich ungleich und nicht vergleichbare Sachverhalte willkürlich gleich zu behandeln[581]. Eine Maßnahme ist willkürlich, wenn für sie kein vernünftiger, aus der Natur der Sache sich ergebender oder sonst sachlich einleuchtender Grund existiert[582]. Es ist anerkannt, dass das Gleichbehandlungsgebot gemäß Art. 19 Abs. 3 GG seinem Wesen nach auch auf inländische juristische Personen anwendbar ist[583].

#### *(aa) Gleichbehandlung von Organisationsgemeinschaften und Berufsausübungsgemeinschaften*

Ein Verstoß gegen das Gleichbehandlungsgebot könnte zunächst in einer ungerechtfertigten Gleichbehandlung der Organisationsgemeinschaften und der Berufsausübungsgemeinschaften liegen. Von den Verbotsbestimmungen in den Heilberufs- und Kammergesetzen der Bundesländer sind nach dem Wortlaut und dem Willen des Gesetzgebers beide Formen ärztlicher Zusammenarbeit erfasst. Indessen treffen die meisten Argumente, die zugunsten einer Untersagung ärztlicher Heilkundetätigkeit in der Rechtsform einer juristischen Person angeführt werden, auf Gemeinschaften zur Schaffung der organisatorischen Rahmenbedingungen der Berufsausübung von vornherein nicht zu. Begibt sich ein Patient zu einem Leistungserbringer in Behandlung, der sich mit anderen Medizinern zu einer Organisationsgemeinschaft in der Rechtsform einer juristischen Person zusammengeschlossen hat, kommt der Behandlungsvertrag grundsätzlich mit dem in Anspruch genommenen Leistungserbringer und nicht mit der juristischen Person zustande[584]. Eine aus dem Vertragsschluss mit der juristischen Person resultierende haftungsrechtliche Benachteiligung der Patienten ist daher ebenso wie eine Gefährdung der ärztlichen Vertrauensbeziehung ausgeschlossen. Mangels gemeinschaftlicher Berufsausübung der Leistungserbringer kommt eine Zulassung von Organisationsgemeinschaften zur gesetzlichen Krankenversicherung nicht in Betracht. Vielmehr bedürfen die Kooperationspartner einer eigenen Zulassung als Vertragsarzt, wenn sie an der vertragsärztlichen Versorgung teilnehmen wollen. Eine Gefährdung des Rechts auf freie Arztwahl ist insofern ebenfalls nicht zu befürchten. Mangels eigener medizinischer Leistungserbringung der Organisationsgemeinschaft ist auch eine Umgehung der staatlichen Gebühren-

---

581 *BVerfGE* 1, 14, 52; 4, 144, 155; 23, 98, 106 f.; 42, 64, 72; 49, 148, 165; 76, 256, 329; 86, 81, 87.

582 *BVerfGE* 1, 14, 52; 26, 141, 158 f.; 33, 44, 51; 49, 260, 271; 56, 87, 95; 61, 43, 62 f.; 71, 39, 53; 75, 108, 157; 76, 256, 329; 78, 249, 287; 80, 109, 118; 83, 1, 23.

583 *BVerfGE* 4, 7, 12; 23, 153, 163; 95, 267, 317; von Mangoldt/ Klein/ Starck-*Huber*, Art. 19 Abs. 3, Rn. 334.

584 Siehe dazu S. 234 f.

ordnung durch die Rechtsformenwahl einer juristischen Person ausgeschlossen. Schließlich bleibt der Berufsstand selbstständig tätiger Ärzte von der Errichtung organisatorischer Zusammenschlüsse unberührt. Es besteht deshalb kein sachlich einleuchtender Grund dafür, die Gründung einer Organisationsgemeinschaft in der Rechtsform einer juristischen Person mit der gleichen Begründung zu verbieten, mit der Berufsausübungsgemeinschaften diese Rechtsformenwahl untersagt wird. Folglich handelt es sich bei der Erstreckung der fraglichen Verbotsnormen auf organisatorische Zusammenschlüsse um eine willkürlich Gleichbehandlung unterschiedlicher Sachverhalte[585]. Dieser ungerechtfertigten Gleichbehandlung lässt sich auch nicht im Wege einer verfassungskonformen Auslegung begegnen, da eine einschränkende Norminterpretation unter Ausschluss der Organisationsgemeinschaften mit Rücksicht auf den klaren Wortlaut der Verbotsbestimmungen in den Heilberufs- und Kammergesetzen der Bundesländer und den unmissverständlichen Willen des Gesetzgebers nicht statthaft ist[586].

*(bb) Ungleichbehandlung des ambulanten und des stationären Leistungssektors*

Während der Betrieb von Krankenhäusern und anderen stationären Versorgungseinrichtungen in der Rechtsform einer juristischen Person allgemein zugelassen wird, versagen die Verbotsnormen in den Heilberufs- und Kammergesetzen der Bundesländer die Erbringung heilkundlicher Leistungen durch juristische Personen innerhalb des ambulanten Leistungssektors. Fraglich ist, ob ein sachlicher Differenzierungsgrund für diese Ungleichbehandlung existiert. Gemeinsamer Bezugspunkt der stationären und der ambulanten Heilkundetätigkeit ist die Gesundheitsversorgung der Patienten. Der maßgebliche Unterschied zwischen beiden Versorgungsformen liegt in der zusätzlichen Möglichkeit einer Unterbringung und Verpflegung der Patienten im stationären Bereich. Dagegen unterscheidet sich die eigentliche Patientenversorgung im Krankenhaus ihrem Wesen nach nicht von den in einer Arztpraxis erbrachten Leistungen. Dies gilt umso mehr, als die Krankenhäuser in weitem Umfang auch ambulante Leistungen erbringen und die Grenzen zwischen stationärer und ambulanter Patientenversorgung im Zuge der Verzahnung und Integration der verschiedenen Leistungssektoren und Versorgungsbereiche zunehmend verschoben werden. Ebenso korrespondieren die Rahmenbedingungen der Berufsausübung innerhalb eines Krankenhauses mit den Voraussetzungen ärzt-

585 *Eisenberg*, Ärztliche Kooperations- und Organisationsformen, S. 274 f.; *Taupitz*, NJW 1996, 3033, 3039 f.; vgl. auch *Hildebrandt*, Entwicklungen und Rechtsprobleme freiberuflicher Zusammenschlüsse, S. 98 f. Auch die Antragsteller der Verfassungsbeschwerde gegen Art. 18 Abs. 1 S. 2 des Bayerischen Heilberufe-Kammergesetzes hatten gerügt, dass die Verbotsbestimmung unterschiedslos sämtliche Praxisformen erfasse. Dagegen hat der Bayerische Verfassungsgerichtshof ausgeführt, schon aus dem Begriff der „ärztlichen Praxis" sei zu entnehmen, dass die angegriffene Norm nur für solche Praxen gelte, die an der unmittelbaren gesundheitlichen Versorgung der Patienten teilnehmen. Es handele sich mithin um eine Frage der Anwendung der angegriffenen Norm, die im Popularklageverfahren grundsätzlich nicht zu prüfen sei, *BayVerfGH* NJW 2000, 3418, 3420.

586 *Taupitz*, NJW 1996, 3033, 3040. Siehe zu den Voraussetzungen und Grenzen einer verfassungskonformen Auslegung bereits S. 96.

licher Betätigung innerhalb einer juristischen Person im ambulanten Bereich. Die Argumente, die zugunsten der Untersagung ambulanter Heilkundetätigkeit in der Rechtsform einer juristischen Person angeführt werden, betreffen durchweg auch die Erbringung medizinischer Leistungen durch Krankenhausärzte. Ein sachlich einleuchtender Grund für die ungleiche Behandlung des ambulanten und des stationären Leistungssektors besteht daher nicht[587].

Demgegenüber wird als Rechtfertigung für die landesgesetzlichen Verbote angeführt, dass sich die Krankenhausversorgung wesentlich von der ambulanten Versorgung durch niedergelassene Ärzte unterscheide. Im Gegensatz zu den in freier Praxis niedergelassenen Ärzten stelle ein Krankenhaus nicht die ambulante Grundversorgung der Patienten sicher, sondern sei auf ambulantem Gebiet nur eingeschränkt tätig. Die ambulante ärztliche Versorgung durch Krankenhäuser stelle sich nach den §§ 115a ff. SGB V nur als Annex ihrer als Hauptaufgabe wahrgenommenen stationären Behandlung und Versorgung von Patienten dar. Wenn der Landesgesetzgeber die ambulante Grundversorgung, bei der die Besonderheiten der Krankenhausausstattung keine Rolle spielen, in die Hände von freiberuflich tätigen Ärzten lege, sei an dieser politischen Leitentscheidung aus verfassungsrechtlicher Sicht nichts zu beanstanden. Hinreichender Differenzierungsgrund sei die personale Vertrauensbeziehung zwischen dem Arzt und seinen Patienten, der bei der ambulanten Gesundheitsversorgung eine verstärkte Bedeutung zukomme[588]. Gegen diese Argumentation ist jedoch einzuwenden, dass die Entstehung eines Vertrauensverhältnisses zwischen dem behandelnden Arzt und seinen Patienten auch in der stationären Gesundheitsversorgung wesentlichen Einfluss auf den Behandlungserfolg und die Sicherung der Versorgungsqualität besitzt. Anlass für einen Krankenhausaufenthalt sind regelmäßig schwerwiegendere Erkrankungen, deren ausreichende Behandlung im Rahmen einer ambulanten Therapie nicht möglich ist. Die Gefahren, denen der Patient bei einer stationären Heilbehandlung ausgesetzt ist, sind daher tendenziell größer als bei einer ambulanten Versorgung. Vor diesem Hintergrund ist der ärztlichen Vertrauensbeziehung im stationären Bereich eine mindestens ebenso große Bedeutung beizumessen wie im ambulanten Leistungssektor[589]. Darüber hinaus wurde bereits festgestellt, dass die Entwicklung eines Vertrauensverhältnisses zwischen dem behandelnden

587 *Deutsch/ Spickhoff*, Medizinrecht, Rn. 108; *Eisenberg*, Ärztliche Kooperations- und Organisationsformen, S. 275 ff.; *Elbing*, MedR 1996, 519, 520; *Hildebrandt*, Entwicklungen und Rechtsprobleme freiberuflicher Zusammenschlüsse, S. 106; *Katzenmeier*, MedR 1998, 113, 116; *Laufs*, MedR 1995, 11, 14; *Rieger*, MedR 1995, 87, 89; *Siebel*, DStR 2000, 1275 f.; *Taupitz*, NJW 1992, 2317, 2323; *ders.*, MedR 1993, 367, 371; *ders.*, MedR 1994, 154, 155; *ders.*, JZ 1994, 1100, 1102; *ders.*, NJW 1996, 3033, 3041 f.; Laufs/ Uhlenbruck-*Uhlenbruck/ Schlund*, Handbuch des Arztrechts, § 18, Rn. 14; *Weber/ Vogt-Weber*, ArztR 1997, 179, 181 f.; *Werner*, Gemeinschaftliche ärztliche Berufsausübung, S. 304.

588 So *BayVerfGH* NJW 2000, 3418, 3420 in Bezug auf das Gleichbehandlungsgebot nach Art. 118 Abs. 1 der Bayerischen Landesverfassung; ebenso *OVG Nordrhein-Westfalen* MedR 2001, 150, 153; *Ganster*, Freier Beruf und Kapitalgesellschaft, S. 599 f.; *ders.*, AusR 2000, 154, 161; insoweit zustimmend auch *Lange*, ZMGR 2003, 18, 21.

589 Vgl. auch *Eisenberg*, Ärztliche Kooperations- und Organisationsformen, S. 276.

Arzt und seinen Patienten durch die Rechtsformenwahl einer juristischen Person nicht gefährdet wird. Ein sachlicher Differenzierungsgrund für die Ungleichbehandlung lässt sich aus der Sicherung der ärztlichen Vertrauensbeziehung daher von vornherein nicht ableiten.

Ferner lässt sich die Ungleichbehandlung auch nicht durch die Konzessionspflicht für privatrechtlich betriebene Krankenanstalten nach § 30 GewO rechtfertigen. Aus den in § 30 Abs. 1 S. 2 GewO aufgeführten Versagungsgründen geht hervor, dass der Konzessionsvorbehalt den typischen Gefahren einer stationären Aufnahme in unzureichend ausgestattete oder schlecht geführte Krankenhäuser begegnen soll. Dagegen ist der Normzweck nicht auf die Verhinderung der Ausübung heilkundlicher Tätigkeit durch hierfür ungeeignete Personen gerichtet. § 30 GewO wirkt folglich nicht den potenziellen Gefahren entgegen, die aus der Führung einer Krankenanstalt in der Rechtsform einer juristischen Personen resultieren können. Zudem erfasst die Vorschrift weder die Erbringung ambulanter Heilbehandlung in Krankenhäusern noch den nicht gewerblichen Betrieb von Krankenanstalten[590]. Ein sachlicher Grund für die Ungleichbehandlung des ambulanten und des stationären Leistungssektors ist somit nicht ersichtlich.

*(cc) Ungleichbehandlung der freien Berufe*

Ein Verstoß gegen das Gleichbehandlungsgebot könnte schließlich in der ungleichen Behandlung der Ärzteschaft gegenüber anderen Freiberuflern liegen. Für Steuerberater, Wirtschaftsprüfer und Rechtsanwälte ist die Möglichkeit kooperativer Berufsausübung in der Rechtsform einer Kapitalgesellschaft gesetzlich anerkannt[591]. Auch bei diesen Berufsgruppen handelt es sich um freie Berufe[592], zu deren Wesensmerkmalen die Höchstpersönlichkeit und die fachliche Unabhängigkeit bei der Leistungserbringung gehören. Ebenso wie die Ärzteschaft unterliegen die Steuerberater, Wirtschaftsprüfer und Rechtsanwälte standesrechtlichen Berufspflichten, deren Einhaltung durch eine Berufsaufsicht und eine Berufsgerichtsbarkeit überwacht wird. Ein sachlicher Differenzierungsgrund für eine unterschiedliche Behandlung im Vergleich zur Ärzteschaft besteht danach nicht. Die landesgesetzlichen Verbote der Erbringung heilkundlicher Leistungen in der Rechtsform einer juristischen Person beinhalten folglich eine willkürliche

---

590 *Eisenberg*, Ärztliche Kooperations- und Organisationsformen, S. 276 f.; *Katzenmeier*, MedR 1998, 113, 116 f., Fn. 63; *Laufs*, MedR 1995, 11, 14; *Rieger*, MedR 1995, 87, 89; *Rupprecht*, Zivilrechtliche Haftung des niedergelassenen Arztes, S. 155; *Taupitz*, NJW 1992, 2317, 2320 f.; *ders.*, MedR 1994, 154, 155; *ders.*, JZ 1994, 1100, 1102; *ders.*, NJW 1996, 3033, 3041 f.; *Weber/ Vogt-Weber*, ArztR 1997, 179, 181 f.; *Werner*, Gemeinschaftliche ärztliche Berufsausübung, S. 304 f.

591 § 49 Abs. 1 StBerG, § 27 Abs. 1 WPO, § 59c Abs. 1 BRAO. Vgl. auch *BayObLG* NJW 2000, 1647 f. zur Zulässigkeit des bislang ungeregelten Zusammenschlusses von Rechtsanwälten in einer Aktiengesellschaft.

592 Vgl. § 32 Abs. 2 StBerG, § 1 Abs. 2 WPO, § 2 BRAO.

Ungleichbehandlung gegenüber den Angehörigen anderer freier Berufe und verstoßen damit gegen den allgemeinen Gleichheitssatz nach Art. 3 Abs. 1 GG[593].

*(dd) Zwischenergebnis*

Die Verbotsbestimmungen in den Heilberufs- und Kammergesetzen der Bundesländer, die die ärztliche Heilkundetätigkeit in der Rechtsform einer juristischen Person untersagen, verstoßen gegen die Berufsfreiheit gemäß Art. 12 Abs. 1 GG sowie gegen das allgemeine Gleichbehandlungsgebot gemäß Art. 3 Abs. 1 GG. Sie sind damit wegen materieller Verfassungswidrigkeit nichtig[594].

*c. Verbote in den Berufsordnungen der Ärztekammern*

Auf Satzungsebene wird die ambulante Erbringung ärztlicher Heilkunde in der Rechtsform einer juristischen Person durch die Berufsordnungen mehrerer Ärztekammern untersagt. § 17 Abs. 1 MBO-Ä bestimmt, dass die Ausübung ambulanter ärztlicher Tätigkeit außerhalb von Krankenhäusern einschließlich konzessionierter Privatkrankenanstalten an die Niederlassung in eigener Praxis gebunden ist, soweit nicht gesetzliche Vorschriften etwas anderes zulassen. Diese Regelung entspricht hinsichtlich ihres Wortlautes und ihrer inhaltlichen Reichweite den Verbotsnormen in den Heilberufs- und Kammergesetzen der Bundesländer Berlin, Brandenburg, Niedersachsen, Nordrhein-Westfalen, Rheinland-Pfalz und Schleswig-Holstein. Soweit die Mustervorschrift nach § 17 Abs. 1 MBO-Ä in die berufsständischen Satzungen der Landesärztekammern übernommen worden ist, wird hierdurch abermals ein Verbot der ärztlichen Berufsausübung in der Rechtsform einer juristischen Person begründet.

*aa. Formelle Rechtmäßigkeit*

Allerdings ist die formelle Rechtmäßigkeit der Verbote in den Berufsordnungen der Ärztekammern im Hinblick auf deren Regelungskompetenz zweifelhaft. Als Körperschaften des öffentlichen Rechts können die Ärztekammern ausschließlich ihre Mitglieder satzungsrechtlich binden. Regelungen, die schutzwürdige Interessen außenstehender Personen berühren und damit den Kreis der eigenen Angelegenheiten überschreiten, können dagegen nur vom Gesetzgeber selbst erlassen werden[595]. Das Gebot der Niederlassung in eigener Praxis ist seinem Wortlaut nach nur an die Ärzte selbst adressiert. Es unterbindet jedoch zugleich die ambulante Erbringung heilkundlicher Leistungen durch

593 Vgl. auch *Lange*, ZMGR 2003, 18, 21.

594 Die vorstehenden Erwägungen führen zur Verfassungswidrigkeit auch derjenigen Verbotsnormen, die einen Erlaubnisvorbehalt in besonderen Einzelfällen vorsehen; a. A. *Schnapp/ Kaltenborn*, SGb 2001, 101, 106; ebenso wohl *Taupitz*, NJW 1996, 3033, 3040 f., demzufolge das Gesetz „zumindest“ die Möglichkeit einer Ausnahmegenehmigung hätte vorsehen müssen.

595 Vgl. *BVerfGE* 10, 20, 49 f.; 33, 125, 156; *Laufs*, Arztrecht, Rn. 55, 61; *Maurer*, Allgemeines Verwaltungsrecht, § 4, Rn. 17.

juristische und nichtärztliche natürliche Personen, die Ärzte zur Ausübung der Heilkunde im Anstellungsverhältnis beschäftigen. Die Satzungsbestimmungen greifen danach so massiv in die Rechtspositionen nicht zum Berufsstand gehörender Personen ein, dass sie zu ihrer Wirksamkeit zumindest einer speziellen gesetzlichen Ermächtigung bedürften. Die allgemeine Ermächtigung der Ärztekammern zur Regelung ihrer Selbstverwaltungsangelegenheiten in den Heilberufs- und Kammergesetzen der Bundesländer ist demgegenüber nicht ausreichend[596].

Zweifel an der Regelungskompetenz der Ärztekammern bestehen jedoch auch, soweit die satzungsrechtlichen Verbotsbestimmungen an die Ärzte selbst gerichtet sind. Die Bindung ambulanter ärztlicher Tätigkeit an die Niederlassung in eigener Praxis greift in die Berufsausübungsfreiheit der Ärzte ein, die gemäß Art. 12 Abs. 1 S. 2 GG nur durch Gesetz oder aufgrund eines Gesetzes eingeschränkt werden darf. Sofern die Berufsfreiheit auf der Grundlage eines ermächtigenden Gesetzes durch Satzungsrecht beschränkt wird, ist zudem der aus Art. 20 Abs. 3 GG hergeleitete Grundsatz des Gesetzesvorbehalts zu beachten, der gemäß Art. 28 Abs. 1 GG auch auf die Landesgesetzgebung Anwendung findet. Danach darf sich der parlamentarische Gesetzgeber seiner Rechtssetzungsbefugnis durch die Verleihung von Satzungsautonomie nicht gänzlich entäußern, sondern muss die grundlegenden Entscheidungen insbesondere im grundrechtsrelevanten Bereich selbst treffen[597]. Die Reichweite des Parlamentsvorbehalts richtet sich nach der Eingriffsintensität, mit der die Grundrechte der Regelungsadressaten betroffen sind. Bei Regelungen der Berufsausübung muss das zulässige Maß der satzungsrechtlichen Grundrechtsbeschränkung umso deutlicher in dem Ermächtigungsgesetz festgelegt werden, je empfindlicher die freie berufliche Betätigung beeinträchtigt wird. Bei dem Verbot ärztlicher Heilkundetätigkeit in der Rechtsform einer juristischen Person handelt es sich um eine tiefgreifende, das Gesamtbild der Berufsausübung prägende Vorschrift, die jedenfalls in ihren Grundzügen einer Regelung durch den formellen Gesetzgeber vorbehalten ist. Die allgemeine Ermächtigung der Ärztekammern in den Heilberufs- und Kammergesetzen der Bundesländer zur Regelung ihrer Selbstverwaltungsangelegenheiten stellt daher keine ausreichende Grundlage für eine satzungsrechtliche Beschränkung der ärztlichen Berufsfreiheit dar. Vielmehr bedarf es auch insoweit jedenfalls einer spe-

596 *Eisenberg*, Ärztliche Kooperations- und Organisationsformen, S. 245 f.; *Hildebrandt*, Entwicklungen und Rechtsprobleme freiberuflicher Zusammenschlüsse, S. 107 f.; *Katzenmeier*, MedR 1998, 113, 117; *Laufs*, MedR 1995, 11, 15; *Taupitz*, NJW 1992, 2317, 2321; *ders.*, MedR 1993, 367, 371; *ders.*, MedR 1994, 154, 155; *ders.*, JZ 1994, 1100, 1102; *Weber/ Vogt-Weber*, ArztR 1997, 179, 182; *Werner*, Gemeinschaftliche ärztliche Berufsausübung, S. 305 mit weiteren Nachweisen; a. A. *Schnapp/ Kaltenborn*, SGb 2001, 101, 104, die eine Geltungserstreckung der Berufsordnungen auf Außenstehende insoweit für möglich halten, da die betreffenden Satzungsbestimmungen in einem engen Zusammenhang zu der Sachaufgabe der autonomen Körperschaften stünden und nach ihrem Gewicht beziehungsweise dem erfassten Personenkreis lediglich von nachgeordneter Bedeutung seien.

597 Vgl. *BVerfGE* 33, 125, 157 ff.; 45, 393, 399; 71, 162, 172; 76, 171, 184 f.; 86, 28, 40; *Maurer*, Allgemeines Verwaltungsrecht, § 4, Rn. 17; eingehend *Michalski*, Das Gesellschafts- und Kartellrecht der berufsrechtlich gebundenen freien Berufe, S. 37 ff.

ziellen Ermächtigung durch ein formelles Gesetz. Mangels Existenz einer solchen Ermächtigungsnorm genügen die satzungsrechtlichen Verbote ärztlicher Heilkundetätigkeit in der Rechtsform einer juristischen Person nicht dem parlamentarischen Regelungsvorbehalt. Die entsprechenden Bestimmungen in den Berufsordnungen der Ärztekammern sind folglich nicht von deren Satzungskompetenz gedeckt und damit formell rechtswidrig[598].

*bb. Materielle Rechtmäßigkeit*

Anerkanntermaßen sind die als Körperschaften des öffentlichen Rechts errichteten Ärztekammern bei der Ausübung ihrer Staatsgewalt in vollem Umfang an die Grundrechte gebunden[599]. Die Ausführungen zur Vereinbarkeit der Verbote ärztlicher Heilkundetätigkeit in den Heilberufs- und Kammergesetzen der Bundesländer mit den Grundrechten der Berufsfreiheit gemäß Art. 12 Abs. 1 GG und dem allgemeinen Gleichbehandlungsgebot gemäß Art. 3 Abs. 1 GG gelten daher entsprechend. Die satzungsrechtliche Bindung der Ausübung ambulanter ärztlicher Tätigkeit an die Niederlassung in eigener Praxis ist demzufolge ebenfalls wegen materieller Verfassungswidrigkeit nichtig.

*d. Zwischenergebnis*

Die in den Heilberufs- und Kammergesetzen der Bundesländer sowie in den Berufsordnungen der Ärztekammern enthaltenen Verbote ärztlicher Heilkundetätigkeit in der Rechtsform einer juristischen Person verstoßen gegen die Berufsfreiheit nach Art. 12 Abs. 1 GG und das allgemeine Gleichbehandlungsgebot nach Art. 3 Abs. 1 GG. Sie sind daher wegen materieller Verfassungswidrigkeit nichtig. Die in den Berufsordnungen der Ärztekammern geregelten Verbotsbestimmungen entbehren darüber hinaus einer ausreichenden gesetzlichen Ermächtigungsgrundlage und sind daher formell rechtswidrig. Angesichts des bestehenden Streits um diese rechtliche Bewertung ist die Rechtslage in praktischer Hinsicht gleichwohl ungewiss. Da eine gerichtliche Klärung im Streitfall regelmäßig einen langwierigen Gerichtsprozess erfordern wird und zudem stets ein erhebliches wirtschaftliches Risiko für die beteiligten Parteien in sich birgt,

---

598 *Bösert/ Braun/ Jochem*, Leitfaden zur Partnerschaftsgesellschaft, S. 41; *Eisenberg*, Ärztliche Kooperations- und Organisationsformen, S. 246; *Hildebrandt*, Entwicklungen und Rechtsprobleme freiberuflicher Zusammenschlüsse, S. 108; *Katzenmeier*, MedR 1998, 113, 117; *Lange*, ZMGR 2003, 18, 21; *Laufs*, MedR 1995, 11, 15; Kooperationsformen Freie Berufe-*Schneider*, C 2, Rn. 133; *Taupitz*, NJW 1992, 2317, 2322; *ders.*, MedR 1993, 367, 371; *ders.*, JZ 1994, 1100, 1102; *Weber/ Vogt-Weber*, ArztR 1997, 179, 182; *Werner*, Gemeinschaftliche ärztliche Berufsausübung, S. 305 f. Dieser Rechtsauffassung folgend haben verschiedene Aufsichtsbehörden in der Vergangenheit ihre Genehmigung zur Aufnahme entsprechender Verbotsnormen in die Berufsordnungen der Ärztekammern versagt, vgl. *Taupitz*, NJW 1992, 2317, 2322; *ders.*, MedR 1994, 154, 155; *ders.*, NJW 1996, 3033, 3038. A. A. *Schnapp/ Kaltenborn*, SGb 2001, 101, 104, die eine generalklauselartige Ermächtigung der Ärztekammern in den Heilberufs- und Kammergesetzen der Bundesländer insoweit für ausreichend erachten.

599 Vgl. *BVerfGE* 33, 125, 155 ff.; *Schnapp/ Kaltenborn*, JuS 2000, 937, 938 f.; von Mangoldt/ Klein/ Starck-*Starck*, Art. 1 Abs. 3, Rn. 192 mit weiteren Nachweisen.

wird diese in den meisten Fällen faktisch nicht in Betracht kommen[600]. Indessen ist der *Deutsche Ärztetag* kürzlich für eine Anpassung des ärztlichen Berufsrechts an die sozialrechtlichen Entwicklungen eingetreten und hat eine Öffnung der berufsrechtlichen Bestimmungen über die ärztliche Zusammenarbeit gefordert. Unter Hinweis auf die seinerzeit geplanten Neuregelungen im Recht der gesetzlichen Krankenversicherung wurde den Berufsordnungsgremien aufgegeben, die Regelungen über die Kooperation von Ärzten durchzusehen und Vorschriften, die diese unnötig behindern, aufzuheben beziehungsweise zu liberalisieren[601]. Obgleich dieser Beschluss keine rechtsverbindliche Wirkung besitzt, ist mit einer Novellierung der einschlägigen Bestimmungen der MBO-Ä und entsprechenden Änderungen in den Berufsordnungen der Landesärztekammern zu rechnen[602].

### *3. Körperschaftliche Organisationsformen*

Soweit die Errichtung vernetzter Kooperationsformen in der Rechtsform einer juristischen Person des Privatrechts nach den vorstehenden Ausführungen vertragsarztrechtlich und berufsrechtlich statthaft ist, kommen im Einzelnen die folgenden körperschaftlichen Organisationsformen in Betracht.

#### *a. Verein*

Denkbar ist zunächst die Wahl der Rechtsform des bürgerlich-rechtlichen Vereins, der den Grundtypus der körperschaftlich strukturierten Gesellschaften darstellt[603]. Insofern ist zwischen der Gründung eines rechtsfähigen Vereins im Sinne der §§ 21 ff. BGB und der Errichtung eines nicht rechtsfähigen Vereins gemäß § 54 BGB zu unterscheiden.

#### *aa. Rechtsfähiger Verein*

Die für den Erwerb der Rechtsfähigkeit konstitutive Eintragung eines Vereins in das Vereinsregister ist nach § 21 BGB nur möglich, wenn der Vereinszweck nicht auf einen wirtschaftlichen Geschäftsbetrieb gerichtet ist. Demgegenüber kann ein wirtschaftlicher Verein gemäß § 22 BGB nur durch staatliche Verleihung Rechtsfähigkeit erlangen. Eine Konzession erfolgt nach dem Grundsatz der Subsidiarität nur in Ausnahmefällen, wenn es einer Vereinigung nicht möglich oder aufgrund besonderer Umstände unzumutbar ist, nach anderen Vorschriften Rechtsfähigkeit zu erlangen[604]. Da im Bereich freiberuflicher

600 Vgl. *Hildebrandt*, Entwicklungen und Rechtsprobleme freiberuflicher Zusammenschlüsse, S. 109.

601 Siehe das Beschlussprotokoll zu Punkt IV. 3. der Tagesordnung des 106. Deutschen Ärztetages 2003 in Köln, abrufbar unter http://www.bundesaerztekammer.de.

602 Eine Neufassung der einschlägigen Mustervorschriften ist nach Abschluss des Manuskripts auf dem 107. Deutschen Ärztetag 2004 in Bremen vorgenommen worden. Die Änderungen sind im Anhang auf S. 244 ff. zusammengefasst.

603 Vgl. *Hopt*, Gesellschaftsrecht, Rn. 56; *Schmidt*, Gesellschaftsrecht, § 23 I 1 b).

604 *BVerwG* NJW 1979, 2261, 2263; *BGHZ* 85, 84, 89; Palandt-*Heinrichs*, § 22, Rn. 1; Münchener

Betätigung prinzipiell die Gesellschaft mit beschränkter Haftung, die Aktiengesellschaft und die eingetragene Genossenschaft als rechtsfähige Körperschaften zur Verfügung stehen, kommt die Gründung eines Versorgungsverbundes in der Rechtsform eines rechtsfähigen Vereins regelmäßig nur in Betracht, wenn dessen Kooperationsgegenstand nicht auf einen wirtschaftlichen Geschäftsbetrieb gerichtet ist. Insofern finden sich in der Literatur gegensätzliche Auffassungen über die Qualifikation des Gesellschaftszwecks vernetzter Kooperationsformen[605]. Dessen Wirtschaftlichkeit ist zu bejahen, wenn der Zusammenschluss auf eine planmäßige und dauerhafte Erbringung von Leistungen gegen Entgelt gerichtet ist[606]. Eine Ausnahme hiervon gilt lediglich, wenn die Vereinigung ihren Verbandszweck zu einem erheblichen Teil durch nicht unternehmerische Aktivitäten fördert und der wirtschaftliche Geschäftsbetrieb daher als Nebenzweck im Rahmen einer ideellen Zielsetzung einzustufen ist[607]. Ob ein Versorgungsnetz als ideeller oder wirtschaftlicher Zusammenschluss einzustufen ist, hängt demnach von den Umständen des Einzelfalles ab. Besteht der Hauptzweck der Kooperation in der Schaffung organisatorischer Rahmenbedingungen zur Optimierung der Versorgungsqualität, ist der Versorgungsverbund auch dann als ideelle Vereinigung zu klassifizieren, wenn die Leistungserbringer daneben Kosteneinsparungen anstreben. Stehen demgegenüber Rationalisierungszwecke im Vordergrund, ist von einem wirtschaftlichen Geschäftsbetrieb auszugehen[608]. Ebenso liegt eine planmäßige und dauerhafte Erbringung von Leistungen gegen Entgelt und damit ein wirtschaftlicher Zusammenschluss vor, wenn der Kooperationsgegenstand auf eine gemeinschaftliche Berufsausübung der Verbundmitglieder gerichtet ist[609]. Die Eintragung einer vernetzten Kooperationsform in das Vereinsregister ist folglich nur möglich, wenn diese ihrer konkreten Gestaltung nach den Organisationsgemeinschaften zuzuordnen ist. Handelt es sich bei dem Zusammenschluss hingegen um eine Berufsausübungsgemeinschaft, ist die Rechtsform des rechtsfähigen Vereins nach dem Subsidiaritätsprinzip regelmäßig ausgeschlossen.

Gegen die praktische Eignung des eingetragenen Vereins als Organisationsform für vernetzte Kooperationen wird von einigen Autoren angeführt, dass die Wahl eines einheit-

---

Kommentar-*Reuter*, §§ 21, 22, Rn. 54; *Schmidt*, Gesellschaftsrecht, § 24 II 2.

605 Vgl. einerseits *Kuhlmann*, KHuR 2000, 171, 173, der von einer wirtschaftlichen Betätigung der Benutzergemeinschaft als Regelfall ausgeht, andererseits *Graefe/ Zieglwalner*, Rechtliche Grundlagen und Strukturen bei Praxisnetzen, S. 5, die eine ideelle Zielsetzung vernetzter Kooperationsformen annehmen.

606 *RGZ* 95, 91, 94; 154, 343, 351; *BGHZ* 15, 315, 319; 45, 395, 397; 85, 84, 92 f.; *OLG Hamm* DB 1997, 418; Palandt-*Heinrichs*, § 21, Rn. 2. Eingehend zur Abgrenzung zwischen ideellen und wirtschaftlichen Vereinen Münchener Kommentar-*Reuter*, §§ 21, 22, Rn. 4 ff.; *Schmidt*, Gesellschaftsrecht, § 23 III mit weiteren Nachweisen.

607 Sogenanntes Nebenzweckprivileg, vgl. *RGZ* 83, 232, 237; 133, 170, 176; 154, 343, 354; *BGHZ* 15, 315, 319; 85, 84, 93; Palandt-*Heinrichs*, § 21, Rn. 5; Münchener Kommentar-*Reuter*, §§ 21, 22, Rn. 8 mit weiteren Nachweisen.

608 *Michalski*, Das Gesellschafts- und Kartellrecht der berufsrechtlich gebundenen freien Berufe, S. 121.

609 Vgl. *OLG Hamm* DB 1997, 418, 419; *Ganster*, Freier Beruf und Kapitalgesellschaft, S. 424, Fn. 4.

lichen Vereinsnamens im Sinne des § 57 BGB und die damit verbundene Außenwirkung von den Beteiligten zumeist nicht angestrebt werde[610]. Dieser Einwand steht indessen im Widerspruch zur Rechtspraxis, in der Versorgungsnetze regelmäßig eine eigene Identitätsausstattung in Gestalt eines gemeinsamen Namens und häufig auch eines einheitlichen Logos aufweisen. Dementsprechend ist die Wahl der Rechtsform des eingetragenen Vereins durchaus verbreitet[611]. Ein maßgeblicher Vorteil dieser Organisationsform liegt in der Möglichkeit des Mitgliederwechsels ohne das Erfordernis einer Satzungsänderung oder eines notariell beurkundeten Abtretungsvertrages[612]. Anders als bei der Gründung einer Kapitalgesellschaft bedarf es zur Errichtung eines Vereins überdies keines Mindestkapitals. Ein weiterer Vorzug liegt schließlich in dem Kreis der potenziellen Vereinsmitglieder, der neben natürlichen Personen auch juristische Personen des Privatrechts und des öffentlichen Rechts sowie rechtsfähige Personengesellschaften einschließlich der Außengesellschaft bürgerlichen Rechts umfasst[613].

*bb. Nicht rechtsfähiger Verein*

Die Leistungserbringer vernetzter Kooperationsformen können ihrem Zusammenschluss des Weiteren die Rechtsform des nicht rechtsfähigen Vereins im Sinne des § 54 BGB zugrunde legen. Die Wahl dieser Organisationsform kommt insbesondere dann in Betracht, wenn die Gründung eines ideellen Vereins gemäß § 21 BGB wegen der Wirtschaftlichkeit des Verbandszwecks ausgeschlossen ist. Anders als der rechtsfähige Verein ist der nicht rechtsfähige Verein nach seiner gesetzgeberischen Konzeption keine juristische Person, sondern eine körperschaftlich verfasste Gesamthand[614]. Dies belegt die in § 54 S. 1 BGB enthaltene Verweisung auf die Vorschriften über die Gesellschaft bürgerlichen Rechts. In Anbetracht der mittlerweile auch seitens der Rechtsprechung ausdrücklich anerkannten Rechtsfähigkeit der Außengesellschaft bürgerlichen Rechts führt diese Anknüpfung an deren Rechtsstatus zu der paradoxen Konsequenz, dass der nicht rechtsfähige Verein ungeachtet der §§ 21, 22 BGB Rechtsfähigkeit erlangt[615].

---

610 So *Broglie*, Qualitäts-Management 1999, 48, 52; *Rieger*, MedR 1998, 75, 77.

611 In der Rechtsform eines eingetragenen Vereins sind etwa das Gesundheitsprojekt niedergelassener Ärzte in Mannheim, das Versorgungsnetz SIAMED in Wilhelmshaven sowie das Praxisnetz Nürnberg Nord organisiert.

612 *Dietze/ Brandenburg*, Recht in der Arztpraxis, S. 27; *Graefe/ Gemke*, Die Gestaltung von Praxisnetzen und der Datenschutz, S. 4; vgl. auch *Graefe/ Zieglwalner*, Rechtliche Grundlagen und Strukturen bei Praxisnetzen, S. 5.

613 Vgl. für die Außengesellschaft bürgerlichen Rechts *BGH* NJW 1998, 376; *Eisenhardt*, Gesellschaftsrecht, Rn. 75; *Schmidt*, Gesellschaftsrecht, § 60 II 1 a).

614 Vgl. *Schmidt*, Gesellschaftsrecht, § 25 II 1 a) mit weiteren Nachweisen.

615 Zu der Widersprüchlichkeit dieses Ergebnisses und der damit verbundenen Hinfälligkeit des § 50 Abs. 2 ZPO insbesondere *Derleder*, BB 2001, 2485, 2487 sowie *Schmidt*, NJW 2001, 993, 1002 f. Eingehend zur Rechtsnatur des nicht rechtsfähigen Vereins Münchener Kommentar-*Reuter*, § 54, Rn. 14 ff.; *Schmidt*, Gesellschaftsrecht, § 25 II 1.

Abweichend von § 54 S. 1 BGB unterstellen Rechtsprechung und Literatur den nicht rechtsfähigen Idealverein seiner Verbandsstruktur folgend nicht den Vorschriften über die Gesellschaft bürgerlichen Rechts, sondern wenden hierauf die Bestimmungen über den rechtsfähigen Idealverein entsprechend an, soweit diese nicht die Rechtsfähigkeit als solche und die hierfür konstitutive Eintragung in das Vereinsregister betreffen[616]. Demgegenüber findet auf nicht rechtsfähige Vereine, deren Verbandszweck einen wirtschaftlichen Geschäftsbetrieb zum Gegenstand hat, anerkanntermaßen das Recht der Personengesellschaften gemäß §§ 705 ff. BGB beziehungsweise §§ 105 ff. HGB analoge Anwendung[617]. Im Vergleich zum nicht rechtsfähigen Idealverein unterliegt der nicht rechtsfähige Wirtschaftsverein damit einem strengeren Haftungsregime, das die Attraktivität dieser Rechtsform aus der Perspektive der Kooperationspartner insbesondere im Falle einer gemeinschaftlichen Berufsausübung erheblich reduziert.

*b. Gesellschaft mit beschränkter Haftung*

Die Gründung einer Gesellschaft mit beschränkter Haftung ist nach § 1 GmbHG zu jedem gesetzlich zulässigen Zweck möglich und steht auch nichtgewerblichen Kooperationszwecken offen[618]. Ungeachtet der Gestaltung vernetzter Kooperationsformen als Gemeinschaften zur Berufsausübung oder als Organisationsgemeinschaften begegnet der Zusammenschluss von Leistungserbringern eines Versorgungsverbundes in dieser Rechtsform daher keinerlei gesellschaftsrechtlichen Bedenken.

Die Gesellschaft mit beschränkter Haftung ist gemäß § 13 Abs. 1 GmbHG eigenständige Trägerin von Rechten und Pflichten. Zu ihrer Errichtung bedarf es der Vereinbarung einer notariell beurkundeten Satzung im Sinne der §§ 2, 3 GmbHG sowie der Eintragung der Gesellschaft in das Handelsregister nach § 10 GmbHG, deren Vollzug für die Entstehung der juristischen Person konstitutiv ist[619]. Außer den natürlichen Personen können auch juristische Personen des privaten und des öffentlichen Rechts sowie rechtsfähige Gesamthandsgemeinschaften unter Einschluss der Außengesellschaft bürgerlichen Rechts Mitglieder einer Gesellschaft mit beschränkter Haftung sein[620].

---

616 *BGHZ* 50, 325, 328 f.; Palandt-*Heinrichs*, § 54, Rn. 1; *Hopt*, Gesellschaftsrecht, Rn. 59, 112 ff.; Münchener Kommentar-*Reuter*, § 54, Rn. 3 f.; *Schmidt*, Gesellschaftsrecht, § 25 II 2. Vgl. zu den aus heutiger Sicht überholten rechtspolitischen Gründen für die in § 54 S. 1 BGB enthaltene regelwidrige Verweisung *Petersen*, JURA 2002, 683, 686.

617 Ausführlich dazu Münchener Kommentar-*Reuter*, § 54, Rn. 5 ff. mit weiteren Nachweisen.

618 Vgl. *Hildebrandt*, Entwicklungen und Rechtsprobleme freiberuflicher Zusammenschlüsse, S. 95; *Katzenmeier*, MedR 1998, 113, 114; *Lüke-Rosendahl*, Der Beruf des Arztes unter besonderer Berücksichtigung der ärztlichen Kooperationen, S. 155; *Schmidt*, Gesellschaftsrecht, § 33 I 1 a); *Taupitz*, NJW 1992, 2317, 2319; *Weber/ Vogt-Weber*, ArztR 1997, 179 f.

619 Eingehend zur Entstehung der Gesellschaft mit beschränkter Haftung *Schmidt*, Gesellschaftsrecht, § 34 mit weiteren Nachweisen.

620 *Schmidt*, Gesellschaftsrecht, § 34 II 1; speziell für die Außengesellschaft bürgerlichen Rechts *BGHZ* 78, 311, 312; NJW 1998, 376; NZG 2001, 983 ff. mit Anmerkung *Kilian*; *OLG Hamm* NJW-RR 1996, 482, 483; *Eisenhardt*, Gesellschaftsrecht, Rn. 75; *Schmidt*, Gesellschaftsrecht, § 60 II 1 a); Münchener Kommentar-*Ulmer*, 4. Auflage, § 705, Rn. 316.

Der besonders bei größeren Zusammenschlüssen vorteilhaften Verfestigung der Organisationsstruktur[621] steht ein erhöhter Verwaltungsaufwand als Nachteil gegenüber[622]. So unterliegt die Gesellschaft mit beschränkter Haftung als Formkaufmann nach § 13 Abs. 3 GmbHG in Verbindung mit § 6 Abs. 1 HGB den handelsrechtlichen Buchführungs-, Bilanzierungs- und Publizitätspflichten, die einen erheblichen Zeit- und Kostenaufwand verursachen[623]. Da jeder Gesellschafterwechsel und jede Übertragung von Gesellschaftsanteilen einen notariell beurkunden Abtretungsvertrag im Sinne des § 15 Abs. 3 GmbHG erfordern, ist die Errichtung einer Gesellschaft mit beschränkter Haftung nur sinnvoll, wenn ein häufiger Wechsel der am Versorgungsverbund teilnehmenden Leistungserbringer längerfristig nicht vorgesehen ist[624]. Ferner setzt die Gründung einer Gesellschaft mit beschränkter Haftung gemäß § 5 Abs. 1 GmbHG ein Mindeststammkapital in Höhe von 25.000 Euro voraus, so dass sich die Rechtsform der Gesellschaft mit beschränkter Haftung prinzipiell nur für größere Versorgungsnetze mit einem erhöhtem Kapitalbedarf eignet[625].

### c. *Aktiengesellschaft*

Der Zusammenarbeit in vernetzten Kooperationen kann weiterhin die Organisationsform der Aktiengesellschaft zugrunde gelegt werden[626]. Ebenso wie die Gesellschaft mit beschränkter Haftung kann diese zu jedem gesetzlich zulässigen Zweck und damit auch zur freiberuflichen Betätigung in der Gestalt einer Berufsausübungsgemeinschaft oder eines organisatorischen Zusammenschlusses errichtet werden[627].

Gemäß § 1 Abs. 1 S. 1 AktG ist die Aktiengesellschaft eine Gesellschaft mit eigener Rechtspersönlichkeit und damit eine juristische Person des Privatrechts. Ihre Gründung erfolgt durch Feststellung der Satzung im Wege der notariellen Beurkundung nach § 23

---

621 Vgl. dazu *Hildebrandt*, Entwicklungen und Rechtsprobleme freiberuflicher Zusammenschlüsse, S. 151 f.

622 Allgemein dazu *Bösert/ Braun/ Jochem*, Leitfaden zur Partnerschaftsgesellschaft, S. 31 ff.; *Ganster*, Freier Beruf und Kapitalgesellschaft, S. 504.

623 Vgl. *Bösert/ Braun/ Jochem*, Leitfaden zur Partnerschaftsgesellschaft, S. 33 f.; *Hildebrandt*, Entwicklungen und Rechtsprobleme freiberuflicher Zusammenschlüsse, S. 155 f. Ungeachtet des zeitlichen und finanziellen Aufwandes, der mit der obligatorischen Pflichtprüfung des Jahresabschlusses verbunden ist, fasst *Ganster*, Freier Beruf und Kapitalgesellschaft, S. 505 f. diese mit Blick auf die damit einher gehende Steigerung des Ansehens der Kapitalgesellschaft indessen als Vorteil auf.

624 Vgl. *Hildebrandt*, Entwicklungen und Rechtsprobleme freiberuflicher Zusammenschlüsse, S. 153; *Weimar*, MDR 2000, 866, 867.

625 Vgl. *Eisenberg*, Ärztliche Kooperations- und Organisationsformen, S. 221.

626 Eine besondere Organisationsform innerhalb des Aktienrechts stellt die Kommanditgesellschaft auf Aktien dar, an der neben den nur mit ihrem Anteil am Gesellschaftsvermögen haftenden Aktionären mindestens ein persönlich haftender Gesellschafter beteiligt ist. Soweit sich aus den §§ 278 ff. AktG keine abweichenden Regelungen ergeben, ist nach § 278 Abs. 3 AktG das Recht der Aktiengesellschaft auf die Kommanditgesellschaft auf Aktien anzuwenden.

627 Vgl. *Lüke-Rosendahl*, Der Beruf des Arztes unter besonderer Berücksichtigung der ärztlichen Kooperationen, S. 174.

AktG und Eintragung der Gesellschaft in das Handelsregister nach § 39 AktG[628]. Aktionäre können neben den natürlichen Personen auch juristische Personen und rechtsfähige Gesamthandsgemeinschaften einschließlich der Außengesellschaft bürgerlichen Rechts sein[629]. Praktisch wird die Aktiengesellschaft als Rechtsform für Versorgungsnetze grundsätzlich nur in Gestalt der sogenannten kleinen Aktiengesellschaft mit einer vereinfachten Organisationsstruktur und geringeren Formerfordernissen in Betracht kommen[630]. Angesichts der aus der formellen Satzungsstrenge resultierenden Beschränkungen der Gestaltungsfreiheit der Kooperationspartner und des in § 7 AktG festgelegten Mindestgrundkapitals in Höhe von 50.000 Euro stellt die Aktiengesellschaft indessen nur für komplexe Versorgungsverbünde mit einem hohen Kapitalbedarf eine taugliche Organisationsform dar[631].

### *d. Eingetragene Genossenschaft*

Schließlich kommt als Rechtsform für den Zusammenschluss von Leistungserbringern in einem Versorgungsnetz die eingetragene Genossenschaft in Betracht. Es handelt sich hierbei gemäß § 1 Abs. 1 GenG um eine Gesellschaft von nicht geschlossener Mitgliederzahl, die die Förderung des Erwerbs oder der Wirtschaft ihrer Mitglieder mittels eines gemeinschaftlichen Geschäftsbetriebes bezweckt. Der dort aufgeführte enumerative Katalog genossenschaftlicher Vereine ist lediglich beispielhafter Natur[632] und steht der Gründung einer vernetzten Kooperationsform in der Rechtsform einer eingetragenen Genossenschaft daher nicht entgegen. Allerdings ist der Anwendungsbereich auf solche Zusammenschlüsse begrenzt, deren Gesellschaftszweck in der Erbringung unterstützender Hilfstätigkeiten zu der eigentlichen, von dem gemeinschaftlich unterhaltenen Geschäftsbetrieb zu unterscheidenden Erwerbstätigkeit der Genossen liegt[633]. Vor diesem Hintergrund ist die Errichtung eines Versorgungsverbundes, dessen Kooperationszweck in der gemeinsamen Berufsausübung der Leistungserbringer gegenüber den Patienten besteht, in der Rechtsform einer eingetragenen Genossenschaft generell ausgeschlossen[634]. Soweit sich die Zusammenarbeit jedoch auf die Schaffung organisatorischer Rahmenbedingungen zur Unterstützung der einzelnen Verbundmitglieder bei ihrer indi-

628 Eingehend zur Entstehung der Aktiengesellschaft *Schmidt*, Gesellschaftsrecht, § 27 mit weiteren Nachweisen.

629 *Schmidt*, Gesellschaftsrecht, § 28 I 1 c); speziell für die Außengesellschaft bürgerlichen Rechts *BGHZ* 118, 83, 99; NJW 1994, 2356, 2358; NJW 1998, 376; *Eisenhardt*, Gesellschaftsrecht, Rn. 75; *Schmidt*, Gesellschaftsrecht, § 60 II 1 a); Münchener Kommentar-*Ulmer*, 4. Auflage, § 705, Rn. 316.

630 Siehe dazu *Lüke-Rosendahl*, Der Beruf des Arztes unter besonderer Berücksichtigung der ärztlichen Kooperationen, S. 174 f.; Kooperationsformen Freie Berufe-*Schlößer*, D 3, Rn. 241 ff.

631 Als mögliche Rechtsform für vernetzte Kooperationsformen wird die Aktiengesellschaft etwa von *Kuhlmann*, KHuR 2000, 171, 174 in Betracht gezogen.

632 Vgl. *Schmidt*, Gesellschaftsrecht, § 41 I 1 a).

633 Ausführlich *Ganster*, Freier Beruf und Kapitalgesellschaft, S. 281 ff.

634 Angesichts dieser Einschränkung halten Lexikon des Arztrechts-*Rieger*, Kennzahl 4305, Rn. 32 sowie *Schirmer*, VSSR 1998, 279, 290 die eingetragene Genossenschaft als Rechtsform für Versorgungsnetze im Ergebnis für untauglich.

viduellen Leistungserbringung beschränkt, ist die Wahl der eingetragenen Genossenschaft als Organisationsform für vernetzte Kooperationen durchaus geeignet[635].

Die eingetragene Genossenschaft ist nach ihrer Konzeption eine Sonderform des rechtsfähigen Wirtschaftsvereins und gemäß § 17 Abs. 1 GenG juristische Person[636]. Zu ihrer Entstehung bedarf es eines schriftlich vereinbarten Statuts nach § 5 GenG sowie der Eintragung der Vereinigung in das Genossenschaftsregister nach § 10 GenG. Mitglieder können sowohl natürliche Personen als auch juristische Personen und rechtsfähige Personengesellschaften einschließlich der Außengesellschaft bürgerlichen Rechts sein[637]. Als Vorteil dieser Rechtsform erweist sich ferner, dass ein Mitgliederwechsel gemäß § 15 Abs. 1 GenG durch eine schriftliche Beitrittserklärung und die Zulassung des Beitritts durch die Genossenschaft ohne das Erfordernis einer Statutsänderung erfolgt und die Gründung anders als bei den Kapitalgesellschaften kein bestimmtes Mindestkapital voraussetzt.

### *F. Mehrstufige Organisationsstruktur*

Über den gesellschaftsrechtlichen Zusammenschluss der Leistungserbringer hinaus kommt die Gründung sogenannter Netzbetreibergesellschaften in Betracht, die von der Kooperationsgemeinschaft im Binnenverhältnis der Netzteilnehmer rechtlich unabhängig sind und dem Versorgungsverbund im Sinne einer mehrstufigen Organisationsstruktur vorangestellt werden[638]. Es handelt sich hierbei um organisatorisch selbstständige Gesellschaften, die bestimmte Unterstützungsfunktionen außerhalb der medizinischen Leistungserbringung im Versorgungsnetz erfüllen. Die Leistungserbringer des Versorgungsverbundes können an der Betreibergesellschaft als Gesellschafter beteiligt sein; eine Personenidentität ist jedoch nicht erforderlich.

Netzbetreibergesellschaften können zum einen die Funktionen von Trägergesellschaften wahrnehmen. Diese stellen den Leistungserbringern die erforderlichen Betriebsmittel zur Verfügung, indem sie beispielsweise geeignete Räumlichkeiten und medizinische Geräte einkaufen und diese an den Versorgungsverbund vermieten oder verpachten

---

635 In der Rechtsform einer eingetragenen Genossenschaft sind etwa das Deggendorfer Gesundheitsnetz sowie nunmehr die Medizinische Qualitätsgemeinschaft Rendsburg organisiert.

636 Dazu *Schmidt*, Gesellschaftsrecht, § 41 I 2 a).

637 *Schmidt*, Gesellschaftsrecht, § 41 II 1; für die Außengesellschaft bürgerlichen Rechts *BGHZ* 116, 86 ff.; NJW 1998, 376; *Schmidt*, Gesellschaftsrecht, § 60 II 1 a); Münchener Kommentar-*Ulmer*, 4. Auflage, § 705, Rn. 316.

638 Vgl. Lexikon des Arztrechts-*Rieger*, Kennzahl 4305, Rn. 47. Einen zweistufigen Organisationsaufbau wies etwa das zunächst als Modellvorhaben nach §§ 63 ff. SGB V gegründete Medizinische Qualitätsnetz München auf, vgl. dazu im Internet unter http://www.mqm.de. Mehrstufig aufgebaut sind auch die ausschließlich privatrechtlich organisierten Medi-Verbundsysteme, vgl. *LSG Baden-Württemberg*, MedR 2002, 212, 213; *SG Stuttgart*, Beschluss vom 14. November 2000 – S 5 KA 4825/ 00 ER, Zusammenfassung in G+G 2001, 50 f. mit Anmerkung *Freyschmidt*.

sowie Praxispersonal anstellen und dieses im Versorgungsnetz einsetzen[639]. Zum anderen können Netzbetreibergesellschaften Verwaltungs- und Managementaufgaben für die Leistungserbringer vernetzter Kooperationsformen auf zentraler Ebene übernehmen. Typische Tätigkeiten sind insoweit die Führung der laufenden Geschäfte für den Versorgungsverbund sowie die Vertretung gegenüber Außenstehenden. In diesem Zusammenhang ist die besondere Bedeutung übergeordneter Managementgesellschaften für die Wahrnehmung der Interessen der Leistungserbringer eines Versorgungsverbundes bei Verhandlungen mit Krankenkassen oder Kassenverbänden hervorzuheben. Versorgungsnetzen ohne professionelles Netzmanagement fehlt in der Praxis häufig eine ausreichende Verhandlungsmacht, um den Krankenkassen als gleichgestellte Verhandlungspartner gegenübertreten zu können. Anders als im herkömmlichen Kollektivvertragssystem ist eine Beteiligung der Kassenärztlichen Vereinigungen, die traditionell die Interessen der Vertragsärzte beim Anschluss von Verträgen mit den Kassenverbänden wahrnehmen, bei dem Abschluss von Direktverträgen über integrierte Versorgungsformen nach §§ 140a ff. SGB V oder Modellvorhaben nach §§ 63 ff. SGB V nicht beziehungsweise nicht zwingend vorgesehen. Dieser Verlust an Verhandlungsstärke kann über die Errichtung professioneller Netzbetreibergesellschaften aufgefangen werden, die als Verhandlungsführer für die Leistungserbringer vernetzter Kooperationsformen gegenüber den Krankenkassen oder Kassenverbänden auftreten[640].

Gemäß § 140b Abs. 1 Nr. 4 SGB V können Träger- und Managementgesellschaften nunmehr auch Vertragspartner der Krankenkassen beim Abschluss von Verträgen über integrierte Versorgungseinrichtungen werden. Unzulässig ist allerdings der Betrieb eines medizinischen Versorgungszentrums nach § 95 Abs. 1 SGB V durch externe Managementgesellschaften. Wird eine vernetzte Kooperationsform als medizinisches Versorgungszentrum zur vertragsärztlichen Versorgung zugelassen, ist bei der Gründung einer unabhängigen Netzbetreibergesellschaft folglich darauf zu achten, dass diese keinen Einfluss auf die medizinischen Versorgungsabläufe im Versorgungsverbund und dessen wirtschaftliche Betätigung nimmt. Die Wahl der Organisationsform von Träger- und Managementgesellschaften unterliegt keinen vertragsarztrechtlichen oder berufsrechtlichen Einschränkungen. Vorbehaltlich der dem Gesellschaftsrecht immanenten Grenzen ist daher die Gründung einer Netzbetreibergesellschaft in jeder Rechtsform zulässig[641].

---

639 Zum Wesen von Trägergesellschaften *Michalski*, Das Gesellschafts- und Kartellrecht der berufsrechtlich gebundenen freien Berufe, S. 116; *Rupprecht*, Zivilrechtliche Haftung des niedergelassenen Arztes, S. 130.

640 Vgl. auch *Wigge*, NZS 2001, 17, 20.

641 Vgl. Lexikon des Arztrechts-*Rieger*, Kennzahl 4305, Rn. 47; *Schirmer*, VSSR 1998, 279, 289.

# Fünftes Kapitel: Vertrags- und haftungsrechtliche Beziehungen zu den Leistungsempfängern vernetzter Kooperationsformen

An die Untersuchung der binnenrechtlichen Beziehungen der Leistungserbringer vernetzter Kooperationsformen schließt sich die Frage nach dem Außenverhältnis des Verbundes und der in ihm zusammengeschlossenen Kooperationspartner zu den Patienten als Leistungsempfängern an. Klärungsbedürftig ist insoweit zunächst, wer den Versicherten der an dem Versorgungsnetz teilnehmenden Krankenkassen als Leistungsschuldner des entstehenden Behandlungsvertrages[642] und vertraglicher Haftungsgegner gegenübertritt, wenn diese sich als Patienten zu einem netzinternen Leistungserbringer in Behandlung begeben. Hierbei geht es um die Fragestellung, ob nur derjenige Netzteilnehmer zur Leistungserbringung verpflichtet wird, der die Behandlung des Patienten übernimmt (Einzelverhältnis), oder ob der Behandlungsvertrag mit dem gesamten Versorgungsverbund zustande kommt (Gesamtverhältnis)[643]. Daran anknüpfend ist zu erörtern, welche Konsequenzen sich aus der Struktur des Behandlungsvertrages für die vertragliche Haftung gemäß § 280 Abs. 1 BGB gegenüber dem Patienten im Falle einer Verletzung von Pflichten aus dem Behandlungsvertrag ergeben. Ferner soll der Fragestellung nachgegangen werden, inwieweit eine Haftung des Versorgungsverbundes und der in ihm zusammengeschlossenen Kooperationspartner nach deliktischen Grundsätzen eingreift. Neben der persönlichen Haftung des behandelnden Leistungserbringers für pflichtwidrig verursachte Schäden kommen insofern eine deliktische Haftung des Ver-

---

642 Das Behandlungsverhältnis zwischen gesetzlich krankenversicherten Patienten und zugelassenen Leistungserbringern ist mit der herrschenden Meinung als zivilrechtlicher Vertrag mit regelmäßig dienstvertraglichem Charakter zu qualifizieren, der hinsichtlich der Hauptleistungspflicht des Patienten zur Vergütungsentrichtung durch das Sozialversicherungsrecht überlagert wird; für den vertragsärztlichen Bereich *BGHZ* 76, 259, 261; 97, 273, 276; 100, 363, 367; *Deutsch/ Spickhoff*, Medizinrecht, Rn. 18 und 62 ff.; *Jörg*, Das neue Kassenarztrecht, Rn. 21; *Katzenmeier*, Arzthaftung, S. 97 f.; Palandt-*Putzo*, Einf v § 611, Rn. 18; Schulin-*Schmitt*, Handbuch des Sozialversicherungsrechts, § 30, Rn. 41 ff.; *Schneider*, Handbuch des Kassenarztrechts, Rn. 1158 ff.; Laufs/ Uhlenbruck-*Uhlenbruck/ Laufs*, Handbuch des Arztrechts, § 40, Rn. 31; für den stationären Leistungssektor *BGHZ* 89, 250, 255; NJW 1984, 1820, 1821; *BSG* NZS 1997, 228, 229; Schulin-*Schmitt*, Handbuch des Sozialversicherungsrechts, § 30, Rn. 45 ff.; für den außervertragsärztlichen ambulanten Bereich Schulin-*Schmitt*, Handbuch des Sozialversicherungsrechts, § 30, Rn. 49 mit weiteren Nachweisen. Davon abweichend wird teilweise ein besonderes gesetzliches Schuldverhältnis privatrechtlicher Natur (*Eberhardt*, AcP 171 (1971), 289, 300; *Krause*, SGb 1982, 425, 429 f.) oder ein öffentlich-rechtliches Verhältnis analog § 328 BGB (*BSGE* 59, 172, 177; *Kötter*, Die Steuerung der ambulanten ärztlichen Versorgung, S. 201 mit weiteren Nachweisen; *Narr*, SGb 1986, 32, 33) angenommen. Ausführlich zum Meinungsstand *Behrends*, Grenzen des Privatrechts in der gesetzlichen Krankenversicherung, S. 319 ff.; *Buddee*, Der Arztvertrag nach dem SGB V, S. 19 ff.; *Fuchs*, Zivilrecht und Sozialrecht, S. 249 ff.; *Kötter*, Die Steuerung der ambulanten ärztlichen Versorgung, S. 200 f.; *Natter*, Der Arztvertrag mit dem sozialversicherten Patienten, S. 17 ff.; *Schmitt*, Leistungserbringung durch Dritte im Sozialrecht, S. 144 ff.

643 *Gollasch*, Die fachübergreifende Gemeinschaftspraxis, S. 113 verwendet anstelle der hier zugrunde gelegten Begriffe des „Einzelverhältnisses" und des „Gesamtverhältnisses" die Bezeichnungen „Einzelbeauftragung" und „Gesamtbeauftragung". Im Kontext der freien Berufe unter Einschluss der medizinischen Professionen sind ferner die dem Anwaltsrecht entlehnten Begriffe des „Einzelmandats" und des „Gemeinschaftsmandats" oder „Gesamtmandats" gebräuchlich, vgl. etwa *Michalski*, Das Gesellschafts- und Kartellrecht der berufsrechtlich gebundenen freien Berufe, S. 197.

sorgungsverbundes mit dem Gesellschaftsvermögen sowie eine persönliche Haftung der in die Behandlung nicht einbezogenen Leistungserbringer in Betracht. Mangels spezialgesetzlicher Vorschriften richten sich das Zustandekommen des Behandlungsvertrages und die daran anschließende vertragliche Haftung ebenso wie die deliktische Haftung für materielle und immaterielle Schäden, die dem Patienten infolge einer fehlerhaften Behandlung oder einer Verletzung von Aufklärungspflichten entstehen, nach allgemeinen zivilrechtlichen Grundsätzen. Die Qualifikation der Vertrags- und Haftungsstruktur wird insbesondere durch die gewählte Organisationsstruktur beeinflusst, die damit nicht nur Wirkungen für die zusammengeschlossenen Netzteilnehmer selbst entfaltet, sondern zugleich für die Außenbeziehungen zu den Patienten maßgeblich ist. Bei der nachfolgenden Darstellung ist daher zwischen den einzelnen gesellschaftsrechtlichen Organisationsformen zu differenzieren, die dem Zusammenschluss von Leistungserbringern vernetzter Kooperationsformen zugrunde gelegt werden können.

## *A. Personengesellschaften*

### *I. Gesellschaft bürgerlichen Rechts*

Als Ausgangspunkt der Bearbeitung der vertrags- und haftungsrechtlichen Beziehungen vernetzter Kooperationsformen in der Rechtsform einer Gesellschaft bürgerlichen Rechts erfolgt zunächst ein Überblick über den aktuellen Diskussionsstand zur vertraglichen und deliktischen Haftungsverfassung dieser Organisationsform. Anschließend soll untersucht werden, nach welchen Kriterien ein Gesamtverhältnis mit dem Versorgungsverbund oder ein Einzelverhältnis mit dem behandelnden Netzteilnehmer zustande kommt und welche haftungsrechtlichen Folgen aus der jeweiligen Struktur des Behandlungsvertrages resultieren. Sodann wird erörtert, unter welchen Voraussetzungen eine deliktische Haftung des Versorgungsverbundes und der mit der Behandlung des Patienten nicht befassten Kooperationspartner neben die persönliche Haftung des behandelnden Leistungserbringers für Schäden infolge einer fehlerhaften Behandlung oder einer Verletzung von Aufklärungspflichten tritt.

#### *1. Allgemeiner Stand der Diskussion zur Haftungsverfassung*

Die haftungsrechtliche Struktur der Gesellschaft bürgerlichen Rechts ist von tiefgreifenden judikativen Entwicklungen geprägt und durch die jüngsten höchstrichterlichen Positionsverschiebungen erneut Gegenstand kontroverser Auseinandersetzungen innerhalb der rechtswissenschaftlichen Literatur geworden. Anerkanntermaßen besitzt die Innengesellschaft bürgerlichen Rechts mangels Außenwirkung keine Rechtssubjektivität. Als Zuordnungssubjekt von Rechten und Pflichten kommen ausschließlich die einzelnen Gesellschafter in Betracht, die den Gläubigern im Falle eines Vertragsschlusses persönlich für pflichtwidrig verursachte Schäden haften. Demgegenüber ist die mit der Problematik der Rechtsnatur eng verknüpfte Frage nach der Vertrags- und Haftungsstruktur der Außengesellschaft bürgerlichen Rechts nach wie vor umstritten. Im Kontext der binnenrechtlichen Beziehungen der Leistungserbringer vernetzter Kooperationsformen wurde ausgeführt, dass mit der herrschenden Gruppenlehre jedenfalls eine partielle Rechtsfähigkeit der Außengesellschaft bürgerlichen Rechts anzuerkennen ist. Fraglich ist, welche Konsequenzen sich daraus für deren vertragliche und deliktische Haftungsverfassung ergeben.

#### *a. Haftungsmodelle*

##### *aa. Doppelverpflichtungslehre*

Nach der Lehre von der Doppelverpflichtung, die in der Literatur lange vorherrschend war und mit der höchstrichterlichen Anerkennung der Rechtssubjektivität der Außengesellschaft bürgerlichen Rechts jedenfalls der Sache nach auch von der Rechtsprechung vertreten wurde, kommt ein Vertrag mit der Gesamthand als selbstständiger Rechtsträgerin zustande, wenn ein Gesellschafter im Rahmen seiner Vertretungsmacht eine Willenserklärung zum Vertragsschluss im Namen der Gesellschaft abgibt. Neben der Verpflichtung der Gesellschaft als solcher wird zugleich eine persönliche rechtsgeschäftliche Verpflichtung der Gesellschafter angenommen, die im Haftungsfall als Gesamtschuldner gemäß §§ 427, 421 BGB mit ihrem Privatvermögen einzustehen haben[644]. Da primäre Leistungsschuldnerin des Gesellschaftsgläubigers die Gesamthand ist, bedarf es nach dieser Ansicht eines zusätzlichen Verpflichtungsgrundes, wenn die Gesellschafter als persönliche Leistungsschuldner haften sollen. Die doppelte rechtsgeschäftliche Verpflichtung sowohl der Gesellschaft als auch der einzelnen Gesellschafter wird dogmatisch über einen Schuldbeitritt der Gesellschafter zu den Gesellschaftsschulden konstruiert, der von dem handelnden Gesellschafter stellvertretend für alle Gesellschafter erklärt wird[645]. Abweichend vom Wortlaut des § 714 BGB wird angenommen, dass sich die Vertretungsmacht des vertretungsbefugten Gesellschafters sowohl auf die Gesamthand als auch auf seine Kooperationspartner erstreckt und die Erklärung des handelnden Gesellschafters somit doppelte Verpflichtungswirkung entfaltet. Die Erteilung einer entsprechenden Vertretungsmacht über den Schuldbeitritt der Gesellschafter zu den Gesamthandsverbindlichkeiten folge jedenfalls konkludent aus dem Gesellschaftsvertrag und sei mit der für die Gesellschaft bestehenden Vertretungsmacht inhaltlich deckungsgleich. Soweit die Vertretungsmacht durch gesellschaftsvertragliche Vereinbarungen im Innenverhältnis der Gesellschafter beschränkt oder ausgeschlossen wird, komme eine Vertretungsmacht kraft Rechtsscheins nach den Grundsätzen über die Duldungs- und Anscheinsvollmacht in Betracht. Aus der so entstandenen Doppelverpflichtung haften nach dieser Auffassung die Außengesellschaft bürgerlichen Rechts als eigenständiges Rechtssubjekt mit dem Gesamthandsvermögen und die als Gesamtschuld-

644 *BGHZ* 74, 240, 242; 79, 374, 377; 116, 86, 88; 117, 168, 176; 136, 254, 258 f.; *Beck*, Die Haftung der Gesellschafter bei der BGB-Erwerbsgesellschaft, S. 78 ff.; Münchener Kommentar-*Ulmer*, 3. Auflage, § 714, Rn. 23 ff., 30 mit weiteren Nachweisen.

645 Vgl. *Beck*, Die Haftung der Gesellschafter bei der BGB-Erwerbsgesellschaft, S. 87 ff.

ner persönlich verpflichteten Gesellschafter mit ihrem Privatvermögen nebeneinander analog § 421 BGB nach den Grundsätzen über die sogenannte unechte Gesamtschuld[646].

*bb. Akzessorietätslehre*

Demgegenüber vertritt die mittlerweile wohl herrschende Akzessorietätslehre, der sich nunmehr auch die höchstrichterliche Rechtsprechung angeschlossen hat, dass sich die Stellvertretung des im Namen der Gesellschaft auftretenden Gesellschafters bei Abgabe einer Willenserklärung zum Abschluss eines Vertrages mit Dritten abweichend vom Wortlaut des § 714 BGB nur auf die Gesamthand als selbstständigem Rechtssubjekt, nicht aber auf die einzelnen Gesellschafter erstreckt. Danach kommt der Vertrag zwischen dem Gesellschaftsgläubiger und der Gesellschaft zustande, ohne dass die Gesellschafter persönlich rechtsgeschäftlich berechtigt und verpflichtet werden. Primäre Leistungsschuldnerin und Haftungsgegnerin im Falle einer vertraglichen Pflichtverletzung ist folglich die Gesellschaft als solche, die mit dem Gesamthandsvermögen haftet[647]. Eine persönliche Haftung der einzelnen Gesellschafter wird nach dieser Ansicht nicht über einen zusätzlichen vertraglichen Verpflichtungstatbestand begründet. Vielmehr haften diese entsprechend den §§ 128, 129 HGB akzessorisch mit ihrem Privatvermögen als Gesamtschuldner für die bestehenden Gesellschaftsverbindlichkeiten[648]. Anders als nach der Lehre von der Doppelverpflichtung handelt es sich bei der Gesellschafterhaftung mithin nicht um eine Eigenhaftung für rechtsgeschäftlich eingegangene Verpflichtungen, sondern um eine Fremdhaftung kraft Gesetzes für die Verbindlichkeiten der Gesellschaft. Nach diesem Haftungsmodell tritt die Gesellschafterhaftung unabhängig von dem Rechtsgrund der Gesamthandsschuld ein und umfasst daher neben der Haftung für rechtsgeschäftliche Gesellschaftsverbindlichkeiten auch die Haftung für gesetzliche Schulden einschließlich der Haftung für unerlaubte Handlungen der Gesellschaft.

---

646 Eine direkte Anwendung des § 421 BGB scheitert nach herrschender Ansicht an der hierfür erforderlichen Gleichstufigkeit der Verbindlichkeiten, vgl. Münchener Kommentar-*Ulmer*, 3. Auflage, § 714, Rn. 45 mit weiteren Nachweisen; a. A. *Beck*, Die Haftung der Gesellschafter bei der BGB-Erwerbsgesellschaft, S. 97 ff.

647 *BGHZ* 146, 341, 358 unter ausdrücklicher Aufgabe seiner bisherigen Rechtsprechung; ebenso *BGH* NJW 2002, 1207 in der Kostenentscheidung zu dem Rechtsstreit, der schon *BGHZ* 146, 341 ff. zugrunde lag, sowie jüngst *BGH* ZIP 2003, 664, 666; vgl. auch die Entscheidungen in *BGHZ* 142, 315, 318 sowie *BGHZ* 134, 333, 336, in denen sich das Gericht zwar nicht explizit, jedoch der Sache nach der Akzessorietätslehre angeschlossen hat; aus der Literatur *Eisenhardt*, Gesellschaftsrecht, Rn. 83; *Flume*, Die Personengesellschaft, § 16 IV; *Mülbert*, AcP 199 (1999), 38, 67 ff.; *Reiff*, ZIP 1999, 517 ff.; *Schmidt*, Gesellschaftsrecht, § 60 III 2; *ders.*, NJW 2000, 2927, 2929; *ders.*, NJW 2001, 993 ff.; *ders.*, NJW 2003, 1897, 1898; *Timm*, NJW 1995, 3209, 3215 ff.; *Wiedemann*, WM 1994, Sonderbeilage Nr. 4, S. 15 ff.; ebenso nunmehr der Begründer der Doppelverpflichtungstheorie Münchener Kommentar-*Ulmer*, 4. Auflage, § 714, Rn. 34; *ders.*, ZIP 1999, 554 ff.; *ders.*, ZIP 2001, 585 ff.

648 Keine Analogie zu den handelsrechtlichen Vorschriften, sondern eine akzessorische Gesellschafterhaftung aus dem Wesen der Gesamthand nimmt *Flume*, Die Personengesellschaft, § 16 IV an. Für eine partielle Akzessorietät anstelle eines Rückgriffs auf die strengen Haftungsregeln der §§ 128, 129 HGB unter Hinweis auf die Grenzen richterlicher Rechtsfortbildung *Baumann*, JZ 2001, 895, 900 ff.

Haftet nach der Lehre von der Doppelverpflichtung jeder Gesellschafter grundsätzlich nur für sein eigenes deliktisches Fehlverhalten, sind mit der Akzessorietätslehre nach überwiegender Ansicht die Voraussetzungen für eine Fremdhaftung aller Gesellschafter mit ihrem Privatvermögen für die deliktischen Gesamthandsverbindlichkeiten geschaffen[649]. Die Übertragung des für die Personenhandelsgesellschaften gemäß §§ 128, 129, 161 Abs. 2 HGB geltenden Akzessorietätsprinzips führt somit zu einer haftungsrechtlichen Gleichstellung der Außengesellschaft bürgerlichen Rechts mit der offenen Handelsgesellschaft[650].

*cc. Stellungnahme*

Ein wesentlicher Vorzug des Akzessorietätsprinzips liegt in seiner rechtsdogmatischen Überlegenheit gegenüber dem Haftungsmodell der Doppelverpflichtungstheorie. Unproblematisch ist nach beiden Auffassungen zunächst die Begründung der vertraglichen Haftung der Gesamthand mit dem Gesellschaftsvermögen[651]. Die Lehre von der Dop-

---

649 *BGH* ZIP 2003, 664, 665 f. mit Besprechungsaufsatz *Waldner*, NZG 2003, 620 f.; *Derleder*, BB 2001, 2485, 2491; *Habersack*, BB 2001, 477, 481; *Schmidt*, Gesellschaftsrecht, § 60 III 2 a), 4 c); *ders.*, NJW 2001, 993, 998; *ders.*, NJW 2003, 1897, 1998 ff.; Münchener Kommentar-*Ulmer*, 4. Auflage, § 714, Rn. 37 f.; *ders.*, ZIP 2001, 585, 597; *ders.*, ZIP 2003, 1113, 1114 f.; *Walter*, MedR 2002, 169, 172; gegen eine Erstreckung der akzessorischen Gesellschafterhaftung auf deliktische Gesellschaftsverbindlichkeiten *Altmeppen*, NJW 1996, 1017, 1021 f., 1026; *ders.*, NJW 2003, 1553, 1554 ff.; *Baumann*, JZ 2001, 895, 900 f.; *Eisenhardt*, Gesellschaftsrecht, Rn. 88; *Flume*, Die Personengesellschaft, § 16 IV 6; *ders.*, DB 2003, 1775 ff.; *Gollasch*, Die fachübergreifende Gemeinschaftspraxis, S. 195 ff.; *Schäfer*, ZIP 2003, 1225, 1227 ff. Differenzierend *Wössner*, ZIP 2003, 1235, 1238, der eine Ausnahme von der akzessorischen Gesellschafterhaftung für gesetzliche Verbindlichkeiten privilegierungsbedürftiger Gesellschaften bürgerlichen Rechts jedenfalls insoweit zulassen will, als diese nicht im Rahmen einer durch allgemeine Geschäftsbedingungen gestaltbaren Vertragsbeziehung entstehen.

650 Kritisch gegenüber der haftungsrechtlichen Gleichstellung sämtlicher Außengesellschaften bürgerlichen Rechts mit der offenen Handelsgesellschaft *Beuthien*, JZ 2003, 969, 972 ff.; *Schmidt*, Gesellschaftsrecht, § 58 IV 3; *ders.*, NJW 2001, 993, 1001 f.; *ders.*, NJW 2003, 1897, 1903 f.; *Timme/Hülk*, JuS 2001, 536, 538 f., die eine Beschränkung des Akzessorietätsprinzips auf unternehmenstragende Gesellschaften befürworten. Ebenso *Ulmer*, ZIP 1999, 554, 564; *ders.*, ZIP 2001, 585, 593 f., der im Anschluss an *John*, Die organisierte Rechtsperson, S. 72 für eine Beschränkung der Akzessorietätslehre auf Gesellschaften mit eigener Handlungsorganisation und Identitätsausstattung eintritt; dagegen *Habersack*, BB 2001, 477, 448 f. Siehe in dem Zusammenhang auch die differenzierte Auseinandersetzung bei *Derleder*, BB 2001, 2485, 2488 ff., der eine Abgrenzung anhand des komplexitätsbedingten Bedarfs für eine eigenständige Rechtspersönlichkeit nach den objektiven Kriterien „Organisationsaufwand, Mitgliederfluktuation, Vermögens- und Verpflichtungstatbestand“ unter Einbeziehung des subjektiven Kriteriums „Selbstverständnis der Gesellschafter und der Gesellschaft“ vorschlägt.

651 Mit Rücksicht auf die Sicherung der Eigenhaftung der rechtlich selbstständigen Organisation als Korrelat zur Haftung natürlicher Personen für eigenes Fehlverhalten ist nach zutreffender Ansicht auch im Bereich der rechtsgeschäftlichen Haftung der Gesellschaft für vertragliche Pflichtverletzungen ihrer Gesellschafter § 31 BGB analog als Zurechnungsnorm zugrunde zu legen und damit einer Anwendung des § 278 S. 1 BGB vorzuziehen, vgl. Palandt-*Heinrichs*, § 31, Rn. 2; *Schmidt*, Gesellschaftsrecht, § 10 IV 3 mit weiteren Nachweisen. Die Gegenauffassung lehnt eine Heranziehung des § 31 BGB innerhalb schuldrechtlicher Sonderverbindungen trotz der durch §§ 278 S. 2, 276 Abs. 3 BGB entstehenden Haftungslücke ab und beschränkt den Anwendungsbereich der Organhaftung demgemäß auf solche Schadensersatzansprüche, die keinem rechtsgeschäftlichen Ver-

pelverpflichtung gerät jedoch in erhebliche Erklärungsschwierigkeiten, soweit die persönliche Haftung der Gesellschafter mit dem Privatvermögen betroffen ist. So vermag diese Ansicht eine rechtsgeschäftliche Verpflichtung der einzelnen Gesellschafter nur durch eine Vollmachtserteilung zur Erklärung eines Schuldbeitritts der Gesellschafter zu den Gesamthandsverbindlichkeiten zu begründen, die nicht selten einer Fiktion gleichkommt[652]. Die Annahme eines vertraglichen Schuldbeitritts liefert darüber hinaus zwar eine Erklärung für die gesamtschuldnerische Mitverpflichtung der Gesellschafter hinsichtlich des Erfüllungsanspruchs, nicht aber für deren Haftung bei vertraglichen Pflichtverletzungen eines Mitgesellschafters, da das für die Verpflichtung zum Schadensersatz regelmäßig erforderliche Verschulden nach § 425 Abs. 2 BGB grundsätzlich von der Gesamtwirkung der Gesamtschuldnerschaft ausgenommen ist. Eine Anwendung der Grundsätze über die Organhaftung analog § 31 BGB hilft insofern nicht weiter, da hierdurch lediglich eine Zurechnung des pflichtwidrigen Verhaltens an die Gesamthand, nicht aber an die einzelnen Gesellschafter persönlich erfolgen kann[653].

Einige Stimmen aus der Literatur versuchen die Haftungsbarriere des § 425 Abs. 2 BGB über eine Zurechnung der Pflichtverletzung des geschäftsführenden Gesellschafters an seine Kooperationspartner gemäß § 278 S. 1 in Verbindung mit § 425 Abs. 1 BGB zu überwinden, da sich insoweit aus dem Schuldverhältnis ein von § 425 Abs. 2 BGB abweichendes Ergebnis ergebe[654]. Gegen die Anwendbarkeit dieser Zurechnungsnorm ist jedoch einzuwenden, dass die Gesellschafter bei der Erfüllung von Gesellschaftsschulden nicht zugleich zur Erfüllung fremder Gesellschafterverbindlichkeiten tätig werden und daher insoweit keine Erfüllungsgehilfen im Sinne von § 278 S. 1 BGB sind[655]. Um dennoch zu einer persönlichen Vertragshaftung der Gesellschafter für Pflichtverletzungen ihres geschäftsführenden Gesellschafters zu gelangen, hat sich die Rechtsprechung zunächst für eine gesamtschuldnerische Haftung kraft konkludenter Haftungsgarantie ausgesprochen[656]. Einer solchen Haftungsbegründung ist jedoch entgegenzuhalten, dass eine konkludente Haftungszusage in den meisten Fällen wiederum der Annahme einer fiktiven Willenserklärung entspricht. Rechtsdogmatisch wenig überzeugend ist schließ-

---

halten entspringen, vgl. etwa *Flume*, Die Personengesellschaft, § 16 IV 2; *Petersen*, JURA 2002, 683, 684 f.; differenzierend Münchener Kommentar-*Reuter*, § 31, Rn. 31.

652 Vgl. *Wiedemann*, WM 1994, Sonderbeilage Nr. 4, S. 18, der von einem „Gewimmel fiktiver Willenserklärungen" spricht; siehe auch *Mülbert*, AcP 199 (1999), 38, 69 f.; *Ulmer*, ZIP 1999, 554, 563 f.; *ders.*, ZIP 2001, 585, 590. Dies räumt auch *Beck*, Die Haftung der Gesellschafter bei der BGB-Erwerbsgesellschaft, S. 80 ein, dem die rechtsgeschäftliche Mitverpflichtung der Gesellschafter „schon fast als reine Fiktion" erscheint.

653 Vgl. *Beck*, Die Haftung der Gesellschafter bei der BGB-Erwerbsgesellschaft, S. 109 f.; *Beuthien*, DB 1975, 773.

654 So etwa *Beuthien*, DB 1975, 773 f.; *Nicknig*, Die Haftung der Mitglieder einer BGB-Gesellschaft für Gesellschaftsschulden, S. 12 ff.

655 *Flume*, Die Personengesellschaft, § 16 IV 2; Münchener Kommentar-*Ulmer*, 3. Auflage, § 714, Rn. 49; ebenso *Beck*, Die Haftung der Gesellschafter bei der BGB-Erwerbsgesellschaft, S. 110 ff., der sich statt dessen für eine entsprechende Anwendung von § 767 BGB ausspricht.

656 So *RGZ* 85, 306, 307; offengelassen in *BGHZ* 56, 355, 362.

lich auch die in der früheren Rechtsprechung vertretene Ansicht, wonach sich aufgrund der im Außenverhältnis zutage tretenden Interessenlage und der Verkehrsauffassung entgegen § 425 Abs. 2 BGB eine gesamtschuldnerische Haftung der Sozien einer Anwaltssozietät ergibt[657]. Eine solche Auslegung lässt sich methodisch auch nicht mit dem Hinweis darauf rechtfertigen, dass es „einer Sozietät schlecht anstehen (würde), dem Mandanten gegenüber als eine Sozietät, der er besonderes Vertrauen entgegenbringen darf, aufzutreten, dann aber, wenn es um die Wiedergutmachung eines dem Mandanten zugefügten Schadens geht, diesen auf den jeweiligen Bearbeiter seiner Sache zu verweisen"[658]. Im Gegensatz dazu begegnet die Begründung der persönlichen Gesellschafterhaftung für vertragliche Pflichtverletzungen des geschäftsführenden Gesellschafters keinen rechtsdogmatischen Schwierigkeiten, wenn man diese als akzessorische Fremdhaftung kraft Gesetzes für bestehende Gesamthandsverbindlichkeiten begreift. Unter Zugrundelegung des Akzessorietätsprinzips bedarf es dafür weder eines Rückgriffs auf fiktive Willenserklärungen noch einer Durchbrechung des in § 425 Abs. 2 BGB festgelegten Haftungsgrundsatzes. Die Lehre von der Akzessorietät erweist sich daher als das gegenüber der Doppelverpflichtungstheorie überzeugendere Haftungsmodell, das die mit der Anerkennung der Rechtssubjektivität der Gesamthand verbundenen Folgen konsequent weiterentwickelt[659].

Die mit dem Haftungsmodell einer doppelten rechtsgeschäftlichen Verpflichtung verbundenen Schwächen manifestieren sich weiterhin im Zusammenhang mit der Problematik der Begrenzung der persönlichen Gesellschafterhaftung. Nach allgemeinen Grundsätzen des bürgerlichen Rechts bestehen prinzipiell keine Bedenken gegen eine Beschränkung der Vertretungsmacht auf die Gesamthand. Die Lehre von der Doppelverpflichtung ermöglicht den Gesellschaftern einer Gesellschaft bürgerlichen Rechts damit eine einseitige Beschränkung der Haftung auf das Gesellschaftsvermögen, die unter dem Gesichtspunkt einer möglichen Vertretungsmacht kraft Rechtsscheins lediglich unter dem Vorbehalt einer ausreichenden Erkennbarkeit für den Kontrahenten bei Vertragsschluss steht[660]. Die persönliche Haftung der Gesellschafter kann demnach bereits durch einen hinweisenden Zusatz im Gesellschaftsnamen[661] ausgeschlossen werden, sofern dieser gegenüber dem Gläubiger nur hinreichend deutlich kenntlich gemacht

---

657 *BGHZ* 56, 355, 361 f.; zustimmend Münchener Kommentar-*Ulmer*, 3. Auflage, § 714, Rn. 49, der diesen Rechtssatz über die Haftung von Anwalts- und Steuerberatungssozietäten hinaus auf sämtliche Berufsausübungsgemeinschaften von Freiberuflern erstrecken will.

658 So *BGHZ* 56, 355, 363; kritisch dazu *Flume*, Die Personengesellschaft, § 16 IV 2.

659 *Flume*, Die Personengesellschaft, § 16 IV 2; *Schmidt*, Gesellschaftsrecht, § 60 III 2 a); *ders.*, NJW 2001, 993, 999; *Ulmer*, ZIP 1999, 554, 559.

660 *BGHZ* 61, 59, 67; 113, 216, 219; NJW 1971, 1698; NJW 1979, 2304, 2306; NJW 1985, 619; NJW 1987, 3124, 3125; NJW-RR 1989, 455; NJW-RR 1990, 867; NJW 1992, 3037, 3038 f. mit Anmerkung *Henssler*, JZ 1993, 155 ff.; *Beck*, Die Haftung der Gesellschafter bei der BGB-Erwerbsgesellschaft, S. 119 ff.; *Franke*, Die Ärzte-Partnerschaft, S. 21 ff.; Münchener Kommentar-*Ulmer*, 3. Auflage, § 714, Rn. 34 ff.; *Weber*, JuS 2000, 313, 320.

661 Etwa: „Gesellschaft bürgerlichen Rechts mit beschränkter Haftung" oder „Gesellschaft bürgerlichen Rechts ohne persönliche Gesellschafterhaftung".

wird[662]. Die Möglichkeit eines einseitigen Haftungsausschlusses steht aber im Widerspruch zu dem Erfordernis einer ausreichenden Kapitalsicherung, die bei den Personengesellschaften traditionell über eine persönliche Gesellschafterhaftung sichergestellt wird. Unter dem Aspekt eines hinreichenden Gläubigerschutzes weist die Doppelverpflichtungslehre folglich eine bedeutende Haftungslücke auf, die sich mit Hilfe des Konzepts einer doppelten Stellvertretung nur schwerlich schließen lässt[663]. Wird die persönliche Haftung der Gesellschafter mit dem Privatvermögen hingegen als gesetzliche Fremdhaftung für bestehende Gesamthandsverbindlichkeiten begriffen, kommt es auf eine Befugnis des geschäftsführenden Gesellschafters zur Vertretung seiner Mitgesellschafter nicht an. Eine Beschränkung der Vertretungsmacht im Innenverhältnis der Gesellschafter ist daher entsprechend § 128 S. 2 HGB gegenüber Dritten auch dann unwirksam, wenn sie für diese erkennbar ist. Wollen die Gesellschafter ihre persönliche Haftung ausschließen oder begrenzen, bedarf es folglich nicht lediglich einer einseitigen Mitteilung, sondern der vertraglichen Vereinbarung zwischen dem als Stellvertreter für die Gesellschaft auftretenden Gesellschafter und dem Vertragspartner[664]. Die Lehre von der Akzessorietät der Gesellschafterhaftung erweist sich mithin auch insoweit als das überzeugendere Lösungsmodell.

Anders als die Lehre von der Doppelverpflichtung begründet die Akzessorietätstheorie ferner eine persönliche Haftung der Gesellschafter für gesetzliche, insbesondere deliktische Verbindlichkeiten der Gesamthand und eröffnet dadurch einen umfassenderen Zugriff der Gesellschaftsgläubiger auf das Privatvermögen der Gesellschafter[665]. Rechtsdogmatisch setzt die akzessorische Gesellschafterhaftung für Gesellschaftsverbindlichkeiten aus unerlaubter Handlung zunächst eine Zurechnung des pflichtwidrigen Verhaltens des geschäftsführenden Gesellschafters an die Gesamthand mittels einer analogen Anwendung des § 31 BGB voraus. Die Übertragung der Grundsätze über die Organhaftung auf die Gesellschaft bürgerlichen Rechts erweist sich als konsequente Fortführung der Anerkennung ihrer Rechtsfähigkeit und entspricht dem damit einher gehenden Bedarf des Rechtsverkehrs nach einer Zurechnung des Verhaltens der Reprä-

662 Für den Bereich ärztlicher Kooperationen kommt insofern ein Hinweis auf Praxisschildern, in Anzeigen und Verzeichnissen, im Briefpapier oder auf Aushängen im Wartezimmer in Betracht. Eine hinreichende Erkennbarkeit der Haftungsbeschränkung wurde verneint bei einem Hinweis, der sich zwischen anderen Angaben versteckt am unteren Rand des Briefbogens einer interprofessionellen Sozietät von Rechtsanwälten, Wirtschaftsprüfern und Steuerberatern befand, vgl. *BGH* NJW 1992, 3037, 3039.

663 Hierzu *Reiff*, ZIP 1999, 517, 521, der zutreffend auf die Grenzen des von der Doppelverpflichtungslehre herangezogenen Rechtsscheinansatzes hinweist; siehe auch *Blenske*, NJW 2000, 3170, 3171.

664 So bereits *Flume*, Die Personengesellschaft, § 16 IV 4; grundlegend *BGHZ* 142, 315 ff.; dazu *Blenske*, NJW 2000, 3170 ff.; siehe ferner *Reiff*, ZIP 1999, 1329 ff.; *Schäfer*, ZIP 2003, 1225, 1231 ff.; *Timme/ Hülk*, JuS 2001, 536, 538; Münchener Kommentar-*Ulmer*, 4. Auflage, § 714, Rn. 63; *ders.*, ZIP 1999, 554, 559 ff.

665 Vgl. *Mülbert*, AcP 199 (1999), 38, 70 ff.; Münchener Kommentar-*Ulmer*, 4. Auflage, § 714, Rn. 37 f.; *ders.*, ZIP 1999, 554, 559; *ders.*, ZIP 2001, 585, 597; *Wiedemann*, WM 1994, Sonderbeilage Nr. 4, S. 18.

sentanten an die verselbstständigte Gesamthand[666]. Für die so begründete Gesellschaftsverbindlichkeit haften sämtliche Gesellschafter persönlich als Gesamtschuldner. Unter dem Gesichtspunkt des Gläubigerschutzes bedarf es gerade im Bereich der deliktischen Haftung, in dem die Gesellschaftsgläubiger anders als im Falle einer rechtsgeschäftlichen Haftungsbegründung ihren Schuldner nicht auswählen können, einer Möglichkeit des Zugriffs auf das Privatvermögen der Gesellschafter[667]. Die Akzessorietätslehre liefert eine dogmatisch schlüssige Erklärung für die Einbeziehung des Gesellschaftervermögens in die dem Gesellschaftsgläubiger zur Verfügung stehende Haftungsmasse, ohne dass hierzu eine direkte Zurechnung deliktischen Fehlverhaltens über die im Bereich der Gesellschafterhaftung prinzipiell nicht einschlägige Anspruchsnorm des § 831 Abs. 1 BGB erforderlich wird[668]. Mit der akzessorischen Gesellschafterhaftung werden somit die Voraussetzungen für eine gläubigerfreundliche Haftungsverfassung der Außengesellschaft bürgerlichen Rechts auch jenseits des Bereichs rechtsgeschäftlicher Verbindlichkeiten geschaffen[669].

Gegen die Lehre von der Akzessorietät der Gesellschafterhaftung, deren rechtsdogmatische und rechtspolitische Vorzüge auch von Vertretern der Doppelverpflichtungslehre nicht bestritten werden, wird eingewandt, eine Übertragung des Akzessorietätsprinzips auf die Außengesellschaft bürgerlichen Rechts scheitere jedenfalls de lege lata an der

---

666 *Schmidt*, Gesellschaftsrecht, § 60 II 4 a), III 4 c); *ders.*, NJW 2001, 993, 998; *ders.*, NJW 2003, 1897, 1898 ff.; Münchener Kommentar-*Ulmer*, 4. Auflage, § 705, Rn. 263; *ders.*, ZIP 2003, 1113, 1114 f.; *Walter*, MedR 2002, 169, 172; *Wiedemann*, WM 1994, Sonderbeilage Nr. 4, S. 14 f.; *ders.*, JZ 2001, 661, 663; so nunmehr auch *BGH* ZIP 2003, 664, 665 f. unter Aufgabe der früheren Rechtsprechung, die eine Anwendung des § 31 BGB auf die Gesellschaft bürgerlichen Rechts mit der Begründung ausgeschlossen hatte, diese sei im Gegensatz zu den Personenhandelsgesellschaften zu wenig körperschaftlich organisiert, als dass man die für sie handelnden Gesellschafter als ihre „Organe" bezeichnen könnte, vgl. *BGHZ* 45, 311, 312; ebenso noch *BGH* JZ 2001, 95, 97; eingehend zum früheren Meinungsstand *Martinek*, Repräsentantenhaftung, S. 67 ff. mit weiteren Nachweisen.

667 Dazu *BGH* ZIP 2003, 664, 666 unter Hinweis auf *Ulmer*, ZIP 2001, 585, 597.

668 Eine unmittelbare Haftung der Gesellschafter für pflichtwidriges Verhalten des Geschäftsführers aus § 831 Abs. 1 BGB ist regelmäßig ausgeschlossen, da die Gesellschafter nicht als wechselseitige Verrichtungsgehilfen anzusehen sind, vgl. *BGHZ* 45, 311, 313; *Beck*, Die Haftung der Gesellschafter bei der BGB-Erwerbsgesellschaft, S. 146 f.; *Kübler*, Gesellschaftsrecht, § 6 III 4 b) bb); *Schmidt*, Gesellschaftsrecht, § 60 III 4 c); *ders.*, NJW 2003, 1897, 1899 ff.; Münchener Kommentar-*Ulmer*, 4. Auflage, § 705, Rn. 261; *Weber*, JuS 2000, 313, 319; *Wiedemann*, WM 1994, Sonderbeilage Nr. 4, S. 14; *Zöllner*, Festschrift für Gernhuber, 563, 574; a. A. noch Staudinger-*Keßler*, § 713, Rn. 17 in der 11. Auflage, der diese Ansicht jedoch in der 12. Auflage aufgibt.

669 In der persönlichen Gesellschafterhaftung für unerlaubte Handlungen lag ursprünglich aus Patientensicht ein wesentlicher Vorzug der Akzessorietätstheorie gegenüber der Lehre von der Doppelverpflichtung im Bereich der Arzthaftung, da die vertragliche Haftung bis zum Inkrafttreten des zweiten Gesetzes zur Änderung schadensersatzrechtlicher Vorschriften vom 19. Juli 2002 (BGBl. I 2002, S. 2674) anders als die deliktische Haftung allein materielle Schäden, nicht aber Schmerzensgeld umfasste. Mit der Einführung des § 253 Abs. 2 BGB erstreckt sich auch die Haftung für vertragliche Pflichtverletzungen auf materielle sowie immaterielle Schäden, so dass die vertragliche Haftung des Arztes für Behandlungsfehler und Aufklärungspflichtverletzungen nunmehr in wesentlichen Teilen mit der deliktischen Haftung korrespondiert. Für den Bereich der Arzthaftung resultiert seit Inkrafttreten des zweiten Gesetzes zur Änderung schadensersatzrechtlicher Vorschriften folglich keine relevante Haftungsverschärfung mehr aus der Übertragung des Akzessorietätsprinzips auf die Außengesellschaft bürgerlichen Rechts.

für eine Analogie zu der Haftungsverfassung der Personenhandelsgesellschaften erforderlichen planwidrigen Regelungslücke[670]. Das Gesetz treffe in § 714 BGB eine Regelung hinsichtlich der rechtsgeschäftlichen Verpflichtung der Gesellschafter, so dass jedenfalls insoweit weder ein Bedürfnis noch eine Regelungslücke für eine akzessorische Gesellschafterhaftung über eine Analogie zu § 128 HGB oder aus dem Wesen der Gesamthand bestehe. Überdies erkläre § 105 Abs. 3 HGB die handelsrechtlichen Normen über die Haftungsstruktur der Personenhandelsgesellschaften zu Sonderrecht gegenüber den allgemeinen bürgerlich-rechtlichen Vorschriften über die Gesellschaft; der Gesetzgeber habe damit bewusst auf eine dem § 128 HGB entsprechende Regelung verzichtet und die Haftung der Gesellschaft bürgerlichen Rechts den allgemeinen Grundsätzen des bürgerlichen Rechts unterstellt[671]. Diesem Einwand ist entgegenzusetzen, dass der Gesetzgeber gerade keine Haftungsregelungen zur Gesellschaft bürgerlichen Rechts treffen wollte, da er bereits die Vorfrage nach deren Rechtssubjektivität bewusst offen gelassen hat und somit kein Anlass für ihn bestand, eine Entscheidung über die Haftungsverfassung der Gesellschaft bürgerlichen Rechts zu treffen. Das Fehlen einschlägiger Haftungsvorschriften ist folglich nicht auf ein beredtes Schweigen des Gesetzgebers zurückzuführen, sondern logische Konsequenz aus dem Offenhalten der rechtsdogmatischen Grundsatzfrage nach der Rechtssubjektivität der Gesellschaft bürgerlichen Rechts[672]. Nach alledem sprechen die überzeugenderen Argumente für das Haftungsmodell der Akzessorietätslehre. Leistungsschuldner und vertraglicher Haftungsgegner des Gesellschaftsgläubigers ist danach die Gesamthand als eigenständiges Rechtssubjekt, während die einzelnen Gesellschafter keine Vertragspartner werden, sondern kraft Gesetzes akzessorisch als Gesamtschuldner mit ihrem Privatvermögen für die Gesamthandsverbindlichkeiten haften[673].

---

670 Zu den Voraussetzungen einer rechtsfortbildenden Analogie *Larenz/ Canaris*, Methodenlehre der Rechtswissenschaft, S. 191 ff.

671 So *Beck*, Die Haftung der Gesellschafter bei der BGB-Erwerbsgesellschaft, S. 80 f.; Münchener Kommentar-*Ulmer*, 3. Auflage, § 714, Rn. 29.

672 Vgl. *Mülbert*, AcP 199 (1999), 38, 86 f.; Münchener Kommentar-*Ulmer*, 4. Auflage, § 714, Rn. 36.

673 Nach der unter praktischen Gesichtspunkten vorzugswürdigen Erfüllungstheorie stimmt der Inhalt der akzessorischen Gesellschafterhaftung mit dem Inhalt der Gesellschaftsschuld überein. Die Gläubiger der Gesellschaft können daher grundsätzlich auch deren Gesellschafter unmittelbar auf Erfüllung in Anspruch nehmen. Eine Ausnahme hiervon gilt, wenn es sich bei der geschuldeten Leistung um die Abgabe einer Willenserklärung, die Vornahme einer unvertretbaren Handlung oder eine Unterlassung handelt, deren Erfüllung durch die Gesellschafter faktisch oder rechtlich unmöglich ist, vgl. *BGHZ* 23, 302, 304; 34, 293, 297; 73, 217, 221 f.; *Baumbach/ Hopt*, Handelsgesetzbuch, § 128, Rn. 8 f.; Röhricht/ Graf von Westphalen-*von Gerkan*, § 128, Rn. 4; *Hadding*, ZGR 1981, 577, 582, ff.; Schlegelberger-*Schmidt*, § 128, Rn. 24 ff.; *ders.*, Gesellschaftsrecht, § 49 III mit weiteren Nachweisen. Demgegenüber nehmen die Vertreter der Haftungstheorie an, dass die persönliche Verpflichtung der akzessorisch haftenden Gesellschafter von vornherein auf sekundären Schadensersatz in Geld gerichtet ist, vgl. Heymann-*Emmerich*, Handelsgesetzbuch, § 128, Rn. 21 ff.; *John*, Die organisierte Rechtsperson, S. 250 ff.

*b. Haftung ausgeschiedener und neu eintretender Gesellschafter*

Vor dem Hintergrund eines in der Praxis häufiger vorkommenden Wechsels der teilnehmenden Leistungserbringer ist im Kontext vernetzter Kooperationsformen die Frage nach der persönlichen Haftung ausgeschiedener und neu eintretender Gesellschafter für die nach ihrem Ausscheiden beziehungsweise vor ihrem Eintritt begründeten Gesellschaftsverbindlichkeiten von Bedeutung. Für den Fall des Ausscheidens eines Gesellschafters aus der Gesellschaft bürgerlichen Rechts ordnet § 736 Abs. 2 BGB die sinngemäße Anwendung der für Personenhandelsgesellschaften geltenden Regelungen über die Begrenzung der Nachhaftung an. Danach haftet ein ausgeschiedener Gesellschafter für die bis dahin begründeten Gesamthandsverbindlichkeiten entsprechend der in § 160 Abs. 1 S. 1 HGB festgelegten fünfjährigen Enthaftungsfrist. Mangels Registereintragung der Gesellschaft bürgerlichen Rechts beginnt die Frist davon abweichend mit der Kenntnis des jeweiligen Gläubigers vom Ausscheidenstatbestand[674].

Hinsichtlich der Haftung neu eintretender Gesellschafter sehen die Vorschriften der §§ 705 ff. BGB keine explizite Regelung vor. Insofern ist vor dem Hintergrund der hier zugrunde gelegten Akzessorietätslehre eine entsprechende Anwendung des § 130 HGB in Betracht zu ziehen, wonach der in eine offene Handelsgesellschaft eintretende Gesellschafter für die vor seinem Eintritt begründeten Gesellschaftsverbindlichkeiten in dem gleichen Umfang wie die anderen Gesellschafter nach Maßgabe der §§ 128, 129 HGB haftet[675]. Für eine Erstreckung des Akzessorietätsprinzips auf Altschulden der Gesellschaft bürgerlichen Rechts sprechen einerseits der systematische Zusammenhang zwischen § 130 HGB und § 128 HGB[676], andererseits Gründe des Gläubigerschutzes. Jedenfalls im Grundsatz hat sich unlängst auch der *Bundesgerichtshof* für die Haftung neu eintretender Gesellschafter für bestehende Gesamthandsverbindlichkeiten einer Gesellschaft bürgerlichen Rechts ausgesprochen[677]. Das Gericht lässt dahinstehen, ob

---

674 *BGHZ* 117, 168, 179; *OLG Dresden* NJW-RR 1997, 162, 163; *Derleder*, BB 2001, 2485, 2491; *Eisenhardt*, Gesellschaftsrecht, Rn. 97; *Möller*, MedR 2004, 69, 72; *Schmidt*, Gesellschaftsrecht, § 60 III 6; *ders.*, NJW 2001, 993, 999; Palandt-*Thomas*, § 736, Rn. 14; Münchener Kommentar-*Ulmer*, 4. Auflage, § 736, Rn. 27.

675 Für eine entsprechende Anwendung des § 130 HGB auf die Gesellschaft bürgerlichen Rechts *OLG München* NZG 2000, 477 f.; *Derleder*, BB 2001, 2485, 2492; *Eisenhardt*, Gesellschaftsrecht, Rn. 93; *Flume*, Die Personengesellschaft, § 16 IV 7; *Habersack*, BB 2001, 477, 482; *Schäfer*, ZIP 2003, 1225, 1229 ff.; *Schmidt*, Gesellschaftsrecht, § 60 III 2 d); *ders.*, NJW 2001, 993, 999; *ders.*, NJW 2003, 1897, 1901; Münchener Kommentar-*Ulmer*, 4. Auflage, § 714, Rn. 73; *ders.*, ZIP 2001, 585, 598; *ders.*, ZIP 2003, 1113, 1115 f. mit weiteren Nachweisen; dagegen *OLG Düsseldorf* ZIP 2002, 616, 618 f.; *Baumann*, JZ 2001, 895, 901; *Wiedemann*, WM 1994, Sonderbeilage Nr. 4, S. 16; *ders.*, JZ 2001, 661, 664. Zweifel an der verfassungsrechtlichen Vereinbarkeit einer analogen Anwendung des § 130 HGB im Wege der richterlichen Rechtsfortbildung mit dem Grundsatz des parlamentarischen Regelungsvorbehalts äußern *Dauner-Lieb*, Festschrift für Ulmer, 73 ff.; *Lange*, ZMGR 2003, 18, 19.

676 So auch *Eisenhardt*, Gesellschaftsrecht, Rn. 93; *Habersack*, BB 2001, 477, 482; Münchener Kommentar-*Ulmer*, 4. Auflage, § 714, Rn. 73; *ders.*, ZIP 2001, 585, 598.

677 *BGH* NJW 2003, 1803 ff. mit Anmerkung *Hasenkamp*, DB 2003, 1166 f. und Besprechungsaufsatz *Casper/ Eberspächer*, JURA 2003, 770 ff. unter Bestätigung der vorinstanzlichen Entscheidung

die analoge Anwendung des § 130 HGB bereits aus dem Akzessorietätsprinzip folgt[678], sondern stützt seine Entscheidung maßgeblich auf teleologische Erwägungen des Verkehrsschutzes. Es führt aus, dass die persönliche Haftung aller Gesellschafter in ihrem jeweiligen personellen Bestand dem Wesen der Personengesellschaft und ihren Haftungsverhältnissen entspricht, weil die Gesellschaft kein eigenes, zu Gunsten ihrer Gläubiger gebundenes garantiertes Haftungskapital besitzt. Die persönliche Gesellschafterhaftung für die Gesellschaftsverbindlichkeiten ist danach das notwendige Gegenstück zum Fehlen jeglicher Kapitalerhaltungsregeln.

Die Entscheidung gründet weiter auf der Überlegung, dass ein neu eintretender Gesellschafter mit dem Erwerb seiner Gesellschafterstellung eine Mitberechtigung an den Aktiva der Gesellschaft erlangt und dieselben Zugriffsmöglichkeiten auf das Gesellschaftsvermögen wie die Altgesellschafter erhält. Diese Vorteile sind durch die Einbeziehung der Neugesellschafter in das für die Altgesellschafter geltende Haftungsregime zu kompensieren[679]. Die Mithaftung der neu eintretenden Gesellschafter stellt sich danach als das wohlbegründete Ergebnis einer Abwägung zwischen den legitimen Interessen der Gläubiger und des Neugesellschafters dar, die sich auch im kodifizierten Gesellschaftsrecht niederschlägt[680]. Eine Begrenzung der akzessorischen Gesellschafterhaftung auf die Altgesellschafter hätte ferner eine Gefährdung der Verwirklichung von Gläubigeransprüchen aus Dauerschuldverhältnissen oder langfristigen Vertragsverhältnissen zur Folge. Ohne eine haftungsrechtliche Einbeziehung neu eintretender Gesellschafter hafteten diese nicht persönlich für Forderungen, die vor ihrem Eintritt begründet wurden, jedoch erst nach dem Beitritt fällig werden. Für den Fall des Ausscheidens sämtlicher Altgesellschafter im Anschluss an die Begründung eines Schuldverhältnisses wäre den Gesellschaftsgläubigern der Zugriff auf deren Privatvermögen nach Ablauf der fünfjährigen Enthaftungsfrist gemäß § 736 Abs. 2 BGB in Verbindung mit § 160 Abs. 1 S. 1 HGB damit vollständig verwehrt[681].

---

*OLG Hamm* NJW-RR 2002, 495 ff. *Waldner*, NZG 2003, 620, 621 bezeichnet diese Entscheidung als letzten Schritt auf dem Weg der Gesellschaft bürgerlichen Rechts zur offenen Handelsgesellschaft. Anders noch *BGHZ* 74, 240, 242 f.; NJW 1979, 1821; NJW 1981, 1905 f., wonach eine persönliche Haftung eintretender Gesellschafter für vorher begründete Gesellschaftsverbindlichkeiten nur kraft besonderer Vereinbarung mit dem Gläubiger in Betracht kommt. Mit Rücksicht darauf gewährt der Bundesgerichtshof solchen Gesellschaftern, die vor der Rechtsprechungsänderung in eine Gesellschaft bürgerlichen Rechts eingetreten sind, Vertrauensschutz und wendet seine neue Rechtsprechung erst auf künftige Beitrittsfälle an, vgl. *BGH* NJW 2003, 1803, 1804 f.; kritisch dazu *Schmidt*, NJW 2003, 1897, 1901 f.

678 Vielmehr hält das Gericht auch mit Blick auf ausländische Rechtsordnungen eine akzessorische Gesellschafterhaftung ohne die Erstreckung auf Altschulden für denkbar, vgl. *BGH* NJW 2003, 1803, 1804 unter Bezugnahme auf *Wiedemann*, JZ 2001, 661, 664; gegen eine Ableitung der Gesellschafterhaftung für Altschulden aus dem Akzessorietätsprinzip auch *Schäfer*, ZIP 2003, 1225, 1230.

679 *BGH* NJW 2003, 1803, 1804; zustimmend *Schäfer*, ZIP 2003, 1225, 1230; *Schmidt*, NJW 2003, 1897, 1901.

680 Vgl. außer § 130 HGB auch § 173 HGB, § 8 Abs. 1 PartGG sowie Art. 26 Abs. 2 EWIV-VO.

681 *BGH* NJW 2003, 1803, 1804 mit Hinweis auf *Schmidt*, Gesellschaftsrecht, § 60 III 2 d); so auch

Für die Erstreckung des Akzessorietätsprinzips auf Altverbindlichkeiten der Gesellschaft bürgerlichen Rechts spricht schließlich, dass die Gesellschaftsgläubiger mit Blick auf die gegenüber den Personenhandelsgesellschaften fehlende Publizität hinsichtlich des Gesellschafterkreises für jeden einzelnen Haftungsfall den praktisch nur mühsam zu erbringenden Nachweis führen müssten, dass der in Anspruch genommene Gesellschafter im Zeitpunkt der Entstehung der Verbindlichkeit bereits Mitglied der Gesellschaft gewesen ist[682]. Die analoge Anwendung des § 130 HGB auf die Gesellschaft bürgerlichen Rechts erweist sich danach als methodisch konsequente und im Interesse des Verkehrsschutzes begrüßenswerte Fortführung des Akzessorietätsprinzips.

Klarstellend weist der *Bundesgerichtshof* darauf hin, dass der Grundsatz der persönlichen Gesellschafterhaftung für Altverbindlichkeiten auch für solche Gesellschaften bürgerlichen Rechts gilt, in denen sich Angehörige freier Berufe zur gemeinsamen Berufsausübung zusammengeschlossen haben. In einem obiter dictum erwägt das Gericht jedoch einen Vorbehalt in Bezug auf Altverbindlichkeiten aus beruflichen Haftungsfällen dieser Gesellschaften, ohne diese Frage abschließend zu entscheiden. Ausgangspunkt seiner Überlegungen ist die für Partnerschaftsgesellschaften geltende Haftungskonzentration nach § 8 Abs. 2 PartGG, die aufzeige, dass Verbindlichkeiten aus beruflichen Haftungsfällen eine Sonderstellung in der Berufshaftung von Angehörigen freier Berufe einnähmen[683]. Die Übertragung des in § 8 Abs. 2 PartGG enthaltenen Rechtsgedankens auf die Gesellschaft bürgerlichen Rechts erweist sich indessen als untauglicher Ansatz zur Einschränkung der Haftung neu eintretender Gesellschafter für die vor ihrem Eintritt begründeten Gesellschaftsverbindlichkeiten. Gemäß § 8 Abs. 1 S. 2 PartGG in Verbindung mit § 130 HGB haften grundsätzlich auch die beitretenden Gesellschafter einer Partnerschaftsgesellschaft für deren Altverbindlichkeiten. Soweit die Konzentration der persönlichen Haftung für berufliche Fehler auf die mit der Auftragsbearbeitung befassten Partner eine Privilegierung der übrigen Gesellschafter vorsieht, erstreckt sich diese unterschiedslos auf Altgesellschafter und Neugesellschafter. Wollte man die Wertung des § 8 Abs. 2 PartGG auf die Haftungsverfassung der Gesellschaft bürgerlichen Rechts übertragen, müsste dies folgerichtig sämtliche Gesellschafter betreffen. Eine Begrenzung auf die Haftung neu beitretender Gesellschafter unter Ausschluss der übrigen Gesellschafter wäre demgegenüber methodisch inkonsequent[684]. Somit haften auch die in eine freiberufliche Gesellschaft bürgerlichen Rechts eintretenden Gesellschafter persönlich für die zuvor begründeten Gesellschaftsverbindlichkeiten in dem gleichen Umfang wie die Altgesellschafter analog § 130 HGB[685].

---

*Schäfer*, ZIP 2003, 1225, 1230; *Schmidt*, NJW 2003, 1897, 1901.

682 *BGH* NJW 2003, 1803, 1804 f.; ebenso *Habersack*, BB 2001, 477, 482; *Schmidt*, NJW 2001, 993, 999; *Ulmer*, ZIP 2001, 585, 598.

683 *BGH* NJW 2003, 1803, 1805.

684 *Hasenkamp*, DB 2003, 1166, 1167; *Schäfer*, ZIP 2003, 1225, 1231; *Schmidt*, NJW 2003, 1897, 1902; *Ulmer*, ZIP 2003, 1113, 1116.

685 Zu den Einzelheiten der persönlichen Haftung für Altverbindlichkeiten im Falle eines Beitritts zu

### c. *Haftungsbeschränkungen*

In Anbetracht der aus dem Haftungsmodell der Akzessorietätslehre resultierenden Haftungsverschärfungen rückt die Frage in den Mittelpunkt, wie die Gesellschafter einer Gesellschaft bürgerlichen Rechts ihre kraft Gesetzes eintretende persönliche Haftung für Gesamthandsverbindlichkeiten beschränken können. Insofern ist für den Bereich heilkundlicher Berufstätigkeit vorab darauf hinzuweisen, dass vertragliche Haftungserleichterungen zugunsten des behandelnden Arztes hinsichtlich der bei der Heilbehandlung zu beachtenden Sorgfaltsanforderungen mit Rücksicht auf die Sozialpflichtigkeit ärztlichen Handelns und das überragende öffentliche Interesse an der Gesundheitsversorgung sittenwidrig und daher gemäß § 138 Abs. 1 BGB unwirksam sind[686]. Aus den gleichen Gründen ist eine summenmäßige Beschränkung der Haftung für Schäden aufgrund fehlerhafter Behandlung oder Verletzung von Aufklärungspflichten auf ein Vielfaches des Entgelts, welches der Arzt aus der Behandlung erhält, unzulässig[687].

#### aa. *Begrenzung der Haftung auf das Gesellschaftsvermögen*

Keinen grundsätzlichen Bedenken begegnet demgegenüber eine Begrenzung oder ein Ausschluss der persönlichen Gesellschafterhaftung für ärztliche Pflichtverletzungen im Rahmen eines mit der Gesellschaft bürgerlichen Rechts geschlossenen Behandlungsvertrages[688]. Auf der Grundlage der Akzessorietätslehre bedarf es hierzu analog § 128 S. 2 BGB einer vertraglichen Vereinbarung zwischen dem als Stellvertreter für die Gesellschaft auftretenden Gesellschafter und dem Patienten. Interne Regelungen über eine Beschränkung der Vertretungsmacht im Gesellschaftsvertrag genügen hingegen ebenso wenig wie einseitige Erklärungen seitens der Gesellschafter, für Verbindlichkeiten der

---

ärztlichen Gemeinschaftspraxen *Möller*, MedR 2004, 69 ff. mit dem nachdrücklichen Hinweis auf das mit der Rechtsprechungsänderung verbundene wirtschaftliche Gefährdungspotenzial.

686 *OLG Stuttgart* NJW 1979, 2355, 2356; *Ganster*, Freier Beruf und Kapitalgesellschaft, S. 226; *Hirte*, Berufshaftung, S. 446; *Narr/ Hess/ Schirmer*, Ärztliches Berufsrecht, Rn. B 294; vgl. auch *Deutsch*, NJW 1983, 1351, 1352 f. sowie *Rupprecht*, Zivilrechtliche Haftung des niedergelassenen Arztes, S. 22 f., die allerdings eine Haftungsbegrenzung auf Vorsatz und grobe Fahrlässigkeit ausnahmsweise gestatten wollen, wenn die Therapie von einer besonderen subjektiven Befähigung des Arztes abhängt oder die Behandlung einen individuellen Heilversuch am Patienten darstellt; *Deutsch*, NJW 1983, 1351, 1352 f. hält zudem eine Haftungsfreizeichnung für leichte Fahrlässigkeit für zulässig, sofern die ärztliche Behandlung nicht der Heilung oder Linderung von Krankheiten dient, wie dies etwa bei medizinisch nicht indizierten kosmetischen Operationen der Fall ist.

687 *Ganster*, Freier Beruf und Kapitalgesellschaft, S. 226. Dagegen gestattet das Standesrecht der Rechtsanwälte, Steuerberater und Wirtschaftsprüfer eine Begrenzung der Haftung für fahrlässig verursachte Schäden durch schriftliche Vereinbarung im Einzelfall bis zur Mindesthöhe der Mindestversicherungssumme oder durch vorformulierte Vertragsbedingungen auf den vierfachen Betrag der Mindestversicherungssumme, wenn insoweit Versicherungsschutz besteht, vgl. § 51a Abs. 1 BRAO, § 67a Abs. 1 StBerG, § 54a Abs. 1 WPO.

688 Zur Vereinbarkeit einer vertraglichen Begrenzung der Haftung auf das Gesellschaftsvermögen mit dem ärztlichen Berufsrecht sowie den allgemeinen zivilrechtlichen Gültigkeitsschranken *Ganster*, Freier Beruf und Kapitalgesellschaft, S. 227 ff., der seinen Ausführungen allerdings die Lehre von der Doppelverpflichtung zugrunde legt.

Gesellschaft nicht persönlich einstehen zu wollen. Damit ist insbesondere eine Begrenzung der persönlichen Gesellschafterhaftung durch einen hinweisenden Zusatz im Gesellschaftsnamen unzulässig[689].

Soweit eine ausdrückliche Absprache mit dem Gesellschaftsgläubiger fehlt, wird innerhalb der Literatur die Möglichkeit einer konkludenten Haftungsbegrenzungsvereinbarung in Erwägung gezogen, wenn die im Gesellschaftsvertrag festgelegte Beschränkung der Vertretungsmacht des für die Gesellschaft auftretenden Gesellschafters gegenüber dem Rechtsverkehr offengelegt wird. Vorbehaltlich der durch das Recht der allgemeinen Geschäftsbedingungen gezogenen Zulässigkeitsschranken soll es danach möglich sein, die persönliche Gesellschafterhaftung durch einen entsprechenden Hinweis im Gesellschaftsnamen und dessen Offenlegung im Geschäftsverkehr auszuschließen. Zur Begründung dieser Auffassung wird angeführt, dass Willenserklärungen des Geschäftsführers in einem solchen Fall dahingehend zu verstehen sind, dass ein Vertragsschluss mit der Gesellschaft bürgerlichen Rechts nur unter der Voraussetzung einer gleichzeitig getroffenen konkludenten Vereinbarung über einen Haftungsausschluss für die Gesellschafter zustande kommen soll. Der Erklärungsempfänger habe daher nur die Wahl, dieses Vertragsangebot anzunehmen oder auf den Vertrag insgesamt zu verzichten[690]. Diese Argumentation vermag indessen nicht zu überzeugen. Es ist zwar zutreffend, dass eine konkludent vereinbarte Begrenzung der Gesellschafterhaftung prinzipiell vorstellbar erscheint. Diese ist allerdings nur in besonders gelagerten Ausnahmefällen begründbar, in denen der Gläubiger ohne weiteres erkennen muss, dass die Gesellschafter für den Ausschluss ihrer persönlichen Haftung seine Zustimmung benötigen. Erforderlich ist danach jedenfalls ein positiver Verzichtswille des Gläubigers, während die bloße Kenntnis von internen Vereinbarungen der Gesellschafter nicht ausreicht[691]. Hinweisende Zusätze im Namen der Gesellschaft haben als solche keinen rechtsgeschäftlichen Erklärungswert und werden insbesondere vom Rechtsverkehr nicht dahingehend verstanden, dass sie zu ihrer Wirksamkeit einer Zustimmung des Vertragspartners bedürften. Eine darauf gestützte Verzichtserklärung des Gläubigers käme demzufolge einer reinen Fiktion gleich und stellt daher keine ausreichende Grundlage für die Annahme einer konkludenten Haftungsbeschränkung dar[692].

---

689 Grundlegend *BGHZ* 142, 315 ff. Ausgeschlossen ist danach die Gründung eines Versorgungsverbundes in der Organisationsform einer „Gesellschaft bürgerlichen Rechts mit Haftungsbeschränkung", wie sie etwa für die erste Generation der Medizinischen Qualitätsgemeinschaft Rendsburg vorgesehen war, vgl. den Entwurf eines Gesellschaftsvertrages bei *Rüschmann/ Roth/ Krauss*, Vernetzte Praxen auf dem Weg zu managed care?, S. 301 ff. Nach *Westebbe*, Ärzte im Netz, S. 47 handelte es sich bei den von ihm untersuchten Versorgungsnetzen meist um solche „Gesellschaften bürgerlichen Rechts mit Haftungsbeschränkung".

690 So Münchener Kommentar-*Ulmer*, 4. Auflage, § 714, Rn. 68 f.; *ders.*, ZIP 1999, 554, 561, 564.

691 *Reiff*, ZIP 1999, 1329, 1333 für die entsprechende Situation bei der offenen Handelsgesellschaft.

692 Ausführlich *Reiff*, ZIP 1999, 1329, 1334 ff.; ebenso *Timme/ Hülk*, JuS 2001, 536, 539; kritisch gegenüber einer extensiven Anerkennung konkludenter Haftungsbegrenzungen auch *Blenske*, NJW 2000, 3170, 3173, Fn. 52; *Wössner*, ZIP 2003, 1235, 1237, Fn. 20. Für eine Rechtswidrigkeit einseitiger Beschränkungen der Vertretungsmacht analog § 126 HGB tritt *Schäfer*, ZIP 2003, 1225,

Die Gesellschafter einer Gesellschaft bürgerlichen Rechts haften somit persönlich für deren Verbindlichkeiten, soweit nicht durch eine besondere Vereinbarung mit dem Gläubiger etwas anderes bestimmt ist. Mit Blick auf die in rechtspraktischer Hinsicht begrenzte Durchsetzbarkeit einzelvertraglicher Haftungsbegrenzungsabreden[693] erlangt die Frage nach der Zulässigkeit vorformulierter Haftungsbeschränkungsklauseln einen besonderen Stellenwert. Insofern hat sich die neuere Rechtsprechung mit der Anerkennung der akzessorischen Gesellschafterhaftung dafür ausgesprochen, dass diese nur im Wege einer individualvertraglich getroffenen Vereinbarung mit dem Vertragspartner beschränkt werden kann[694]. Gegen diese Jurisdiktion wird jedoch zu Recht eingewandt, dass sich ein generelles Verbot formularmäßiger Haftungsbeschränkungsvereinbarungen nicht rechtfertigen lässt. Mit Rücksicht auf das ausdifferenzierte Normensystem der an die Wirksamkeit allgemeiner Geschäftsbedingungen zu stellenden Anforderungen beschränkt sich die Rechtsprechungskompetenz auf die Anwendung der in den §§ 305 ff. BGB enthaltenen Vorgaben auf den zu entscheidenden Einzelfall. Demgegenüber ist ein vom jeweiligen Bezugsrahmen unabhängiger Ausschluss vorformulierter Haftungsbegrenzungsklauseln durch die Gerichte unzulässig[695]. Speziell für den Bereich freiberuflicher Betätigung belegen zudem die im Standesrecht der Rechtsanwälte, Steuerberater und Wirtschaftsprüfer enthaltenen Vorgaben über die Zulässigkeitsvoraussetzungen formularmäßiger Haftungskonzentrationsklauseln[696], dass eine Begrenzung der persönlichen Schadensersatzhaftung der Gesellschafter einer Sozietät gegenüber den Mandanten durch vorformulierte Vertragsbedingungen prinzipiell erlaubt ist[697]. Soweit die formularmäßige Haftungsbegrenzungsabrede nicht von einer speziellen Erlaubnisnorm erfasst wird, steht deren Wirksamkeit freilich unter dem Vorbehalt der Inhaltskon-

---

1233 f. ein; dagegen wenden *Casper/ Eberspächer*, JURA 2003, 770, 773 unter Bezugnahme auf *Reiff*, ZIP 1999, 1329, 1334 zutreffend ein, dass die Frage nach der personellen Haftung abschließend in § 128 HGB geregelt ist, während § 126 HGB lediglich den sachlichen Umfang der Vertretungsmacht betrifft und deswegen nicht einschlägig ist.

693 Auf die Grenzen der kautelarjuristischen Umsetzung von Haftungsbegrenzungsabreden weisen zutreffend hin *Reiff*, ZIP 1999, 1329, 1336; *Schinnenburg*, MedR 2000, 311, 313; *Timme/ Hülk*, JuS 2001, 536, 538 f.; ausführlich zu den rechtspraktischen Schwierigkeiten bei der Vereinbarung von Haftungsbeschränkungen im freiberuflichen Bereich *Ganster*, Freier Beruf und Kapitalgesellschaft, S. 254 ff. mit weiteren Nachweisen.

694 So *BGHZ* 142, 315 ff. Einschränkend hat die Rechtsprechung allerdings jüngst in *BGHZ* 150, 1 ff. entschieden, dass die persönliche Haftung der Anlagegesellschafter geschlossener Immobilienfonds in der Rechtsform einer Gesellschaft bürgerlichen Rechts für rechtsgeschäftlich begründete Verbindlichkeiten des Immobilienfonds durch formularmäßige Vereinbarungen mit den Gläubigern eingeschränkt oder ausgeschlossen werden kann. In einem obiter dictum wurde ferner ausgeführt, dass die Mitglieder einer Bauherrengemeinschaft in der Rechtsform einer Gesellschaft bürgerlichen Rechts für deren Aufbauschulden auch nach der Rechtsprechungsänderung zur persönlichen Gesellschafterhaftung grundsätzlich nur anteilig nach den bisherigen Rechtsprechungsgrundsätzen haften; kritisch zur methodischen Begründung dieser Ausnahmetatbestände *Casper*, JZ 2002, 1112 ff.; Münchener Kommentar-*Ulmer*, 4. Auflage, § 714, Rn. 62; *ders.*, ZIP 2003, 1113, 1118.

695 So insbesondere Münchener Kommentar-*Ulmer*, 4. Auflage, § 714, Rn. 65; *ders.*, ZIP 2003, 1113, 1117; ebenso *Casper*, JZ 2002, 1112, 1113.

696 § 51a Abs. 2 S. 2 und 3 BRAO, § 67a Abs. 2 StBerG, § 54a Abs. 2 WPO.

697 Münchener Kommentar-*Ulmer*, 4. Auflage, § 714, Rn. 65, 67; *ders.*, ZIP 2003, 1113, 1117.

trolle gemäß §§ 307 ff. BGB[698]. Keine Anwendung findet insofern § 309 Nr. 7a) BGB, da diese Vorschrift lediglich den Ausschluss oder die Begrenzung von Schadensersatzansprüchen gegen den Verwender allgemeiner Geschäftsbedingungen betrifft. Ausgehend von der Akzessorietätslehre ist ausschließlich die Gesellschaft als solche Vertragspartnerin des Gläubigers und somit Verwenderin im Sinne des § 305 Abs. 1 S. 1 BGB, während die einzelnen Gesellschafter selbst nicht Vertragspartei werden. Die akzessorische Mithaftung der Gesellschafter ist mithin nicht vom Anwendungsbereich des Klauselverbotes nach § 309 Nr. 7a) BGB erfasst[699]. Eine Vertragsklausel, die sämtliche Gesellschafter von der persönlichen Haftung für Gesamthandsverbindlichkeiten ausschließt, weicht allerdings in erheblichem Umfang von dem gesetzlichen Leitbild der akzessorischen Gesellschafterhaftung analog § 128 HGB ab. Unter Berücksichtigung der im Vergleich zu den Kapitalgesellschaften fehlenden Sicherung des Gesellschaftskapitals vor Zugriffen der Gesellschafter sind derartige Haftungsbegrenzungen auch im Bereich freiberuflicher Betätigung im Zweifel als unangemessene Benachteiligung des Vertragspartners gemäß § 307 Abs. 2 Nr. 1 BGB anzusehen und damit regelmäßig unwirksam[700].

*bb. Personale Haftungskonzentration*

Ebenso wie eine Haftungsbeschränkung auf das Gesamthandsvermögen ist eine Konzentration der Gesellschafterhaftung auf bestimmte Gesellschafter nicht durch einseitige Erklärung, sondern nur auf der Grundlage einer vertraglichen Vereinbarung mit dem Gläubiger möglich[701]. Eine Ausnahme könnte sich für freiberufliche Kooperationen aus

698 Zur Qualifikation vorformulierter Haftungsbegrenzungsvereinbarungen als allgemeine Geschäftsbedingungen und deren Einbeziehung in den Vertrag *Reiff*, ZIP 1999, 1329, 1336 f.

699 *Reiff*, ZIP 1999, 1329, 1337; *Ulmer*, ZIP 1999, 554, 562 mit weiteren Nachweisen. Zur Einschlägigkeit von § 309 Nr. 7a) BGB gelangte man dagegen auf der Grundlage der Doppelverpflichtungslehre, da nach dieser Ansicht neben der Gesellschaft als solcher auch die Gesellschafter als Vertragspartei und Verwender im Sinne von § 305 Abs. 1 S. 1 BGB anzusehen sind; in diesem Sinne *Ganster*, Freier Beruf und Kapitalgesellschaft, S. 236 hinsichtlich der Anwendbarkeit von § 11 Nr. 7 AGBG auf personale Haftungskonzentrationsklauseln.

700 *Blenske*, NJW 2000, 3170, 3173; *Casper*, JZ 2002, 1112, 1113; *ders./ Eberspächer*, JURA 2003, 770, 773; *Reiff*, ZIP 1999, 1329, 1337; *Schäfer*, ZIP 2003, 1225, 1232; Münchener Kommentar-*Ulmer*, 4. Auflage, § 714, Rn. 65; *ders.*, ZIP 1999, 554, 562; *ders.*, ZIP 2003, 1113, 1118; *Wössner*, ZIP 2003, 1235, 1237; vgl. auch *Weber*, JuS 2000, 313, 320, demzufolge einer Haftungsbegrenzung auf das Gesellschaftsvermögen unter Verwendung allgemeiner Geschäftsbedingungen wohl schon die fehlende vertragliche Einbeziehung gemäß § 305c Abs. 1 BGB, jedenfalls aber die Generalklausel nach § 307 Abs. 1 und 2 BGB entgegen steht. Zu einem anderen Ergebnis gelangt *Ganster*, Freier Beruf und Kapitalgesellschaft, S. 230 ff. auf der Grundlage der Doppelverpflichtungslehre, demzufolge eine vertragliche Haftungsbeschränkung auf das Gesamthandsvermögen einer ärztlichen Gemeinschaftspraxis durch allgemeine Geschäftsbedingungen auch unter dem Aspekt einer fortbestehenden deliktischen Haftung des behandelnden Arztes und des Haftpflichtversicherungsschutzes für schuldhaft begangene Berufsfehler nicht vorab und pauschaliter als unangemessene Benachteiligung der Patienten zu bewerten ist.

701 Eine Konzentration der persönlichen Gesellschafterhaftung analog § 176 Abs. 1 S. 1 a. E. HGB durch Gestaltung des Gesellschaftsvertrages nach dem Modell eines Kommanditgesellschaftsvertrages und einseitige Mitteilung gegenüber dem Gläubiger darüber, welche Gesellschafter einen

einer entsprechenden Anwendung der in § 8 Abs. 2 PartGG geregelten Haftungskonzentration auf die Gesellschaft bürgerlichen Rechts und die mit der Auftragsbearbeitung befassten Gesellschafter ergeben. Gegen eine solche Analogie ist jedoch einzuwenden, dass der Gesetzgeber das Haftungsprivileg für freiberufliche Haftungsfälle bewusst auf die Partnerschaftsgesellschaft beschränkt hat, um die Attraktivität dieser Rechtsform zu erhöhen und ihre Akzeptanz gegenüber der Gesellschaft bürgerlichen Rechts zu verbessern. Außerdem ist die Zulässigkeit einer Haftungskonzentration nach den standesrechtlichen Vorschriften im Berufsrecht der Rechtsanwälte, Steuerberater und Wirtschaftsprüfer an eine vertragliche Vereinbarung mit dem Auftraggeber jedenfalls durch vorformulierte Vertragsbedingungen gebunden[702]. Für eine Übertragung des Haftungsprivilegs nach § 8 Abs. 2 PartGG auf die Gesellschaft bürgerlichen Rechts im Wege der rechtsfortbildenden Analogie ist folglich kein Raum[703].

Somit bleibt es auch für Gesellschaften bürgerlichen Rechts, in denen sich Angehörige freier Berufe zur gemeinschaftlichen Berufsausübung zusammengeschlossen haben, bei dem generellen Erfordernis einer vertraglichen Haftungsbegrenzungsabrede. Ohne weiteres zulässig ist zunächst eine individualvertragliche Vereinbarung über eine Beschränkung der Schadensersatzhaftung auf das Gesellschaftsvermögen und das Privatvermögen bestimmter Gesellschafter[704]. Möglich ist auch eine personale Haftungskonzentration auf den handelnden Gesellschafter unter Ausschluss der Gesamthand durch einzelvertragliche Absprache mit dem Gläubiger[705]. Vorbehaltlich der durch das Recht der allgemeinen Geschäftsbedingungen gezogenen Wirksamkeitsschranken kommt weiterhin eine Konzentration der persönlichen Gesellschafterhaftung durch vorformulierte Klauseln in Betracht. Insofern ist fraglich, ob die damit verbundene Abweichung vom Leitbild der akzessorischen Haftung analog § 128 HGB die Unwirksamkeitsvermutung des § 307 Abs. 2 Nr. 1 BGB auslöst. Anders als eine Haftungsbegrenzung auf das Gesellschaftsvermögen, die den Zugriff der Gläubiger auf das Privatvermögen der Gesellschafter vollständig ausschließt, erweist sich jedenfalls eine Konzentration der Haftung für freiberufliche Haftungsfälle auf die Gesamthand und die mit der Vertragserfüllung persönlich befassten Gesellschafter nicht als unangemessene Benachteiligung des Vertragspartners. Dies folgt einerseits aus der § 8 Abs. 2 PartGG zugrunde liegenden Wer-

---

kommanditistenähnlichen Status besitzen sollen, hält jedoch *Mülbert*, AcP 199 (1999), 38, 96 ff. für möglich; dagegen zutreffend *Reiff*, ZIP 1999, 1329, 1330 ff. mit weiteren Nachweisen.

702 § 51a Abs. 2 S. 2 und 3 BRAO, § 67a Abs. 2 StBerG, § 54a Abs. 2 WPO.

703 *Baumann*, JZ 2001, 895, 901; *Hasenkamp*, DB 2003, 1166, 1167; *Lange*, ZMGR 2003, 18, 24; *Mülbert*, AcP 199 (1999), 38, 95 f.; *Schäfer*, ZIP 2003, 1225, 1231 f.; Münchener Kommentar-*Ulmer*, 4. Auflage, § 714, Rn. 67; *ders.*, ZIP 2003, 1113, 1118 f.

704 Zur Vereinbarkeit personaler Haftungskonzentrationsklauseln mit dem ärztlichen Berufsrecht *Ganster*, Freier Beruf und Kapitalgesellschaft, S. 235 f.

705 Bei einer solchen Konstellation wäre allerdings im Vorfeld durch Auslegung der getroffenen Vereinbarung zu ermitteln, ob nach dem Parteiwillen überhaupt ein Vertrag mit der Gesellschaft bürgerlichen Rechts zustande kommen soll oder ob dagegen von vornherein ein Vertragsschluss mit dem einzelnen Gesellschafter gewollt ist.

tung, andererseits aus dem Standesrecht der Rechtsanwälte, Steuerberater und Wirtschaftsprüfer, das eine Begrenzung der persönlichen Haftung auf die mit der Auftragsbearbeitung befassten Gesellschafter einer Sozietät durch vorformulierte Vertragsbedingungen ausdrücklich gestattet[706]. Unwirksam gemäß § 307 Abs. 2 Nr. 1 BGB sind demgegenüber Haftungsbegrenzungsklauseln, die nicht allein die persönliche Mithaftung der mit der Vertragserfüllung nicht befassten Gesellschafter, sondern zusätzlich die Haftung der Gesamthand mit dem Gesellschaftsvermögen ausschließen[707].

### 2. *Vertragliche Haftungsstruktur*

Begibt sich ein Patient zu einem Leistungserbringer einer vernetzten Kooperationsform in Behandlung, ist fraglich, ob der Verbundteilnehmer beim Abschluss des Behandlungsvertrages als Stellvertreter für die Gesellschaft auftritt oder ob es zu einem Vertragsschluss im eigenen Namen außerhalb des gesellschaftlichen Zusammenschlusses kommt. Als Ausgangspunkt der Diskussion über die Entstehung eines Gesamtverhältnisses mit dem Versorgungsverbund oder eines Einzelverhältnisses mit dem behandelnden Leistungserbringer und die für die Abgrenzung maßgeblichen Kriterien wird an dieser Stelle zunächst ein Überblick über die rechtliche Struktur des Behandlungsvertrages bei ärztlichen Gemeinschaftspraxen und Praxisgemeinschaften als die klassischen Formen medizinischer Kooperationen in der Rechtsform einer Gesellschaft bürgerlichen Rechts gegeben[708]. Insofern haben sich innerhalb der Rechtsprechung und Literatur verschiedene Grundsätze herausgebildet, die auf der traditionellen Einteilung freiberuflicher Kooperationen in Gemeinschaften zur Berufsausübung und Organisationsgemeinschaften aufbauen und daher auch für die Beantwortung der Frage nach der Vertragsstruktur vernetzter Kooperationsformen nutzbar gemacht werden können.

#### a. *Grundsätze über die vertragliche Haftung von Gemeinschaftspraxen und Praxisgemeinschaften*

Der einer Gemeinschaftspraxis angehörende Arzt nimmt das ihm angetragene Behandlungsverhältnis jedenfalls dann im Namen der Gemeinschaftspraxis entgegen, wenn die in ihr zusammengeschlossenen Ärzte nach außen als „Institut" auftreten und weithin

---

706 Ausführlich *Ganster*, Freier Beruf und Kapitalgesellschaft, S. 237 ff.; eine solche Möglichkeit erwägen auch *Schäfer*, ZIP 2003, 1225, 1232; *Schmidt*, NJW 2003, 1897, 1902; *Ulmer*, ZIP 1999, 554, 562 f., 565; vgl. ferner *Ulmer*, ZIP 2003, 1113, 1118, der eine entsprechende Anwendung der § 51a Abs. 2 S. 2 und 3 BRAO, § 67a Abs. 2 StBerG, § 54a Abs. 2 WPO auf ähnlich strukturierte Sozietäten anderer Freiberufler einschließlich ärztlicher Gemeinschaftspraxen in Betracht zieht. Unzulässig ist dagegen nach § 307 Abs. 2 Nr. 1 BGB die Vereinbarung eines von der konkreten Auftragsbearbeitung unabhängigen Haftungsausschlusses durch allgemeine Geschäftsbedingungen für einzelne Gesellschafter nach dem Vorbild einer Kommanditgesellschaft, vgl. *Reiff*, ZIP 1999, 1329, 1338.

707 *Ganster*, Freier Beruf und Kapitalgesellschaft, S. 236 f.

708 Siehe dazu § 22 in Verbindung mit Kap. D II Nr. 8 MBO-Ä.

austauschbare Leistungen anbieten[709] oder in anderer Weise nach außen wie eine Gemeinschaft zur Erbringung gleichartiger Leistungen auf einem bestimmten Fachgebiet auftreten[710]. Nach der Interessenlage der Beteiligten und der Verkehrsauffassung möchte ein Patient, der anstelle einer Einzelpraxis eine Gemeinschaftspraxis aufsucht, grundsätzlich zu dieser in vertragliche Beziehungen treten und die ihm angebotenen Vorteile nutzen, die aus der gemeinschaftlichen Berufsausübung der Ärzte resultieren. Hierzu zählen der jederzeit mögliche Eintritt eines Vertreters im Falle der Verhinderung des primär behandelnden Arztes ohne das Erfordernis einer Überweisung, die Gelegenheit zu kollegialer Besprechung bei schwierigen Behandlungsfällen sowie die gesteigerten Möglichkeiten der personellen und apparativen Ausstattung. Indem die Praxisärzte durch Ankündigungen etwa auf Praxisschildern, Briefbögen, Kassenrezepten und Überweisungsscheinen wie eine Gemeinschaft zur Erbringung gleichartiger Leistungen auftreten, geben sie den Patienten zu erkennen, dass die angebotenen Leistungen von jedem Kooperationsmitglied in gleicher Weise erbracht werden können und das Behandlungsverhältnis daher nicht mit dem behandelnden Arzt, sondern mit der Gemeinschaftspraxis zustande kommen soll[711]. Dieser Grundsatz des Gesamtverhältnisses wird nur aus-

709 So *BGHZ* 97, 273, 277, wobei das Gericht freilich noch von einem Vertragsschluss mit den Gesellschaftern in ihrer gesamthänderischen Verbundenheit nach Maßgabe der individualistischen Gesamthandslehre ausging.

710 *BGHZ* 142, 126, 135 ff. mit Anmerkung *Laufs/ Jungemann*, LM § 278 BGB Nr. 138, 2205 ff.; MedR 2001, 197, 200; *OLG Stuttgart* ArztR 2001, 295, 297; *Ahrens*, MedR 1992, 141 f.; *Deutsch/ Spickhoff*, Medizinrecht, Rn. 69, 104; *Ehmann*, MedR 1994, 141, 145 f.; *Ganster*, Freier Beruf und Kapitalgesellschaft, S. 175 ff.; *Hildebrandt*, Entwicklungen und Rechtsprobleme freiberuflicher Zusammenschlüsse, S. 52 f.; *Hopt/ Hehl*, JuS 1979, 272, 273; Laufs/ Uhlenbruck-*Laufs*, Handbuch des Arztrechts, § 98 Rn. 3; *Narr/ Hess/ Schirmer*, Ärztliches Berufsrecht, Rn. B 428 f.; Lexikon des Arztrechts-*Rieger/ Küntzel*, Kennzahl 2050, Rn. 10; *Rupprecht*, Zivilrechtliche Haftung des niedergelassenen Arztes, S. 133 ff.; *Saenger*, NZS 2001, 234, 235; Kooperationsformen Freie Berufe-*Schneider*, C 2, Rn. 100; Laufs/ Uhlenbruck-*Uhlenbruck/ Schlund*, Handbuch des Arztrechts, § 18 Rn. 12; *Walter*, MedR 2002, 169, 170; *Werner*, Gemeinschaftliche ärztliche Berufsausübung, S. 196. Anders noch *OLG Oldenburg* MedR 1997, 358; MedR 1998, 469, wonach grundsätzlich ein Einzelverhältnis mit dem behandelnden Arzt zustande kommt, es sei denn, es handelt sich bei den angebotenen Leistungen um weithin austauschbare, bei denen der Person des behandelnden Arztes allenfalls eine ganz untergeordnete Bedeutung zukommt; kritisch dazu *Hart*, JURA 2000, 14, 16. Kritisch zur Ausweitung der Rechtsprechung auf sämtliche Gemeinschaften zur Erbringung gleichartiger Leistungen auf einem bestimmten Fachgebiet hingegen *Schinnenburg*, MedR 2000, 311, 312 f., der die in *BGHZ* 97, 273, 277 herangezogene Formel von der Austauschbarkeit der Leistungen für das geeignetere Abgrenzungskriterium hält.

711 *BGHZ* 97, 273, 278; 142, 126, 136 f.; vgl. außerdem *BGH* MedR 2001, 197, 200. Mit einer ähnlichen Begründung geht der Bundesgerichtshof von dem Grundsatz aus, dass das einem Rechtsanwalt einer Sozietät angetragene Mandat vorbehaltlich einer anderweitigen Vereinbarung mit dem Mandanten im Namen der Sozietät entgegengenommen wird; grundlegend insoweit *BGHZ* 56, 355, 359; weiter *BGHZ* 70, 247, 249; 124, 47; WM 1988, 457; NJW 1991, 49, 50; WM 1991, 743, 744; JZ 1993, 153; NJW 1995, 1841; WM 1995, 398, 399; WM 1999, 1846, 1847; aus der anwaltsrechtlichen Literatur etwa *Droste*, Gemeinschaftliche Berufsausübung von Rechtsanwälten, S. 172 f.; *Hartung*, MDR 2002, 1224 ff.; Henssler/ Prütting-*ders.*, Bundesrechtsanwaltsordnung, § 59a, Rn. 35 f.; *Posegga*, Rechtliche Grundlagen einer Sozietät von Rechtsanwälten und Steuerberatern, Rn. 237; vgl. ferner für die Steuerberatersozietät *BGH* DStR 1996, 360; BB 1993, 1682, 1685; *Posegga*, Rechtliche Grundlagen einer Sozietät von Rechtsanwälten und Steuerberatern, Rn. 238 mit weiteren Nachweisen.

nahmsweise zugunsten des Einzelverhältnisses durchbrochen, wenn der Patient und der in Anspruch genommene Arzt ausdrücklich vereinbaren, dass das Behandlungsverhältnis zwischen ihnen und nicht mit der Gemeinschaftspraxis entstehen soll[712]. Ungeklärt ist die von der Rechtsprechung bislang nicht abschließend entschiedene und in der medizinrechtlichen Literatur nur vereinzelt diskutierte Struktur des Behandlungsvertrages bei Gemeinschaftspraxen fachübergreifend tätiger Ärzte[713]. Zentraler Ausgangspunkt der juristischen Bewertung dieser Fallgestaltung ist die Fragestellung, ob eine einheitliche Verpflichtung der Gemeinschaft im Sinne eines Gesamtverhältnisses mit Rücksicht auf die gesamtschuldnerische akzessorische Haftung der Gesellschafter überhaupt möglich ist, wenn die geschuldeten Versorgungsleistungen infolge der Fachgebietsgrenzen nicht von sämtlichen Kooperationspartnern vollständig erbracht werden dürfen[714]. Je nachdem, welche Bedeutung der fachlichen Qualifikation und der berufsrechtlichen Befugnis zur Behandlungsdurchführung für die rechtliche Struktur des Behandlungsverhältnisses beigemessen wird, kommen insofern zwei unterschiedliche Vertragskonzepte in Betracht. Das Zustandekommen des Behandlungsvertrages kann einerseits an das Bestehen der beruflichen und berufsrechtlichen Kompetenz gekoppelt werden mit der Konsequenz, dass nur derjenige Gesellschafter gegenüber dem Patienten vertraglich verpflichtet wird, der zur jeweiligen Leistungserbringung fachlich qualifiziert und berufsrechtlich befugt ist und daher die konkrete Behandlung des Patienten übernimmt. Eine solche Vertragsstruktur wird verschiedentlich damit begründet, dass der Patient bei einer fachübergreifenden Kooperation nicht davon ausgehen dürfe, sämtliche Gesellschafter sollten für die Erbringung der in Anspruch genommenen Versorgungsleistung einstehen, wenn nicht alle Praxismitglieder aufgrund ihres Fachgebietes hierzu qualifiziert sind. Vielmehr ergebe eine Auslegung des beiderseitigen Parteiwillens, dass stets nur ein Vertragsschluss mit demjenigen Leistungserbringer gewollt sei, der aufgrund seiner Fachkompetenz die jeweils in Anspruch genommenen Versorgungsleistungen erbringt. Ein Gesamtverhältnis kommt danach regelmäßig nur in Betracht, wenn die in der Gemeinschaftspraxis kooperierenden Ärzte verwandten Fachgebieten angehören und infolgedessen zur Behandlungsübernahme gleichermaßen qualifiziert sind. Jenseits des Bereichs, in dem sich die Fachgebiete der Kooperationspartner überschneiden, be-

---

712 Vgl. Lexikon des Arztrechts-*Rieger/ Küntzel*, Kennzahl 2050, Rn. 11; *Rupprecht*, Zivilrechtliche Haftung des niedergelassenen Arztes, S. 132.

713 Die kassenarztrechtliche und berufsrechtliche Zulässigkeit fachübergreifender Gemeinschaftspraxen ist vom Bundessozialgericht prinzipiell bestätigt worden, vgl. *BSGE* 55, 97 ff.; MedR 1983, 196, 198. Danach ist die gemäß § 33 Abs. 2 Ärzte-ZV erforderliche Genehmigung vertragsärztlicher Gemeinschaftspraxen durch den Zulassungsausschuss unter der Nebenbestimmung zu erteilen, dass die kassenarztrechtlichen Bestimmungen sowie die berufsrechtlichen Beschränkungen ärztlicher Tätigkeit, insbesondere die in den Weiterbildungsordnungen der Ärztekammern geregelten Fachgebietsgrenzen, eingehalten werden; dazu *Gollasch*, Die fachübergreifende Gemeinschaftspraxis, S. 29 ff.; *Narr/ Hess/ Schirmer*, Ärztliches Berufsrecht, Rn. B 433; Lexikon des Arztrechts-*Rieger/ Küntzel*, Kennzahl 2050, Rn. 2, 39 f.

714 Eine der Zusammenarbeit in fachübergreifenden Gemeinschaftspraxen vergleichbare Konstellation bildet die gemeinschaftliche Berufsausübung von Ärzten und Angehörigen anderer Gesundheitsberufe in medizinischen Kooperationsgemeinschaften nach Kap. D II Nr. 9 MBO-Ä.

stehe hingegen von vornherein keine Gemeinschaftspraxis, sondern lediglich ein als Praxisgemeinschaft einzustufender Zusammenschluss[715]. Abweichend von dem für fachidentische Gemeinschaftspraxen geltenden Grundsatz des Gesamtverhältnisses begründet diese Ansicht eine umgekehrte Auslegungsregel zugunsten des Einzelverhältnisses bei Gemeinschaftspraxen fachübergreifend tätiger Ärzte. Andererseits kommt als Gegenmodell zu der Koppelung des Vertragspartnerstatus an die berufsrechtliche Befugnis zur Leistungserbringung eine Unterscheidung zwischen der Ebene des Vertragsschlusses und der Ebene der Vertragserfüllung in Betracht. Diese Differenzierung ermöglicht die Begründung eines Gesamtverhältnisses mit der Gemeinschaftspraxis unabhängig von der jeweiligen Fachkompetenz der zusammengeschlossenen Ärzte. Sofern im konkreten Behandlungsfall nicht sämtliche Kooperationspartner zur Leistungserbringung qualifiziert sind, ist der Behandlungsvertrag dahingehend zu interpretieren, dass die vertragschließende Gesellschaft die Durchführung der Behandlung ausschließlich durch denjenigen Leistungserbringer schuldet, der hierzu beruflich und berufsrechtlich befugt ist. Die fehlende fachliche Qualifikation eines oder mehrerer Gesellschafter hindert nach diesem alternativen Vertragskonzept folglich nicht die Entstehung eines Gesamtverhältnisses mit der Gemeinschaftspraxis, sondern wirkt sich nur auf die konkrete Erbringung der geschuldeten Leistung aus[716]. Unter Zugrundelegung dieser Auffassung verbleibt es auch für die fachübergreifende Gemeinschaftspraxis bei dem Grundsatz des Gesamtverhältnisses als Auslegungsregel in Zweifelsfällen[717].

---

715 So *Ehmann*, MedR 1994, 141, 145; *Rupprecht*, Zivilrechtliche Haftung des niedergelassenen Arztes, S. 132 f.; *Schinnenburg*, MedR 2000, 311 ff.; *Werner*, Gemeinschaftliche ärztliche Berufsausübung, S. 196 ff.; vgl. weiter Laufs/ Uhlenbruck-*Laufs*, Handbuch des Arztrechts, § 98 Rn. 4, demzufolge ein Gesamtverhältnis mit der Gemeinschaftspraxis nur im Falle eines einheitlichen Auftretens der kooperierenden Ärzte in der Form oder nach der Art eines Instituts und einer weit reichenden Austauschbarkeit der ärztlichen Leistungen zustande kommt; ferner *Hopt/ Hehl*, JuS 1979, 272, 273, die von einem Gesamtverhältnis als Regelfall ausgehen, jedoch darauf hinweisen, dass in Ausnahmefällen bei einer Spezialisierung anders zu entscheiden sein könnte, wenn diese soweit getrieben ist, dass nur einer der kooperierenden Ärzte die Leistung überhaupt erbringen kann.

716 Eingehend *Gollasch*, Die fachübergreifende Gemeinschaftspraxis, S. 113 ff., 163 ff.; ebenso *Schirmer*, MedR 1995, 341, 349; in diesem Sinne bereits *Lach*, Formen freiberuflicher Zusammenarbeit, S. 92 f.; vgl. ferner *Michalski*, Das Gesellschafts- und Kartellrecht der berufsrechtlich gebundenen freien Berufe, S. 197: „Generell läßt sich daher bei ergänzenden Tätigkeiten feststellen, dass sie das Vorliegen eines Einzelmandats nicht präjudizieren, sondern eher noch auf ein Gemeinschaftsmandat geschlossen werden kann." Diesen Grundsatz einschränkend hält *Michalski* allerdings die Annahme eines Einzelmandats für naheliegend, sofern sich aufgrund einer Vorerkrankung, einer Vorsorgeuntersuchung, einer sich an einen Krankenhausaufenthalt anschließenden ambulanten Nachbehandlung oder in anderen Fällen Anhaltspunkte dafür finden lassen, dass nur ein bestimmter Arzt in Anspruch genommen werden soll.

717 Eine zur Diskussion um die Vertrags- und Haftungsstruktur fachübergreifender Gemeinschaftspraxen parallele Kontroverse besteht hinsichtlich der Frage, wer als Leistungsschuldner und vertraglicher Haftungsgegner des Mandanten einer gemischten Sozietät von Rechtsanwälten, Steuerberatern und/ oder Wirtschaftsprüfern anzusehen ist; eingehend hierzu *Damm/ von Mickwitz*, JZ 2001, 76 ff. Insofern hat die Rechtsprechung auf der Grundlage der damals noch geltenden Doppelverpflichtungslehre eine Mitverpflichtung des Rechtsanwalts einer interprofessionellen Sozietät bei einem Mandat über die Erledigung von steuerlichen Angelegenheiten angenommen, zu dessen Bearbeitung sämtliche Sozien berufsrechtlich befugt sind, vgl. *BGHZ* 83, 328 ff. Demgegenüber soll nach herrschender Auffassung im Falle eines Mandats über eine Rechtsbesorgung, dessen Bearbeitung

Im Gegensatz zur Gemeinschaftspraxis ist der Verbund von Ärzten zur Praxisgemeinschaft nicht auf eine gemeinschaftliche Berufsausübung gerichtet, sondern beschränkt sich auf die Schaffung der organisatorischen Rahmenbedingungen der Berufsausübung wie etwa die gemeinsame Nutzung von Räumen und Einrichtungen oder die Beschäftigung von gemeinsamem Personal. Während die zusammengeschlossenen Leistungserbringer im Verhältnis zu ihren Lieferanten, Vermietern oder Personal häufig einheitlich auftreten, tritt das Bestehen einer Organisationsgemeinschaft im Verhältnis zum Patienten grundsätzlich nicht in Erscheinung. Mangels Außenwirkung gegenüber ihren Patienten treten die Kooperationspartner einer Praxisgemeinschaft folglich nicht als berufliche Gemeinschaft, sondern als selbstständige Einzelpraktiker auf und schließen den Behandlungsvertrag daher grundsätzlich nicht stellvertretend für die Kooperationsgemeinschaft, sondern im eigenen Namen ab[718]. Eine abweichende Beurteilung gilt allerdings nach den Grundsätzen über die Vertretungsmacht kraft Rechtsscheins, wenn es sich bei dem ärztlichen Zusammenschluss um eine Praxisgemeinschaft handelt, die nach außen den Anschein einer Berufsausübungsgemeinschaft erweckt. Tritt der organisatorische Zusammenschluss etwa durch Ankündigungen der Kooperation auf Praxisschildern, in Verzeichnissen oder auf Briefbögen in Erscheinung, wird im Rechtsverkehr der falsche Eindruck hervorgerufen, es handele sich um eine Gemeinschaft zur Erbringung gleichartiger Leistungen. Wendet sich ein Patient an einen Arzt einer so angekündigten Praxisgemeinschaft, kommt der Vertrag vorbehaltlich der Gutgläubigkeit des Patienten

---

nach Art. 1 § 1 RBerG grundsätzlich den anwaltlichen Sozien vorbehalten ist, der Mandatsvertrag bei verständiger Würdigung der Willenserklärungen der Parteien im Zweifel nur mit denjenigen Sozien zustande kommen, die auf dem zu bearbeitenden Rechtsgebiet tätig werden dürfen; grundlegend insoweit *BGH* NJW 2000, 1333 ff.; weiter *BGH* NJW 2000, 1560; *OLG Köln* WiB 1997, 667 mit kritischer Anmerkung *Römermann*; aus der Literatur etwa Henssler/ Prütting-*Hartung*, Bundesrechtsanwaltsordnung, § 59a, Rn. 88; *Posegga*, Rechtliche Grundlagen einer Sozietät von Rechtsanwälten und Steuerberatern, Rn. 240 ff. mit weiteren Nachweisen. Die Gegenposition geht davon aus, dass auch bei interprofessionellen Sozietäten grundsätzlich ein Gesamtmandat mit der Sozietät zustande kommt und lediglich die Erfüllung des Vertrages, also die konkrete Erbringung der geschuldeten Dienstleistung selbst, durch den berufsrechtlich hierzu befugten Sozius zu erfolgen hat; so etwa *Droste*, Gemeinschaftliche Berufsausübung von Rechtsanwälten, S. 165 ff. mit weiteren Nachweisen; ferner *Michalski*, Das Gesellschafts- und Kartellrecht der berufsrechtlich gebundenen freien Berufe, S. 196 f.; *Römermann*, WiB 1997, 667 f. Eine vermittelnde Auffassung vertritt schließlich das *OLG Frankfurt* GI (Gerling Informationen für wirtschaftsprüfende, rechts- und steuerberatende Berufe) 1998, 117 ff., das mit der herrschenden Meinung eine persönliche Mithaftung derjenigen Sozien ausschließt, die auf dem von der Pflichtverletzung betroffenen Berufsgebiet nicht tätig werden dürfen, gleichwohl auch bei Vorbehaltsaufgaben eine vertragliche Haftung der Gesamthand mit dem Gesellschaftsvermögen vorsieht.

718 *Ahrens*, MedR 1992, 142; *Deutsch/ Spickhoff*, Medizinrecht, Rn. 69, 106; *Dietze/ Brandenburg*, Recht in der Arztpraxis, S. 21; *Ehmann*, MedR 1994, 141, 144; *Eisenberg*, Ärztliche Kooperations- und Organisationsformen, S. 121 f.; *Hart*, JURA 2000, 14, 16; *Hildebrandt*, Entwicklungen und Rechtsprobleme freiberuflicher Zusammenschlüsse, S. 46; Laufs/ Uhlenbruck-*Laufs*, Handbuch des Arztrechts, § 98 Rn. 3; *Narr/ Hess/ Schirmer*, Ärztliches Berufsrecht, Rn. B 436; Lexikon des Arztrechts-*Rieger/ Küntzel*, Kennzahl 4270, Rn. 1 ff.; *Rupprecht*, Zivilrechtliche Haftung des niedergelassenen Arztes, S. 126 f.; *Saenger*, NZS 2001, 234; *Schinnenburg*, MedR 2000, 311, 314; *Schmidt*, Gesellschaftsrecht, § 58 III 5 b); Kooperationsformen Freie Berufe-*Schneider*, C 2, Rn. 90 ff.; Laufs/ Uhlenbruck-*Uhlenbruck/ Schlund*, Handbuch des Arztrechts, § 18 Rn. 9; *Walter*, MedR 2002, 169 f.; *Werner*, Gemeinschaftliche ärztliche Berufsausübung, S. 191 f.

nicht mit dem behandelnden Kooperationspartner, sondern mit der Praxisgemeinschaft zustande[719].

*b. Vertragliche Haftung vernetzter Kooperationsformen*

Die rechtliche Struktur des Behandlungsvertrages und die daran gekoppelte Vertragshaftung des Versorgungsverbundes und der in ihm zusammengeschlossenen Leistungserbringer gegenüber den Patienten sind bislang nur vereinzelt zum Gegenstand wissenschaftlicher Auseinandersetzungen gemacht worden. Ausgehend von der Prämisse, es handele sich bei vernetzten Kooperationsformen stets um organisatorische Zusammenschlüsse, deren Gemeinschaftszweck gerade keine gemeinsame Berufsausübung der Leistungserbringer beinhalte, nimmt die überwiegende Literaturauffassung das Zustandekommen eines Einzelverhältnisses zwischen dem Patienten und dem jeweils in Anspruch genommenen Netzteilnehmer außerhalb des gesellschaftlichen Verbandes an. Nach Maßgabe der für ärztliche Zusammenschlüsse in Praxisgemeinschaften geltenden Grundsätze tritt der den Patienten behandelnde Leistungserbringer danach regelmäßig nicht als Stellvertreter für den Versorgungsverbund auf, sondern schließt den Behandlungsvertrag ebenso wie im Falle einer Einzelpraxis ausschließlich in seinem eigenen Namen ab[720]. Demgegenüber geht eine abweichende Ansicht davon aus, dass die Zusammenarbeit der Leistungserbringer eine gemeinschaftliche Berufsausübung umfasst und infolgedessen der gesamte Versorgungsverbund als Vertragspartner und vertraglicher Haftungsgegner des Patienten anzusehen ist[721].

Es wurde bereits an früherer Stelle ausgeführt, dass vernetzte Kooperationsformen nach ihrer sozialrechtlichen Konzeption sowohl als Gemeinschaften zur Berufsausübung als auch als Organisationsgemeinschaften ausgestaltet sein können. Auch die im ärztlichen Standesrecht enthaltenen Vorschriften über den Praxisverbund stehen einer gemeinschaftlichen Berufsausübung der Verbundmitglieder nicht entgegen, sondern dienen lediglich der Abgrenzung gegenüber der ärztlichen Gemeinschaftspraxis und der Ärztepartnerschaft im Sinne von Kap. D II Nr. 8 MBO-Ä. Vor diesem Hintergrund lässt sich die Frage nach der vertraglichen Haftungsverfassung vernetzter Kooperationsformen

---

719 *Schinnenburg*, MedR 2000, 311, 314; vgl. in dem Zusammenhang auch die Formulierung in *BGHZ* 142, 126, 137. Zur vergleichbaren Problematik der Haftung anwaltlicher Scheinsozietäten *BGHZ* 70, 247, 249 ff.; NJW 1991, 1225, 1226; WM 1994, 355, 356. Zur Vermeidung des falschen Anscheins einer gemeinschaftlichen Berufsausübung bestimmt § 22a Abs. 3 MBO-Ä, dass ärztliche Zusammenschlüsse zu Organisationsgemeinschaften nicht angekündigt werden dürfen.

720 *Broglie*, Qualitäts-Management 1999, 48, 52; *Eisenberg*, Ärztliche Kooperations- und Organisationsformen, S. 219; *Erbsen*, Praxisnetze und das Berufsrecht der Ärzte, S. 63; *Gollasch*, Die fachübergreifende Gemeinschaftspraxis, S. 95; *Rieger*, MedR 1998, 75, 77; Lexikon des Arztrechts-*ders.*, Kennzahl 4305, Rn. 31, 49. In diese Richtung tendieren auch *Becker*, NZS 2001, 505, 512; *Graefe/ Zieglwalner*, Rechtliche Grundlagen und Strukturen bei Praxisnetzen, S. 6 sowie *Weimar*, MDR 2000, 866, 869.

721 So ohne weitere Begründung *Kuhlmann*, KHuR 2000, 171, 178; *Pranschke-Schade*, Arzt & Wirtschaft 2001, 62, 63.

nicht pauschal beantworten. Die Vielfalt möglicher Gestaltungen der neuen Kooperationsmodelle und die daraus resultierende Sonderstellung im traditionellen System freiberuflicher Zusammenschlüsse erfordern vielmehr eine differenzierte Betrachtung der vertrags- und haftungsrechtlichen Beziehungen anhand der konkreten Art der Zusammenarbeit im jeweiligen Versorgungsverbund und dessen Auftreten im Außenverhältnis zum Patienten.

Ein Behandlungsvertrag entsteht regelmäßig nicht auf der Grundlage ausdrücklicher Willenserklärungen, sondern kraft konkludenten Verhaltens, indem sich der Patient bei dem von ihm gewählten Leistungserbringer vorstellt und dieser die Behandlung aufnimmt[722]. Dieser Befund gilt typischerweise auch im Kontext vernetzter Kooperationsformen. Ohne Relevanz ist insoweit eine eventuell vorhandene Erklärung des Patienten gegenüber seiner Krankenkasse, für einen bestimmten Zeitraum vorbehaltlich begründeter Ausnahmefälle ausschließlich Leistungserbringer des Versorgungsverbundes aufzusuchen. Eine solche Einschreibungserklärung begründet noch kein Vertragsverhältnis mit dem Versorgungsverbund, sondern ist als Bestandteil der sozialrechtlichen Beziehung des Versicherten zu seiner Krankenkasse lediglich für die in diesem Rechtsverhältnis entstehenden Rechte und Pflichten von Bedeutung. Der zivilrechtliche Behandlungsvertrag kommt demgegenüber erst zustande, wenn sich der Versicherte im konkreten Behandlungsfall als Patient an einen Leistungserbringer wendet und dieser das Vertragsangebot ausdrücklich oder konkludent annimmt. Praktisch können die Einschreibungserklärung und die Abgabe des Angebots zum Abschluss eines Behandlungsvertrages freilich zusammenfallen, wenn sich ein bislang nicht eingeschriebener Versicherter als Patient an einen netzinternen Leistungserbringer wendet und dieser die Einschreibungserklärung stellvertretend für die am Versorgungsverbund teilnehmende Krankenkasse entgegennimmt. Auch im Falle einer solchen zeitlichen Koinzidenz muss in rechtlicher Hinsicht jedoch strikt zwischen der öffentlich-rechtlichen Einschreibungserklärung und dem zivilrechtlichen Vertragsangebot unterschieden werden.

Liegen demnach in den praktisch häufigsten Fällen keine ausdrücklichen Erklärungen der vertragschließenden Parteien vor, muss anhand einer Auslegung der in dem Aufsuchen eines netzinternen Leistungserbringers seitens des Patienten und der Aufnahme der Behandlung durch den Netzteilnehmer liegenden konkludenten Äußerungen ermittelt werden, ob der Behandlungsvertrag nach dem Willen und der Interessenlage der Beteiligten allein mit dem in Anspruch genommenen Leistungserbringer oder mit dem gesamten Versorgungsverbund zustande kommen soll. Anders als bei den herkömmlichen Kooperationsformen der Gemeinschaftspraxis und der Praxisgemeinschaft kann dabei nicht auf eine bestimmte Verkehrsanschauung zurückgegriffen werden, da das neue

722 *Gollasch*, Die fachübergreifende Gemeinschaftspraxis, S. 157; *Rupprecht*, Zivilrechtliche Haftung des niedergelassenen Arztes, S. 10; Laufs/ Uhlenbruck-*Uhlenbruck/ Laufs*, Handbuch des Arztrechts, § 41, Rn. 10.

Kooperationsmodell des Versorgungsverbundes bislang zu wenig verbreitet ist, als dass sich in den relevanten Verkehrskreisen, namentlich bei den Patienten, eine Verkehrsauffassung hinsichtlich des Vertragspartnerstatus herausgebildet haben könnte[723].

*aa. Grundsatz des Gesamtverhältnisses bei gemeinschaftlicher Berufsausübung*

Beinhaltet die netzinterne Zusammenarbeit eine gemeinschaftliche Berufsausübung und treten die kooperierenden Verbundmitglieder im Verhältnis zu ihren Patienten als berufliche Gemeinschaft zur Leistungserbringung in Erscheinung, geben sie diesen gegenüber zu erkennen, dass die angebotenen medizinischen Leistungen als solche des Versorgungsverbundes erbracht werden sollen. In einer solchen Fallkonstellation ist die konkludente Willenserklärung des die Behandlung aufnehmenden Leistungserbringers aus der Perspektive eines Patienten dahingehend zu interpretieren, dass der in Anspruch genommene Netzteilnehmer den Behandlungsvertrag nicht im eigenen Namen, sondern stellvertretend für den gesamten Versorgungsverbund abschließen möchte. Ebenso ergibt eine an den Interessen des Patienten orientierte Auslegung, dass sein konkludentes Vertragsangebot grundsätzlich auf einen Vertragsschluss mit der Versorgungsgemeinschaft und nicht lediglich mit dem von ihm aufgesuchten Verbundmitglied gerichtet ist, wenn ihm das Versorgungsnetz als eine berufliche Einheit zur Leistungserbringung gegenüber tritt. Ähnlich wie bei einer ärztlichen Gemeinschaftspraxis wird ein Patient, der sich an einen Leistungserbringer einer vernetzten Kooperationsform wendet, regelmäßig nicht lediglich das Spezialwissen des von ihm aufgesuchten Netzteilnehmers, sondern darüber hinaus die Gesamtkompetenz der im Versorgungsverbund zusammengeschlossenen Leistungserbringer in Anspruch nehmen wollen. Diese umfasst im Falle einer gemeinschaftlichen Berufsausübung etwa die Einhaltung bestimmter Versorgungsabläufe, die Befolgung besonderer Qualitätssicherungsmaßnahmen, die Einholung von Zweitmeinungen und konsiliarischer Unterstützung bei der Befundung oder Diagnostik sowie die wechselseitige Unterstützung und Förderung der Kooperationspartner im Rahmen der Patientenversorgung. Bei verständiger Würdigung des Patienteninteresses werden es somit gerade die spezifischen Vorteile der netzinternen Zusammenarbeit sein, deretwegen sich ein Patient an einen Leistungserbringer einer vernetzten Kooperationsform anstelle einer netzexternen Einzelpraxis wendet. Treten die kooperierenden Verbundmitglieder gegenüber den Patienten als berufliche Gemeinschaft zur Leistungserbringung in Erscheinung, sind die auf den Abschluss des Behandlungsvertrages gerichteten Willenserklärungen daher im Zweifel dahingehend auszulegen, dass kein Einzelverhältnis mit dem behandelnden Leistungserbringer, sondern der typischen Vertragsstruktur freiberuflicher Berufsausübungsgemeinschaften folgend ein Vertrags-

723 Ebenso *Gollasch,* Die fachübergreifende Gemeinschaftspraxis, S. 163 in Bezug auf die fachübergreifende Gemeinschaftspraxis, der zu Recht Kritik an der häufigen Bezugnahme auf die Verkehrsauffassung ohne eine tragfähige empirische Grundlage insbesondere seitens der Rechtsprechung übt.

schluss mit dem gesamten Versorgungsverbund gewollt ist[724]. Vertragliche Leistungsschuldnerin und Haftungsgegnerin des Patienten ist dann die Gesellschaft als solche, während die in ihr zusammengeschlossenen Leistungserbringer akzessorisch für deren Verbindlichkeiten haften.

Die vorstehenden Ausführungen über die Begründung eines Gesamtverhältnisses kraft konkludenter Erklärungen und die daran anknüpfende Haftungsstruktur gelten selbstverständlich stets vorbehaltlich einer abweichenden Absprache zwischen dem Patienten und dem in Anspruch genommenen Netzteilnehmer. Erklärt ein Patient, den Behandlungsvertrag ausschließlich mit dem von ihm aufgesuchten Verbundmitglied abschließen zu wollen, und nimmt der Leistungserbringer das so bestimmte Vertragsangebot an, ist für eine Anwendung der Auslegungsregel zugunsten eines Vertragsschlusses mit dem gesamten Versorgungsverbund naturgemäß kein Raum[725]. Eine solche Absprache kommt etwa in Betracht, wenn ein Patient wegen persönlicher Vorbehalte gegen einen oder mehrere der Kooperationspartner bekundet, ausschließlich mit dem von ihm ausgewählten Verbundmitglied kontrahieren zu wollen oder wenn die Behandlungsleistung im Rahmen einer familiären, freundschaftlichen oder kollegialen Beziehung des Leistungserbringers zu dem Patienten ohne einen Anspruch auf Gegenleistung erfolgen soll[726]. Das Zustandekommen eines Einzelverhältnisses kraft ausdrücklicher Vereinbarung ist allerdings von derjenigen Fallkonstellation abzugrenzen, in der ein Patient erklärt, hinsichtlich einer konkreten Behandlung einen bestimmten Leistungserbringer des Versorgungsnetzes in Anspruch nehmen zu wollen. Das Vorliegen eines solchen Sachverhalts lässt keineswegs den konsequenten Schluss auf die Begründung eines Einzelverhältnisses mit dem ausgewählten Netzteilnehmer zu. Vielmehr muss insoweit zwischen dem Vertragspartnerstatus und dem jeweiligen Vertragsinhalt differenziert werden[727]. Auch im Falle der Begründung eines Gesamtverhältnisses können die Vertragsparteien vereinbaren, dass die konkrete Versorgungsmaßnahme von einem bestimmten Verbundmitglied durchzuführen ist[728]. Eine von der Leistungspflicht befreiende Erfüllung des mit dem Versorgungsverbund geschlossenen Behandlungsvertrages ist bei einem solchen Vertragsinhalt nur unter der Voraussetzung einer persönlichen Behandlung des Patienten durch den von ihm ausgewählten Leistungserbringer möglich. Auf diese

724 Inkonsequent erscheint demgegenüber die von *Erbsen*, Praxisnetze und das Berufsrecht der Ärzte, S. 67 vertretene Ansicht, wonach ein Praxisverbund lediglich einen tatsächlichen Außenbezug zu den Patienten ohne rechtsgeschäftlichen Erklärungsgehalt aufweist. Vielmehr hat die rechtliche Interpretation konkludenter Äußerungen unmittelbar an dem tatsächlich vorliegenden Befund anzuknüpfen. Folgerichtig muss ein faktischer Außenbezug vernetzter Kooperationsformen im Rahmen der eigentlichen Patientenversorgung bei der Auslegung der den Behandlungsvertrag begründenden Willenserklärungen zugunsten eines Gesamtverhältnisses gewertet werden.

725 Allgemein dazu *Schmidt*, Gesellschaftsrecht, § 60 II 2 a).

726 Ebenso *Gollasch*, Die fachübergreifende Gemeinschaftspraxis, S. 167 in Bezug auf die fachübergreifende Gemeinschaftspraxis.

727 Zu dieser Unterscheidung *Schmidt*, Gesellschaftsrecht, § 60 II 2 a).

728 *Gollasch*, Die fachübergreifende Gemeinschaftspraxis, S. 145 bezeichnet diese Konstellation als „‚personell verengte' Gesamtbeauftragung".

Weise wird der Persönlichkeitsbezug als Grundlage der Vertrauensbeziehung zwischen dem behandelnden Leistungserbringer und seinem Patienten auch im Rahmen eines Gesamtverhältnisses sichergestellt. Der vom Patienten geäußerte Wunsch hinsichtlich der Inanspruchnahme eines bestimmten Leistungserbringers aus dem Versorgungsnetz präjudiziert folglich nicht die Entscheidung zugunsten eines Einzelverhältnisses. Vielmehr verbleibt es nach der Interessenlage der Beteiligten auch in einer solchen Konstellation bei der Zweifelsregelung zugunsten eines Gesamtverhältnisses[729]. Tritt eine vernetzte Kooperationsform im Rechtsverkehr als Berufsausübungsgemeinschaft in Erscheinung, ist demzufolge nur in besonders begründeten Ausnahmefällen von der Entstehung eines Einzelverhältnisses auszugehen. Hierzu bedarf es prinzipiell einer ausdrücklichen Vereinbarung zwischen dem ausgewählten Verbundmitglied und dem Patienten darüber, dass der Behandlungsvertrag ausschließlich zwischen ihnen und somit außerhalb des gesellschaftlichen Verbandes zustande kommen soll.

*bb. Gesamtverhältnis bei interdisziplinärer Zusammenarbeit*

Soweit nach den vorstehenden Ausführungen der Behandlungsvertrag mit dem als Berufsausübungsgemeinschaft auftretenden Versorgungsverbund und nicht lediglich mit dem vom Patienten aufgesuchten Verbundmitglied zustande kommt, stellt sich die im Bezugsrahmen fachübergreifender Gemeinschaftspraxen bereits angesprochene Frage, ob ein Gesamtverhältnis mit Blick auf die akzessorische Gesellschafterhaftung auch dann zu begründen ist, wenn bei einem interdisziplinären Zusammenschluss nicht sämtliche Kooperationspartner zur konkreten Leistungserbringung fachlich qualifiziert sind. Die Frage nach dem Zusammenhang zwischen der Struktur des Behandlungsvertrages und der beruflichen sowie berufsrechtlichen Kompetenz zur Behandlungsdurchführung nimmt im Kontext vernetzter Kooperationsstrukturen einen besonderen Stellenwert ein, da diese vielfach auf eine mehrere Leistungssektoren und Fachgebiete übergreifende Patientenversorgung gerichtet sind. So handelt es sich bei vernetzten Praxen gemäß § 73a SGB V um Zusammenschlüsse haus- und fachärztlich tätiger Vertragsärzte, während Modellvorhaben gemäß §§ 63 ff. SGB V und integrierte Versorgungseinrichtungen gemäß §§ 140a ff. SGB V sämtlichen zur Versorgung in der gesetzlichen Krankenversicherung zugelassenen Leistungserbringern offen stehen. In der aktuellen Diskussion um vernetzte Kooperationsformen wird zudem die Umsetzung von indikationsspezifischen Disease Management Programmen zur optimalen Betreuung von Patientengruppen mit einer bestimmten, regelmäßig chronischen Erkrankung mit Hilfe intersektoraler und interdisziplinärer Versorgungsketten besonders hervorgehoben.

---

729 Ähnlich *Gollasch*, Die fachübergreifende Gemeinschaftspraxis, S. 164 ff. in Bezug auf die Inanspruchnahme eines bestimmten Arztes einer fachübergreifenden Gemeinschaftspraxis; dagegen hält *Michalski*, Das Gesellschafts- und Kartellrecht der berufsrechtlich gebundenen freien Berufe, S. 197 die Annahme eines Einzelverhältnisses für naheliegend, wenn sich vor Behandlungsbeginn Anhaltspunkte dafür finden lassen, dass nur ein bestimmter Arzt einer fachübergreifenden Gemeinschaftspraxis in Anspruch genommen werden soll.

Maßgeblicher Bezugspunkt der rechtlichen Bewertung sind auch in diesem Zusammenhang die auf den Abschluss des Behandlungsvertrages gerichteten, regelmäßig konkludent zum Ausdruck gebrachten Willenserklärungen der Vertragsparteien. Gegen die Annahme eines Gesamtverhältnisses mit einem interdisziplinären Versorgungsverbund könnte sprechen, dass weder der sich in Behandlung begebende Patient noch die zusammengeschlossenen Kooperationspartner an einer persönlichen Leistungsverpflichtung derjenigen Verbundmitglieder interessiert sein werden, die hinsichtlich der konkreten Behandlungsdurchführung fachlich nicht qualifiziert sind. Nach dieser Auslegung käme ein Gesamtverhältnis nur in Ausnahmefällen zustande, wenn sich die im Einzelfall zu erbringenden Versorgungsleistungen innerhalb der Schnittmenge der vertretenen Fachgebiete sämtlicher Leistungserbringer befinden. Unter Zugrundelegung der Akzessorietätslehre hätte eine solche Interpretation jedoch eine unsachgemäße Koppelung der Vertragsstruktur an die fachliche Qualifikation und berufsrechtliche Befugnis der Netzteilnehmer zur Folge. Die Anerkennung der rechtlichen Verselbstständigung der Gesellschaft bürgerlichen Rechts und die damit verbundene Annäherung an die Rechtsverfassung der juristischen Personen lassen die Annahme eines Einzelverhältnisses im Falle einer gemeinschaftlichen Berufsausübung als einen besonders begründungsbedürftigen Ausnahmefall erscheinen[730]. Die Verpflichtung juristischer Personen zu einer freiberuflichen Leistung betreffend hat die höchstrichterliche Rechtsprechung entschieden, dass es einem Vertragsschluss mit der Gesellschaft nicht entgegensteht, wenn diese nicht selbst über die zur Vertragserfüllung erforderliche Zulassung verfügt. Vielmehr genügt es, wenn die juristische Person ihre Leistungspflicht durch hierzu qualifizierte Personen erfüllen lässt, die bei der eigentlichen Leistungserbringung keinen fachlichen Weisungen ausgesetzt sind[731]. Kommt nunmehr der Vertrag auch bei der Gesellschaft bürgerlichen Rechts ausschließlich mit dieser als eigenständiger Rechtsträgerin zustande, lässt sich die vorstehende Argumentation sinngemäß auf die Begründung eines Gesamtverhältnisses trotz fehlender fachlicher Qualifikation sämtlicher Gesellschafter zur konkreten Behandlungsdurchführung übertragen. Auf der Basis dieser Unterscheidung zwischen dem Vertragspartnerstatus einerseits und der Vertragserfüllung andererseits stellt die fehlende Fachkompetenz eines oder mehrerer Kooperationspartner somit kein Hindernis für die Entstehung eines Gesamtverhältnisses mit dem Versorgungsverbund dar, sondern nimmt lediglich Einfluss auf den Inhalt der geschuldeten Leistung.

---

730 Ähnlich *Hartung*, MDR 2002, 1224 für die Anwaltssozietät, wonach der Grundsatz des Gesamtmandats eine zusätzliche Stütze in der jüngsten Rechtsprechung des Bundesgerichtshofs zur Rechtsfähigkeit der Gesellschaft bürgerlichen Rechts findet; vgl. auch Henssler/ Prütting-*ders.*, Bundesrechtsanwaltsordnung, § 59a, Rn. 35, demzufolge die Auslegungsregel zugunsten eines Gesamtmandats „erst recht" im Hinblick auf die jüngste Entscheidung des Bundesgerichtshofs zur Rechts- und Parteifähigkeit der die Gesellschaft bürgerlichen Rechts gilt.

731 Grundlegend zur Erbringung (zahn)heilkundlicher Leistungen durch eine Gesellschaft mit beschränkter Haftung *BGHZ* 124, 224 ff.; für den anwaltlichen Bereich *BayObLG* NJW 1995, 199 ff.; ZIP 1996, 1706 ff.; NJW 2000, 1647 f. Siehe im Übrigen die Fundstellen in Fn. 504.

Ein Patient, der sich zu einem Mitglied eines interdisziplinären Versorgungsverbundes in Behandlung begibt, wird regelmäßig nicht allein dessen individuelle Fachkompetenz, sondern auch die spezifischen Vorteile der professionsübergreifenden Zusammenarbeit gegenüber dem Behandlungsangebot eines als Einzelpraktiker tätigen Leistungserbringers nutzen wollen. Besonders deutlich tritt diese Interessenlage bei mehrfach oder chronisch erkrankten Patienten zutage, deren adäquate Versorgung regelmäßig eine komplexe medizinische Betreuung unter Einbeziehung verschiedener Fachdisziplinen auf der Grundlage abgestimmter Versorgungsabläufe erfordert[732]. Doch auch sonst wird sich ein Patient im Zweifel der gesamten Kooperationsgemeinschaft anvertrauen wollen, die die notwendigen Versorgungsmaßnahmen koordiniert und gleichsam „aus einer Hand" erbringt. Oftmals wird der Patient vor Untersuchungsbeginn und damit vor Vertragsschluss zudem gar nicht einschätzen können, welche medizinischen Fachgebiete von seinem Krankheitsbild betroffen sind und welche Verbundmitglieder infolgedessen an seiner Behandlung zu beteiligen sind. Im Übrigen unterscheidet sich die Situation bei interdisziplinären Versorgungsnetzen insofern nicht wesentlich von derjenigen fachinterner Zusammenschlüsse, als der Patient ungeachtet der berufsrechtlichen Leistungsbefugnis sämtlicher Kooperationspartner auch dort häufig die Behandlungsdurchführung durch einen bestimmten Leistungserbringer wünscht, ohne dass hierdurch die Entscheidung zugunsten eines Einzelverhältnisses präjudiziert würde. In beiden Fallkonstellationen beruht der Geschäftswille zum Abschluss des Behandlungsvertrages mit dem gesamten Versorgungsverbund vorrangig auf dem Interesse an einer Nutzung der aus der netzinternen Zusammenarbeit resultierenden Gesamtkompetenz und nicht auf dem Interesse an einer Primärleistung durch sämtliche Leistungserbringer[733]. Vorbehaltlich einer anderweitigen Erklärung ist das Vertragsangebot des Patienten somit auf einen Vertragsschluss mit dem Versorgungsverbund und nicht mit dem behandelnden Leistungserbringer gerichtet. Mit diesem Ergebnis korrespondiert die Auslegung der konkludenten Willenserklärung des vom Patienten aufgesuchten Netzteilnehmers, der das Vertragsangebot damit nicht im eigenen Namen, sondern stellvertretend für den Versorgungsverbund annimmt. Tritt eine vernetzte Kooperationsform gegenüber den Patienten als berufliche Gemeinschaft zur Leistungserbringung in Erscheinung, gibt sie diesen auch im Falle einer interdisziplinären Zusammenarbeit zu erkennen, dass die medizinischen Dienstleistungen als solche der Kooperationsgemeinschaft erbracht werden sollen. Bei verständiger Würdigung des beiderseitigen Verhaltens verbleibt es folglich auch dann bei der Auslegungsregel zugunsten des Gesamtverhältnisses, wenn nicht

732 *Gollasch*, Die fachübergreifende Gemeinschaftspraxis, S. 164 bezeichnet die Versorgung multimorbider Patienten, bei denen von vornherein absehbar ist, dass die Behandlung des Krankheitsbildes Leistungen aus mehreren Fachgebieten erfordert, als „Paradebeispiel" für ein Gesamtverhältnis mit einer fachübergreifenden Gemeinschaftspraxis.

733 Vgl. auch *Gollasch*, Die fachübergreifende Gemeinschaftspraxis, S. 139 f. zur Gegenüberstellung der fachidentischen und der fachübergreifenden Gemeinschaftspraxis auf der Grundlage der individualistischen Gesamthandslehre.

sämtliche Kooperationspartner der interprofessionellen Berufsausübungsgemeinschaft zur konkreten Leistungserbringung fachlich qualifiziert und berufsrechtlich befugt sind.

Sofern im konkreten Behandlungsfall nicht sämtliche Verbundmitglieder zur persönlichen Erbringung der vom Versorgungsverbund geschuldeten Versorgungsleistung qualifiziert sind, sind die den Behandlungsvertrag begründenden Willenserklärungen dahingehend zu interpretieren, dass die Erbringung der Primärleistung ausschließlich durch diejenigen Kooperationspartner geschuldet ist, die nach ihrer Fachdisziplin eine entsprechende Kompetenz aufweisen. Auf diese Weise finden die medizinischen Fachgebietsbeschränkungen Eingang in den Inhalt der vertraglichen Verpflichtung der vernetzten Kooperationsform. Für die so verstandene Gesellschaftsverbindlichkeit haften die zusammengeschlossenen Kooperationspartner kraft Gesetzes akzessorisch. Auf der Grundlage der Erfüllungstheorie[734] trifft die Verbundmitglieder grundsätzlich eine persönliche, mit der Gesellschaftsschuld inhaltlich übereinstimmende Einstandspflicht. Da bereits die Gesellschaftsverbindlichkeit auf die Durchführung der Behandlung durch die beruflich und berufsrechtlich hierzu befugten Leistungserbringer gerichtet ist, finden deren Fachgebietsgrenzen infolge der prinzipiellen Inhaltsgleichheit von Gesellschaftsschuld und Gesellschafterschuld auch im Rahmen der persönlichen Haftung der Netzteilnehmer Berücksichtigung. Es sind demzufolge von vornherein nur diejenigen Gesellschafter kraft ihrer akzessorischen Haftung zur persönlichen Erbringung der geschuldeten Versorgungsleistung verpflichtet, die eine entsprechende berufliche Kompetenz aufweisen, ohne dass es hinsichtlich dieser Beschränkung auf die Ausnahmetatbestände im Rahmen der Erfüllungstheorie ankäme. Die primäre Leistungsverpflichtung derjenigen Kooperationspartner, die zur Erbringung der geschuldeten Hauptleistung fachlich nicht qualifiziert sind, reduziert sich vor diesem Hintergrund auf die Erfüllung von Nebenleistungspflichten. Letztere betreffen etwa die Vorhaltung einer sachgerechten Organisationsstruktur, die Sicherstellung einer optimalen Versorgungskette, die ordnungsgemäße Koordinierung der netzinternen Versorgungsabläufe sowie die Bereitschaft zu konsiliarischer Unterstützung der die Hauptleistung erbringenden Netzteilnehmer. Unabhängig von ihrer jeweiligen Fachkompetenz zur Erfüllung der Primärleistungspflicht haften schließlich sämtliche Gesellschafter im Falle einer fehlerhaften Behandlung oder einer Verletzung von Aufklärungspflichten seitens des behandelnden Leistungserbringers sekundär gegenüber den Patienten auf Schadensersatz[735].

---

734 Vgl. dazu bereits die Nachweise in Fn. 673.

735 Vgl. dazu auch die entsprechenden Ausführungen zur akzessorischen Haftung der Gesellschafter einer fachübergreifenden Gemeinschaftspraxis bei *Gollasch*, Die fachübergreifende Gemeinschaftspraxis, S. 150 f., 155.

*cc. Grundsatz des Einzelverhältnisses bei organisatorischer Zusammenarbeit*

Beschränkt sich die Zusammenarbeit der Leistungserbringer vernetzter Kooperationsformen auf die Schaffung organisatorischer Rahmenbedingungen für ihre selbstständige Berufsausübung und treten die Kooperationspartner infolgedessen ihren Patienten nicht als berufliche Gemeinschaft zur Leistungserbringung, sondern als Einzelpraktiker gegenüber, geben sie im Rechtsverkehr zu erkennen, dass sie den entstehenden Behandlungsvertrag nicht stellvertretend für den Versorgungsverbund, sondern im jeweils eigenen Namen abschließen wollen. Weist die netzinterne Kooperation erkennbar keinen unmittelbaren Bezug zur medizinischen Versorgung auf, besteht auch aus der Perspektive des Patienten kein Interesse an einer vertraglichen Verpflichtung der Organisationsgemeinschaft. Die beiderseitigen Willenserklärungen sind daher im Zweifel auf das Zustandekommen eines Behandlungsvertrages zwischen dem Patienten und dem von ihm aufgesuchten Verbundmitglied außerhalb des gesellschaftlichen Verbandes gerichtet. Anders als bei einer gemeinschaftlichen Berufsausübung in vernetzten Kooperationsformen gilt somit im Falle einer rein organisatorischen, auf das Binnenverhältnis der Netzteilnehmer begrenzten Zusammenarbeit eine Auslegungsregel zugunsten der Entstehung eines Einzelverhältnisses mit dem jeweils behandelnden Kooperationspartner. Kommt der Behandlungsvertrag demnach zwischen dem Patienten und dem in Anspruch genommenen Netzteilnehmer zustande, haftet grundsätzlich allein dieser für Schäden, die durch eine fehlerhafte Behandlung oder eine Verletzung von Aufklärungspflichten verursacht werden. Soweit er sich im Rahmen seiner Berufsausübung nachgeordneter Hilfspersonen als Erfüllungsgehilfen bedient, wird ihm deren Fehlverhalten über § 278 S. 1 BGB zugerechnet[736]. Die übrigen Verbundmitglieder, die selbst nicht Vertragspartei geworden sind, haften demgegenüber nicht für eine pflichtwidrige Behandlung oder Aufklärung gegenüber dem Patienten. Zieht der vertragschließende Leistungserbringer im Rahmen eines Behandlungsauftrages einen anderen Netzteilnehmer hinzu, gelten bei Vorliegen eines Einzelverhältnisses die allgemeinen Grundsätze über die Haftung bei horizontaler Arbeitsteilung. Insofern ist danach zu unterscheiden, ob der behandelnde Leistungserbringer seinen Kooperationspartner lediglich im Innenverhältnis zur Einholung eines kollegialen Rates oder konsiliarischer Unterstützung in Anspruch nimmt oder ob der konsultierte Netzteilnehmer aufgrund einer Überweisung selbstständig und eigenverantwortlich therapeutisch tätig wird[737]. Beschränkt sich die Hinzuziehung des Kooperationspartners auf eine interne Beratschlagung über das weitere Behandlungsvorgehen oder auf eine Fallbesprechung im Rahmen eines netzinternen

---

736 Dazu Laufs/ Uhlenbruck-*Laufs*, Handbuch des Arztrechts, § 98, Rn. 14. Instruktiv zur vertikalen Arbeitsteilung und deren rechtlichen Grenzen *Rupprecht*, Zivilrechtliche Haftung des niedergelassenen Arztes, S. 73 ff.

737 Eingehend zur Abgrenzung der unterschiedlichen Fallkonstellationen horizontaler Arbeitsteilung die systematischen Darstellungen bei *Kammerlohr*, Behandlungsfehlerhaftung im arbeitsteiligen Medizinbetrieb, S. 162 ff. sowie *Rupprecht*, Zivilrechtliche Haftung des niedergelassenen Arztes, S. 67 ff., 162 ff.

Qualitätszirkels, tritt der Konsiliarius grundsätzlich nicht in eigene vertragliche Beziehungen zu dem Patienten. Es verbleibt in einer solchen Konstellation bei der originären Behandlungszuständigkeit des in Anspruch genommenen Leistungserbringers, der damit für die sorgfaltsgemäße Durchführung der Behandlung allein verantwortlich ist und dem Patienten nach § 278 S. 1 BGB auch für fehlerhafte Auskünfte des zu Rate gezogenen Verbundmitglieds haftet[738]. Ergreift der hinzugezogene Netzteilnehmer hingegen eigenständige, auf den Patienten unmittelbar wirkende Behandlungsmaßnahmen, erlangt seine Mitwirkung an dem Versorgungsgeschehen die Qualität einer Mitbehandlung oder Weiterbehandlung. Zwischen ihm und dem Patienten entsteht daher ein eigener Behandlungsvertrag, so dass der konsultierte Kooperationspartner selbst für eine fehlerhafte Behandlung oder eine Verletzung von Aufklärungspflichten einzustehen hat. Eine Haftung des überweisenden Verbundteilnehmers für Pflichtverletzungen des sorgfältig ausgesuchten zweitbehandelnden Leistungserbringers ist in diesem Fall regelmäßig ausgeschlossen[739].

*dd. Gesamtverhältnis kraft Rechtsscheins*

Ähnlich wie bei den Praxisgemeinschaften stellt sich auch in diesem Zusammenhang die Frage nach der Entstehung eines Behandlungsvertrages mit dem gesamten Versorgungsverbund nach allgemeinen Rechtsscheinsgrundsätzen. Ist eine vernetzte Kooperationsform nach ihrer konkreten Gestaltung als Organisationsgemeinschaft zu klassifizieren, kommt nach der zuvor dargestellten Zweifelsregelung grundsätzlich ein Einzelverhältnis des Patienten mit dem jeweils in Anspruch genommenen Verbundmitglied zustande. Davon abweichend wird jedoch ein Gesamtverhältnis mit der Kooperationsgemeinschaft begründet, wenn diese im Rechtsverkehr den falschen Anschein erweckt, die Versorgungsleistungen würden von den zusammengeschlossenen Leistungserbringern gemeinschaftlich erbracht. Allerdings erzeugt nicht bereits jede Außendarstellung einer vernetzten Kooperationsform den Rechtsschein einer gemeinschaftlichen Berufsausübung gegenüber den Patienten. Anders als bei den ärztlichen Praxisgemeinschaften[740] wird die Ankündigung eines Versorgungsverbundes unter einem gemeinsamen Namen oder einem einheitlichen Logo in § 22a Abs. 4 MBO-Ä ausdrücklich zugelassen. Mit Blick auf die praktische Vielfalt möglicher Gestaltungen kann aus einer berufsrechtlich zulässigen Ankündigung vernetzter Kooperationen nicht ohne weiteres geschlossen

738 Vgl. *BGH* MedR 1988, 143, 145; *OLG Köln* MedR 1983, 112 f.

739 Vgl. *BGHZ* 142, 126, 130 ff. mit Anmerkung *Laufs/ Jungemann*, LM § 278 BGB Nr. 138, 2205 ff.; *Katzenmeier*, Arzthaftung, S. 103; Laufs/ Uhlenbruck-*Laufs*, Handbuch des Arztrechts, § 98, Rn. 15, § 115, Rn. 13 ff.; *Schinnenburg*, MedR 2000, 311, 315; *Ulsenheimer/ Erlinger*, Die Haftung des Konsiliararztes, 67, 69 f.; *Weimar*, MDR 2000, 866, 869. Zu den Sorgfaltsanforderungen an eine arbeitsteilige Patientenversorgung *Debong*, ArztR 2001, 284, 285 f.; *Geiß/ Greiner*, Arzthaftpflichtrecht, Rn. B 116 ff.; *Katzenmeier*, MedR 2004, 34 ff.; *Rupprecht*, Zivilrechtliche Haftung des niedergelassenen Arztes, S. 162 ff.; *Scholz*, JR 1997, 1 ff.; *Ulsenheimer/ Erlinger*, Die Haftung des Konsiliararztes, 67, 72 ff.

740 Vgl. § 22a Abs. 3 MBO-Ä.

werden, dass die medizinischen Leistungen von den zusammengeschlossenen Kooperationspartnern gemeinschaftlich erbracht werden sollen. Hierzu bedarf es vielmehr weiterer Anhaltspunkte, die im Rechtsverkehr den falschen Anschein hervorrufen, es handele sich bei der vernetzten Kooperation um eine berufliche Gemeinschaft zur Leistungserbringung. Ein solcher Hinweis kann sich beispielsweise aus Informationsmaterialien des Versorgungsnetzes wie etwa Werbebroschüren für die Patienten ergeben, in denen Angaben enthalten sind, die auf eine einheitliche Leistungserbringung schließen lassen. Dies gilt insbesondere in Bezug auf Mitteilungen über die Art der Zusammenarbeit der Leistungserbringer bei der Patientenversorgung sowie über die Möglichkeit der Einschreibung von Versicherten in den Versorgungsverbund, wenn diese auf eine gemeinschaftliche Berufsausübung der Verbundmitglieder hindeuten. Ein Indiz zugunsten einer gemeinschaftlichen Berufsausübung liegt ferner in der Errichtung zentraler Leitstellen, die als Anlaufstellen für die Versicherten zur Beschaffung von Informationen über die Behandlungsmöglichkeiten und Leistungsangebote des Versorgungsnetzes sowie zur Koordination der netzinternen Patientenversorgung eingesetzt werden[741].

Haben die Leistungserbringer auf diese Weise im Rechtsverkehr den Anschein einer gemeinschaftlichen Leistungserbringung erzeugt, sind sie nach allgemeinen Rechtsscheinsgrundsätzen vertrags- und haftungsrechtlich wie eine Berufsausübungsgemeinschaft zu behandeln. Die Ausführungen zur Entstehung eines Gesamtverhältnisses zwischen dem Patienten und der Kooperationsgemeinschaft im Falle einer gemeinschaftlichen Berufsausübung finden insoweit entsprechende Anwendung[742]. Wollen die Leistungserbringer einer vernetzten Kooperationsform, deren Gegenstand auf die Schaffung der organisatorischen Rahmenbedingungen ihrer selbstständigen Berufsausübung begrenzt ist, die Entstehung eines solchen Rechtsscheins verhindern, müssen sie geeignete Maßnahmen – etwa in Gestalt von Informationsblättern, Aushängen oder durch Mitteilung im persönlichen Gespräch – ergreifen, um das Bestehen einer reinen Organisationsgemeinschaft gegenüber ihren Patienten offenzulegen. Soweit der Rechtsschein einer gemeinschaftlichen Berufsausübung nicht unmittelbar durch die Leistungserbringer selbst geschaffen wurde, sondern auf einem Verhalten Dritter beruht, ist für das Zustandekommen eines Gesamtverhältnisses ausschlaggebend, ob dieses Verhalten den Verbundteilnehmern zuzurechnen ist. Eine Zurechnung fremden Verhaltens wird in dem Kontext vernetzter Kooperationsstrukturen vor allem bei Angaben in Informationsbroschüren nahe liegen, in denen die am Verbund beteiligten Krankenkassen oder Kassenverbände ihre Mitglieder über die netzeigenen Versorgungsleistungen unterrichten[743].

---

741 So auch Lexikon des Arztrechts-*Rieger*, Kennzahl 4305, Rn. 50.

742 Gegen die Entstehung eigener Rechtsbeziehungen des Versorgungsverbundes zum Patienten über die Grundsätze der Rechtsscheinshaftung wendet sich demgegenüber *Erbsen*, Praxisnetze und das Berufsrecht der Ärzte, S. 71, ohne diesen Standpunkt jedoch argumentativ zu unterlegen.

743 Vgl. auch Lexikon des Arztrechts-*Rieger*, Kennzahl 4305, Rn. 50. Siehe zu Praxisbeispielen für Informationsbroschüren über Versorgungsnetze, die von den Krankenkassen herausgegeben werden, *OLG Hamburg*, Urteil vom 24. Juni 1999 – 3 U 227/ 98; *LG Hamburg*, Urteil vom

*3. Deliktische Haftungsstruktur*

Begibt sich ein Patient zu einem Leistungserbringer einer vernetzten Kooperationsform in Behandlung, haftet dieser im Falle einer nicht standardgemäßen Behandlung oder einer Verletzung von Aufklärungspflichten stets persönlich aus § 823 Abs. 1 BGB sowie aus § 823 Abs. 2 BGB in Verbindung mit § 229 StGB auf materiellen und immateriellen Schadensersatz. Dies gilt unabhängig von einem möglichen Ausschluss der persönlichen Gesellschafterhaftung für die Verbindlichkeiten der Gesellschaft bürgerlichen Rechts, da es sich bei der Haftung für unerlaubte Handlungen nicht um eine akzessorische Fremdhaftung für Gesellschaftsschulden, sondern um eine Eigenhaftung für persönliches Fehlverhalten handelt, die von einer Beschränkung der akzessorischen Gesellschafterhaftung unberührt bleibt. Ob daneben eine deliktische Haftung des Versorgungsverbundes mit dem Gesellschaftsvermögen eingreift, richtet sich wiederum nach der Organisationsstruktur der Kooperationsgemeinschaft. Eine Haftung des Versorgungsverbundes für das pflichtwidrige Verhalten des behandelnden Leistungserbringers aus § 823 Abs. 1 BGB und § 823 Abs. 2 BGB in Verbindung mit § 229 StGB setzt voraus, dass dieser als verfassungsmäßig berufener Vertreter der Gesamthand im Sinne des § 31 BGB gehandelt hat. Dem Kreis der verfassungsmäßig berufenen Vertreter wird jeder zugeordnet, dem durch die allgemeine Betriebsregelung und Handhabung bedeutsame, wesensmäßige Funktionen der Gesellschaft zur selbstständigen, eigenverantwortlichen Erfüllung zugewiesen sind, so dass er die Gesellschaft im Rechtsverkehr repräsentiert[744]. Tritt eine vernetzte Kooperationsform gegenüber dem Patienten als eine Gemeinschaft zur Berufsausübung in Erscheinung, wird der behandelnde Leistungserbringer regelmäßig in seiner Eigenschaft als Repräsentant des Versorgungsverbundes tätig. Bei einer solchen Fallkonstellation muss sich die Gesellschaft das sorgfaltswidrige Verhalten ihres Verbundmitglieds analog § 31 BGB zurechnen lassen. Eine abweichende Beurteilung gilt indessen, wenn der Patient und der von ihm aufgesuchte Leistungserbringer vereinbaren, dass die Behandlung außerhalb des gesellschaftlichen Verbandes erfolgen soll. Eine Organhaftung der Gesamthand ist ebenfalls ausgeschlossen, wenn das Versorgungsnetz im Rechtsverkehr als Organisationsgemeinschaft auftritt und der in Anspruch genommene Netzteilnehmer daher bei der Patientenversorgung nicht als Repräsentant der Kooperationsgemeinschaft tätig wird. Eine Haftung des Versorgungsverbundes gegenüber dem Patienten kommt dann nur außerhalb der eigentlichen Behandlung in Betracht, etwa bei einer Verletzung von Verkehrssicherungspflichten hinsichtlich der gemeinsam unterhaltenen Räumlichkeiten und Einrichtungen[745]. Insofern

---

16. September 1998 – 315 O 260/ 98, Zusammenfassung in MedR 1999, 34 (Broschüre der Techniker Krankenkasse für das Praxisnetz Berlin); *LG München I*, Urteil vom 02. März 2000 – 17 HKO 193/ 00 (Faltblatt der Betriebskrankenkasse für das Medizinische Qualitätsnetz München).

744 Grundlegend *BGHZ* 49, 19, 21; dazu Münchener Kommentar-*Reuter*, § 31, Rn. 19 ff. mit weiteren Nachweisen.

745 Siehe zur vergleichbaren Haftungsstruktur bei der Praxisgemeinschaft *Rupprecht*, Zivilrechtliche Haftung des niedergelassenen Arztes, S. 126 f.

korrespondiert die deliktische Haftungsstruktur mit der zuvor dargestellten vertraglichen Haftung vernetzter Kooperationsformen, für deren Struktur die Unterscheidung zwischen einem Einzelverhältnis mit dem behandelnden Leistungserbringer und einem Gesamtverhältnis mit der Kooperationsgemeinschaft ausschlaggebend ist.

Nach vergleichbaren Kriterien haftet der Versorgungsverbund gemäß § 831 Abs. 1 BGB mit dem Gesamthandsvermögen für rechtswidrige Handlungen nachgeordneter Hilfspersonen, wenn diese als Verrichtungsgehilfen für die Gesellschaft tätig geworden sind. Dies wird im Rahmen der Patientenversorgung grundsätzlich der Fall sein, wenn die vernetzte Kooperationsform gegenüber dem Patienten als Berufsausübungsgemeinschaft auftritt und das pflichtwidrige Verhalten damit in Ausführung einer Verrichtung der Gesellschaft erfolgt. Tritt das Versorgungsnetz hingegen als Organisationsgemeinschaft im Rechtsverkehr in Erscheinung oder verabreden der Patient und der von ihm aufgesuchte Netzteilnehmer, dass die Behandlung außerhalb des gesellschaftlichen Verbandes erfolgen soll, ist das sorgfaltswidrige Verhalten weisungsabhängiger Hilfspersonen nicht der Gesellschaft, sondern dem behandelnden Leistungserbringer zuzurechnen. Allein dieser hat dann nach § 831 Abs. 1 BGB mit seinem Privatvermögen für Pflichtverletzungen seiner Verrichtungsgehilfen einzustehen, während sich der in die unmittelbare Patientenversorgung nicht einbezogene Versorgungsverbund außerhalb der Haftung für eine sorgfaltswidrige Behandlung oder eine Verletzung von Aufklärungspflichten befindet.

Die persönliche Haftung derjenigen Netzteilnehmer, die an der Behandlung des Patienten nicht selbst beteiligt sind, folgt der Haftung des Versorgungsverbundes mit dem Gesamthandsvermögen. Soweit die Gesellschaft kraft Deliktsrechts für Pflichtverletzungen des behandelnden Leistungserbringers oder weisungsabhängiger Hilfspersonen einzustehen hat, haften vorbehaltlich einer wirksamen Haftungsbegrenzung sämtliche Gesellschafter akzessorisch mit ihrem Privatvermögen als Gesamtschuldner. Begründet das deliktische Fehlverhalten des vom Patienten in Anspruch genommenen Verbundmitglieds hingegen lediglich dessen persönliche Verantwortlichkeit, ist eine Mithaftung der Kooperationspartner mit ihrem Privatvermögen mangels Existenz eines Haftungsgrundes ausgeschlossen.

### *II. Partnerschaftsgesellschaft*

#### *1. Vertragliche Haftungsstruktur*

##### *a. Grundsatz des Gesamtverhältnisses*

Die Errichtung einer vernetzten Kooperationsform in der Rechtsform einer Partnerschaftsgesellschaft kommt gemäß § 1 Abs. 1 S. 1 PartGG nur unter der Voraussetzung einer gemeinschaftlichen Berufsausübung der Leistungserbringer in Betracht. Vor dem Hintergrund dieser Beschränkung des sachlichen Anwendungsbereichs gilt für die Partnerschaftsgesellschaft der Grundsatz der einheitlichen Leistungserbringung gegenüber den Auftraggebern, der im Zweifel zu der Annahme eines Vertragsschlusses mit der Gesamthand anstelle eines Einzelverhältnisses mit dem jeweils in Anspruch genommenen Kooperationspartner führt[746]. Vorbehaltlich einer anderweitigen Absprache ergibt eine Auslegung der Willenserklärungen des Patienten und des von ihm aufgesuchten Netzteilnehmers, dass der Behandlungsvertrag mit dem Versorgungsverbund und nicht mit dem einzelnen Leistungserbringer geschlossen werden soll. Kommt dieser Auslegungsregel folgend ein Gesamtverhältnis zustande, tritt die Partnerschaftsgesellschaft als eigenständiges Rechtssubjekt dem Patienten als Leistungsschuldnerin und vertragliche Haftungsgegnerin gegenüber. Daneben haften gemäß § 8 Abs. 1 S. 1 PartGG grundsätzlich sämtliche Partner akzessorisch mit ihrem Privatvermögen als Gesamtschuldner für die Verbindlichkeiten der Gesellschaft, der das Fehlverhalten ihrer Gesellschafter analog § 31 BGB zugerechnet wird[747].

### *b. Gesamtverhältnis bei interdisziplinärer Zusammenarbeit*

Fraglich ist allerdings, ob die berufsrechtlichen Fachgebietsgrenzen der Gesellschafter der Begründung eines Gesamtverhältnisses entgegenstehen, wenn nicht sämtliche Partner zur Erbringung der geschuldeten Versorgungsleistung beruflich qualifiziert sind. Mit Blick auf die eigene Rechtspersönlichkeit der Partnerschaftsgesellschaft und das für die Gesellschafterhaftung geltende Akzessorietätsprinzip ist insofern abermals zwischen dem Vertragspartnerstatus und der Vertragserfüllung zu differenzieren. Danach stellt die fehlende Fachkompetenz eines oder mehrerer Kooperationspartner kein Hindernis für die Entstehung eines Gesamtverhältnisses dar, sondern ist lediglich für die Bestimmung des Vertragsinhaltes von Bedeutung. Handelt es sich bei dem Versorgungsverbund um eine interprofessionelle Partnerschaftsgesellschaft, ist der Behandlungsvertrag dahingehend auszulegen, dass die geschuldete Versorgungsleistung durch denjenigen Partner zu erbringen ist, der beruflich und berufsrechtlich hierzu befugt ist[748]. Die akzessorische Gesellschafterhaftung derjenigen Partner, die zur Erbringung der geschuldeten Hauptleistung fachlich nicht qualifiziert sind, beschränkt sich auf der Grundlage der Erfüllungstheorie damit von vornherein auf die Erfüllung von primären Nebenleistungspflichten sowie auf sekundären Schadensersatz in Geld für den Fall einer pflichtwidri-

---

746 Vgl. *Bösert/ Braun/ Jochem*, Leitfaden zur Partnerschaftsgesellschaft, S. 12; *Eisenberg*, Ärztliche Kooperations- und Organisationsformen, S. 154; *Henssler*, Partnerschaftsgesellschaftsgesetz, § 7, Rn. 21; *Michalski/ Römermann*, PartGG, § 7, Rn. 15; *Schirmer*, MedR 1995, 341, 343, 350.

747 Vgl. *Henssler*, Partnerschaftsgesellschaftsgesetz, § 8, Rn. 3; ebenso *Eisenberg*, Ärztliche Kooperations- und Organisationsformen, S. 161; *Franke*, Die Ärzte-Partnerschaft, S. 159 ff. Für eine Zurechnung des pflichtwidrigen Verhaltens der Partner gemäß § 278 S. 1 BGB im Bereich der rechtsgeschäftlichen Haftung hingegen *Michalski/ Römermann*, PartGG, § 8, Rn. 14 unter Bezugnahme auf die amtliche Begründung zum Gesetzentwurf, BT-Drs. 12/ 6152, S. 17. Siehe zum Konkurrenzverhältnis zwischen § 31 BGB und § 278 S. 1 BGB bereits die Fn. 651.

748 *Schirmer*, MedR 1995, 341, 349 bezeichnet diese Konstellation als eine „berufsrechtlich begründete Überlagerung des Behandlungsvertrages durch einen ‚Spezialisierungsvorbehalt'".

gen Behandlung oder Aufklärung seitens des behandelnden Leistungserbringers. Die Ausführungen zur Begründung eines Gesamtverhältnisses mit einer interprofessionellen Gesellschaft bürgerlichen Rechts gelten insofern entsprechend. Die Begrenzung der persönlichen Leistungspflicht der Kooperationspartner anhand ihrer medizinischen Fachgebietsgrenzen bei gleichzeitiger Begründung eines Gesamtverhältnisses des Patienten mit der Partnerschaftsgesellschaft entspricht auch dem in § 6 Abs. 1 PartGG geregelten Vorbehalt, wonach die Partner ihre beruflichen Leistungen unter Beachtung des für sie geltenden Berufsrechts erbringen. Hätte die fehlende Qualifikation eines oder mehrerer Verbundmitglieder zur konkreten Vertragserfüllung die Entstehung eines Einzelverhältnisses zur Folge, wäre diese Regelung gegenstandslos, da in einem solchen Fall stets eine Leistungserbringung unter Einhaltung der berufsrechtlichen Beschränkungen sichergestellt wäre. Somit gilt auch im Falle eines interprofessionellen Zusammenschlusses eine Auslegungsregel zugunsten der Entstehung eines Gesamtverhältnisses mit der Partnerschaftsgesellschaft, für deren Verbindlichkeiten die Gesellschafter grundsätzlich nach § 8 Abs. 1 S. 1 PartGG akzessorisch haften[749].

### *2. Deliktische Haftungsstruktur*

Der vom Patienten in Anspruch genommene Netzteilnehmer haftet diesem stets auf Ersatz des materiellen und immateriellen Schadens nach § 823 Abs. 1 BGB und § 823 Abs. 2 BGB in Verbindung mit § 229 StGB, der durch eine fehlerhafte Behandlung oder eine Verletzung von Aufklärungspflichten verursacht worden ist. Daneben haftet die Partnerschaftsgesellschaft mit dem Gesellschaftsvermögen für das pflichtwidrige Verhalten des behandelnden Leistungserbringers aus § 823 Abs. 1 BGB und § 823 Abs. 2 BGB in Verbindung mit § 229 StGB, wenn dieser als verfassungsmäßig berufener Vertreter der Gesamthand im Sinne des § 31 BGB gehandelt hat. Angesichts der Beschränkung des sachlichen Anwendungsbereichs der Partnerschaftsgesellschaft auf gesellschaftliche Zusammenschlüsse zur gemeinsamen Berufsausübung und des daraus resultierenden Grundsatzes der einheitlichen Leistungserbringung wird der vom Patienten aufgesuchte Kooperationspartner regelmäßig in seiner Eigenschaft als Repräsentant des Versorgungsverbundes tätig. Etwas anderes gilt lediglich im Falle einer Absprache zwischen dem Patienten und dem aufgesuchten Netzteilnehmer, wonach die Behandlung außerhalb des gesellschaftlichen Verbandes erfolgen soll. Vorbehaltlich einer abweichenden Vereinbarung mit dem Patienten muss sich die Partnerschaftsgesellschaft daher das sorgfaltswidrige Verhalten des behandelnden Leistungserbringers analog § 31 BGB zurechnen lassen. Ebenso haftet der Versorgungsverbund im Zweifel für das rechtswidrige Verhalten des nachgeordneten Hilfspersonals gemäß § 831 Abs. 1 BGB,

---

749 *Eisenberg*, Ärztliche Kooperations- und Organisationsformen, S. 154; *Franke*, Die Ärzte-Partnerschaft, S. 49 f.; *Schirmer*, MedR 1995, 341, 349 ff. Siehe ferner *Droste*, Gemeinschaftliche Berufsausübung von Rechtsanwälten, S. 226 ff. mit weiteren Nachweisen in Bezug auf die parallele Kontroverse zur Entstehung eines Gesamtmandats bei einer interdisziplinären Partnerschaftsgesellschaft von Rechtsanwälten und Angehörigen anderer steuer- und wirtschaftsberatender Berufe.

es sei denn, dass dieses ausnahmsweise nicht als Verrichtungsgehilfe für die Partnerschaftsgesellschaft, sondern aufgrund einer besonderen Absprache mit dem Patienten allein für den behandelnden Leistungserbringer tätig geworden ist. Soweit der Versorgungsverbund für das pflichtwidrige Verhalten des behandelnden Leistungserbringers oder weisungsabhängiger Hilfspersonen kraft Deliktsrechts einzustehen hat, haften daneben gemäß § 8 Abs. 1 S. 1 PartGG grundsätzlich sämtliche Partner akzessorisch mit ihrem Privatvermögen[750].

### *3. Haftung ausgeschiedener und neu eintretender Gesellschafter*

Gemäß § 10 Abs. 2 PartGG richtet sich die persönliche Haftung ausgeschiedener Partner nach der für die offene Handelsgesellschaft geltenden Nachhaftungsregelung des § 160 Abs. 1 S. 1 HGB. Danach haftet ein Partner für die bis zu seinem Ausscheiden begründeten Gesellschaftsverbindlichkeiten innerhalb der fünfjährigen Enthaftungsfrist, deren Beginn sich analog § 160 Abs. 1 S. 2 HGB nach der Eintragung des Ausscheidens in das Partnerschaftsregister bestimmt[751]. Auf die Haftung neu eintretender Partner findet gemäß § 8 Abs. 1 S. 2 PartGG die Vorschrift des § 130 HGB entsprechende Anwendung. Der in eine Partnerschaftsgesellschaft eintretende Gesellschafter haftet somit für die vor seinem Eintritt begründeten Gesellschaftsverbindlichkeiten in dem gleichen Umfang wie die anderen Partner nach Maßgabe des § 8 PartGG[752].

### *4. Haftungsbeschränkungen*

#### *a. Begrenzung der Haftung auf das Gesellschaftsvermögen*

Ohne weiteres zulässig ist eine Beschränkung oder ein Ausschluss der persönlichen Gesellschafterhaftung für die Verbindlichkeiten der Partnerschaftsgesellschaft durch eine individualvertragliche Vereinbarung mit dem Patienten[753]. Die Verweisung in § 7 Abs. 3 PartGG auf § 126 Abs. 2 S. 1 HGB steht der Wirksamkeit einer solchen Haftungsbegrenzungsabrede nicht entgegen, da diese Vorschrift ausschließlich den sachlichen Umfang der Vertretungsmacht betrifft und somit hinsichtlich der Frage nach dem personellen Haftungsumfang von vornherein nicht einschlägig ist[754]. Demgegenüber stellt eine Haftungsbeschränkung auf das Gesellschaftsvermögen durch vorformulierte Vertragsklauseln wegen der damit verbundenen Abweichung von dem gesetzlichen

---

750 *Bösert/ Braun/ Jochem*, Leitfaden zur Partnerschaftsgesellschaft, S. 14; *Franke*, Die Ärzte-Partnerschaft, S. 162 ff.; *Ganster*, Freier Beruf und Kapitalgesellschaft, S. 385; *Henssler*, Partnerschaftsgesellschaftsgesetz, § 8, Rn. 3, 4 ff.; *Michalski/ Römermann*, PartGG, § 8, Rn. 14 ff.

751 *Franke*, Die Ärzte-Partnerschaft, S. 223 ff.; *Henssler*, Partnerschaftsgesellschaftsgesetz, § 8, Rn. 22 ff.

752 *Franke*, Die Ärzte-Partnerschaft, S. 218 ff.; *Henssler*, Partnerschaftsgesellschaftsgesetz, § 8, Rn. 20 f.

753 *Henssler*, Partnerschaftsgesellschaftsgesetz, § 8, Rn. 30; *Michalski/ Römermann*, PartGG, § 8, Rn. 14.

754 Vgl. *Casper/ Eberspächer*, JURA 2003, 770, 773; *Reiff*, ZIP 1999, 1329, 1334.

Leitbild der akzessorischen Gesellschafterhaftung nach § 8 Abs. 1 S. 1 PartGG im Zweifel eine unangemessene Benachteiligung des Patienten dar und ist somit regelmäßig gemäß § 307 Abs. 2 Nr. 1 BGB unwirksam. Auch insofern gelten die Ausführungen zur Gesellschaft bürgerlichen Rechts entsprechend.

### *b. Personale Haftungskonzentration*

Eine Konzentration der persönlichen Gesellschafterhaftung für berufliche Haftungsfälle einer Partnerschaftsgesellschaft sieht § 8 Abs. 2 PartGG vor. Danach haften für berufliche Fehler neben der Partnerschaftsgesellschaft mit dem Gesellschaftsvermögen nur diejenigen Partner mit ihrem Privatvermögen nach § 8 Abs. 1 PartGG, die mit der Bearbeitung eines Auftrags befasst waren. Die Regelung betrifft gleichermaßen rechtsgeschäftliche und gesetzliche Haftungsansprüche und erfasst damit sowohl vertragliche als auch deliktische Gesellschaftsverbindlichkeiten aus medizinischen Haftungsfällen[755]. In dieser kraft Gesetzes eintretenden Haftungskonzentration besteht aus der Perspektive der Gesellschafter der entscheidende haftungsrechtliche Vorteil gegenüber einem Zusammenschluss in der Rechtsform einer Gesellschaft bürgerlichen Rechts[756]. Eine Befassung mit der Auftragsbearbeitung liegt im Kontext medizinischer Leistungserbringung vor, wenn ein Kooperationspartner in irgendeiner Weise an der gesundheitlichen Versorgung des Patienten mitwirkt. Neben der persönlichen Untersuchung und Therapie genügt hierzu etwa die beaufsichtigte Übertragung der Behandlungsdurchführung an ein anderes Mitglied der Partnerschaftsgesellschaft[757]. Die Antwort auf die Frage, ob sich ein Gesellschafter mit der Auftragsbearbeitung befasst hat, richtet sich nach dem eindeutigen Wortlaut des § 8 Abs. 2 PartGG allein nach dessen tatsächlicher Mitwirkungshandlung und nicht nach der internen Aufgabenzuweisung. Ist ein Kooperationspartner, der aufgrund der Zuständigkeitsverteilung im Innenverhältnis zur Übernahme einer Versorgungsmaßnahme verpflichtet gewesen wäre, nicht tätig geworden, wird er von der Haftungskonzentration demnach nicht erfasst. Haben es im konkreten Fall sämtliche Leistungserbringer unterlassen, zur Behandlung des Patienten tätig zu werden, kommt § 8 Abs. 2 PartGG mangels Individualisierbarkeit der mit der Auftragsbearbeitung befassten Partner gar nicht erst zur Anwendung, so dass es bei dem Grundsatz der akzessorischen Haftung sämtlicher Gesellschafter gemäß § 8 Abs. 1 PartGG verbleibt[758]. Von

---

755 Vgl. *Eisenberg*, Ärztliche Kooperations- und Organisationsformen, S. 165; *Franke*, Die Ärzte-Partnerschaft, S. 177 ff.; *Michalski/ Römermann*, PartGG, § 8, Rn. 24 ff.; *Schirmer*, MedR 1995, 341, 351 f.

756 Demgegenüber sah die ursprüngliche Fassung des § 8 Abs. 2 PartGG lediglich die Möglichkeit einer rechtsgeschäftlichen Haftungskonzentration auch unter Verwendung vorformulierter Vertragsbedingungen vor; dazu *Eisenberg*, Ärztliche Kooperations- und Organisationsformen, S. 167 ff.; *Franke*, Die Ärzte-Partnerschaft, S. 174 ff.; *Ganster*, Freier Beruf und Kapitalgesellschaft, S. 386 ff.; *Henssler*, Partnerschaftsgesellschaftsgesetz, § 8, Rn. 31 ff.; *Schirmer*, MedR 1995, 341, 351 f.

757 *Eisenberg*, Ärztliche Kooperations- und Organisationsformen, S. 172; *Michalski/ Römermann*, PartGG, § 8, Rn. 28.

758 *Eisenberg*, Ärztliche Kooperations- und Organisationsformen, S. 172 f.; *Michalski/ Römermann*,

der personalen Haftungskonzentration sind nach § 8 Abs. 2 a. E. PartGG diejenigen Partner ausgenommen, deren Bearbeitungsbeiträge lediglich von untergeordneter Bedeutung sind. Hierzu zählen etwa Vertretungshandlungen während der urlaubs- oder krankheitsbedingten Abwesenheit des behandelnden Leistungserbringers[759]. Demgegenüber ist die konsiliarische Unterstützung eines Kooperationspartners angesichts ihrer Einflussnahme auf den Behandlungsverlauf nach zutreffender Ansicht grundsätzlich nicht als Bearbeitungsbeitrag von untergeordneter Bedeutung zu qualifizieren[760].

### *B. Körperschaften*

Die körperschaftlich verfassten Verbände sind überwiegend als juristische Personen ausgestaltet, die vergleichbaren Regeln hinsichtlich ihrer Vertrags- und Haftungsstruktur folgen und aus diesem Grund in der nachfolgenden Darstellung gemeinsam behandelt werden. Eine Sonderstellung im Recht der Körperschaften nimmt der nicht rechtsfähige Verein im Sinne des § 54 BGB ein, dessen Haftungsverfassung daher gesondert darzustellen ist.

#### *I. Juristische Personen*

##### *1. Vertragliche Haftungsstruktur*

Begibt sich ein Patient zu einem Mitglied einer vernetzten Kooperationsform in der Rechtsform einer juristischen Person in Behandlung, tritt dieser beim Abschluss des Behandlungsvertrages entweder als Stellvertreter für die juristische Person oder im eigenen Namen außerhalb des gesellschaftlichen Verbandes auf. Ebenso wie bei den Personengesellschaften richtet sich die vertragliche Haftungsstruktur nach dem rechtsgeschäftlichen Auftreten des Versorgungsverbundes gegenüber dem Patienten, für das die Unterscheidung zwischen Gemeinschaften zur Berufsausübung und Zusammenschlüssen zur Schaffung der organisatorischen Rahmenbedingungen von maßgeblicher Bedeutung ist.

---

PartGG, § 8, Rn. 29 f.; anders indessen die amtliche Begründung zum Regierungsentwurf zur Neufassung des § 8 Abs. 2 PartGG, BT-Drs. 13/ 9820, S. 21.

759 Vgl. *Eisenberg*, Ärztliche Kooperations- und Organisationsformen, S. 174; *Ganster*, Freier Beruf und Kapitalgesellschaft, S. 409; *Henssler*, ZIP 1997, 1481, 1490.

760 Ebenso *Eisenberg*, Ärztliche Kooperations- und Organisationsformen, S. 174 f.; vgl. auch *Ganster*, Freier Beruf und Kapitalgesellschaft, S. 410, der eine persönliche Einstandspflicht des konsiliarisch hinzugezogenen Partners bejaht, wenn seine Unterstützungsleistung über eine bloß periphere Mitwirkung, die auf am Rande mitbetroffene Berufsfelder beschränkt blieb, spürbar hinausgegangen ist und sich statt dessen auch auf wesentliche Teilkomplexe der eigentlichen Mandatsbearbeitung erstreckt hat. Von einer Qualifikation beratender Mitwirkung als Bearbeitungsbeitrag von untergeordneter Bedeutung gehen indessen aus *Henssler*, ZIP 1997, 1481, 1490; *Michalski/ Römermann*, PartGG, § 8, Rn. 32; ebenso die amtliche Begründung zum Regierungsentwurf zur Neufassung des § 8 Abs. 2 PartGG, BT-Drs. 13/ 9820, S. 21; dagegen die Stellungnahme des Bundesrates, BT-Drs. 13/ 9820, S. 26, wonach gerade die Heranziehung eines Konsiliarius in der Regel Gewicht haben dürfte.

*a. Grundsatz des Gesamtverhältnisses bei gemeinschaftlicher Berufsausübung*

Tritt eine vernetzte Kooperationsform im Rechtsverkehr als eine berufliche Gemeinschaft zur Leistungserbringung in Erscheinung, sind die den Behandlungsvertrag begründenden Willenserklärungen vorbehaltlich einer abweichenden Absprache zwischen dem Patienten und dem in Anspruch genommenen Verbundmitglied dahingehend auszulegen, dass ein Vertragsschluss mit dem Versorgungsverbund anstelle eines Einzelverhältnisses mit dem behandelnden Leistungserbringer gewollt ist. Wegen der grundsätzlichen Ausgrenzung der Berufsausübungsgemeinschaften aus dem Anwendungsbereich des rechtsfähigen Vereins und der eingetragenen Genossenschaft kommt eine solche Fallkonstellation mit Ausnahme eines Vertragsschlusses nach den Grundsätzen über die Anscheins- und Duldungsvollmacht nur bei solchen Versorgungsnetzen in Betracht, denen die Gesellschaft mit beschränkter Haftung oder die Aktiengesellschaft als körperschaftliche Organisationsform zugrunde liegt. Vertragliche Leistungsschuldnerin und Haftungsgegnerin des Patienten ist bei Vorliegen eines Gesamtverhältnisses die juristische Person, die die angebotenen Gesundheitsleistungen durch die in ihr zusammengeschlossenen Kooperationspartner erbringt. Behandlungsfehler und Aufklärungspflichtverletzungen der in den Behandlungsvertrag nicht einbezogenen Verbundmitglieder werden der juristischen Person gemäß § 31 BGB zugerechnet, die damit nach den Grundsätzen über die Organhaftung für das pflichtwidrige Verhalten ihrer verfassungsmäßig berufenen Vertreter einzustehen hat[761]. Die Haftung des Versorgungsverbundes ist auf das Gesellschaftsvermögen beschränkt, während die zusammengeschlossenen Leistungserbringer für dessen Verbindlichkeiten grundsätzlich nicht persönlich haften[762]. Lediglich in besonders begründeten Ausnahmefällen ist ein unmittelbarer Zugriff der Gesellschaftsgläubiger auf das Privatvermögen der Gesellschafter im Wege der Durchgriffshaftung möglich, wenn die Berufung auf die rechtliche Selbstständigkeit der juristischen Person gegen die Grundsätze von Treu und Glauben verstößt oder wenn die Ausnutzung der rechtlichen Verschiedenheit zwischen der juristischen Person und den dahinter stehenden natürlichen oder juristischen Personen einen Rechtsmissbrauch darstellt[763].

---

761 Die Zurechnungsnorm des § 31 BGB, die ihrem Wortlaut nach allein für rechtsfähige Vereine gilt, ist nach allgemeiner Auffassung auf sämtliche rechtsfähige Körperschaften entsprechend anzuwenden; vgl. aus der Rechtsprechung für die Gesellschaft mit beschränkter Haftung *RGZ* 57, 93, 94 f.; 91, 72, 75; 163, 21, 28 ff.; für die Aktiengesellschaft *RGZ* 78, 347, 353 f.; JW 1930, 2967, 2928; für die eingetragene Genossenschaft *RGZ* 76, 35, 48; 110, 145, 147; *BGH* MDR 1959, 202 f.; aus der Literatur Münchener Kommentar-*Reuter*, § 31, Rn. 11; *Schmidt*, Gesellschaftsrecht, § 10 IV 2 b).

762 Vgl. für den rechtsfähigen Verein *BGHZ* 54, 222, 224 mit weiteren Nachweisen; Palandt-*Heinrichs*, Einf v § 21, Rn. 12; *Schmidt*, Gesellschaftsrecht, § 24 VI 2 a); für die Gesellschaft mit beschränkter Haftung § 13 Abs. 2 GmbHG; für die Aktiengesellschaft § 1 Abs. 1 S. 2 AktG; für die eingetragene Genossenschaft § 2 GenG. Eine Ausnahme gilt gemäß § 278 Abs. 1 AktG für die Kommanditgesellschaft auf Aktien, bei der den Gesellschaftsgläubigern neben der juristischen Person mit dem Gesellschaftsvermögen mindestens ein Gesellschafter persönlich und unbeschränkt haftet.

763 Vgl. *BGHZ* 22, 226, 230; 54, 222, 224; 61, 380, 383 f.; 78, 318, 333; *Ganster*, Freier Beruf und

*b. Gesamtverhältnis bei interdisziplinärer Zusammenarbeit*

Ein Gesamtverhältnis mit der juristischen Person kommt nach den vorstehenden Kriterien auch dann zustande, wenn es sich bei der vernetzten Kooperationsform um einen interprofessionellen Zusammenschluss handelt, bei dem nicht sämtliche Netzteilnehmer zur konkreten Leistungserbringung fachlich qualifiziert und berufsrechtlich befugt sind. Auf der Grundlage einer Unterscheidung zwischen Vertragspartnerstatus einerseits und konkreter Vertragserfüllung andererseits steht die mangelnde Fähigkeit der juristischen Person zur persönlichen Erbringung der geschuldeten Versorgungsleistung der Begründung eines Vertragsschlusses zwischen ihr und dem Patienten nicht entgegen. In diesem Sinne hat die höchstrichterliche Rechtsprechung entschieden, dass die fehlende Zulassung einer juristischen Person zur konkreten Vertragserfüllung keinen Hinderungsgrund für die Entstehung eines Vertrages mit der Gesellschaft darstellt, sofern diese ihre Leistungspflicht durch hierzu qualifizierte und bei der eigentlichen Leistungserbringung weisungsfreie Personen erfüllen lässt[764]. Sofern der Patient und der von ihm aufgesuchte Netzteilnehmer keine besondere Vereinbarung darüber treffen, dass der Behandlungsvertrag allein zwischen ihnen und damit außerhalb des gesellschaftlichen Verbandes zustande kommen soll, gilt daher bei verständiger Würdigung der beiderseitigen Interessen auch im Falle einer interdisziplinären Berufsausübungsgemeinschaft eine Auslegungsregel zugunsten eines Gesamtverhältnisses mit der juristischen Person[765].

*c. Grundsatz des Einzelverhältnisses bei organisatorischer Zusammenarbeit*

Treten die im Versorgungsverbund kooperierenden Leistungserbringer im Rechtsverkehr nicht als berufliche Einheit, sondern als ein Zusammenschluss zur Schaffung der organisatorischen Rahmenbedingungen der selbstständigen Berufsausübung in Erscheinung, sind die den Behandlungsvertrag begründenden Willenserklärungen dahingehend zu interpretieren, dass dieser nicht mit der juristischen Person, sondern mit dem jeweils behandelnden Leistungserbringer außerhalb des gesellschaftlichen Verbandes zustande kommen soll. Bei einer solchen Konstellation haftet allein der in Anspruch genommene Netzteilnehmer mit seinem Privatvermögen dem Patienten für Schäden, die durch eine fehlerhafte Behandlung oder eine Verletzung von Aufklärungspflichten verursacht worden sind. Insofern wirkt sich die Haftungsbeschränkung auf das Gesellschaftsvermögen der juristischen Person im Rahmen des Behandlungsvertrages mit dem Patienten nicht

---

Kapitalgesellschaft, S. 436 ff. Es ist anerkannt, dass diese Haftungsgrundsätze auch auf freiberufliche Unternehmen Anwendung finden, vgl. *BGH* NJW 1991, 2627 f. mit Anmerkung *Canaris*; NJW 1994, 3288, 3289 ff.; *Ganster*, Freier Beruf und Kapitalgesellschaft, S. 450. Eingehend zum Problem der Durchgriffshaftung Münchener Kommentar-*Reuter*, Vor § 21, Rn. 19 ff.; *Schmidt*, Gesellschaftsrecht, § 9 IV mit weiteren Nachweisen.

764 Vgl. die Fundstellennachweise in Fn. 731.

765 Siehe zur vergleichbaren Konstellation einer interdisziplinären Zusammenarbeit von Rechtsanwälten und Angehörigen anderer steuer- und wirtschaftsberatender Berufe in einer juristischen Person *Droste*, Gemeinschaftliche Berufsausübung von Rechtsanwälten, S. 259 mit weiteren Nachweisen.

aus, sondern ist lediglich im Verhältnis zu gemeinsamen Angestellten, Vermietern oder Lieferanten der juristischen Person von Bedeutung[766].

*d. Gesamtverhältnis kraft Rechtsscheins*

Ungeachtet einer Begrenzung des Gesellschaftszwecks auf organisatorische Zielsetzungen kommt der Behandlungsvertrag nach allgemeinen Rechtsscheinsgrundsätzen mit der juristischen Person zustande, wenn der Versorgungsverbund gegenüber dem Patienten den Anschein erweckt, die Versorgungsleistungen würden von den zusammengeschlossenen Leistungserbringern gemeinschaftlich erbracht. Die Erläuterungen zur Entstehung eines Gesamtverhältnisses mit der juristischen Person im Falle einer gemeinschaftlichen Berufsausübung finden insoweit entsprechende Anwendung.

*2. Deliktische Haftungsstruktur*

Der behandelnde Leistungserbringer haftet dem Patienten stets aus § 823 Abs. 1 BGB sowie aus § 823 Abs. 2 BGB in Verbindung mit § 229 StGB auf Ersatz des materiellen und immateriellen Schadens, der durch eine fehlerhafte Behandlung oder eine Verletzung von Aufklärungspflichten verursacht worden ist. Aus dem gleichen Rechtsgrund haftet daneben die juristische Person mit dem Gesellschaftsvermögen für das pflichtwidrige Verhalten des in Anspruch genommenen Verbundmitglieds, wenn dieser als verfassungsmäßig berufener Vertreter im Sinne des § 31 BGB gehandelt hat. Dies wird regelmäßig der Fall sein, wenn eine vernetzte Kooperationsform im Rechtsverkehr als eine Gemeinschaft zur Berufsausübung in Erscheinung tritt und der behandelnde Leistungserbringer daher in seiner Eigenschaft als Repräsentant des Versorgungsverbundes tätig wird. Ebenso haftet die als Berufsausübungsgemeinschaft auftretende juristische Person gemäß § 831 Abs. 1 BGB für das rechtswidrige Verhalten nachgeordneter Hilfspersonen. Demgegenüber sind eine Zurechnung deliktischen Fehlverhaltens der Kooperationspartner an die juristische Person über § 31 BGB sowie eine Haftung der Gesellschaft für das rechtswidrige Verhalten nachgeordneten Hilfspersonals nach § 831 Abs. 1 BGB ausgeschlossen, wenn die Kooperationsgemeinschaft im Rechtsverkehr als organisatorischer Zusammenschluss auftritt oder wenn der Patient und der von ihm aufgesuchte Leistungserbringer vereinbaren, dass die Behandlung außerhalb des gesellschaftlichen Verbandes erfolgen soll. Eine persönliche Haftung der in die Behandlung nicht einbezogenen Gesellschafter für die deliktischen Verbindlichkeiten der juristischen Person ist mit Blick auf die Haftungsbeschränkung auf das Gesellschaftsvermögen grundsätzlich ausgeschlossen, sofern nicht ausnahmsweise eine Inanspruchnahme im Wege der Durchgriffshaftung zulässig ist.

---

766 Vgl. *Hildebrandt*, Entwicklungen und Rechtsprobleme freiberuflicher Zusammenschlüsse, S. 98 f.

### II. Nicht rechtsfähiger Verein

#### 1. Vertragliche Haftungsstruktur

Mit Blick auf die mit der Anerkennung der Rechtssubjektivität der Außengesellschaft bürgerlichen Rechts verbundene Rechtsfähigkeit des nicht rechtsfähigen Vereins im Sinne des § 54 BGB ergibt sich auch für diesen die Fragestellung, ob der Behandlungsvertrag mit dem Versorgungsverbund als eigenständigem Rechtsträger oder mit dem jeweils in Anspruch genommenen Verbundmitglied zustande kommt. Vorbehaltlich einer besonderen AbspracheVereinbarung zwischen dem behandelnden Leistungserbringer und seinem Patienten ist für die Abgrenzung zwischen einem Gesamtverhältnis und einem Einzelverhältnis ebenso wie bei der Gesellschaft bürgerlichen Rechts maßgeblich, ob die vernetzte Kooperationsform im Rechtsverkehr als eine Gemeinschaft zur Berufsausübung oder als ein organisatorischer Zusammenschluss in Erscheinung tritt.

Kommt der Behandlungsvertrag mit der körperschaftlich organisierten Kooperationsgemeinschaft zustande, wird dieser das pflichtwidrige Verhalten des behandelnden Leistungserbringers analog § 31 BGB zugerechnet[767]. Der Versorgungsverbund haftet dann nach den Grundsätzen über die Organhaftung mit dem Vereinsvermögen gegenüber dem Patienten auf Ersatz des materiellen und immateriellen Schadens, der durch eine fehlerhafte Behandlung oder eine Verletzung von Aufklärungspflichten verursacht worden ist. Daneben haftet gemäß § 54 S. 2 BGB der im Namen des Versorgungsverbundes handelnde Leistungserbringer mit seinem Privatvermögen für die rechtsgeschäftlichen Vereinsverbindlichkeiten[768]. Ob darüber hinaus eine persönliche Haftung derjenigen Kooperationspartner eingreift, die an der Behandlung des Patienten nicht beteiligt sind, hängt davon ab, ob der Zusammenschluss als Idealverein oder als Wirtschaftsverein zu qualifizieren ist. Abweichend von § 54 S. 1 BGB richtet sich die Haftung des nicht rechtsfähigen Idealvereins nach der Haftungsstruktur des rechtsfähigen Idealvereins und ist grundsätzlich auf das Vereinsvermögen beschränkt[769]. Dagegen haften die Mitglieder eines nicht rechtsfähigen Vereins, dessen Verbandszweck einen wirtschaftlichen Geschäftsbetrieb zum Gegenstand hat, nach den für die Personengesellschaften geltenden

767 Es ist mittlerweile allgemein anerkannt, dass die Zurechnungsnorm des § 31 BGB auf den nicht rechtsfähigen Verein entsprechende Anwendung findet, vgl. *BGHZ* 50, 325, 329; *Kübler*, Gesellschaftsrecht, § 11 III 4; *Petersen*, JURA 2002, 683, 687; Münchener Kommentar-*Reuter*, § 31, Rn. 12 f.; *Schmidt*, Gesellschaftsrecht, § 25 III 1 b) mit weiteren Nachweisen.

768 Eingehend zur Handelndenhaftung Münchener Kommentar-*Reuter*, § 54, Rn. 54 ff.; *Schmidt*, Gesellschaftsrecht, § 25 III 3 mit weiteren Nachweisen.

769 *BGHZ* 50, 325, 329; NJW 1957, 1186; NJW 1979, 2304, 2306; *Flume*, Die Personengesellschaft, § 7 I; Palandt-*Heinrichs*, § 54, Rn. 12; Münchener Kommentar-*Reuter*, § 54, Rn. 46 f.; *Schmidt*, Gesellschaftsrecht, § 25 III 2 mit weiteren Nachweisen. Einschränkend *Petersen*, JURA 2002, 683, 687, demzufolge die Mitgliederhaftung für rechtsgeschäftliche Verbindlichkeiten vom Umfang der Vertretungsmacht des Vorstandes qua Satzung abhängt. Zur dogmatischen Begründung der Haftungsbegrenzung nach Anerkennung der akzessorischen Haftung der Gesellschafter einer Gesellschaft bürgerlichen Rechts *Beuthien*, JZ 2003, 969, 970; *Wössner*, ZIP 2003, 1235, 1238.

Haftungsvorschriften[770]. Die in einem nicht rechtsfähigen Wirtschaftsverein zusammengeschlossenen Leistungserbringer einer vernetzten Kooperationsform haften folglich nach dem für die Gesellschaft bürgerlichen Rechts geltenden Haftungsregime akzessorisch mit ihrem Privatvermögen als Gesamtschuldner für die Vereinsverbindlichkeiten.

### *2. Deliktische Haftungsstruktur*

Neben dem behandelnden Leistungserbringer haftet der nicht rechtsfähige Verein dem Patienten gemäß § 823 Abs. 1 BGB und § 823 Abs. 2 BGB in Verbindung mit § 229 StGB mit dem Gesellschaftsvermögen auf Schadensersatz, sofern ihm das pflichtwidrige Verhalten des Leistungserbringers analog § 31 BGB zuzurechnen ist. Ebenso ist der Versorgungsverbund für das rechtswidrige Verhalten nachgeordneter Hilfspersonen gemäß § 831 Abs. 1 BGB verantwortlich. Die für die Haftung des nicht rechtsfähigen Vereins aus unerlaubter Handlung maßgeblichen Kriterien entsprechen den zur deliktischen Verantwortlichkeit der Gesellschaft bürgerlichen Rechts aufgestellten Maßstäben. Handelt es sich bei dem Zusammenschluss um einen nicht rechtsfähigen Idealverein, ist eine persönliche Haftung der Kooperationspartner für die Gesellschaftsverbindlichkeiten vorbehaltlich eines nur in besonders begründeten Ausnahmefällen zulässigen Haftungsdurchgriffs auf das Privatvermögen der Vereinsmitglieder ausgeschlossen. Liegt hingegen ein nicht rechtsfähiger Wirtschaftsverein vor, haften die zusammengeschlossen Verbundmitglieder nach den für die Gesellschaft bürgerlichen Rechts geltenden Vorschriften auch persönlich für die Verbindlichkeiten des Versorgungsverbundes.

---

770 *BGHZ* 22, 240, 244; *Flume*, Die Personengesellschaft, § 7 I; Palandt-*Heinrichs*, § 54, Rn. 12; *Petersen*, JURA 2002, 683, 687; Münchener Kommentar-*Reuter*, § 54, Rn. 49 ff.; *Schmidt*, Gesellschaftsrecht, § 25 III 2 b) mit weiteren Nachweisen.

## Sechstes Kapitel: Zusammenfassung der Ergebnisse

1. Vernetzte Kooperationsformen haben eine Zusammenarbeit von Ärzten und Angehörigen anderer Heilberufe nach systematischen Regeln innerhalb eines räumlich begrenzten Versorgungsgebietes wie einer Stadt oder einem Stadtgebiet zum Gegenstand. Zielsetzung ist die Steigerung der Qualität und Wirtschaftlichkeit der Gesundheitsversorgung. Vernetzte Kooperationsformen können auf eine fachinterne oder fachübergreifende sowie eine sektoreninterne oder sektorenübergreifende Zusammenarbeit der Leistungserbringer gerichtet sein. Ihrem Leistungsumfang nach können sie die umfassende medizinische Versorgung von Patientengruppen einschließen, auf die Erbringung bestimmter Leistungen beschränkt sein oder als indikationsspezifische Gesundheitsversorgung insbesondere chronisch kranker Patienten angelegt sein.

2. Innerhalb der gesetzlichen Krankenversicherung können vernetzte Kooperationsformen zunächst auf der Grundlage von Strukturverträgen über vernetzte Praxen gemäß § 73a SGB V geschaffen werden, in denen haus- und fachärztlich tätige Vertragsärzte zur Versorgung der Versicherten zusammenarbeiten. Vernetzte Praxen sind nach der gesetzlichen Konzeption als eine spezielle Ausprägung der ambulanten Regelversorgung vorgesehen. Ihre rechtliche Gesamtstruktur entspricht daher in ihren Grundzügen derjenigen der allgemeinen vertragsärztlichen Versorgung. Versorgungsnetze können des Weiteren als Modellvorhaben gemäß §§ 63 ff. SGB V zur Weiterentwicklung der Systemstruktur der gesetzlichen Krankenversicherung errichtet werden. Es handelt sich hierbei um eine spezielle Versorgungsform, die versuchsweise alternative Strukturelemente in die Regelversorgung einführt. Sämtliche zur Gesundheitsversorgung der gesetzlich Krankenversicherten zugelassenen Leistungserbringer können an Modellvorhaben beteiligt sein. Diese sind damit nicht auf den ambulanten Bereich beschränkt, sondern können alle Leistungssektoren und Versorgungsbereiche der gesetzlichen Krankenversicherung umfassen. Vernetzte Kooperationsformen können ferner als Einrichtungen der integrierten Versorgung gemäß §§ 140a ff. SGB V ausgestaltet sein. Diese haben eine verschiedene Leistungssektoren übergreifende oder interdisziplinär-fachübergreifende Versorgung zum Gegenstand und sind ebenso wie die Modellvorhaben als eine besondere Versorgungsform außerhalb der allgemeinen Regelversorgung konzipiert. Neben sämtlichen zugelassenen Leistungserbringern können auch Träger- und Managementgesellschaften als Vertragspartner der Krankenkassen bei der Vereinbarung von Verträgen über integrierte Versorgungsformen auftreten.

3. Den Kooperationspartnern steht eine große Bandbreite unterschiedlicher Organisationsstrukturen und Gestaltungsinstrumente zur Auswahl, derer sie sich bei der Umsetzung der sozialrechtlichen Rahmenvorgaben über vernetzte Kooperationsformen bedienen können. Ein einheitlicher Typus eines Versorgungsnetzes existiert weder

in organisationsrechtlicher noch in rechtspraktischer Hinsicht. Typischerweise umfasst die Zusammenarbeit der Leistungserbringer im Versorgungsverbund die gemeinsame Nutzung von Personal und Einrichtungen, die Errichtung von Leitstellen zur Koordination der netzinternen Versorgungsvorgänge sowie den Aufbau eines professionellen Netzmanagements. Charakteristische Kooperationsmerkmale sind weiterhin die Schaffung zentraler Anlaufstellen für Patienten, die Vereinbarung einer binnenstrukturellen Überweisungspraxis und die Befolgung spezieller Maßnahmen zur Qualitätssicherung. Von besonderer Relevanz sind insofern die Implementation von netzinternen Leitlinien und Empfehlungen in den Versorgungsprozess, die Vereinbarung netzeigener Positivlisten und Negativlisten, die Zusammenarbeit in Qualitätszirkeln und Netzkonferenzen sowie die Einführung einer gemeinsamen Dokumentation von Patientendaten, standardisierter Überweisungsbegleitbriefe und die Errichtung eines organisierten Systems zur Einholung von Zweitmeinungen und Konsilen. Zunehmende Bedeutung erlangen ferner die elektronische Vernetzung mit telemedizinischen Hilfsmitteln sowie die Auslagerung spezieller Gesundheitsleistungen auf netzinterne Dienstleistungszentren. Angesichts der Vielfalt möglicher Ausprägungen der netzinternen Zusammenarbeit ist eine eindeutige Einordnung vernetzter Kooperationsformen in die traditionelle Zweiteilung freiberuflicher Zusammenschlüsse nicht möglich. Vielmehr können Versorgungsnetze sowohl typische Merkmale rein organisatorischer Zusammenschlüsse als auch Elemente einer gemeinschaftlichen Berufsausübung in sich vereinen.

4. Bei der Teilnahme von Ärzten an vernetzten Kooperationsformen haben diese die berufsrechtlichen Regelungen zum Praxisverbund in den Berufsordnungen der Ärztekammern zu beachten. Eine entsprechende Mustervorschrift enthält § 22 in Verbindung mit Kap. D II Nr. 11 MBO-Ä. Darin wird der Praxisverbund als eine Kooperation von Ärzten beschrieben, die auf die Erfüllung eines durch gemeinsame oder gleichgerichtete Maßnahmen bestimmten Versorgungsauftrages oder auf eine andere Form der Zusammenarbeit zur Patientenversorgung, z. B. auf dem Gebiet der Qualitätssicherung oder der Versorgungsbereitschaft, gerichtet ist. Der sozialrechtlichen und empirischen Struktur vernetzter Kooperationsformen entsprechend ist die in Kap. D II Nr. 11 Abs. 1 S. 1 MBO-Ä getroffene Abgrenzung des Praxisverbundes von den Berufsausübungsgemeinschaften dahingehend auszulegen, dass diese lediglich der Unterscheidung von der ärztlichen Gemeinschaftspraxis und der Ärztepartnerschaft im Sinne von Kap. D II Nr. 8 MBO-Ä dient. Das ärztliche Berufsrecht normiert demnach weder eine zwingende Zuordnung des Praxisverbundes zu den Organisationsgemeinschaften noch ein Verbot der gemeinschaftlichen Berufsausübung in vernetzten Kooperationsformen.

5. Unabhängig von der Regelungsdichte der Verträge nach dem SGB V über die Errichtung vernetzter Kooperationsformen innerhalb des Systems der gesetzlichen Krankenversicherung kommen stets zivilrechtliche Kooperationsbeziehungen zwischen den teilnehmenden Leistungserbringern zustande. Diese vereinbaren jedenfalls konkludent eine systematische Zusammenarbeit anhand festgelegter Kriterien zur Erfüllung des Versorgungsauftrages als übergeordneten Verbandszweck. Über die Entstehung rein schuldrechtlicher Kooperationsbeziehungen hinaus kommt daher ein gesellschaftlicher Zusammenschluss im Binnenverhältnis der Verbundteilnehmer zustande. Für Rechtsstreitigkeiten zwischen den Leistungserbringern vernetzter Kooperationsformen gilt nicht die besondere Rechtswegzuweisung zu den Sozialgerichten nach § 51 Abs. 2 S. 1 SGG, sondern die allgemeine Zuweisung zu den ordentlichen Gerichten gemäß § 13 GVG.

6. Die gesellschaftsrechtliche Qualifikation der Kooperationsbeziehungen zwischen den Netzteilnehmern richtet sich nach den allgemeinen zivilrechtlichen Bestimmungen. Treffen die Kooperationspartner keine ausdrücklichen Absprachen über ihre binnenrechtliche Organisationsstruktur und die ihr zugrunde liegende Rechtsform, schließen sie regelmäßig einen konkludenten Vertrag über die Errichtung einer Gesellschaft bürgerlichen Rechts sui generis im Sinne der §§ 705 ff. BGB. Nur in Ausnahmefällen kommt die Gründung einer Personenhandelsgesellschaft in Betracht, wenn sämtliche Leistungserbringer ein Handelsgewerbe im Sinne von § 1 Abs. 2 HGB betreiben. Die Errichtung eines Versorgungsverbundes in der Rechtsform einer Partnerschaftsgesellschaft ist zulässig, sofern die Kooperation eine gemeinschaftliche Berufsausübung der Verbundteilnehmer beinhaltet.

7. Die Gründung vernetzter Kooperationsformen in der Rechtsform einer juristischen Person begegnet keinen vertragsarztrechtlichen Hindernissen, soweit die Zusammenarbeit der Leistungserbringer auf die Schaffung der organisatorischen Rahmenbedingungen der Berufsausübung beschränkt ist. Hat die netzinterne Kooperation dagegen eine gemeinschaftliche Berufsausübung zum Gegenstand, bedürfen Versorgungsnetze in der Rechtsform einer juristischen Person einer eigenen Zulassung zur gesetzlichen Krankenversicherung. Zur vertragsärztlichen Versorgung können nunmehr medizinische Versorgungszentren zugelassen werden. Es handelt sich hierbei um fachübergreifende ärztlich geleitete Einrichtungen, in denen Ärzte als Angestellte oder Vertragsärzte tätig sind. Vorbehaltlich einer Beschränkung der rechtsformbezogenen Wahlfreiheit durch das Berufsrecht und das Gesellschaftsrecht können sich medizinische Versorgungszentren aller Organisationsformen und somit auch der juristischen Personen des Privatrechts bedienen. Vor dem Hintergrund der typischerweise bestehenden räumlichen Trennung der Praxissitze der teilnehmenden Leistungserbringer führt die Bindung der Zulassung an den Vertragsarztsitz allerdings zu einer eingeschränkten Nutzbarkeit der medizinischen Versorgungszentren für vernetzte Kooperationsformen.

8. Die Heilberufs- und Kammergesetze mehrerer Bundesländer untersagen die Ausübung ambulanter heilkundlicher Tätigkeit außerhalb von Krankenhäusern durch Ärzte und Angehörige anderer Heilberufe, die sich in einer juristischen Person des Privatrechts zusammengeschlossen haben oder bei einer solchen angestellt sind. Entsprechende Verbotsnormen sind in den Berufsordnungen mehrerer Ärztekammern enthalten. Eine Abwägung zwischen den Folgen der als Eingriffe in die Freiheit der Berufsausübung zu qualifizierenden Verbotsbestimmungen für die juristischen Personen sowie die für sie tätigen Ärzte einerseits und den Gemeinschaftsinteressen andererseits ergibt, dass die Untersagung ärztlicher Heilkundetätigkeit in der Rechtsform einer juristischen Person mit dem Grundrecht der Berufsfreiheit gemäß Art. 12 Abs. 1 GG unvereinbar ist. Darüber hinaus verstoßen die berufsrechtlichen Verbote gegen den allgemeinen Gleichbehandlungsgrundsatz gemäß Art. 3 Abs. 1 GG und sind somit materiell verfassungswidrig. Die in den Berufsordnungen der Ärztekammern normierten Verbotsbestimmungen entbehren darüber hinaus einer ausreichenden gesetzlichen Ermächtigungsgrundlage und sind daher von der Satzungskompetenz der Ärztekammern nicht gedeckt.

9. Soweit die Errichtung vernetzter Kooperationsformen in der Rechtsform einer juristischen Person vertragsarztrechtlich und berufsrechtlich statthaft ist, kommt die Gründung eines rechtsfähigen Vereins in Betracht. Die Eintragung einer Gesellschaft in das Vereinsregister ist nach § 21 BGB nur möglich, wenn der Vereinszweck nicht auf einen wirtschaftlichen Geschäftsbetrieb gerichtet ist. Vernetzte Kooperationsformen, deren Hauptzweck in der planmäßigen und dauerhaften Erbringung von Leistungen gegen Entgelt liegt, können nach dem in § 22 BGB festgelegten Subsidiaritätsprinzip dagegen nicht die Rechtsform des rechtsfähigen Vereins wählen. Die Errichtung eines rechtsfähigen Vereins ist daher insbesondere ausgeschlossen, wenn der Kooperationsgegenstand des Versorgungsverbundes auf eine gemeinschaftliche Berufsausübung der Verbundmitglieder gerichtet ist. Ist die Gründung eines rechtsfähigen Vereins wegen der Wirtschaftlichkeit des Verbandszwecks ausgeschlossen, ist die Wahl der Organisationsform des nicht rechtsfähigen Vereins im Sinne des § 54 BGB möglich. Als Rechtsformen kommen weiterhin die Gesellschaft mit beschränkter Haftung und die Aktiengesellschaft in Betracht, die zu jedem gesetzlich zulässigen Zweck gegründet werden können. Ferner können vernetzte Kooperationsformen als eingetragene Genossenschaft errichtet werden, sofern der Gesellschaftszweck in der Förderung des Erwerbs oder der Wirtschaft der Mitglieder mittels eines gemeinschaftlichen Geschäftsbetriebes liegt. Die Wahl einer eingetragenen Genossenschaft ist danach nur möglich, wenn die Kooperation der Netzteilnehmer auf unterstützende Hilfstätigkeiten ihrer individuellen Leistungserbringung beschränkt ist.

10. Die vertrags- und haftungsrechtliche Struktur vernetzter Kooperationsformen richtet sich nach dem Auftreten der Leistungserbringer im Rechtsverkehr und der zugrunde liegenden Organisationsstruktur. Treten die kooperierenden Verbundmitglieder gegenüber ihren Patienten als berufliche Gemeinschaft zur Leistungserbringung in Erscheinung, kommt der Behandlungsvertrag vorbehaltlich einer abweichenden Absprache mit dem Versorgungsverbund und nicht mit dem in Anspruch genommenen Leistungserbringer zustande. Dies gilt bei verständiger Würdigung der Interessenlage auch bei Vorliegen eines interdisziplinären Zusammenschlusses, bei dem nicht sämtliche Kooperationspartner die fachliche Qualifikation zur konkreten Leistungserbringung besitzen. Beschränkt sich die Zusammenarbeit der Leistungserbringer hingegen auf die Schaffung der organisatorischen Rahmenbedingungen ihrer selbstständigen Berufsausübung und treten die Kooperationspartner infolgedessen gegenüber den Leistungsempfängern als Einzelpraktiker auf, wird allein der behandelnde Leistungserbringer vertraglicher Leistungsschuldner und Haftungsgegner des Patienten. Eine abweichende Beurteilung gilt nach allgemeinen Rechtsscheinsgrundsätzen, wenn der Versorgungsverbund im Rechtsverkehr den falschen Anschein einer gemeinschaftlichen Berufsausübung hervorrufen hat.

11. Der behandelnde Leistungserbringer haftet seinem Patienten stets kraft Deliktsrechts für materielle und immaterielle Schäden infolge einer fehlerhaften Behandlung oder Aufklärung. Tritt eine vernetzte Kooperationsform gegenüber dem Patienten als Gemeinschaft zur Berufsausübung auf, haftet daneben regelmäßig der Versorgungsverbund mit dem Gesellschaftsvermögen für das pflichtwidrige Verhalten des behandelnden Leistungserbringers, dessen Fehlverhalten der Gesellschaft nach § 31 BGB (analog) zugerechnet wird. Eine abweichende Beurteilung gilt, wenn der Patient und der von ihm aufgesuchte Leistungserbringer vereinbaren, dass die Behandlung außerhalb des gesellschaftlichen Verbandes erfolgen soll oder wenn das Versorgungsnetz im Rechtsverkehr als Organisationsgemeinschaft in Erscheinung tritt. Nach vergleichbaren Kriterien haftet der Versorgungsverbund für rechtswidrige Handlungen nachgeordneter Hilfspersonen, die als Verrichtungsgehilfen für die Gesellschaft tätig geworden sind.

12. Vorbehaltlich einer wirksamen Haftungsbegrenzung haften die Gesellschafter eines Versorgungsverbundes in der Rechtsform einer Gesellschaft bürgerlichen Rechts akzessorisch mit ihrem Privatvermögen für die Gesamthandsverbindlichkeiten. Ebenso haften die Verbundmitglieder einer Partnerschaftsgesellschaft persönlich für die bestehenden Gesellschaftsschulden; soweit die Haftung für berufliche Fehler betroffen ist, haften nach der gesetzlichen Haftungskonzentration gemäß § 8 Abs. 2 PartGG allerdings nur diejenigen Partner mit ihrem Privatvermögen, die an der gesundheitlichen Versorgung des Patienten tatsächlich mitwirkt haben. Die Gesellschafter einer vernetzten Kooperationsform in der Rechtsform einer juristischen Person haften grundsätzlich nicht persönlich für die Verbindlichkeiten der juristi-

schen Person; lediglich in besonders begründeten Ausnahmefällen ist ein unmittelbarer Zugriff der Gesellschaftsgläubiger auf das Privatvermögen der Gesellschafter im Wege der Durchgriffshaftung möglich. Liegt dem Versorgungsverbund die Rechtsform des nicht rechtsfähigen Vereins zugrunde, haftet der im seinem Namen handelnde Leistungserbringer mit seinem Privatvermögen für die rechtsgeschäftlichen Vereinsverbindlichkeiten. Handelt es sich um einen ideellen Zusammenschluss, ist die Haftung entsprechend der Haftungsstruktur juristischer Personen grundsätzlich auf das Vereinsvermögen beschränkt. Ist der Vereinszweck dagegen auf einen wirtschaftlichen Geschäftsbetrieb gerichtet, haften die Vereinsmitglieder nach den für die Gesellschaft bürgerlichen Rechts geltenden Haftungsvorschriften akzessorisch mit ihrem Privatvermögen für die Vereinsverbindlichkeiten.

## Anhang: Aktuelle Änderungen im ärztlichen Berufsrecht

Mit dem Ziel einer Anpassung des ärztlichen Berufsrechts an die sozialrechtlichen Neuerungen durch das Gesetz zur Modernisierung der gesetzlichen Krankenversicherung[771] hat der *107. Deutsche Ärztetag 2004* in Bremen weit reichende Änderungen der Mustervorschriften in der MBO-Ä beschlossen. Diese werden in den nachfolgenden Ausführungen umrissen, um dem Leser einen Überblick über die Fortentwicklung des Untersuchungsgegenstandes nach Abschluss des Manuskripts zu geben.

In § 17 Abs. 1 MBO-Ä wird die Niederlassung in eigener Praxis nunmehr als Praxissitz definiert. Bereits diese Einfügung legt den Schluss nahe, dass das ärztliche Berufsrecht lediglich die Bindung ärztlicher Berufsausübung an den Praxissitz, nicht aber ein Verbot der Ausübung ambulanter heilkundlicher Tätigkeit in der Rechtsform einer juristischen Person bezweckt. Diese Auslegung wird durch eine Reihe von Normänderungen bestätigt, die eine bemerkenswerte Liberalisierung des ärztlichen Standesrechts mit sich bringen. So legt die Neufassung des § 18 Abs. 2 S. 1 MBO-Ä fest, dass Ärzte ihren Beruf einzeln oder gemeinsam in allen für den Arztberuf zulässigen Gesellschaftsformen ausüben dürfen, wenn ihre eigenverantwortliche, medizinisch unabhängige sowie nicht gewerbliche Berufsausübung gewährleistet ist. Gemäß § 23a Abs. 1 MBO-Ä können Ärzte auch in der Form einer juristischen Person des Privatrechts ärztlich tätig sein. Gesellschafter eines solchen als Ärztegesellschaft bezeichneten Zusammenschlusses können nur Ärzte sowie Angehörige solcher Berufsgruppen sein, die als Mitglieder medizinischer Kooperationsgemeinschaften zugelassen sind. Damit erlaubt das ärztliche Berufsrecht sowohl die als unternehmerische Kooperation von Ärzten beschriebenen Ärztegesellschaften im engeren Sinne als auch die von nichtärztlichen Unternehmern betriebenen Heilkundegesellschaften, bei denen Ärzte im Anstellungsverhältnis beschäftigt werden.

Zur Sicherung der ärztlichen Unabhängigkeit muss gewährleistet sein, dass die Gesellschaft verantwortlich von einem Arzt geführt wird; Geschäftsführer müssen mehrheitlich Ärzte sein. Die Mehrheit der Gesellschaftsanteile und der Stimmrechte muss Ärzten zustehen. Ferner muss gewährleistet sein, dass Dritte am Gewinn der Gesellschaft nicht beteiligt sind und eine ausreichende Berufshaftpflichtversicherung für jeden in der Gesellschaft tätigen Arzt besteht. Eine entsprechende Regelung enthält § 23b Abs. 1 S. 2 MBO-Ä für die medizinische Kooperationsgemeinschaft. Danach ist die Kooperation in der Rechtsform einer Partnerschaftsgesellschaft, aufgrund eines schriftlichen Vertrages in der Rechtsform einer Gesellschaft bürgerlichen Rechts oder einer juristischen Person des Privatrechts gemäß § 23a MBO-Ä gestattet.

771 BGBl. I 2003, S. 2190.

Für die Errichtung vernetzter Kooperationsformen ebenfalls von besonderer Bedeutung ist die in § 23b Abs. 1 S. 1 MBO-Ä enthaltene Erweiterung des personellen Anwendungsbereichs medizinischer Kooperationsgemeinschaften auf selbständig tätige und zur eigenverantwortlichen Berufsausübung befugte Berufsangehörige anerkannter akademischer Heilberufe im Gesundheitswesen, Angehörige staatlicher Ausbildungsberufe im Gesundheitswesen sowie andere Naturwissenschaftler und Angehörige sozialpädagogischer Berufe. Wegen der Verweisung auf den Kreis potenzieller Mitglieder einer medizinischen Kooperationsgemeinschaft geht damit zugleich eine erhebliche Erweiterung des personellen Anwendungsbereichs vernetzter Kooperationsformen einher. Soweit die geänderte Mustervorschrift Eingang in die Berufsordnungen der Ärztekammern findet und den bisherigen Katalog der kooperationsfähigen Berufsgruppen ablöst, resultiert hieraus eine Anpassung des ärztlichen Berufsrechts an die Vorgaben des Sozialversicherungsrechts. Hierdurch entfällt die nach der bisherigen Fassung bestehende Normenkollision zwischen den beiden Teilrechtsgebieten, die wegen Verstoßes gegen höherrangiges Recht bislang zur Unwirksamkeit der berufsrechtlichen Regelung führte.

Die Regelungen zum Praxisverbund, die bislang in § 22 in Verbindung mit Kap. D II Nr. 11 MBO-Ä enthalten waren, finden sich im Übrigen ohne inhaltliche Abweichungen in § 23d MBO-Ä wieder. Daneben haben auch zahlreiche weitere Mustervorschriften einen neuen systematischen Standort erhalten. Auf diese Modifikationen sowie auf die weiteren inhaltlichen Änderungen, die die Errichtung vernetzter Kooperationsformen nur marginal betreffen, soll in diesem Zusammenhang lediglich hingewiesen, nicht aber näher eingegangen werden.

Bislang ist die geänderte MBO-Ä in den Berufsordnungen der Ärztekammern überwiegend nicht umgesetzt worden[772]. Insoweit gelten die der Untersuchung zugrunde gelegten Bestimmungen des ärztlichen Berufsrechts und die hierzu gemachten Ausführungen unverändert fort. Eine flächendeckende Anpassung der satzungsrechtlichen Bestimmungen an die Neufassung der MBO-Ä ist allerdings absehbar zu erwarten. Von Bedeutung ist in diesem Zusammenhang der Beschluss des *58. Bayerischen Ärztetages 2004*[773], in dem sich dieser dafür ausgesprochen hat, dass es Bayerns Ärzten künftig erlaubt sein soll, ihre Praxen in der Rechtsform einer Gesellschaft mit beschränkter Haftung zu führen. Er hat hierzu ausgeführt, dass nun der Gesetzgeber diejenigen Paragraphen im Bayerischen Heilberufe-Kammergesetz ändern müsse, die derartige Ärztegesellschaften gegenwärtig verbieten. Diese Kehrtwende in der ärztlichen Standespolitik zugunsten einer Liberalisierung der landesrechtlichen Vorschriften ist insbesondere mit Blick auf die Bestätigung des in Art. 18 Abs. 1 S. 2 des Bayerischen Heilberufe-

772 So sind etwa die neu gefassten Mustervorschriften auch in der letzten Änderung der Berufsordnung für Ärztinnen und Ärzte im Lande Bremen vom 09. September 1998 durch Beschluss der Delegiertenversammlung vom 20. September 2004 noch nicht berücksichtigt.

773 Abrufbar unter http://www.blaek.de.

Kammergesetzes geregelten Verbots, eine ärztliche Praxis in der Rechtsform einer juristischen Person des privaten Rechts zu führen, durch den *Bayerischen Verfassungsgerichtshof*[774] bemerkenswert und spiegelt eindrucksvoll die aktuelle Fortentwicklung des ärztlichen Berufsrechts wider.

774 *BayVerfGH* NJW 2000, 3418 ff.

# Literaturverzeichnis


*Ahrens, Hans Jürgen*, Ökonomische Anreizsysteme – Herausforderungen und Chancen, in: Die Ortskrankenkasse 1998, S. 75 ff. (zit.: *Ahrens*, DOK 1998, 75)

*Ahrens, Hans Jürgen*, Praxisgemeinschaft in Ärztehäusern mit Fremdgeschäftsführung – Voraussetzungen und Grenzen ärztlichen Unternehmertums, in: Medizinrecht 1992, S. 141 ff. (zit.: *Ahrens*, MedR 1992, 141)

*Altmeppen, Holger*, Deliktshaftung in der Personengesellschaft, in: Neue Juristische Wochenschrift 2003, S. 1553 ff. (zit.: *Altmeppen*, NJW 2003, 1553)

*Altmeppen, Holger*, Haftung der Gesellschafter einer Personengesellschaft für Delikte, in: Neue Juristische Wochenschrift 1996, S. 1017 ff. (zit.: *Altmeppen*, NJW 1996, 1017)

*Amelung, Volker Eric/ Schumacher, Harald*, Managed Care: Neue Wege im Gesundheitsmanagement, 2. Auflage, Wiesbaden 2000 (zit.: *Amelung/ Schumacher*, Managed Care)

*Andreas, Manfred*, Die Vernetzung von Krankenhäusern und niedergelassenen Ärzten, in: Arztrecht 2000, S. 32 ff. (zit.: *Andreas*, ArztR 2000, 32)

*Anonymus*, Vernetzte Praxen: Versorgungsstrukturen steuern, in: Deutsches Ärzteblatt 2001, S. A-949 (zit.: *Anonymus*, DÄBl. 2001, A-949)

*Arbeitsgemeinschaft der Wissenschaftlichen Medizinischen Fachgesellschaften (AWMF)/ Ärztliche Zentralstelle Qualitätssicherung (ÄZQ)*, Das Leitlinien-Manual, in: Zeitschrift für ärztliche Fortbildung und Qualitätssicherung 2001, Supplement I (zit.: *AWMF/ ÄZQ*, Das Leitlinien-Manual)

*Arzneimittelkommission der deutschen Ärzteschaft (AkdÄ)/ Deutsche Diabetes Gesellschaft (DDG)/ Fachkommission Diabetes Sachsen (FDS)/ Deutsche Gesellschaft für innere Medizin (DGIM)/ Arbeitsgemeinschaft der Wissenschaftlichen Medizinischen Fachgesellschaften (AWMF)*, Nationale Versorgungs-Leitlinie Diabetes mellitus 2, Kurzfassung – Mai 2002, in: Zeitschrift für ärztliche Fortbildung und Qualitätssicherung 2002, Supplement II (zit.: *AkdÄ/ DDG u. a.*, Nationale Versorgungs-Leitlinie Diabetes mellitus 2)

*Axer, Peter*, Normsetzung der Exekutive in der Sozialversicherung: Ein Beitrag zu den Voraussetzungen und Grenzen untergesetzlicher Normsetzung im Staat des Grundgesetzes, Tübingen 2000 (zit.: *Axer*, Normsetzung der Exekutive in der Sozialversicherung)

*Bachmann, Gregor*, Juristische Person und freier Beruf, in: Neue Juristische Wochenschrift 2001, S. 3385 ff. (zit.: *Bachmann*, NJW 2001, 3385)

*Bahlo, Ekkehard*, Telemedizin – Chancen und Risiken aus der Sicht des Patienten, in: Rechtsfragen der Telemedizin, hrsgg. von Christian Dierks, Hubertus Feussner und Albrecht Wienke, Berlin Heidelberg 2000, S. 125 ff. (zit.: *Bahlo*, Telemedizin, 125)

*Ballerstedt, Kurt*, Der gemeinsame Zweck als Grundbegriff des Rechts der Personengesellschaften, in: Juristische Schulung 1963, S. 253 ff. (zit.: *Ballerstedt*, JuS 1963, 253)

*Bauder, Wolfgang*, Der Franchise-Vertrag: Eine systematische Darstellung von Rechtstatsachen, Stuttgart 1988 (zit.: *Bauder*, Der Franchise-Vertrag)

*Baumann, Horst*, Rechtsnatur und Haftungsverfassung der Gesellschaft bürgerlichen Rechts im Spannungsfeld zwischen Grundrechtsgewährleistung und Zivilrechtsdogmatik, in: Juristenzeitung 2001, S. 895 ff. (zit.: *Baumann*, JZ 2001, 895)

*Baumbach, Adolf/ Hopt, Klaus J.*, Handelsgesetzbuch, 31. Auflage, München 2003 (zit.: *Baumbach/ Hopt*, Handelsgesetzbuch)

*Bausch, Frank/ Stock, Johannes*, Ärztnetze: Team ist Trumpf, in: Gesundheit und Gesellschaft 3/ 2000, S. 22 ff. (zit.: *Bausch/ Stock*, G+G 3/ 2000, 22)

*Bayer, Hermann-Wilfried/ Imberger, Frank*, Die Rechtsformen freiberuflicher Tätigkeit – Zugleich ein Beitrag zum Regierungsentwurf eines Partnerschaftsgesetzes, in: Deutsche Zeitschrift für Wirtschafts- und Insolvenzrecht 1993, S. 309 ff. (zit.: *Bayer/ Imberger*, DZWir 1993, 309)

*Beck, Markus*, Die Haftung der Gesellschafter bei der BGB-Erwerbsgesellschaft, Berlin 1999 (zit.: *Beck*, Die Haftung der Gesellschafter bei der BGB-Erwerbsgesellschaft)

*Becker, Ulrich*, Rechtliche Fragen im Zusammenhang mit dem Risikostrukturausgleich – unter Berücksichtigung der integrierten Versorgung, in: Vierteljahresschrift für Sozialrecht 2001, S. 277 ff. (zit.: *Becker*, VSSR 2001, 277)

*Becker, Ulrich*, Rechtliche Rahmenbedingungen der integrierten Versorgung, in: Neue Zeitschrift für Sozialrecht 2001, S. 505 ff. (zit.: *Becker*, NZS 2001, 505)

*Becker-Berke, Stephanie/ Mehl, Eberhard*, Verzahnt statt verzettelt, in: Gesundheit und Gesellschaft 8/ 1998, S. 22 ff. (zit.: *Becker-Berke/ Mehl*, G+G 8/ 1998, 22)

*Behrends, Behrend*, Grenzen des Privatrechts in der gesetzlichen Krankenversicherung: Das Leistungs- und Vertragsrecht der GKV im Spannungsverhältnis zwischen öffentlichem Recht und Privatrecht, Berlin 1986 (zit.: *Behrends*, Grenzen des Privatrechts in der gesetzlichen Krankenversicherung)

*Berndt, Joachim/ Boin, Kai T.*, Zur Rechtsnatur der Gesellschaft bürgerlichen Rechts, in: Neue Juristische Wochenschrift 1998, S. 2854 ff. (zit.: *Berndt/ Boin*, NJW 1998, 2854)

*Beule, Claudia*, Rechtsfragen der integrierten Versorgung (§§ 140a bis 140h SGB V), Berlin Heidelberg 2003 (zit.: *Beule*, Rechtsfragen der integrierten Versorgung)

*Beuthien, Volker*, Die Haftung von Personengesellschaftern (I), in: Der Betrieb 1975, S. 725 ff. (zit.: *Beuthien*, DB 1975, 725)

*Beuthien, Volker*, Die Haftung von Personengesellschaftern (II), in: Der Betrieb 1975, S. 773 ff. (zit.: *Beuthien*, DB 1975, 773)

*Beuthien, Volker*, Zur Systemvergessenheit im deutschen Gesellschaftsrecht, in: Juristenzeitung 2003, S. 969 ff. (zit.: *Beuthien*, JZ 2003, 969)

*Bien, Annika*, Managed Care – Neue Vertrags- und Versorgungsformen in der Krankenversicherung, in: Zeitschrift für Sozialhilfe und Sozialgesetzbuch 2000, S. 387 ff. (zit.: *Bien*, ZFSH/ SGB 2000, 387)

*Bihr, Dietrich/ Krauskopf, Dieter*, Vertrags- und vergütungsrechtliche Aspekte einer integrierten Krankenversorgung, in: Zeitschrift für öffentliche und gemeinwirtschaftliche Unternehmen 2001, S. 194 ff. (zit.: *Bihr/ Krauskopf*, ZögU 2001, 194)

*Blenske, Holger*, Die Haftung der Gesellschafter einer GbR mbH, in: Neue Juristische Wochenschrift 2000, S. 3170 ff. (zit.: *Blenske*, NJW 2000, 3170)

*Boecken, Winfried*, Vertragsärztliche Bedarfsplanung aus rechtlicher Sicht, in: Neue Zeitschrift für Sozialrecht 1999, S. 417 ff. (zit.: *Boecken*, NZS 1999, 417)

*Bonvie, Horst*, Aktuelle Fragen des ärztlichen Berufsrechts, in: Medizinrecht 2002, S. 338 ff. (zit.: *Bonvie*, MedR 2002, 338)

*Bösert, Bernd/ Braun, Anton/ Jochem, Hans Rudolf*, Leitfaden zur Partnerschaftsgesellschaft, Weinheim 1996 (zit.: *Bösert/ Braun/ Jochem*, Leitfaden zur Partnerschaftsgesellschaft)

*Brenner, Gerhard*, Spezielle Anwendungen in der Gesundheitstelematik, in: Zeitschrift für ärztliche Fortbildung und Qualitätssicherung 2001, S. 646 ff. (zit.: *Brenner*, ZaeFQ 2001, 646)

*Breulmann, Beate*, Die Rechtsbeziehungen im Rahmen der Heil- und Hilfsmittelgewährung unter besonderer Berücksichtigung der Rechtsnatur des Haftungsanspruchs bei fehlerhafter Leistungserbringung, Münster 1998 (zit.: *Breulmann*, Die Rechtsbeziehungen im Rahmen der Heil- und Hilfsmittelgewährung)

*Breuninger, Gottfried E.*, Die BGB-Gesellschaft als Rechtssubjekt im Wirtschaftsverkehr: Voraussetzungen und Grenzen, Köln 1991 (zit.: *Breuninger*, Die BGB-Gesellschaft als Rechtssubjekt im Wirtschaftsverkehr)

*Broglie, Maximilian*, Vernetzte Praxen als Tor zu Qualität, Patientenservice und Kostenbewußtsein, in: Qualitäts-Management 1999, S. 48 ff. (zit.: *Broglie*, Qualitäts-Management 1999, 48)

*Brox, Hans*, Handelsrecht und Wertpapierrecht, 17. Auflage, München 2004 (zit.: *Brox*, Handelsrecht und Wertpapierrecht)

*Buddee, Antje*, Der Arztvertrag nach dem SGB V, Tübingen 1997 (zit.: *Buddee*, Der Arztvertrag nach dem SGB V)

*Bundesärztekammer*, Ärztestatistik zum 31.12.2002, Köln 2003 (zit.: *Bundesärztekammer*, Ärztestatistik zum 31.12.2002)

*Bundesärztekammer*, Tätigkeitsbericht 1999, Köln 1999 (zit.: *Bundesärztekammer*, Tätigkeitsbericht 1999)

*Bundesverband der Freien Berufe*, Positionsbestimmung vom 12. Juli 1995, Mitteilungen der Bundesrechtsanwaltskammer 1995, S. 157 ff. (zit.: *Bundesverband der Freien Berufe*, BRAK-Mitteilung 1995, 157)

*Bunte, Hermann-Josef*, Anmerkung zum Urteil des BGH vom 01.07.1985 – II ZR 7/ 85, in: Entscheidungen zum Wirtschaftsrecht § 705 BGB 4/ 85, S. 665 f. (zit.: *Bunte*, EWiR § 705 BGB 4/ 85, 665)

*Canaris, Claus-Wilhelm*, Anmerkung zum Urteil des BGH vom 24.06.1991 – II ZR 293/ 90, in: Neue Juristische Wochenschrift 1991, S. 2628 ff. (zit.: *Canaris*, NJW 1991, 2628)

*Canaris, Claus-Wilhelm*, Handelsrecht, 23. Auflage, München 2000 (zit.: *Canaris*, Handelsrecht)

*Casper, Matthias*, Anmerkung zum Urteil des BGH vom 21.01.2002 – II ZR 2/ 00, in: Juristenzeitung 2002, S. 1112 ff. (zit.: *Casper*, JZ 2002, 1112)

*Casper, Matthias/ Eberspächer, Friedemann*, Haftung des GbR-Gesellschafters für Altverbindlichkeiten und deliktische Verbindlichkeiten – BGH, NJW 2003, 1803, in: Juristische Ausbildung 2003, S. 770 ff. (zit.: *Casper/ Eberspächer*, JURA 2003, 770)

*Clade, Harald*, Allgemeinmedizin: Noch keine Trendumkehr, in: Deutsches Ärzteblatt 2000, S. A-2076 f. (zit.: *Clade*, DÄBl. 2000, A-2076)

*Cordes, Albrecht*, Die Gesellschaft bürgerlichen Rechts auf dem Weg zur juristischen Person?, in: Juristenzeitung 1998, S. 545 ff. (zit.: *Cordes*, JZ 1998, 545)

*Cramer, Udo H.*, Die steuerliche Behandlung der „Heilkunde-GmbH", in: Medizinrecht 1995, S. 104 ff. (zit.: *Cramer*, MedR 1995, 104)

*Crezelius, Georg*, Anmerkung zum Urteil des OLG Hamm vom 07.11.1984 – 8 U 338/ 83, in: Entscheidungen zum Wirtschaftsrecht § 705 BGB 1/ 85, S. 281 f. (zit.: *Crezelius*, EWiR § 705 BGB 1/ 85, 281)

*Damm, Reinhard*, Gesellschaftsrecht der Freien Berufe im Wandel, in: Festschrift für Hans-Erich Brandner zum 70. Geburtstag, hrsgg. von Gerd Pfeiffer, Joachim Kummer und Silke Scheuch, Köln 1996, S. 31 ff. (zit.: *Damm*, Festschrift für Brandner, 31)

*Damm, Reinhard/ Mickwitz, Elena von*, Kooperation und Verantwortlichkeit in interprofessionellen Sozietäten, in: Juristenzeitung 2001, S. 76 ff. (zit.: *Damm/ von Mickwitz*, JZ 2001, 76)

*Dannemann, Bernd*, Tätigkeitsbericht des Saarländischen Landesbeauftragten für den Datenschutz, in: Arztrecht 1999, S. 182 ff. (zit.: *Dannemann*, ArztR 1999, 182)

*Dauner-Lieb, Barbara*, § 130 HGB: Weitere Rechtsfortbildung im Recht der BGB-Gesellschaft?, in: Festschrift für Peter Ulmer zum 70. Geburtstag am 2. Januar 2003, hrsgg. von Mathias Habersack, Peter Hommelhoff, Uwe Hüffer und Karsten Schmidt, Berlin 2003, S. 73 ff. (zit.: *Dauner-Lieb*, Festschrift für Ulmer, 73)

*Debong, Bernhard*, Teamarbeit im Krankenhaus, in: Arztrecht 2001, S. 284 ff. (zit.: *Debong*, ArztR 2001, 284)

*Degener-Hencke, Udo*, Integration von ambulanter und stationärer Versorgung – Öffnung der Krankenhäuser für die ambulante Versorgung, in: Neue Zeitschrift für Sozialrecht 2003, S. 629 ff. (zit.: *Degener-Hencke*, NZS 2003, 629)

*Derleder, Peter*, Die Aufgabe der monistischen Struktur der Gesellschaft bürgerlichen Rechts durch Verleihung der Rechtsfähigkeit, in: Betriebsberater 2001, S. 2485 ff. (zit.: *Derleder*, BB 2001, 2485)

*Deutsch, Erwin*, Haftungsfreistellung von Arzt oder Klinik und Verzicht auf Aufklärung durch Unterschrift des Patienten, in: Neue Juristische Wochenschrift 1983, S. 1351 ff. (zit.: *Deutsch*, NJW 1983, 1351)

*Deutsch, Erwin/ Spickhoff, Andreas*, Medizinrecht: Arztrecht, Arzneimittelrecht, Medizinprodukterecht und Transfusionsrecht, 5. Auflage, Berlin Heidelberg 2003 (zit.: *Deutsch/ Spickhoff*, Medizinrecht)

*Deutsche Gesellschaft für Medizinrecht (DGMR) e. V.*, „Einbecker Empfehlungen" zu Rechtsfragen der Telemedizin, 8. Einbecker Workshop (1999), in: Rechtsfragen der Telemedizin, hrsgg. von Christian Dierks, Hubertus Feussner und Albrecht Wienke, Berlin Heidelberg 2000, S. 133 ff. (zit.: *Deutsche Gesellschaft für Medizinrecht*, „Einbecker Empfehlungen", 133)

*Dierks, Christian*, Datenschutz in der Telemedizin – rechtliche Aspekte, in: Zeitschrift für ärztliche Fortbildung und Qualitätssicherung 1999, S. 787 ff. (zit.: *Dierks*, ZaeFQ 1999, 787)

*Dierks, Christian*, Erforderliche Weiterentwicklungen des Berufsrechts für wettbewerbsfähige Angebotsstrukturen unter Wahrung der ärztlichen Freiberuflichkeit, in: Integrierte Versorgung: Entwicklungsperspektiven für Praxisnetze, hrsgg. von Christina Tophoven und Lothar Lieschke, Köln 2003, S. 33 ff. (zit.: *Dierks*, Erforderliche Weiterentwicklungen des Berufsrechts, 33)

*Dierks, Christian*, Rechtliche und praktische Probleme der Integration von Telemedizin in das Gesundheitswesen in Deutschland, Berlin 2000 (zit.: *Dierks*, Rechtliche und praktische Probleme der Integration von Telemedizin)

*Dierks, Christian*, Rechtliche und praktische Probleme der Integration von Telemedizin – ein Problemaufriss, in: Rechtsfragen der Telemedizin, hrsgg. von Christian Dierks, Hubertus Feussner und Albrecht Wienke, Berlin Heidelberg 2000, S. 1 ff. (zit.: *Dierks*, Rechtsfragen der Telemedizin, 1)

*Dietel, Manfred/ Hufnagl, Peter*, Elektronische Kommunikation in der Medizin, in: Zeitschrift für ärztliche Fortbildung und Qualitätssicherung 2001, S. 596 ff. (zit.: *Dietel/ Hufnagl*, ZaeFQ 2001, 596)

*Dietze, Eckard/ Brandenburg, Hans-F.*, Recht in der Arztpraxis: Ein Ratgeber für Ärzte, Stuttgart 1998 (zit.: *Dietze/ Brandenburg*, Recht in der Arztpraxis)

*Dietzel, Gottfried T. W.*, E-Health und Gesundheitstelematik: Herausforderungen und Chancen, in: Deutsches Ärzteblatt 2001, S. A-158 ff. (zit.: *Dietzel*, DÄBl. 2001, A-158)

*Dreher, Meinrad*, Die ärztliche Berufsausübung in Gesellschaften und § 4 Abs. 2 S. 1 MBKK, in: Versicherungsrecht 1995, S. 245 ff. (zit.: *Dreher*, VersR 1995, 245)

*Droste, Josef*, Gemeinschaftliche Berufsausübung von Rechtsanwälten mit Angehörigen anderer steuer- und wirtschaftsberatender Berufe, Frankfurt am Main 1998 (zit.: *Droste*, Gemeinschaftliche Berufsausübung von Rechtsanwälten)

*Eberhardt, Dietrich*, Zivilrecht und Sozialrecht in der Beziehung von Kassenarzt und Kassenpatient – Zugleich ein Beitrag zu Inhalt und Bedeutung des § 368 d IV RVO –, in: Archiv für die civilistische Praxis 171 (1971), S. 289 ff. (zit.: *Eberhardt*, AcP 171 (1971), 289)

*Ehmann, Horst*, Praxisgemeinschaft/ Gemeinschaftspraxis, in: Medizinrecht 1994, S. 141 ff. (zit.: *Ehmann*, MedR 1994, 141)

*Eichenhofer, Eberhard*, Sozialrecht und Privatrecht – wechselseitig unvereinbar oder aufeinander bezogen?, in: Neue Zeitschrift für Sozialrecht 2004, S. 169 ff. (zit.: *Eichenhofer*, NZS 2004, 169)

*Eisenberg, Judith*, Ärztliche Kooperations- und Organisationsformen, Frankfurt am Main 2002 (zit.: *Eisenberg*, Ärztliche Kooperations- und Organisationsformen)

*Eisenhardt, Ulrich*, Gesellschaftsrecht, 11. Auflage, München 2003 (zit.: *Eisenhardt*, Gesellschaftsrecht)

*Elbing, Gunther*, Anmerkung zum Beschluss des LG München I vom 22.06.1995 – 17 HKT 7611/ 95, in: Medizinrecht 1996, S. 519 ff. (zit.: *Elbing*, MedR 1996, 519)

*Erbsen, Maike C.*, Praxisnetze und das Berufsrecht der Ärzte: Der Praxisverbund als neue Kooperationsform in der ärztlichen Berufsordnung, Frankfurt am Main 2003 (zit.: *Erbsen*, Praxisnetze und das Berufsrecht der Ärzte)

*Fachkommission Diabetes Sachsen (FDS)*, Modellprogramm des Bundesministeriums für Gesundheit: Leitlinien zur Behandlung von Kindern und Jugendlichen mit Diabetes mellitus Typ 1, Dresden 1998 (zit.: *FDS*, Leitlinien zur Behandlung von Kindern und Jugendlichen mit Diabetes mellitus Typ 1)

*Feussner, Hubertus/ Baumgartner, Markus/ Siewert, Jörg Rüdiger*, Telemedizin in der Praxis: Erscheinungsformen und Relevanz, in: Rechtsfragen der Telemedizin, hrsgg. von Christian Dierks, Hubertus Feussner und Albrecht Wienke, Berlin Heidelberg 2000, S. 37 ff. (zit.: *Feussner/ Baumgartner/ Siewert*, Telemedizin in der Praxis, 37)

*Fikentscher, Wolfgang*, Zu Begriff und Funktion des „gemeinsamen Zwecks“ im Gesellschafts- und Kartellrecht, in: Festschrift für Harry Westermann zum 65. Geburtstag, hrsgg. von Wolfgang Hefermehl, Rudolf Gmür und Hans Brox, Karlsruhe 1974, S. 87 ff. (zit.: *Fikentscher*, Festschrift für Westermann, 87)

*Flume, Werner*, Allgemeiner Teil der Bürgerlichen Rechts, Erster Band, Erster Teil: Die Personengesellschaft, Berlin Heidelberg 1977 (zit.: *Flume*, Die Personengesellschaft)

*Flume, Werner*, Die persönliche Haftung der Gesellschafter einer BGB-Gesellschaft für deliktisches Handeln der geschäftsführenden Gesellschafter – Anmerkungen zur Entscheidung des Zweiten Zivilsenats des BGH vom 24.2.2003 –, in: Der Betrieb 2003, S. 1775 ff. (zit.: *Flume*, DB 2003, 1775)

*Francke, Robert*, Ärztliche Berufsfreiheit und Patientenrechte: Eine Untersuchung zu den verfassungsrechtlichen Grundlagen des ärztlichen Berufsrechts und des Patientenschutzes, Stuttgart 1994 (zit.: *Francke*, Ärztliche Berufsfreiheit und Patientenrechte)

*Francke, Robert*, Sozialrechtliche Rezeption ärztlicher Leitlinien – Standardisierung von Untersuchungs- und Behandlungsmethoden in der gesetzlichen Krankenversicherung, in: Die Sozialgerichtsbarkeit 2000, S. 159 ff. (zit.: *Francke*, SGb 2000, 159)

*Franke, Nicole*, Die Ärzte-Partnerschaft, Dissertation, Köln 1998 (zit.: *Franke*, Die Ärzte-Partnerschaft)

*Freyschmidt, Julia*, Integrierte Versorgung: Kein Monopol durch die Hintertür, in: Gesundheit und Gesellschaft 2001, S. 50 ff. (zit.: *Freyschmidt*, G+G 2001, 50)

*Fuchs, Maximilian*, Zivilrecht und Sozialrecht: Recht und Dogmatik materieller Existenzsicherung in der modernen Gesellschaft, München 1992 (zit.: *Fuchs*, Zivilrecht und Sozialrecht)

*Ganster, Günther*, Freier Beruf und Kapitalgesellschaft – das Ende der freien Professionen? Eine umfassende juristische Analyse zum scheinbar unaufhaltsamen Siegeszug der Kapitalgesellschaften in den freien Professionen, Berlin New York 2000 (zit.: *Ganster*, Freier Beruf und Kapitalgesellschaft)

*Ganster, Günther*, Kooperationsmöglichkeiten für Freie Berufe und berufsrechtlicher Vorbehalt – Das Beispiel der ärztlich betriebenen ambulanten Heilkunde-Kapitalgesellschaft –, in: Der Arzt und sein Recht 2000, S. 154 ff. (zit.: *Ganster*, AusR 2000, 154)

*Garstka, Hansjürgen*, Datenschutz in Praxisnetzen aus Sicht des Datenschutzbeauftragten, in: Zeitschrift für ärztliche Fortbildung und Qualitätssicherung 1999, S. 781 ff. (zit.: *Garstka*, ZaeFQ 1999, 781)

*Geiß, Karlmann/ Greiner, Hans-Peter*, Arzthaftpflichtrecht, 4. Auflage, München 2001 (zit.: *Geiß/ Greiner*, Arzthaftpflichtrecht)

*Glanegger, Peter/ Kirnberger, Christian/ Peuker, Monika/ Selder, Johannes/ Güroff, Georg/ Kusterer, Stefan/ Ruß, Werner/ Stuhlfelner, Ulrich*, Heidelberger Kommentar zum Handelsgesetzbuch: Handelsrecht, Bilanzrecht, Steuerrecht, 6. Auflage, Heidelberg 2002 (zit.: Heidelberger Kommentar zum Handelsgesetzbuch-*Bearbeiter*)

*Goette, Wulf*, Mindestanforderungen an die Gesellschafterstellung in der BGB-Gesellschaft, in: Medizinrecht 2002, S. 1 ff. (zit.: *Goette*, MedR 2002, 1)

*Gollasch, Christian W.*, Die fachübergreifende Gemeinschaftspraxis: Rechtliche Voraussetzungen und Grundlagen der gemeinsamen Berufsausübung von Ärzten unterschiedlicher Fachgebiete in der Gesellschaft bürgerlichen Rechts, Baden-Baden 2003 (zit.: *Gollasch*, Die fachübergreifende Gemeinschaftspraxis)

*Graefe, Thomas/ Gemke, Gwendolyn*, Die Gestaltung von Praxisnetzen und der Datenschutz, im Internet unter http://www.graefe-partner.de/gup/praxisnetze_gd.html (zit.: *Graefe/ Gemke*, Die Gestaltung von Praxisnetzen und der Datenschutz)

*Graefe, Thomas/ Gemke, Gwendolyn*, Praxisnetze – Realitäten und Möglichkeiten, im Internet unter http://www.graefe-partner.de/gup/praxisnetze.htm (zit.: *Graefe/ Gemke*, Praxisnetze – Realitäten und Möglichkeiten)

*Graefe, Thomas/ Zieglwalner, Stefanie*, Rechtliche Grundlagen und Strukturen bei Praxisnetzen, im Internet unter http://www.graefe-partner.de/gup/praxisnetze_gs.html (zit.: *Graefe/ Zieglwalner*, Rechtliche Grundlagen und Strukturen bei Praxisnetzen)

*Graefe, Thomas/ Zieglwalner, Stefanie/ Glökler, Christoph*, Datenschutzrechtliche Aspekte in der Telemedizin, im Internet unter http://www.graefe-partner.de/gup/datenschutz.html, Stand: 30.11.2001 (zit.: *Graefe/ Zieglwalner/ Glökler*, Datenschutzrechtliche Aspekte in der Telemedizin)

*Gusy, Christoph*, Die Freiheit von Berufswahl und Berufsausübung, in: Juristische Arbeitsblätter 1992, S. 257 ff. (zit.: *Gusy*, JA 1992, 257)

*Habersack, Mathias*, Die Anerkennung der Rechts- und Parteifähigkeit der GbR und der akzessorischen Gesellschafterhaftung durch den BGH, in: Betriebsberater 2001, S. 477 ff. (zit.: *Habersack*, BB 2001, 477)

*Hachenburg, Max*, Gesetz betreffend die Gesellschaft mit beschränkter Haftung (GmbHG), Großkommentar, Erster Band, Allgemeine Einleitung: §§ 1 – 34, 8. Auflage, Berlin New York 1992 (zit.: Hachenburg-*Bearbeiter*)

*Hadding, Walther*, Inhalt und Verjährung der Haftung des Gesellschafters einer OHG oder KG – Besprechung der Entscheidung BGHZ 73, 217 –, in: Zeitschrift für Unternehmens- und Gesellschaftsrecht 1981, S. 577 ff. (zit.: *Hadding*, ZGR 1981, 577)

*Hanika, Heinrich*, Telemedizin – Handlungs- und Weiterentwicklungsbedarf, in: Medizinrecht 2001, S. 107 ff. (zit.: *Hanika*, MedR 2001, 107)

*Hart, Dieter*, Ärztliche Leitlinien – Definitionen, Funktionen, rechtliche Bewertungen, in: Medizinrecht 1998, S. 8 ff. (zit.: *Hart*, MedR 1998, 8)

*Hart, Dieter*, Ärztliche Leitlinien und Haftungsrecht, in: Ärztliche Leitlinien. Empirie und Recht professioneller Normsetzung, hrsgg. von Dieter Hart, Baden-Baden 2000, S. 137 ff. (zit.: *Hart*, Ärztliche Leitlinien und Haftungsrecht, 137)

*Hart, Dieter*, Ärztliche Leitlinien und rechtliche Regulierung, in: arznei-telegramm 2000, S. 93 ff. (zit.: *Hart*, arznei-telegramm 2000, 93)

*Hart, Dieter*, Grundlagen des Arzthaftungsrechts: Leistungs- und Haftungsschuldner, in: Juristische Ausbildung 2000, S. 14 ff. (zit.: *Hart*, JURA 2000, 14)

*Hart, Dieter*, Normierungen ärztlichen Handelns: Von Standards über Leitlinien zu Richtlinien, in: Medizinische Genetik 2001, S. 63 ff. (zit.: *Hart*, medgen 2001, 63)

*Hartung, Wolfgang*, Mandatsvertrag – Das Einzelmandat in der Anwaltssozietät, in: Monatsschrift für Deutsches Recht 2002, S. 1224 ff. (zit.: *Hartung*, MDR 2002, 1224)

*Hasenkamp, Annabel*, Anmerkung zum Urteil des BGH vom 07.04.2003 – II ZR 56/ 02, in: Der Betrieb 2003, S. 1166 f. (zit.: *Hasenkamp*, DB 2003, 1166)

*Haubrock, Manfred/ Hagmann, Hartmut/ Nerlinger, Thomas*, Managed Care: Integrierte Versorgungsformen, Bern Göttingen Toronto Seattle 2000 (zit.: *Haubrock/ Hagmann/ Nerlinger*, Managed Care)

*Häussler, Bertram/ Bohm, Steffen*, Praxisnetze auf dem Weg zur integrierten Versorgung, in: Sozialer Fortschritt 2000, S. 127 ff. (zit.: *Häussler/ Bohm*, Sozialer Fortschritt 2000, 127)

*Heberer, Jörg*, Das ärztliche Berufs- und Standesrecht: Lehr- und Handbuch des Arztrechts für Ärzte und Juristen in Ausbildung und Praxis, 2. Auflage, Landsberg 2001 (zit.: *Heberer*, Das ärztliche Berufs- und Standesrecht)

*Helou, Antonius/ Schwartz, Friedrich Wilhelm/ Ollenschläger, Günter*, Qualitätsmanagement und Qualitätssicherung in Deutschland, in: Bundesgesundheitsblatt – Gesundheitsforschung – Gesundheitsschutz 2002, S. 205 ff. (zit.: *Helou/ Schwartz/ Ollenschläger*, Bundesgesundheitsbl – Gesundheitsforsch – Gesundheitsschutz 2002, 205)

*Henke, Klaus-Dirk/ Sinha, Monika*, Evaluation neuer Vertrags- und Versorgungsformen in der Krankenversicherung – ein Werkstattbericht, in: 5. Münsterische Sozialrechtstagung: Managed Care – Neue Vertrags- und Versorgungsformen in der Krankenversicherung, hrsgg. von der Münsterischen Sozialrechtsvereinigung, Karlsruhe 2000, S. 3 ff. (zit.: *Henke/ Sinha*, Evaluation neuer Vertrags- und Versorgungsformen in der Krankenversicherung, 3)

*Henke, Norbert*, Rechtsprobleme ärztlicher Zusammenarbeit im ambulanten Bereich, in: Neue Juristische Wochenschrift 1974, S. 2035 ff. (zit.: *Henke*, NJW 1974, 2035)

*Henkel, Hans-Bernhard*, Kooperation statt Konfrontation, in: Gesundheit und Gesellschaft 4/ 2000, S. 16 (zit.: *Henkel*, G+G 4/ 2000, 16)

*Henssler, Martin*, Anmerkung zum Urteil des BGH vom 25.06.1992 – I ZR 120/ 90, in: Juristenzeitung 1993, S. 155 ff. (zit.: *Henssler*, JZ 1993, 155)

*Henssler, Martin*, Der Gesetzentwurf zur Regelung der Rechtsanwalts-GmbH, in: Zeitschrift für Wirtschaftsrecht und Insolvenzpraxis 1997, S. 1481 ff. (zit.: *Henssler*, ZIP 1997, 1481)

*Henssler, Martin*, Die Freiberufler-GmbH, in: Zeitschrift für Wirtschaftsrecht und Insolvenzpraxis 1994, S. 844 ff. (zit.: *Henssler*, ZIP 1994, 844)

*Henssler, Martin*, Partnerschaftsgesellschaftsgesetz, München 1997 (zit.: *Henssler*, Partnerschaftsgesellschaftsgesetz)

*Henssler, Martin/ Prütting, Hanns*, Bundesrechtsanwaltsordnung, 2. Auflage, München 2004 (zit.: Henssler/ Prütting-*Bearbeiter*, Bundesrechtsanwaltsordnung)

*Hermeler, Angelika Elisabeth*, Rechtliche Rahmenbedingungen der Telemedizin. Dargestellt am Beispiel der Elektronischen Patientenakte sowie des Outsourcing von Patientendaten, München 2000 (zit.: *Hermeler*, Rechtliche Rahmenbedingungen der Telemedizin)

*Heymann, Ernst*, Handelsgesetzbuch, Band 2, Zweites Buch: §§ 105 – 237, Berlin New York 1989 (zit.: Heymann-*Bearbeiter*, Handelsgesetzbuch)

*Hildebrandt, Rolf*, Entwicklungen und Rechtsprobleme freiberuflicher Zusammenschlüsse im ärztlichen und anwaltlichen Bereich sowie der Formwechsel der Partnerschaft in die GmbH, Frankfurt am Main 2000 (zit.: *Hildebrandt*, Entwicklungen und Rechtsprobleme freiberuflicher Zusammenschlüsse)

*Hirte, Heribert*, Berufshaftung: Ein Beitrag zur Entwicklung eines einheitlichen Haftungsmodells für Dienstleistungen, München 1996 (zit.: *Hirte*, Berufshaftung)

*Hoffmann-Riem, Wolfgang*, Öffentliches Recht und Privatrecht als wechselseitige Auffangordnungen – Systematisierung und Entwicklungsperspektiven, in: Öffentliches Recht und Privatrecht als wechselseitige Auffangordnungen, hrsgg. von Wolfgang Hoffmann-Riem und Eberhard Schmidt-Aßmann, Baden-Baden 1996, S. 261 ff. (zit.: *Hoffmann-Riem*, Öffentliches Recht und Privatrecht als wechselseitige Auffangordnungen, 261)

*Hoppe, Jürgen F.*, Telemedizin und internationale Arzthaftung, in: Medizinrecht 1998, S. 462 ff. (zit.: *Hoppe*, MedR 1998, 462)

*Hopt, Klaus J.*, Handels- und Gesellschaftsrecht, Band II: Gesellschaftsrecht, 4. Auflage, München 1996 (zit.: *Hopt*, Gesellschaftsrecht)

*Hopt, Klaus J./ Hehl, Günther*, Der praktische Fall – Bürgerliches Recht und Gesellschaftsrecht: Das „Mayo-Ambulatorium", in: Juristische Schulung 1979, S. 272 ff. (zit.: *Hopt/ Hehl*, JuS 1979, 272)

*Hopt, Klaus J./ Mössle, Klaus P.*, Handels- und Gesellschaftsrecht, Band I: Handelsrecht, 2. Auflage, München 1999 (zit.: *Hopt/ Mössle*, Handelsrecht)

*Hueck, Götz*, Drei Fragen zur Gesamthandsgesellschaft, in: Festschrift für Wolfgang Zöllner zum 70. Geburtstag, hrsgg. von Manfred Lieb, Ulrich Noack und Harm Peter Westermann, Band I, Köln Berlin Bonn München 1998, S. 275 ff. (zit.: *Hueck*, Festschrift für Zöllner, 275)

*Hueck, Götz*, Gesellschaftsrecht, 19. Auflage, München 1991 (zit.: *Hueck*, Gesellschaftsrecht)

*Indra, Peter*, Zur Krankenversicherung in der Schweiz 1911 bis heute, in: 5. Münsterische Sozialrechtstagung: Managed Care – Neue Vertrags- und Versorgungsformen in der Krankenversicherung, hrsgg. von der Münsterischen Sozialrechtsvereinigung, Karlsruhe 2000, S. 25 ff. (zit.: *Indra*, Zur Krankenversicherung in der Schweiz 1911 bis heute, 25)

*Jarass, Hans D./ Pieroth, Bodo*, Grundgesetz für die Bundesrepublik Deutschland, 7. Auflage, München 2004 (zit.: *Jarass/ Pieroth*, Grundgesetz)

*Jauernig, Othmar*, Zur Rechts- und Parteifähigkeit der Gesellschaft bürgerlichen Rechts, in: Neue Juristische Wochenschrift 2001, S. 2321 ff. (zit.: *Jauernig*, NJW 2001, 2321)

*John, Uwe*, Die organisierte Rechtsperson: System und Probleme der Personifikation im Zivilrecht, Berlin 1977 (zit.: *John*, Die organisierte Rechtsperson)

*Jörg, Michael*, Das neue Kassenarztrecht, München 1993 (zit.: *Jörg*, Das neue Kassenarztrecht)

*Kammerlohr, Jürgen*, Behandlungsfehlerhaftung im arbeitsteiligen Medizinbetrieb: Eine rechtsvergleichende Untersuchung zum deutschen und amerikanischen Recht, Dissertation, Bremen 1995 (zit.: *Kammerlohr*, Behandlungsfehlerhaftung im arbeitsteiligen Medizinbetrieb)

*Kassenärztliche Bundesvereinigung*, „Reform 2000": Informationen für den Kassenarzt zum GKV-Gesundheitsreformgesetz 2000, Köln 2000 (zit.: *Kassenärztliche Bundesvereinigung*, Reform 2000)

*Katzenmeier, Christian*, Arbeitsteilung, Teamarbeit und Haftung: Zugleich ein Beitrag zur rechtlichen Rezeption medizinischer Kooperationsvereinbarungen, in: Medizinrecht 2004, S. 34 ff. (zit.: *Katzenmeier*, MedR 2004, 34)

*Katzenmeier, Christian*, Arzthaftung, Tübingen 2002 (zit.: *Katzenmeier*, Arzthaftung)

*Katzenmeier, Christian*, Die Neuregelung des Anspruchs auf Schmerzensgeld, in: Juristenzeitung 2002, S. 1029 ff. (zit.: *Katzenmeier*, JZ 2002, 1029)

*Katzenmeier, Christian*, Kapitalgesellschaften auf dem Gebiet der Heilkunde, in: Medizinrecht 1998, S. 113 ff. (zit.: *Katzenmeier*, MedR 1998, 113)

*Kayser, Björn/ Schwefing, Bernd*, Managed Care und HMOs: Lösung für die Finanzkrise der Krankenversicherung?, Bern Göttingen Toronto Seattle 1998 (zit.: *Kayser/ Schwefing*, Managed Care und HMOs)

*Kemmnitz, Wolfgang*, Empirische Untersuchung medizinischer Normsetzungsprozesse durch ärztliche Leitlinien in medizinischen Institutionen, in: Ärztliche Leitlinien. Empirie und Recht professioneller Normsetzung, hrsgg. von Dieter Hart, Baden-Baden 2000, S. 89 ff. (zit.: *Kemmnitz*, Empirische Untersuchung medizinischer Normsetzungsprozesse, 89)

*Kempter, Fritz/ Kopp, Stephan*, Die Rechtsanwalts-AG – eine Anwaltsgesellschaft sui generis außerhalb des anwaltlichen Berufsrechts?, in: Neue Juristische Wochenschrift 2000, S. 3449 ff. (zit.: *Kempter/ Kopp*, NJW 2000, 3449)

*Kern, Bernd-Rüdiger*, Rechtliche Konsequenzen für medizinischen Standard, Methodenfreiheit, Sorgfaltsmaßstab und Aufklärung, in: Rechtsfragen der Telemedizin, hrsgg. von Christian Dierks, Hubertus Feussner und Albrecht Wienke, Berlin Heidelberg 2000, S. 54 ff. (zit.: *Kern*, Rechtliche Konsequenzen für medizinischen Standard, 54)

*Kilian, Matthias*, Anmerkung zum Beschluss des BGH vom 09.07.2001 – PatAnwZ 1/ 00, in: Neue Zeitschrift für Gesellschaftsrecht 2001, S. 986 f. (zit.: *Kilian*, NZG 2001, 986)

*Kirchner, Hanna/ Ollenschläger, Günter*, Implementierung von Leitlinien – Netze auf dem Weg zur evidenzbasierten Medizin, in: Integrierte Versorgung: Entwicklungsperspektiven für Praxisnetze, hrsgg. von Christina Tophoven und Lothar Lieschke, Köln 2003, S. 63 ff. (zit.: *Kirchner/ Ollenschläger*, Implementierung von Leitlinien, 63)

*Klein-Lange, Matthias*, Krankenversorgung, in: Das Public Health Buch: Gesundheit und Gesundheitswesen, hrsgg. von Friedrich Wilhelm Schwartz, Bernhard Badura, Reiner Leidl, Heiner Raspe und Johannes Siegrist, München Wien Baltimore 1998, S. 213 ff. (zit.: *Klein-Lange*, Krankenversorgung, 213)

*Kleinmann, Werner*, Die Rechtsnatur der Beziehungen der gesetzlichen Krankenkassen zu den Leistungserbringern im Gesundheitswesen, in: Neue Juristische Wochenschrift 1985, S. 1367 ff. (zit.: *Kleinmann*, NJW 1985, 1367)

*Kleinschmidt, Peter*, Vernetzte medizinische Dienste: Wird eine Vision zur Realität?, in: Zeitschrift für ärztliche Fortbildung und Qualitätssicherung 2001, S. 624 ff. (zit.: *Kleinschmidt*, ZaeFQ 2001, 624)

*Klinkhammer, Gisela*, Der Praxisverbund soll allgemein zulässig sein, in: Deutsches Ärzteblatt 2000, S. C-1036 (zit.: *Klinkhammer*, DÄBl. 2000, C-1036)

*Knieps, Franz*, Der Risikostrukturausgleich und seine Auswirkungen auf die Versorgungsqualität, in: Vierteljahresschrift für Sozialrecht 2001, S. 253 ff. (zit.: *Knieps*, VSSR 2001, 253)

*Knispel, Ulrich*, Krankenkassen als Adressaten des Kartellrechts, in: Neue Zeitschrift für Sozialrecht 1998, S. 563 ff. (zit.: *Knispel*, NZS 1998, 563)

*Kollhosser, Helmut*, Rechtliche Aspekte ärztlicher Leitlinien, in: Der Kassenarzt 2001, S. 40 ff. (zit. *Kollhosser*, Der Kassenarzt 2001, 40)

*König, Hans-Helmut/ Seitz, Robert*, Managed Care in Deutschland – Sozialrechtliche und ökonomische Aspekte der Übertragbarkeit, in: Gesundheitswesen 1999, S. 274 ff. (zit.: *König/ Seitz*, Gesundheitswesen 1999, 274)

*König, Hans-Helmut/ Seitz, Robert/ Stillfried, Dominik Graf von*, Grundlagen von Managed Care, in: Managed Care: Ursachen, Prinzipien, Formen und Effekte, hrsgg. von Michael Arnold, Karl W. Lauterbach und Hans-Jürgen Preuß, Stuttgart New York 1997, S. 3 ff. (zit.: *König/ Seitz/ Graf von Stillfried*, Grundlagen von Managed Care, 3)

*Kopp, Ina B./ Encke, Albrecht/ Lorenz, Wilfried*, Leitlinien als Instrument der Qualitätssicherung in der Medizin, in: Bundesgesundheitsblatt – Gesundheitsforschung – Gesundheitsschutz 2002, S. 223 ff. (zit.: *Kopp/ Encke/ Lorenz*, Bundesgesundheitsbl – Gesundheitsforsch – Gesundheitsschutz 2002, 223)

*Kötter, Ute*, Die Steuerung der ambulanten ärztlichen Versorgung im Recht der gesetzlichen Krankenversicherung: Eine vergleichende Untersuchung des deutschen und des belgischen Rechts, Baden-Baden 2000 (zit.: *Kötter*, Die Steuerung der ambulanten ärztlichen Versorgung)

*Krasney, Otto Ernst*, Das Gesetz zur Reform der gesetzlichen Krankenversicherung ab dem Jahr 2000 (GKV-Gesundheitsreformgesetz 2000), in: Neue Juristische Wochenschrift 2000, S. 2697 ff. (zit.: *Krasney*, NJW 2000, 2697)

*Krause, Peter*, Die Rechtsbeziehungen zwischen Kassenarzt und Kassenpatient, in: Die Sozialgerichtsbarkeit 1982, S. 425 ff. (zit.: *Krause*, SGb 1982, 425)

*Kremer, Arnold*, Freie Berufe in der Rechtsform der GmbH, in: GmbH-Rundschau 1983, S. 259 ff. (zit.: *Kremer*, GmbHR 1983, 259)

*Krieger, Gerd*, Die Ausdehnung des Leistungsbildes durch Zusammenarbeit mit Nichtärzten, in: Medizinrecht 1998, S. 57 ff. (zit.: *Krieger*, MedR 1998, 57)

*Krieger, Gerd*, Partnerschaftsgesellschaftsgesetz: Eine neue Möglichkeit, in freier Praxis partnerschaftlich zusammenzuarbeiten, in: Medizinrecht 1995, S. 95 ff. (zit.: *Krieger*, MedR 1995, 95)

*Krüger-Brand, Heike E.*, K Online: Telemedizin für die Praxis, in: Deutsches Ärzteblatt 2002, S. A-2991 (zit.: *Krüger-Brand*, DÄBl. 2002, A-2991)

*Kruse, Jürgen/ Hänlein, Andreas*, Gesetzliche Krankenversicherung: Lehr- und Praxiskommentar (LPK-SGB V), 2. Auflage, Baden-Baden 2003 (zit.: LPK-SGB V-*Bearbeiter*)

*Kübler, Friedrich*, Gesellschaftsrecht: Die privatrechtlichen Ordnungsstrukturen und Regelungsprobleme von Verbänden und Unternehmen, 5. Auflage, Heidelberg 1998 (zit.: *Kübler*, Gesellschaftsrecht)

*Kuhlmann, Jens-M.*, Rechtliche Rahmenbedingungen für die Zusammenarbeit von Krankenhäusern und niedergelassenen Ärzten beim Abschluss von Integrationsversorgungsverträgen, in: Krankenhaus & Recht 2000, S. 171 ff. (zit.: *Kuhlmann*, KHuR 2000, 171)

*Kurth, Bärbel-Maria*, Demographischer Wandel und Anforderungen an das Gesundheitswesen, in: Bundesgesundheitsblatt – Gesundheitsforschung – Gesundheitsschutz 2001, S. 813 ff. (zit.: *Kurth*, Bundesgesundheitsbl – Gesundheitsforsch – Gesundheitsschutz 2001, 813)

*Lach, Michael*, Formen freiberuflicher Zusammenarbeit: Der Konflikt zwischen Gesellschaftsrecht, Standes- und Berufsrechten sowie den Notwendigkeiten gesellschaftlicher Zusammenarbeit, München 1970 (zit.: *Lach*, Formen freiberuflicher Zusammenarbeit)

*Lange, Jérôme D.*, Beratungsprobleme beim „Eintritt" eines Arztes in eine Einzelpraxis oder bei seiner Aufnahme in eine Gemeinschaftspraxis (Teil 1), in: Zeitschrift für das gesamte Medizin- und Gesundheitsrecht 2003, S. 18 ff. (zit.: *Lange*, ZMGR 2003, 18)

*Larenz, Karl/ Canaris, Claus-Wilhelm*, Methodenlehre der Rechtswissenschaft, 3. Auflage, Berlin Heidelberg 1995 (zit.: *Larenz/ Canaris*, Methodenlehre der Rechtswissenschaft)

*Laufs, Adolf*, Arztrecht, 5. Auflage, München 1993 (zit.: *Laufs*, Arztrecht)

*Laufs, Adolf*, Die Ärzte-GmbH und das Berufsrecht, in: Medizinrecht 1995, S. 11 ff. (zit.: *Laufs*, MedR 1995, 11)

*Laufs, Adolf/ Jungemann, Lars*, Anmerkung zum Urteil des BGH vom 29.06.1999 – VI ZR 24/ 98, in: Lindenmaier-Möhring § 278 BGB Nr. 138, S. 2205 ff. (zit.: *Laufs/ Jungemann*, LM § 278 BGB Nr. 138, 2205)

*Laufs, Adolf/ Uhlenbruck, Wilhelm*, Handbuch des Arztrechts, 3. Auflage, München 2002 (zit.: Laufs/ Uhlenbruck-*Bearbeiter*, Handbuch des Arztrechts)

*Lauterbach, Karl W./ Stock, Stephanie*, Reform des Risikostrukturausgleichs: Disease Management wird aktiviert, in: Deutsches Ärzteblatt 2001, S. A-1935 ff. (zit.: *Lauterbach/ Stock*, DÄBl. 2001, A-1935)

*Lenz, Tobias/ Imping, Andreas/ Schlößer, Ralf W.*, Kooperationsformen Freie Berufe: Steuerrecht, Gesellschaftsrecht, Berufsrecht, Bonn Berlin 1999, Loseblattsammlung, Stand: 7. Ergänzungslieferung, Dezember 2001 (zit.: Kooperationsformen Freie Berufe-*Bearbeiter*)

*Löwisch, Manfred*, Wettbewerb, Kollektivverträge und Konfliktlösung in der Reform des Gesundheitswesens, Baden-Baden 1999 (zit.: *Löwisch*, Wettbewerb, Kollektivverträge und Konfliktlösung in der Reform des Gesundheitswesens)

*Lüke-Rosendahl, Frauke*, Der Beruf des Arztes unter besonderer Berücksichtigung der ärztlichen Kooperationen: Eine Analyse aus juristischer und betriebswirtschaftlicher Sicht, Frankfurt am Main 1999 (zit.: *Lüke-Rosendahl*, Der Beruf des Arztes unter besonderer Berücksichtigung der ärztlichen Kooperationen)

*Mangoldt, Hermann von/ Klein, Friedrich/ Starck, Christian*, Das Bonner Grundgesetz, Band 1: Präambel, Artikel 1 bis 19, 4. Auflage, München 1999 (zit.: von Mangoldt/ Klein/ Starck-*Bearbeiter*)

*Martinek, Michael*, Repräsentantenhaftung: Die Organhaftung nach 31 BGB als allgemeines Prinzip der Haftung von Personenverbänden für ihre Repräsentanten. Ein Beitrag zum System der Verschuldenszurechnung, Berlin 1979 (zit.: *Martinek*, Repräsentantenhaftung)

*Martinek, Michael/ Semler, Franz-Jörg*, Handbuch des Vertriebsrechts, München 1996 (zit.: *Martinek/ Semler*, Handbuch des Vertriebsrechts)

*Maurer, Hartmut*, Allgemeines Verwaltungsrecht, 14. Auflage, München 2002 (zit.: *Maurer*, Allgemeines Verwaltungsrecht)

*Maus, Josef*, Praxisnetze: „Ärzte wollen zu viel – und das zu schnell...", in: Deutsches Ärzteblatt 2000, S. C-1093 f. (zit.: *Maus*, DÄBl. 2000, C-1093)

*Methner, Christian*, Integrierte Versorgung als Chance für eine bessere Patientenversorgung, in: Die Leistungen 2000, S. 321 ff. (zit.: *Methner*, Die Leistungen 2000, 321)

*Meyer-Ladewig, Jens*, Sozialgerichtsgesetz, 7. Auflage, München 2002 (zit.: *Meyer-Ladewig*, Sozialgerichtsgesetz)

*Michalski, Lutz*, Das Gesellschafts- und Kartellrecht der berufsrechtlich gebundenen freien Berufe, Köln 1989 (zit.: *Michalski*, Das Gesellschafts- und Kartellrecht der berufsrechtlich gebundenen freien Berufe)

*Michalski, Lutz/ Römermann, Volker*, PartGG – Kommentar zum Partnerschaftsgesellschaftsgesetz, 2. Auflage, Köln 1999 (zit.: *Michalski/ Römermann*, PartGG)

*Möller, Karl-Heinz*, Beitritt zur Gemeinschaftspraxis – persönliche Haftung für Altverbindlichkeiten, in: Medizinrecht 2004, S. 69 ff. (zit.: *Möller*, MedR 2004, 69)

*Möller, Karl-Heinz*, Vertragsärztliche Leistungserbringungsgemeinschaften, in: Medizinrecht 1998, S. 60 ff. (zit.: *Möller*, MedR 1998, 60)

*Mrozynski, Peter*, Anmerkung zum Urteil des BSG vom 10.07.1996 – 3 RK 11/ 95, in: Die Sozialgerichtsbarkeit 1997, S. 227 f. (zit.: *Mrozynski*, SGb 1997, 227)

*Muckel, Hiddemann*, Das Gesetz zur Modernisierung der gesetzlichen Krankenversicherung, in: Neue Juristische Wochenschrift 2004, S. 7 ff. (zit.: *Muckel*, NJW 2004, 7)

*Mudra, Wolfgang*, Integration als Mittel zur Verwirklichung optimaler medizinischer Versorgung, in: Integrierte Medizinische Versorgung: Notwendigkeit – Möglichkeiten – Grenzen, hrsgg. vom Wirtschafts- und Sozialwissenschaftlichen Institut des Deutschen Gewerkschaftsbundes GmbH (WSI), Köln 1975, S. 56 ff. (zit.: *Mudra*, Integration als Mittel zur Verwirklichung optimaler medizinischer Versorgung, 56)

*Mühlbacher, Axel/ Henke, Klaus-Dirk/ Troschke, Jürgen von*, Die integrierte Versorgung: Herausforderungen und Chancen für die hausärztliche Versorgung, in: Zeitschrift für Allgemeinmedizin 2000, S. 592 ff. (zit.: *Mühlbacher/ Henke/ von Troschke*, Z. Allg. Med. 2000, 592)

*Mülbert, Peter O.*, Die rechtsfähige Personengesellschaft: Rechtsfähigkeit, akzessorische Mitgliederhaftung und das Umwandlungsrecht, in: Archiv für die civilistische Praxis 199 (1999), S. 38 ff. (zit.: *Mülbert*, AcP 199 (1999), 38)

*Mummert + Partner*, Chancen der integrierten Versorgung: E-Health. Qualitätsgeprüfte Informationsangebote als Bestandteil integrierter Versorgung chronisch Kranker, Hamburg 2000 (zit.: *Mummert + Partner*, Chancen der integrierten Versorgung)

*Narr, Helmut*, Anmerkung zum Beschluss des BSG vom 12.03.1985 – 3 RK 33/ 83, in: Die Sozialgerichtsbarkeit 1986, S. 32 ff. (zit.: *Narr*, SGb 1986, 32)

*Narr, Helmut/ Hess, Rainer/ Schirmer, Horst-Dieter*, Ärztliches Berufsrecht: Ausbildung, Weiterbildung, Berufsausübung, 2. Auflage, Köln 1997, Loseblattsammlung, Stand: 16. Ergänzungslieferung, April 2003 (zit.: *Narr/ Hess/ Schirmer*, Ärztliches Berufsrecht)

*Natter, Eberhard*, Der Arztvertrag mit dem sozialversicherten Patienten: Zugleich ein Beitrag zum Naturalleistungsprinzip, Köln Berlin Bonn München 1987 (zit.: *Natter*, Der Arztvertrag mit dem sozialversicherten Patienten)

*Neumann, Daniela*, Kartellrechtliche Sanktionierung von Wettbewerbsbeschränkungen im Gesundheitswesen, Baden-Baden 2000 (zit.: *Neumann*, Kartellrechtliche Sanktionierung von Wettbewerbsbeschränkungen im Gesundheitswesen)

*Nicknig, Paul-Georg*, Die Haftung der Mitglieder einer BGB-Gesellschaft für Gesellschaftsschulden, Köln Berlin Bonn München 1972 (zit.: *Nicknig*, Die Haftung der Mitglieder einer BGB-Gesellschaft für Gesellschaftsschulden)

*Niesel, Klaus*, Kasseler Kommentar Sozialversicherungsrecht, München 1990, Loseblattsammlung, Stand: 42. Ergänzungslieferung, Dezember 2003 (zit.: Kasseler Kommentar-*Bearbeiter*)

*Nissen, Jens*, Vergütung von Krankenhausleistungen in der „Integrierten Versorgung“ gemäß §§ 140a – h SGB V, in: Zeitschrift für öffentliche und gemeinwirtschaftliche Unternehmen 2002, S. 22 ff. (zit.: *Nissen*, ZögU 2002, 22)

*Noftz, Wolfgang*, Leistungsrecht und Leistungserbringungsrecht nach Inkrafttreten des 2. GKV-Neuordnungsgesetzes, in: Vierteljahresschrift für Sozialrecht 1997, S. 393 ff. (zit.: *Noftz*, VSSR 1997, 393)

*Ollenschläger, Günter/ Berenbeck, Christine/ Löw, Andreas/ Stobrawa, Franz/ Kolkmann, Friedrich-Wilhelm*, Nationales Programm für Versorgungs-Leitlinien bei der Bundesärztekammer – Methoden-Report, in: Zeitschrift für ärztliche Fortbildung und Qualitätssicherung 2002, S. 545 ff. (zit.: *Ollenschläger/ Berenbeck u. a.*, ZaeFQ 2002, 545)

*Ollenschläger, Günter/ Oesingmann, Ulrich/ Thomeczek, Christian/ Kolkmann, Friedrich-Wilhelm*, Die „Leitlinie für Leitlinien" der Bundesärztekammer und der Kassenärztlichen Bundesvereinigung, in: Ärztliche Leitlinien. Empirie und Recht professioneller Normsetzung, hrsgg. von Dieter Hart, Baden-Baden 2000, S. 41 ff. (zit.: *Ollenschläger/ Oesingmann u. a.*, Die „Leitlinie für Leitlinien", 41)

*Orlowski, Ulrich*, Neue Versorgungs- und Vergütungsstrukturen aus Sicht des Gesetzgebers, in: Vierteljahresschrift für Sozialrecht 1998, S. 265 ff. (zit.: *Orlowski*, VSSR 1998, 265)

*Orlowski, Ulrich/ Wasem, Jürgen*, Gesundheitsreform 2004: GKV-Modernisierungsgesetz (GMG), Heidelberg 2003 (zit.: *Orlowski/ Wasem*, Gesundheitsreform 2004)

*Palandt, Otto*, Bürgerliches Gesetzbuch, 63. Auflage, München 2004 (zit.: Palandt-*Bearbeiter*)

*Pasderski, Edgar Paul*, Die Außenhaftung des Franchisegebers, Berlin 1997 (zit.: *Pasderski*, Die Außenhaftung des Franchisegebers)

*Peikert, Peter/ Kroel, Mark*, Das GKV-Gesundheitsreformgesetz 2000 und die Auswirkungen auf kartellrechtliche Streitigkeiten zwischen Leistungserbringern und den Institutionen der gesetzlichen Krankenversicherung und Dritten, insbesondere den Rechtsweg betreffend, in: Medizinrecht 2001, S. 14 ff. (zit.: *Peikert/ Kroel*, MedR 2001, 14)

*Petersen, Jens*, Das Vereinsrecht des BGB, in: Juristische Ausbildung 2002, S. 683 ff. (zit.: *Petersen*, JURA 2002, 683)

*Pflüger, Frank*, Haftungsfragen der Telemedizin, in: Versicherungsrecht 1999, S. 1070 ff. (zit.: *Pflüger*, VersR 1999, 1070)

*Pitschas, Rainer*, Recht der Freien Berufe, in: Öffentliches Wirtschaftsrecht, Besonderer Teil 2, hrsgg. von Reiner Schmidt, Berlin 1996, S. 1 ff. (zit.: *Pitschas*, Recht der Freien Berufe, 1)

*Posegga, Volker*, Rechtliche Grundlagen einer Sozietät von Rechtsanwälten und Steuerberatern: Eine Untersuchung zur Zulässigkeit, zur Haftungsstruktur und zu den Werbebefugnissen der interprofessionellen Sozietät, Bonn Berlin 1999 (zit.: *Posegga*, Rechtliche Grundlagen einer Sozietät von Rechtsanwälten und Steuerberatern)

*Pranschke-Schade, Stefanie*, Rechtsformen. Erste Wahl: Die BGB-Gesellschaft, in: Arzt & Wirtschaft 2001, S. 62 f. (zit.: *Pranschke-Schade*, Arzt & Wirtschaft 2001, 62)

*Preißler, Reinhold*, Rahmenbedingungen für eine verbesserte sektorale Verzahnung, in: Medizinrecht 1999, S. 506 ff. (zit.: *Preißler*, MedR 1999, 506)

*Preißler, Reinhold*, Verzahnung, Vernetzung und andere neue ärztliche Kooperationsformen – Eine kritische Auseinandersetzung, in: Medizinrecht 1998, S. 90 ff. (zit.: *Preißler*, MedR 1998, 90)

*Quaas, Michael*, Zur Berufsfreiheit des Freiberuflers, insbesondere der Ärzte, in: Medizinrecht 2001, S. 34 ff. (zit.: *Quaas*, MedR 2001, 34)

*Rachold, Ursula*, Neue Versorgungsformen und Managed Care: Ökonomische Steuerungsmaßnahmen der Gesundheitsversorgung, Stuttgart Berlin Köln 2000 (zit.: *Rachold*, Neue Versorgungsformen und Managed Care)

*Raisch, Peter*, Freie Berufe und Handelsrecht, in: Beiträge zum Handels- und Wirtschaftsrecht, Festschrift für Fritz Rittner zum 70. Geburtstag, hrsgg. von Manfred Löwisch, Christian Schmidt-Leithoff und Burkhard Schmiedel, München 1991, S. 471 ff. (zit.: *Raisch*, Festschrift für Rittner, 471)

*Raiser, Thomas*, Der Begriff der juristischen Person. Eine Neubesinnung, in: Archiv für die civilistische Praxis 199 (1999), S. 104 ff. (zit.: *Raiser*, AcP 199 (1999), 104)

*Raiser, Thomas*, Gesamthand und juristische Person im Licht des neuen Umwandlungsrechts, in: Archiv für die civilistische Praxis 194 (1994), S. 495 ff. (zit.: *Raiser*, AcP 194 (1994), 495)

*Ratzel, Rudolf*, Zivilrechtliche Konsequenzen von Verstößen gegen die ärztliche Berufsordnung, in: Medizinrecht 2002, S. 492 ff. (zit.: *Ratzel*, MedR 2002, 492)

*Ratzel, Rudolf/ Lippert, Hans-Dieter*, Kommentar zur Musterberufsordnung der deutschen Ärzte (MBO-Ä), 3. Auflage, Berlin Heidelberg 2002 (zit.: *Ratzel/ Lippert*, Kommentar zur MBO)

*Rauscher, Thomas*, Die Schadensrechtsreform – Vergleich der neuen Regelungen mit der bisherigen Rechtslage –, in: Juristische Ausbildung 2002, S. 577 ff. (zit.: *Rauscher*, JURA 2002, 577)

*Rebmann, Kurt/ Säcker, Franz-Jürgen/ Rixecker, Roland*, Münchener Kommentar zum Bürgerlichen Gesetzbuch, Band 1: Allgemeiner Teil, §§ 1 – 240, AGB-Gesetz, 4. Auflage, München 2001 (zit.: Münchener Kommentar-*Bearbeiter*)

*Rebmann, Kurt/ Säcker, Franz-Jürgen/ Rixecker, Roland*, Münchener Kommentar zum Bürgerlichen Gesetzbuch, Band 5: Schuldrecht, Besonderer Teil III, §§ 705 – 853, Partnerschaftsgesellschaftsgesetz, Produkthaftungsgesetz, 3. Auflage, München 1997 (zit.: Münchener Kommentar-*Bearbeiter*, 3. Auflage)

*Rebmann, Kurt/ Säcker, Franz-Jürgen/ Rixecker, Roland*, Münchener Kommentar zum Bürgerlichen Gesetzbuch, Band 5: Schuldrecht, Besonderer Teil III, §§ 705 – 853, Partnerschaftsgesellschaftsgesetz, Produkthaftungsgesetz, 4. Auflage, München 2004 (zit.: Münchener Kommentar-*Bearbeiter*, 4. Auflage)

*Rebscher, Herbert*, Integrierte Versorgung, in: Der Onkologe 2003, S. 368 ff. (zit.: *Rebscher*, Der Onkologe 2003, 368)

*Rebscher, Herbert*, Risikostrukturausgleich und Auswirkungen auf die Versorgungsqualität, in: Vierteljahresschrift für Sozialrecht 2001, S. 245 ff. (zit.: *Rebscher*, VSSR 2001, 245)

*Reichow, Hartmut/ Hartleb, Uwe/ Schmidt, Werner*, Möglichkeiten medizinischer Datenverarbeitung und Datenschutz, in: Medizinrecht 1998, S. 162 ff. (zit.: *Reichow/ Hartleb/ Schmidt*, MedR 1998, 162)

*Reiff, Peter*, Die Beschränkung der persönlichen Gesellschafterhaftung in der GbR nach der Akzessoritetätstheorie, in: Zeitschrift für Wirtschaftsrecht und Insolvenzpraxis 1999, S. 1329 ff. (zit.: *Reiff*, ZIP 1999, 1329)

*Reiff, Peter*, Wider die unternehmenstragende Gesellschaft bürgerlichen Rechts ohne Gesellschafterhaftung, in: Zeitschrift für Wirtschaftsrecht und Insolvenzpraxis 1999, S. 517 ff. (zit.: *Reiff*, ZIP 1999, 517)

*Reinhold-Keller, Eva/ Herlyn, Karen*, Interdisziplinäre Betreuung von Vaskulitis-Patienten, in: Zeitschrift für Rheumatologie 2001, S. 208 ff. (zit.: *Reinhold-Keller/ Herlyn*, Zeitschrift für Rheumatologie 2001, 208)

*Richter-Reichhelm, Manfred*, Vernetzung von Arztpraxen: Telekonsil/ Telekonferenz, in: Zeitschrift für ärztliche Fortbildung und Qualitätssicherung 2001, S. 620 ff. (zit.: *Richter-Reichhelm*, ZaeFQ 2001, 620)

*Rieger, Hans-Jürgen*, Anmerkung zum Urteil des BGH vom 14.04.1994 – I ZR 12/ 92, in: Medizinrecht 1995, S. 114 f. (zit.: *Rieger*, MedR 1995, 114)

*Rieger, Hans-Jürgen*, Anmerkung zum Urteil des OLG Hamburg vom 10.11.1994 – 3 U 266/ 93, in: Medizinrecht 1995, S. 117 (zit.: *Rieger*, MedR 1995, 117)

*Rieger, Hans-Jürgen*, Die Heilkunde-GmbH in der Rechtsprechung unter besonderer Berücksichtigung des Verfassungsrechts, in: Medizinrecht 1995, S. 87 ff. (zit.: *Rieger*, MedR 1995, 87)

*Rieger, Hans-Jürgen*, Lexikon des Arztrechts, 2. Auflage, Heidelberg 2001, Loseblattsammlung, Stand: 7. Ergänzungslieferung, Dezember 2003 (zit.: Lexikon des Arztrechts-*Bearbeiter*)

*Rieger, Hans-Jürgen*, Vernetzte Praxen – Rechtsbeziehungen zwischen den Beteiligten – berufs-, vertragsarzt- und wettbewerbsrechtliche Aspekte, in: Medizinrecht 1998, S. 75 ff. (zit.: *Rieger*, MedR 1998, 75)

*Riegger, Bodo/ Weipert, Lutz*, Münchener Handbuch des Gesellschaftsrechts, Band 1: BGB-Gesellschaft, Offene Handelsgesellschaft, Partnerschaftsgesellschaft, Partnerreederei, EWIV, München 1995 (zit.: Münchener Handbuch des Gesellschaftsrechts-*Bearbeiter*)

*Rienhoff, Otto*, Qualitätsmanagement, in: Das Public Health Buch: Gesundheit und Gesundheitswesen, hrsgg. von Friedrich Wilhelm Schwartz, Bernhard Badura, Reiner Leidl, Heiner Raspe und Johannes Siegrist, München Wien Baltimore 1998, S. 585 ff. (zit.: *Rienhoff*, Qualitätsmanagement, 585)

*Rieser, Sabine*, GKV-Finanzen: Drei Milliarden Miese, in: Deutsches Ärzteblatt 2003, S. A-657 (zit.: *Rieser*, DÄBl. 2003, A-657)

*Rigizahn, Ernest F.*, Der Rechtsbegriff „Vertragsarztsitz“ – zugleich Besprechung der Entscheidung des LSG Nordrhein-Westfalen vom 7.10.1998 – L 11 KA 62/ 98 –, in: Neue Zeitschrift für Sozialrecht 1999, S. 427 ff. (zit.: *Rigizahn*, NZS 1999, 427)

*Röhricht, Volker/ Westphalen, Friedrich Graf von*, Handelsgesetzbuch, 2. Auflage, Köln 2001 (zit.: Röhricht/ Graf von Westphalen-*Bearbeiter*)

*Römermann, Volker*, Anmerkung zum Urteil des BGH vom 29.01.2001 – II ZR 331/ 00, in: Der Betrieb 2001, S. 428 ff. (zit.: *Römermann*, DB 2001, 428)

*Römermann, Volker*, Anmerkung zum Urteil des OLG Köln vom 03.05.1996 – 11 U 252/ 95, Wirtschaftsrechtliche Beratung 1997, S. 667 f. (zit.: *Römermann*, WiB 1997, 667)

*Rowedder, Heinz/ Fuhrmann, Hans/ Rittner, Fritz/ Koppensteiner, Hans-Georg/ Wiedmann, Harald/ Rasner, Henning/ Zimmermann, Klaus*, Gesetz betreffend die Gesellschaft mit beschränkter Haftung (GmbHG), 2. Auflage, München 1990 (zit.: Rowedder/ Fuhrmann u. a.-*Bearbeiter*)

*Ruchholtz, Steffen/ Waydhas, Christian/ Aufmkolk, Michael/ Täger, Georg/ Piepenbrink, Karl-Joseph/ Stolke, Dietmar/ Nast-Kolb, Dieter*, Interdisziplinäres Qualitätsmanagement in der Behandlung schwerverletzter Patienten, in: Der Unfallchirurg 2001, S. 927 ff. (zit.: *Ruchholtz/ Waydhas u. a.*, Der Unfallchirurg 2001, 927)

*Rupprecht, Rudolf*, Zivilrechtliche Haftung des niedergelassenen Arztes aus Anlaß der Heilbehandlung in medizinalen Kooperationsformen, Berlin 2002 (zit.: *Rupprecht*, Zivilrechtliche Haftung des niedergelassenen Arztes)

*Rüschmann, Hans-Heinrich/ Roth, Andrea/ Krauss, Christian*, Vernetzte Praxen auf dem Weg zu managed care? Aufbau – Ergebnisse – Zukunftsvision, Berlin Heidelberg 2000 (zit.: *Rüschmann/ Roth/ Krauss*, Vernetzte Praxen auf dem Weg zu managed care?)

*Sachverständigenrat für die Konzertierte Aktion im Gesundheitswesen*, Bedarfsgerechtigkeit und Wirtschaftlichkeit, Band III: Über-, Unter- und Fehlversorgung, Gutachten 2001, im Internet unter www.svr-gesundheit.de/gutacht/sogu01/III1-korr.pdf (zit.: *Sachverständigenrat*, Gutachten 2001)

*Saenger, Ingo*, Gesellschaftsrechtliche Gestaltung ärztlicher Kooperationsformen, in: Neue Zeitschrift für Sozialrecht 2001, S. 234 ff. (zit.: *Saenger*, NZS 2001, 234)

*Schäfer, Carsten*, Offene Fragen der Haftung des BGB-Gesellschafters, in: Zeitschrift für Wirtschaftsrecht und Insolvenzpraxis 2003, S. 1225 ff. (zit.: *Schäfer*, ZIP 2003, 1225)

*Scheuffler, Wolfgang*, Die steuerrechtliche Behandlung der „Heilkunde-GmbH“, in: Medizinrecht 1995, S. 99 ff. (zit.: *Scheuffler*, MedR 1995, 99)

*Schiller, Herbert*, Niederlassung, Praxissitz, Vertragsarztsitz, ausgelagerte Praxisräume, Zweigpraxis – Fragen zum Ort der Tätigkeit des (Vertrags-)Arztes, in: Neue Zeitschrift für Sozialrecht 1997, S. 103 ff. (zit.: *Schiller*, NZS 1997, 103)

*Schimmelpfeng-Schütte, Ruth*, Zur Reform des ambulanten Leistungsrechts der Gesetzlichen Krankenversicherung, in: Medizinrecht 2000, S. 512 ff. (zit.: *Schimmelpfeng-Schütte*, MedR 2000, 512)

*Schinnenburg, Wieland*, Passivlegitimation im Arzthaftungsprozeß bei ambulanter Behandlung, in: Medizinrecht 2000, S. 311 ff. (zit.: *Schinnenburg*, MedR 2000, 311)

*Schirmer, Horst Dieter*, Berufsrechtliche und kassenarztrechtliche Fragen der ärztlichen Berufsausübung in Partnerschaftsgesellschaften (Teil 1), in: Medizinrecht 2000, S. 341 ff. (zit.: *Schirmer*, MedR 1995, 341)

*Schirmer, Horst Dieter*, Berufsrechtliche und kassenarztrechtliche Fragen der ärztlichen Berufsausübung in Partnerschaftsgesellschaften (Teil 2), in: Medizinrecht 2000, S. 383 ff. (zit.: *Schirmer*, MedR 1995, 383)

*Schirmer, Horst Dieter*, Das Kassenarztrecht im 2. GKV-Neuordnungsgesetz, in: Medizinrecht 1997, S. 431 ff. (zit.: *Schirmer*, MedR 1997, 431)

*Schirmer, Horst Dieter*, Die Organisation der Leistungserbringung als Partner von Kollektivverträgen und Konfliktlösung, in: Wettbewerb, Kollektivverträge und Konfliktlösung in der Reform des Gesundheitswesens, hrsgg. von Manfred Löwisch, Baden-Baden 1999, S. 85 ff. (zit.: *Schirmer*, Die Organisation der Leistungserbringung, 85)

*Schirmer, Horst Dieter*, Rechtliche Ausgestaltung neuer Versorgungs- und Vergütungsstrukturen nach § 73a SGB V in kassenärztlicher, berufsrechtlicher und wettbewerbsrechtlicher Sicht, in: Vierteljahresschrift für Sozialrecht 1998, S. 279 ff. (zit.: *Schirmer*, VSSR 1998, 279)

*Schiwy, Peter/ Dalichau, Gerhard/ Brack, Stephanie*, Deutsches Arztrecht: Sammlung des gesamten Medizinalrechts des Bundes und der Länder mit Kommentierung, Starnberg 1987, Loseblattsammlung, Stand: 77. Ergänzungslieferung, November 2003 (zit.: *Schiwy/ Dalichau/ Brack*, Deutsches Arztrecht)

*Schlegelberger, Franz*, Handelsgesetzbuch, 5. Auflage, Band III/ 1. Halbband: §§ 105 – 160, München 1992 (zit.: Schlegelberger-*Bearbeiter*)

*Schmidt, Karsten*, Die BGB-Außengesellschaft: rechts- und parteifähig, in: Neue Juristische Wochenschrift 2001, S. 993 ff. (zit.: *Schmidt*, NJW 2001, 993)

*Schmidt, Karsten*, Die Gesellschafterhaftung bei der Gesellschaft bürgerlichen Rechts als gesetzliches Schuldverhältnis, in: Neue Juristische Wochenschrift 2003, S. 1897 ff. (zit.: *Schmidt*, NJW 2003, 1897)

*Schmidt, Karsten*, Gesellschaftsrecht, 4. Auflage, Köln Berlin Bonn München 2002 (zit.: *Schmidt*, Gesellschaftsrecht)

*Schmidt, Karsten*, Münchener Kommentar zum Handelsgesetzbuch, Band 1: Erstes Buch. Handelsstand, §§ 1 – 104, München 1996 (zit.: Münchener Kommentar zum Handelsgesetzbuch-*Bearbeiter*)

*Schmidt, Karsten*, Rechtsfortbildung im Unternehmens- und Gesellschaftsrecht durch die Rechtsprechung des BGH, in: Neue Juristische Wochenschrift 2000, S. 2927 ff. (zit.: *Schmidt*, NJW 2000, 2927)

*Schmidt, Werner*, Datensicherheit, in: Rechtsfragen der Telemedizin, hrsgg. von Christian Dierks, Hubertus Feussner und Albrecht Wienke, Berlin Heidelberg 2000, S. 101 ff. (zit.: *Schmidt*, Datensicherheit, 101)

*Schmidt-Aßmann, Eberhard*, Öffentliches Recht und Privatrecht: Ihre Funktionen als wechselseitige Auffangordnungen – Einleitende Problemskizze –, in: Öffentliches Recht und Privatrecht als wechselseitige Auffangordnungen, hrsgg. von Wolfgang Hoffmann-Riem und Eberhard Schmidt-Aßmann, Baden-Baden 1996, S. 7 ff. (zit.: *Schmidt-Aßmann*, Öffentliches Recht und Privatrecht, 7)

*Schmitt, Jochem*, Leistungserbringung durch Dritte im Sozialrecht, Köln Berlin Bonn München 1990 (zit.: *Schmitt*, Leistungserbringung durch Dritte im Sozialrecht)

*Schnapp, Friedrich E./ Kaltenborn, Markus*, Die gemeinschaftliche Berufsausübung niedergelassener Ärzte aus berufsrechtlicher, vertragsarztrechtlicher und verfassungsrechtlicher Perspektive, in: Die Sozialgerichtsbarkeit 2001, S. 101 ff. (zit.: *Schnapp/ Kaltenborn*, SGb 2001, 101)

*Schnapp, Friedrich E./ Kaltenborn, Markus*, Grundrechtsbindung nichtstaatlicher Institutionen, in: Juristische Schulung 2000, S. 937 ff. (zit.: *Schnapp/ Kaltenborn*, JuS 2000, 937)

*Schnapp, Friedrich E./ Wigge, Peter*, Handbuch des Vertragsarztrechts: Das gesamte Kassenarztrecht, München 2002 (zit.: Schnapp/ Wigge-*Bearbeiter*, Handbuch des Vertragsarztrechts)

*Schneider, Günther*, Handbuch des Kassenarztrechts, Köln Berlin Bonn München 1994 (zit.: *Schneider*, Handbuch des Kassenarztrechts)

*Schneider, Günther*, Konfliktlösung: ärztliche Berufsfreiheit versus Regelungen der Qualitätssicherung – Vorschläge aus juristischer Sicht, in: Medizinrecht 1998, S. 151 ff. (zit.: *Schneider*, MedR 1998, 151)

*Scholz, Karsten*, Neuerungen im Leistungserbringerrecht durch das GKV-Modernisierungsgesetz, in: Gesundheitsrecht 2003, S. 369 ff. (zit.: *Scholz*, GesR 2003, 369)

*Scholz, Rainer*, Zur Arzthaftung bei Tätigwerden mehrerer Ärzte, in: Juristische Rundschau 1997, S. 1 ff. (zit.: *Scholz*, JR 1997, 1)

*Schrinner, Bernd*, Sozialrechtliche Aspekte der Vernetzung, in: Zeitschrift für ärztliche Fortbildung und Qualitätssicherung 2001, S. 633 ff. (zit.: *Schrinner*, ZaeFQ 2001, 633)

*Schulin, Bertram*, Handbuch des Sozialversicherungsrechts, Band 1: Krankenversicherungsrecht, München 1994 (zit.: Schulin-*Bearbeiter,* Handbuch des Sozialversicherungsrechts)

*Schulte, Knut*, Anmerkung zum Urteil des OLG Hamburg vom 12.12.1991 – 3 U 87/ 91, in: Medizinrecht 1992, S. 283 f. (zit.: *Schulte*, MedR 1992, 283)

*Schwartz, Friedrich Wilhelm/ Wismar, Matthias*, Planung und Management, in: Das Public Health Buch: Gesundheit und Gesundheitswesen, hrsgg. von Friedrich Wilhelm Schwartz, Bernhard Badura, Reiner Leidl, Heiner Raspe und Johannes Siegrist, München Wien Baltimore 1998, S. 558 ff. (zit.: *Schwartz/ Wismar*, Planung und Management, 558)

*Siebel, Alexander*, Anmerkung zum Urteil des BayVerfGH vom 13.12.1999 – Vf. 5 und 6 – VII-95, in: Deutsches Steuerrecht 2000, S. 1275 f. (zit.: *Siebel*, DStR 2000, 1275)

*Sodan, Helge*, Freie Berufe als Leistungserbringer im Recht der gesetzlichen Krankenversicherung: Ein verfassungs- und verwaltungsrechtlicher Beitrag zum Umbau des Sozialstaates, Tübingen 1997 (zit.: *Sodan*, Freie Berufe als Leistungserbringer im Recht der gesetzlichen Krankenversicherung)

*Sodan, Helge*, Verfassungsrechtliche Anforderungen an Regelungen gemeinschaftlicher Berufsausübung von Vertragsärzten, in: Neue Zeitschrift für Sozialrecht 2001, S. 169 ff. (zit.: *Sodan*, NZS 2001, 169)

*Sommer, Jürg H.*, Managed Care in der Schweiz: Vorbild für Deutschland?, in: Managed Care: Ursachen, Prinzipien, Formen und Effekte, hrsgg. von Michael Arnold, Karl W. Lauterbach und Hans-Jürgen Preuß, Stuttgart New York 1997, S. 221 ff. (zit.: *Sommer*, Managed Care in der Schweiz, 221)

*Spickhoff, Andreas*, Das System der Arzthaftung im reformierten Schuldrecht, in: Neue Juristische Wochenschrift 2002, S. 2530 ff. (zit.: *Spickhoff*, NJW 2002, 2530)

*Spitzl, Guntram*, Die ärztliche Gemeinschaftspraxis, Göttingen 1965 (zit.: *Spitzl*, Die ärztliche Gemeinschaftspraxis)

*Statistisches Bundesamt*, Bevölkerungsentwicklung Deutschlands bis 2050: Ergebnisse der 9. koordinierten Bevölkerungsvorausberechnung, Wiesbaden 2000 (zit.: *Statistisches Bundesamt*, Bevölkerungsentwicklung Deutschlands bis 2050)

*Staudinger, Julius von*, Kommentar zum Bürgerlichen Gesetzbuch, Zweiter Band: Recht der Schuldverhältnisse, 4. Teil: §§ 705 – 822 BGB, 11. Auflage, Berlin 1975 (zit.: Staudinger-*Bearbeiter*, 11. Auflage)

*Staudinger, Julius von*, Kommentar zum Bürgerlichen Gesetzbuch, Zweites Buch: Recht der Schuldverhältnisse, §§ 652 – 740 BGB, 12. Auflage, Berlin 1991 (zit.: Staudinger-*Bearbeiter*, 12. Auflage)

*Steck, Joachim B.*, Anmerkung zum Beschluss des LSG Baden-Württemberg vom 24.07.2001 – L 5 KA 5097/ 00, in: Medizinrecht 2002, S. 220 (zit.: *Steck*, MedR 2002, 220)

*Steckhan, Hans-Werner*, Die Innengesellschaft, Berlin 1966 (zit.: *Steckhan*, Die Innengesellschaft)

*Steffen, Erich*, Die haftungsrechtliche Bedeutung der Qualitätssicherung in der Krankenversorgung, in: Festschrift für Erwin Deutsch zum 70. Geburtstag, hrsgg. von Hans-Jürgen Ahrens, Christian von Bar, Gerfried Fischer, Andreas Spickhoff und Jochen Taupitz, Köln Berlin Bonn München 1999, S. 799 ff. (zit.: *Steffen*, Festschrift für Deutsch, 799)

*Stehle, Heinz*, Die „Freiberufler-GmbH" – ihre Vor- und ihre Nachteile, in: Deutsches Steuerrecht 1983, S. 100 ff. (zit.: *Stehle*, DStR 1983, 100)

*Steinmeyer, Heinz-Dietrich*, Wettbewerbs- und kartellrechtliche Probleme neuer Vertrags- und Versorgungsformen in der gesetzlichen Krankenversicherung, in: 5. Münsterische Sozialrechtstagung: Managed Care – Neue Vertrags- und Versorgungsformen in der Krankenversicherung, hrsgg. von der Münsterischen Sozialrechtsvereinigung, Karlsruhe 2000, S. 98 ff. (zit.: *Steinmeyer*, Wettbewerbs- und kartellrechtliche Probleme, 98)

*Steinmeyer, Heinz-Dietrich*, Wettbewerbsrecht im Gesundheitswesen: Kartellrechtliche Beschränkungen in der gesetzlichen Krankenversicherung, Berlin 2000 (zit.: *Steinmeyer*, Wettbewerbsrecht im Gesundheitswesen)

*Stelzer, Dierk*, Die „personalen" Anwendungsbereiche des deutschen und des europäischen primären Wettbewerbsrechts für die Krankenkassen in der GKV in „institutioneller" und „funktionaler" Hinsicht – dargestellt an den Rechtsverhältnissen der Krankenkassen untereinander, zu den privaten Krankenversicherungen, zu den Versicherten, Vertragsärzten und den Leistungserbringern von Heil- und Hilfsmitteln im Kontext zum GWB und UWG sowie zu den Artikeln 81, 82, 86 EGV nF – ein Beitrag zum „funktionalen" Unternehmensbegriff – Teil I –, in: Die Sozialversicherung 2000, S. 141 ff. (zit.: *Stelzer*, Die Sozialversicherung 2000, 141)

*Stelzer, Dierk*, Die „personalen" Anwendungsbereiche des deutschen und des europäischen primären Wettbewerbsrechts für die Krankenkassen in der GKV in „institutioneller" und „funktionaler" Hinsicht – dargestellt an den Rechtsverhältnissen der Krankenkassen untereinander, zu den privaten Krankenversicherungen, zu den Versicherten, Vertragsärzten und den Leistungserbringern von Heil- und Hilfsmitteln im Kontext zum GWB und UWG sowie zu den Artikeln 81, 82, 86 EGV nF – ein Beitrag zum „funktionalen" Unternehmensbegriff – Teil II –, in: Die Sozialversicherung 2000, S. 169 ff. (zit.: *Stelzer*, Die Sozialversicherung 2000, 169)

*Taupitz, Jochen*, Anmerkung zum Urteil des BGH vom 06.02.1992 – IX ZR 95/ 91, in: Medizinrecht 1992, S. 271 f. (zit.: *Taupitz*, MedR 1992, 271)

*Taupitz, Jochen*, Anmerkung zum Urteil des BGH vom 25.11.1993 – I ZR 281/ 91, in: Medizinrecht 1994, S. 154 f. (zit.: *Taupitz*, MedR 1994, 154)

*Taupitz, Jochen*, Arzt und Heilpraktiker im Doppelberuf?, in: Medizinrecht 1993, S. 219 ff. (zit.: *Taupitz*, MedR 1993, 219)

*Taupitz, Jochen*, Berufsständische Satzungen als Verbotsgesetzes im Sinne des § 134 BGB, in: Juristenzeitung 1994, S. 221 ff. (zit.: *Taupitz*, JZ 1994, 221)

*Taupitz, Jochen*, Das Nachfragepotential von Heilbehandlungs-GmbHs aus dem Blickwinkel der gesetzlichen und der privaten Krankenversicherung, in: Versicherungsrecht 1992, S. 1064 ff. (zit.: VersR 1992, 1064)

*Taupitz, Jochen*, Die Ärzte-GmbH und das ärztliche Werbeverbot, in: Festschrift für Karlmann Geiß zum 65. Geburtstag, hrsgg. von Hans Erich Brandner, Horst Hagen und Rolf Stürner, Köln Berlin Bonn München 2000, S. 503 ff. (zit.: *Taupitz*, Festschrift für Geiß, 503)

*Taupitz, Jochen*, Die GmbH als Organisationsform ambulanter heilkundlicher Tätigkeit, in: Neue Juristische Wochenschrift 1992, S. 2317 ff. (zit.: *Taupitz*, NJW 1992, 2317)

*Taupitz, Jochen*, Die Standesordnungen der freien Berufe: Geschichtliche Entwicklung, Funktionen, Stellung im Rechtssystem, Berlin 1991 (zit.: *Taupitz*, Die Standesordnungen der freien Berufe)

*Taupitz, Jochen*, Integrative Gesundheitszentren: neue Formen interprofessioneller ärztlicher Zusammenarbeit, in: Medizinrecht 1993, S. 367 ff. (zit.: *Taupitz*, MedR 1993, 367)

*Taupitz, Jochen*, Zur Verfassungswidrigkeit des Verbots, ärztliche Praxen in Form einer juristischen Person des Privatrechts zu führen, in: Neue Juristische Wochenschrift 1996, S. 3033 ff. (zit.: *Taupitz*, NJW 1996, 3033)

*Taupitz, Jochen*, Zur Zulässigkeit von Freiberufler-GmbHs – Heilkunde-GmbH: ja, Rechtsberatungs-GmbH: nein?, in: Juristenzeitung 1994, S. 1100 ff. (zit.: *Taupitz*, JZ 1994, 1100)

*Tettinger, Peter J.*, Grundfragen zahnärztlicher Freiberuflichkeit, in: Medizinrecht 2001, S. 287 ff. (zit.: *Tettinger*, MedR 2001, 287)

*Teubner, Gunther*, „Verbund", „Verband" oder „Verkehr"? Zur Außenhaftung von Franchising-Systemen, in: Zeitschrift für das gesamte Handelsrecht und Wirtschaftsrecht 154 (1990), S. 295 ff. (zit.: *Teubner*, ZHR 154 (1990), 295)

*Timm, Wolfram*, Die Rechtsfähigkeit der Gesellschaft bürgerlichen Rechts und ihre Haftungsverfassung, in: Neue Juristische Wochenschrift 1995, S. 3209 ff. (zit.: *Timm*, NJW 1995, 3209)

*Timme, Michael/ Hülk, Fabian*, Rechts- und Parteifähigkeit der Gesellschaft bürgerlichen Rechts – BGH, NJW 2001, 1056, in: Juristische Schulung 2001, S. 536 ff. (zit.: *Timme/ Hülk*, JuS 2001, 536)

*Trute, Hans-Heinrich*, Verzahnungen von öffentlichem und privatem Recht – anhand ausgewählter Beispiele –, in: Öffentliches Recht und Privatrecht als wechselseitige Auffangordnungen, hrsgg. von Wolfgang Hoffmann-Riem und Eberhard Schmidt-Aßmann, Baden-Baden 1996, S. 167 ff. (zit.: *Trute*, Verzahnungen von öffentlichem und privatem Recht, 167)

*Udsching, Peter*, Probleme der Verzahnung von ambulanter und stationärer Krankenhausbehandlung, in: Neue Zeitschrift für Sozialrecht 2003, S. 411 ff. (zit.: *Udsching*, NZS 2003, 411)

*Ulmer, Peter*, Die Haftungsverfassung der BGB-Gesellschaft, in: Zeitschrift für Wirtschaftsrecht und Insolvenzpraxis 2003, S. 1113 ff. (zit.: *Ulmer*, ZIP 2003, 1113)

*Ulmer, Peter*, Die höchstrichterlich „enträtselte“ Gesellschaft bürgerlichen Rechts, in: Zeitschrift für Wirtschaftsrecht und Insolvenzpraxis 2001, S. 585 ff. (zit.: *Ulmer*, ZIP 2001, 585)

*Ulmer, Peter*, Gesellschafterhaftung in der Gesellschaft bürgerlichen Rechts: Durchbruch der Akzessorietätstheorie?, in: Zeitschrift für Wirtschaftsrecht und Insolvenzpraxis 1999, S. 554 ff. (zit.: *Ulmer*, ZIP 1999, 554)

*Ulsenheimer, Klaus/ Erlinger, Rainer*, Die Haftung des Konsiliararztes, in: Rechtsfragen der Telemedizin, hrsgg. von Christian Dierks, Hubertus Feussner und Albrecht Wienke, Berlin Heidelberg 2000, S. 67 ff. (zit.: *Ulsenheimer/ Erlinger*, Die Haftung des Konsiliararztes, 67)

*Ulsenheimer, Klaus/ Heinemann, Nicola*, Rechtliche Aspekte der Telemedizin – Grenzen der Telemedizin?, in: Medizinrecht 1999, S. 197 ff. (zit.: *Ulsenheimer/ Heinemann*, MedR 1999, 197)

*Vetter, Reinhard*, Datenschutzrechtliche Aspekte der Telemedizin, in: Zeitschrift für ärztliche Fortbildung und Qualitätssicherung 2001, S. 662 ff. (zit.: *Vetter*, ZaeFQ 2001, 662)

*Vollmöller, Thomas*, Rechtsfragen bei der Umsetzung von Disease-Management-Programmen, in: Neue Zeitschrift für Sozialrecht 2004, S. 63 ff. (zit.: *Vollmöller*, NZS 2004, 63)

*Vosteen, Karl-Heinz*, Leitlinien der wissenschaftlichen Fachgesellschaften, in: Ärztliche Leitlinien. Empirie und Recht professioneller Normsetzung, hrsgg. von Dieter Hart, Baden-Baden 2000, S. 23 ff. (zit.: *Vosteen*, Leitlinien der wissenschaftlichen Fachgesellschaften, 23)

*Wagner, Gerhard*, Das Zweite Schadensersatzrechtsänderungsgesetz, in: Neue Juristische Wochenschrift 2002, S. 2049 ff. (zit.: *Wagner*, NJW 2002, 2049)

*Waldner, Wolfram*, Anwendung des § 31 BGB auf die GbR – der vorletzte Schritt auf dem Weg zur oHG, in: Neue Zeitschrift für Gesellschaftsrecht 2003, S. 620 ff. (zit.: *Waldner*, NZG 2003, 620)

*Walter, Alexander*, Haftungsverhältnisse in ärztlichen Kooperationsformen nach der Anerkennung der Rechtsfähigkeit von BGB-Gesellschaften, in: Medizinrecht 2002, S. 169 ff. (zit.: *Walter*, MedR 2002, 169)

*Wannagat, Georg*, Sozialgesetzbuch: Kommentar zum Recht des Sozialgesetzbuchs, Köln Berlin Bonn München 1977, Loseblattsammlung, Stand: 89. Ergänzungslieferung, Januar 2004 (zit.: Wannagat-*Bearbeiter*, Sozialgesetzbuch)

*Wasem, Jürgen*, Die Ursachen der Ausgabenanstiege in der medizinischen Versorgung, in: Managed Care: Ursachen, Prinzipien, Formen und Effekte, hrsgg. von Michael Arnold, Karl W. Lauterbach und Hans-Jürgen Preuß, Stuttgart New York 1997, S. 75 ff. (zit.: *Wasem*, Die Ursachen der Ausgabenanstiege, 75)

*Weber, Ralph*, Die Gesellschaft bürgerlichen Rechts – Begriff, Voraussetzungen, in: Juristische Schulung 2000, S. 313 ff. (zit.: *Weber*, JuS 2000, 313)

*Weber, Ralph/ Vogt-Weber, Beate*, Die rechtliche Zulässigkeit und wirtschaftliche Sinnhaftigkeit des Betreibens einer Arztpraxis in der Rechtsform der GmbH, in: Arztrecht 1997, S. 179 ff. (zit.: *Weber/ Vogt-Weber*, ArztR 1997, 179)

*Weide, Ursula*, Managed Care – Vorsicht, Lebensgefahr!, in: Medizinrecht 2001, S. 72 ff. (zit.: *Weide*, MedR 2001, 72)

*Weimar, Robert*, Ärztliche Praxisnetze – Anwaltliche Gestaltung des Gesellschaftsvertrages, in: Monatsschrift für Deutsches Recht 2000, S. 866 ff. (zit.: *Weimar*, MDR 2000, 866)

*Weiss, Mario/ Hoffmann, Carsten*, Managed Care – Ansatzpunkte und Strategien, in: Zeitschrift für Versicherungswesen 1999, S. 595 ff. (zit.: *Weiss/ Hoffmann*, Zeitschrift für Versicherungswesen 1999, 595)

*Werner, Frank*, Gemeinschaftliche ärztliche Berufsausübung und Formen interprofessioneller ärztlicher Kooperation: Eine vergleichende Untersuchung zum deutschen und südafrikanischen Recht, Mannheim 1997 (zit.: *Werner*, Gemeinschaftliche ärztliche Berufsausübung)

*Westebbe, Peter W.*, Ärzte im Netz: Eine qualitative Untersuchung über die Entwicklung neuer Kooperations- und Organisationsformen in der ambulanten Medizin in Deutschland, Neuss 1999 (zit.: *Westebbe*, Ärzte im Netz)

*Westermann, Harm Peter/ Westermann, Harry*, Handbuch der Personengesellschaften: Gesellschaftsrecht, Betriebswirtschaft, Unternehmensrechnung, Steuerrecht, Arbeitsrecht, Sozialversicherungsrecht, 4. Auflage, Köln 1994, Loseblattsammlung, Stand: 30. Ergänzungslieferung, August 2003 (zit.: Westermann-*Bearbeiter*, Handbuch der Personengesellschaften)

*Wiedemann, Herbert*, Anmerkung zum Urteil des BGH vom 29.01.2001 – II ZR 331/ 00, in: Juristenzeitung 2001, S. 661 ff. (zit.: *Wiedemann*, JZ 2001, 661)

*Wiedemann, Herbert*, Rechtsverhältnisse der BGB-Gesellschaften zu Dritten, in: Wertpapiermitteilungen 1994, Sonderbeilage Nr. 4 (zit.: *Wiedemann*, WM 1994, Sonderbeilage Nr. 4)

*Wienke, Albrecht*, Leitlinien als Mittel der Qualitätssicherung in der medizinischen Versorgung, in: Medizinrecht 1998, S. 172 ff. (zit.: *Wienke*, MedR 1998, 172)

*Wienke, Albrecht/ Sauerborn, Jürgen*, EDV-gestützte Patientendokumentation und Datenschutz, in: Manuelle Medizin 2000, S. 87 ff. (zit.: *Wienke/ Sauerborn*, Manuelle Medizin 2000, 87)

*Wienke, Albrecht/ Sauerborn, Jürgen*, EDV-gestützte Patientendokumentation und Datenschutz in der Arztpraxis, in: Medizinrecht 2000, S. 517 ff. (zit.: *Wienke/ Sauerborn*, MedR 2000, 517)

*Wigge, Peter*, Ärztliche Leistungserbringung durch Einzelverträge – Ein Zukunftsmodell für die gesetzliche Krankenversicherung?, in: Medizinrecht 1996, S. 51 ff. (zit.: *Wigge*, MedR 1996, 51)

*Wigge, Peter*, Integrierte Versorgung und Vertragsarztrecht (Teil 1), in: Neue Zeitschrift für Sozialrecht 2001, S. 17 ff. (zit.: *Wigge*, NZS 2001, 17)

*Wigge, Peter*, Integrierte Versorgung und Vertragsarztrecht (Teil 2), in: Neue Zeitschrift für Sozialrecht 2001, S. 66 ff. (zit.: *Wigge*, NZS 2001, 66)

*Wigge, Peter*, Medizinische Versorgungszentren nach dem GMG: Zulassung, Rechtsformen, Trägerschaft, in: Medizinrecht 2004, S. 123 ff. (zit.: *Wigge*, MedR 2004, 123)

*Wigge, Peter*, Rechtliche Rahmenbedingungen bei neuen Versorgungsformen, in: 5. Münsterische Sozialrechtstagung: Managed Care – Neue Vertrags- und Versorgungsformen in der Krankenversicherung, hrsgg. von der Münsterischen Sozialrechtsvereinigung, Karlsruhe 2000, S. 67 ff. (zit.: *Wigge*, Rechtliche Rahmenbedingungen bei neuen Versorgungsformen, 67)

*Wigge, Peter/ Frehse, Michael*, Bedarfsunabhängige Kooperationen zwischen Ärzten und Krankenhäusern, in: Medizinrecht 2001, S. 549 ff. (zit.: *Wigge/ Frehse*, MedR 2001, 549)

*Wigge, Peter/ Kleinke, Sören*, Kooperative Berufsausübung zwischen Apothekern und anderen Gesundheitsberufen, in: Medizinrecht 2002, S. 391 ff. (zit.: *Wigge/ Kleinke*, MedR 2002, 391)

*Windthorst, Kay*, Die integrierte Versorgung in der gesetzlichen Krankenversicherung: Gefahr oder Chance für die Gesundheitsversorgung?, Baden-Baden 2002 (zit.: *Windthorst*, Die integrierte Versorgung in der gesetzlichen Krankenversicherung)

*Wirtschafts- und Sozialwissenschaftliches Institut des Deutschen Gewerkschaftsbundes GmbH (WSI)*, Integrierte Medizinische Versorgung: Notwendigkeit – Möglichkeiten – Grenzen, Köln 1975 (zit.: *Wirtschafts- und Sozialwissenschaftliches Institut des Deutschen Gewerkschaftsbundes*, Integrierte Medizinische Versorgung)

*Worms, Carola/ Sicker, Peter*, Modellprojekt Diabetes: Hand in Hand für den Patienten, in: Gesundheit und Gesellschaft 3/ 2000, S. 18 ff. (zit.: *Worms/ Sicker*, G+G 3/ 2000, 18)

*Wössner, Jörg*, Akzessorische Gesellschafterhaftung und „Vielgestaltigkeit“ der Gesellschaft bürgerlichen Rechts – ein Widerspruch?, in: Zeitschrift für Wirtschaftsrecht und Insolvenzpraxis 2003, S. 1235 ff. (zit.: *Wössner*, ZIP 2003, 1235)

*Zipperer, Manfred*, Die „einheitliche Gesundheitsplattform“, in: Zeitschrift für ärztliche Fortbildung und Qualitätssicherung 2001, S. 637 ff. (zit.: *Zipperer*, ZaeFQ 2001, 637)

*Zipperer, Manfred*, Entwicklung einer einheitlichen Gesundheitsplattform für Telematik im Gesundheitswesen, in: Rechtsfragen der Telemedizin, hrsgg. von Christian Dierks, Hubertus Feussner und Albrecht Wienke, Berlin Heidelberg 2000, S. 47 ff. (zit.: *Zipperer*, Entwicklung einer einheitlichen Gesundheitsplattform, 47)

*Zöllner, Wolfgang*, Rechtssubjektivität von Personengesellschaften?, in: Festschrift für Joachim Gernhuber zum 70. Geburtstag, hrsgg. von Hermann Lange, Knut Wolfgang Nörr und Harm Peter Westermann, Tübingen 1993, S. 563 ff. (zit.: *Zöllner*, Festschrift für Gernhuber, 563)

*Zuck, Rüdiger*, Der Gesetzgeber als quantité négligeable: Die Rahmenvereinbarung nach § 140 d SGB V, in: Neue Juristische Wochenschrift 2000, S. 3404 (zit.: *Zuck*, NJW 2000, 3404)